▼ UCP 600 해설

최신 무역결제론

강 호 경 · 임 목 삼
공저

도서출판 두남

머리말

국제무역거래는 이국(異國)에 위치하고 있는 수출업자와 수입업자가 체결한 매매계약을 근거로 하여 수출업자는 수입업자에게 계약물품을 인도하고, 수입업자는 수출업자에게 약정한 대금을 지급하게 된다. 즉, 계약이행을 위하여 당사자가 선택할 수 있는 계약조건 가운데 가장 비중있는 분야가 대금결제 방법의 선택이고, 본서는 이를 심도있게 논의하였다.

국제무역거래가 시발된 고대로부터 매매당사자의 지대한 관심은 매매계약에 일치한 물품을 확보하는 것과 그에 따른 대금의 정확한 수수, 그리고 무역금융의 확보였다. 이는 물물교환이 아닌 이상 이국에 위치한 당사자가 해결할 수 있는 문제가 아니고, 거래당사자가 신뢰할 수 있는 제3자의 개입으로 해결된다.

무역결제는 매매당사자가 신뢰할 만한 은행(또는 이에 준하는 금융기관)을 매개로 하여, 송금(remittance) · 국제팩토링(international factoring) · 청산계정(open account) · 신용장(Letter of Credit; L/C) · 추심(documentary collection) · 포피팅(forfeiting) 등의 방식에 따라 효율적이고 합리적인 결제방법의 선택을 하게 된다.

국제무역거래에 대한 관습은 고정된 것이 아니라 국내외 실무환경의 변화에 따라 끊임없이 변화되는 특성을 가지고 있기 때문에, 이에 대한 폭넓은 이해가 필요하며 거래여건에 따라 최적의 선택을 내릴 수 있는 능력이 요구된다.

본서는 무역거래의 대금결제를 이해하기 쉽게 집필한 기본서로 다음과 같이 집필방향을 설정하였다.

첫째, 국제대금결제의 기본인 환과 환율, 어음에 대한 개념의 정립을 필두로 하여, 둘째, 최근 무역결제방식의 비중이 송금방식을 선호함에 따라 이 방식을 우선적으로 설명하고자 무화환어음결제방식을 중반부에 설명하였으며, 셋째, 화환어음결제방식인 신용장·추심·포피팅을 이어서 상세하였다. 마지막으로, 전자결제를 최신경향에 맞추어 소개하였다.

본서는 21세기의 변화를 감지하고 이를 반영한 무역대금결제를 집필한다는 의도로서 각종 무역관습을 최신에 맞추어 저술하였으나 천학비재(淺學菲才)하여 내용이 부실하고 불비한 점이 많으리라 생각되므로 학계와 재계, 그리고 독자의 고견을 최대한 수용하여 수정·보완 할 것을 약속드린다.

본서를 저술함에 있어 수많은 교수님들의 옥고를 배우고 익혔으며, 대한상공회의소·한국무역협회의 발간물과 내부자료를 인용하였음을 밝혀두는 바이다.

이 책이 무역결제분야를 연구하는 학생들과 무역현장에서 관련업무를 담당하는 실무자에게 도움이 되었으면 하는 마음이 간절하다.

어려운 출판환경에도 불구하고 미흡한 원고를 기꺼이 출간해 주신 도서출판 두남의 전두표 사장님과 교정과 편집을 해 주신 임직원 여러분께 깊은 감사의 말씀을 드린다.

2007년 8월

저 자 씀

차 례

제3장 무화환어음 무역대금결제 · 63

제4장 화환어음 무역대금결제 · 91

제5장 전자결제 · 213

제6장 신용장통일규칙 2007

(Uniform Customs and Practice for Documentary Credit, ICC Publication No.600) 각 조문별 해석 및 해설 · 241

· 그림차례

· 표차례

제1장

국제무역과 대금결제

1.1 무역거래와 거래대상

일반적으로 무역은 매매당사자가 계약을 체결하고 계약의 이행과정에서 매도인이 매수인에게 물품을 인도하고 매수인은 매도인에게 대금을 지급함으로써 이행된다. 여기서 물품이라 함은 광의로 해석하면 유체물(visible goods)과 무체물(invisible goods)을 포함하는 개념이고, 협의로 보면 유체물을 의미한다.

WTO가 발족된 1995년 이후 무역거래의 대상을 바라보는 시각이 기존의 상품교역(GATT; General Agreement on Tariffs and Trade + MTA; Multilateral Trade Agreement)에 서비스(GATS; General Agreement on Trade in Services)와 지적재산권(TRIPs; Agreement on Trade-Related Aspects of Intellectual Property Rights)의 범위까지 확대되었다. 즉, 상품뿐만 아니라 자본·기술·용역·서비스의 범위까지 거래의 대상을 포괄한다고 볼 수 있는데, 이는 제조업 중심의 1·2차 산업구조에서 3차 산업으로 국제경제구조가 확대되는 현상을 반영한 것이다.

2003년에 제15차 개정된 대외무역법에서는 그 적용대상을 '물품등'이라고 규정하고 이 범위에 물품과 용역[1], 전자적형태의 무체물[2]을 포함하고 있으나 무역거래의 기본인 국제물품매매계약의 대상은 물품(goods)으로 한정하고 있고 '무역계약'이라 함은 '물품거래'를 통상적으로 지칭한다 할 수 있으므로 본서에서는 무역거래의 대상을 물품에 한정하도록 한다.[3)]

1.2 무역계약과 대금결제

국제물품매매계약에 따라 이행되는 계약이행과정에서 매수인은 물품의 대가로써 대금지급의무를 부담하고 약정된 대금결제조건에 따라 금전을 지급하게 된다. 통상적으로 무역거래에서는 현물, 현금통화 또는 외국환이 그 결제수단으로 사용된다. 현물과 현금통화를 결제수단으로 사용시 많은 비용과 위험이 발생될 우려가 있으므로 특수한 거래를 제외하고는 대부분 외국환에 의하여 결제가 진행된다.

국제거래의 특성을 이해하기 위하여 외국환업무의 순환과정의 학습이 선행되어야 한다. 이러한 업무의 취급은 환율 격차상의 위험(foreign exchange risk), 무역계약 체결시점과 물품인수 시점간의 가격변동, 대금결제의 다양한 방법, 국내의 외환수급사정 및 정치적인 변수에 따른 국가위험(country risk)을 고려하여야 한다.

---

1) 대외무역법 시행령 제2조의2에서 용역의 범위를 다음의 어느 하나에 해당하는 업종의 사업을 영위하는 자가 제공하는 용역과 국내의 법령 또는 대한민국이 당사자인 조약에 의하여 보호되는 특허권·실용신안권·디자인권·상표권·저작권·저작인접권·프로그램저작권·반도체집적회로의배치설계권의 양도, 전용실시권의 설정 또는 통상실시권의 허락으로 정의하고 있다. 다음 → 경영 상담업, 법무관련 서비스업, 회계 및 세무관련 서비스업, 엔지니어링 서비스업, 디자인, 컴퓨터시스템 설계 및 자문업, 「문화산업진흥 기본법」 제2조제1호의 규정에 의한 문화산업에 해당하는 업종, 운수업과 「관광진흥법」 제3조제1항의 규정에 의한 관광사업(이하 "관광사업"이라 한다)에 해당하는 업종, 그 밖에 지식기반용역 등 수출유망산업으로서 산업자원부장관이 정하여 고시하는 업종

2) 대외무역법 시행령 제2조의3에서 전자적 무체물의 범위를 「소프트웨어산업 진흥법」 제2조제1호의 규정에 의한 소프트웨어, 부호·문자·음성·음향·이미지·영상 등을 디지털방식으로 제작하거나 처리한 자료 또는 정보 등으로서 산업자원부장관이 정하여 고시하는 것 등으로 규정하고 있다.

3) 국제거래의 대상에 따라 무역계약은 물품매매계약, 자본(투자)계약, 용역계약, 기술이전계약, 서비스계약 등으로 구분하여 정형화되고 있는데 이들 계약서의 대금결제형태는 물품매매계약을 제외하고 거래대상의 이전시기와 방법에 따라 다양한 형태를 취하고 있다.

대금결제는 인체의 혈액순환에 비유될 수 있다. 신속하고 안전한 대금결제는 무역계약 당사자인 수출업자와 수입업자에게 최대의 관심사라고 하여도 지나친 말이 아니다.

1.3 무역결제방식

무역거래 시에 매매당사자는 계약을 체결하기 위하여 통상적으로 품질·수량·가격·결제·보험·클레임에 대하여 약정한다. 특히, 계약의 조건 중 결제에 대한 합의는 그 가장 중요하다.[4)]

국제물품매매계약의 계약이행단계에서 매도인은 물품의 인도에 대한 반대급부인 대금결제를 신속하고 안전하게 회수하고자 할 것이며, 매수인은 계약과 일치한 물품을 안전하게 인수받기 위하여 대금결제이행을 최대한 유리하게 무역계약을 체결하고자 할 것이다.[5)]

모든 국제물품매매계약에서 물품대금지급은 대금지급시기, 지급방식, 지급장소 및 지급통화로 구체화된다. 법률상으로 대금지급의 다양한 방법은 이러한 네 가지 요소의 변형과 조합으로 표현된다.

첫째, 대금지급시기는 무역당사자가 가장 첨예하게 관심을 가지고 있는 부분이다. 수출업자의 관심은 가능한 한 빨리 물품대금을 수령하는 것이다. 하지만 운송서류가 물품에 대한 권리증권인 경우 수입업자의 대금지급 이전 또는 수출업자의 어음(draft)이 인수될 보장이 있기 전에는 그 서류를 인도하지 않는다. 한편 수입업자는 운송서류가 수출업자의 소유에서 벗어날 때까지 대금을 지급하지 않으려고 한다. 무역업자는 무역거래에 내재하고 있는 이러한 상호 경제적 이익의 상충을 최소화하기 위한 대금지급방식을 개발하였다. 즉 이렇게 상충되는 이해를 조화시키기 위하여 신용도가 높은 은행을 개입하게 하여 여러 가지 대금지급방식을 만들었다.

---

4) Ronald A. Anderson & Walter A. Kumpf, *Business Law*, 6th ed., South-Western Publishing Co., 1961, pp. 628-629.

5) L. D'Arcy, C. Murray and B. Cleave, *Schmitthoff's Export Trade, The Law and Practice of International Trade*, Sweet & Maxwell, 2000, p. 145.

둘째, 가장 많이 사용되는 은행이 개입되는 지급방식은 추심방식이나 신용장 방식이다. 추심방식은 은행이 수출업자에게서 대금회수에 대한 의뢰를 받아 수입업자에게 대금을 받아 수출업자에게 인도하는 방식이다. 이와 비하여 신용장의 경우는 수입업자가 은행에 신용장개설을 의뢰하여 신용장을 개설한 개설은행이[6] 수출업자에게 그 대금을 지급하겠다고 확약하는 결제방식이다.

셋째, 대금지급장소는 일반적으로 매도인의 소재지에서 발생한다.

모든 무역계약은 대금결제조건의 기본적인 네 가지 구성요소(시기, 유형, 장소, 통화)를 고려하여 최선의 결제방식을 선택하게 된다. 대금결제는 매매당사자들이 갖는 최대의 관심사이기 때문에 분쟁이 발생하지 않도록 계약체결단계에서부터 신중히 접근해야 한다.

최근의 수출대금결제방식의 추이를 보면, 1996년 이후 송금방식(remittance)에 의한 대금결제가 지속적으로 증가추세에 있고, 신용장방식(L/C)과 추심방식(collection)은 총수출액 대비 결제비중을 고려할 때 감소추세에 있음을 할 수 있다.

한국무역협회 조사결과[7]에 따르면 수출결제방식이 신용장방식에서 송금방식으로 크게 바뀐 이유로 첫째, 수출업자품 구조가 경박단소형의 IT관련 제품으로 크게 바뀜에 따라 절차 및 비용면에서 유리한 송금방식을 선호하고, 둘째, 대기업의 경우 과거 해외바이어와 직거래가 많았으나 최근 들어 해외 법인간의 stock거래가 증가하였고, 셋째, 상품의 과잉공급으로 국제상품시장이 구매자시장(buyer's market)으로 바뀜에 따라 해외바이어의 송금방식 요구가 증가하였고, 넷째, 거래관계가 상당기간 지속됨에 따라 국내 수출기업과 해외바이어간의 신용도가 제고되었으며, 끝으로 국내외 금리차 축소에 따라 신용장방식의 금융측면에서의 메리트가 상실되었다는 점 등을 들고 있다. 다섯째,

---

6) 개설은행은 영문으로 "opening bank", "establish bank", "grantor", "issuing bank" 등으로 혼용하였다가, 1994년 제5차 신용장통일규칙에서부터 "issuing bank"로 표기하고 있다. 보고서에서는 "issuing bank"를 대한상공회의소와 ICC Korea 금융위원회·전국은행연합회에서 발간한 『UCP 600 공식번역 및 해설서』, 대한상공회의소, 2007에 따라 "개설은행"으로 번역하기로 한다.

7) 한국무역협회, "수출입결제방식 현황 및 변화요인 분석", 한국무역협회 보고서, 2005, p. 6

[그림1-1] 수출대금결제방식의 변화

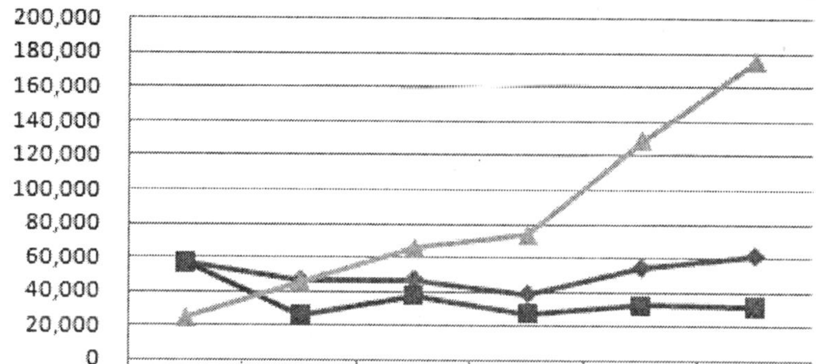

	`96	`98	`00	`02	`04	`06
L/C	56,595	46,238	46,976	38,783	54,226	61,324
Collection	56,593	25,834	37,754	27,540	32,180	31,650
Remittance	24,417	45,430	65,326	73,121	128,825	175,193

출처 : The Bank of Korea, Monthly Balance of Payment의 자료 재구성

[그림1-2] 총수출액대비 결제형태

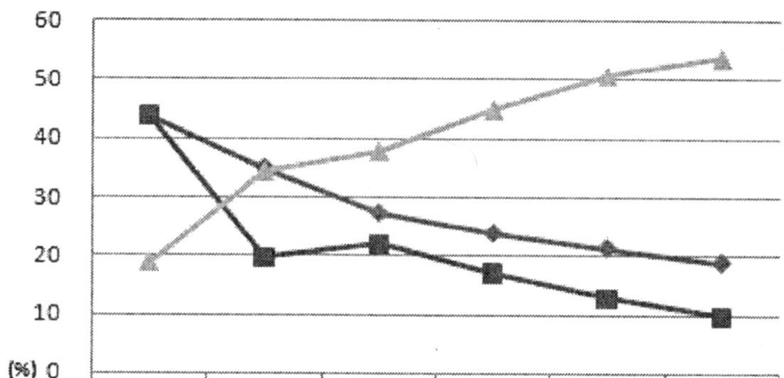

	`96	`98	`00	`02	`04	`06
L/C	44	35	27	24	21	19
Collection	44	20	22	17	13	10
Remmitance	19	34	38	45	51	54

출처 : The Bank of Korea, Monthly Balance of Payment의 자료 재구성

과도한 신용장 관련 수수료의 발생으로 인한 사용회피이다. 최근 미국의 경우, 개설의뢰인은 신용장을 개설하기 위하여 신용장금액에 해당하는 신용담보를 제공하도록 하고 있는데, 이를 포함한 신용장개설수수료가 송장금액의 약 4~6% 정도 징수하고 있다.

이러한 결제방식 변화는 우리나라 결제방식이 선진형으로 이행되고 있다는 점에서 긍정적으로 볼 수 있지만, 한편으로는 수출대금 회수의 리스크 증대라는 부정적인 측면을 내포하고 있다. 현재와 같이 세계 경기가 호조를 보이는 경우는 별문제가 아닐 수 있지만 세계 경기가 악화될 경우 대금회수 리스크가 커질 우려를 지적하지 않을 수 없다. 또한 이러한 대금결제 방식 변화 추세는 바이어의 요구, 상품구조의 변화, 국내기업들의 송금방식 선호 증가 등으로 인해 앞으로도 지속될 전망이다.

무역업계에서는 무신용장방식 특히 송금방식이 주결제방식으로 정착됨에 따라 송금방식에 대한 수출보험요율의 인하 및 송금방식에 대한 수출금융수단의 육성 발전이 필요하다고 주장한다.[8)]

한편, 수출기업은 수입기업에게 타 경쟁업체에 비해 경쟁력 있는 공급처가 되기 위하여 수출경쟁체제를 심화시킨 결과, 공급자 중심의 수출시장을 수요자 중심으로 변화시켰으며 이는 절차와 비용면에 있어 신용장방식 보다 경쟁력이 있는 송금방식의 사용증가로 이어졌다.[9)]

본서는 이와 같은 대금결제의 관행을 근거로 송금방식과 신용장방식, 추심방식을 순으로 논의를 전개한다.

1.4 무역결제와 국제규칙

1. 신용장통일규칙

신용장거래의 준거규칙인 신용장통일규칙(Uniform Customs and Practice

---

8) 한국무역협회, 전게보고서, p. 8
9) 장동한·김병선, "무역대금결제방식의 변화요인에 관한 연구", 「상경연구」 제26집 제1호, 2000, p. 25.

for Documentary Credit; UCP)은 무역대금결제와 관련한 대표적인 국제규칙으로 그 동안 거래당사자의 분쟁을 해결하는데 결정적인 역할을 해왔다.

신용장통일규칙은 민간단체인 국제상업회의소(International Chamber of Commerce; ICC)가 제정한 무역에 관한 가장 성공한 사적 규칙이다. 동 규칙은 정형거래조건의 해석에 관한 INCOTERMS와 더불어 실무계에서 가장 널리 사용되고 있다. 신용장통일규칙은 변화하는 환경에 대응하기 위하여 그간 10년 주기로 개정을 하여 왔지만, 1993년 현행의 신용장통일규칙(UCP 500)이 개정된 이후 13년이 경과한 현재 비로소 제6차 개정 신용장통일규칙(UCP 600)의 최종초안이 작성되고, 2006년 10월 25일 91대 0의 만장일치의 표결에 의하여 ICC 은행위원회의 승인을 받았다. UCP 600은 2007년 7월 1일자로 실시되었다.[10]

1) 전자신용장통일규칙(eUCP)

(1) 전자신용장통일규칙의 제정

정보통신기술의 발달로 인하여 기존무역거래절차의 상당부분이 전자적으로 처리됨에 따라 전 세계적으로 전자무역이 확산되고 있다. 신용장부문에서도 전자신용장시스템을 갖추려는 여러 가지 시도가 행해지고 있는 가운데 현행 화환신용장통일규칙은 주로 종이문서에 기반을 둔 전통적인 신용장거래를 위한 규정이기 때문에 변화하는 무역환경을 수용하는데 한계가 나타나기 시작하였다. 그리하여 국제상업회의소 은행기술실무위원회는 무역거래의 전자화를 수용하기 위해 UCP규칙을 갱신, 보완하여야 할 필요성을 확인하고 신용장통일규칙의 새로운 추록으로써 '전자신용장통일규칙(The Suppliement to the Uniform Customs and Practice for Documentary Credit for Electronic Presentation; eUCP)'을 2002년 4월 1일 제정 공표하게 되었다

(2) 전자신용장통일규칙(eUCP)의 역할

신용장거래에 있어 eUCP가 적용되기 위해서는 '본신용장은 eUCP에 따른다'는 명시가 있어야 한다. 그러나 eUCP는 UCP에서 규정하고 있지 않은 서류의

---

10) 新堀 聰, "信用狀と詐欺", 貿易と關稅, 日本關稅協會, 第54劵 第8號, 2006, p.24.

전자적 제시에 대한 부문을 보완하기 위하여 제정된 추록(The Supplement)이지, UCP의 개정이 아니며 UCP를 대체하는 것도 아니다. eUCP는 UCP와 서로 상호 보완하여 사용되도록 규정된 목적에 따라 전자신용장에 별도로 UCP을 적용한다는 명시적 규정이 없더라도 UCP는 자동적으로 적용된다. 그러나 전자신용장거래에서 eUCP와 UCP이 충돌할 경우에는 eUCP가 우선 적용된다. eUCP적용에 대한 준거문언을 신용장에 명시하는 경우에는 반드시 'eUCP Version1.0' 등 적용버전이 표시되어야 한다. 만약 적용 버전을 명시하지 않은 경우에는 신용장거래과정에서의 현행 버전을 따른다. 즉, 신용장 개설에 관한 것은 개설당시의 버전에 따르며 조건변경의 경우에는 조건변경일자에 시행되는 버전을 따른다.

eUCP는 UCP상에서 전자적 제시와 관련하여 문제가 되는 규정을 새롭게 하였다는 점에서 그 의의를 찾을 수 있으며 글로벌 전자무역의 확산 및 전자적 제시에 대한 당사자들의 권리, 의무, 면책범위를 규정함으로써 분쟁의 방지 및 해결에 기여하고 있다고 할 수 있다.

2) 국제표준은행관행(International Standard Banking Practice; ISBP)

(1) 국제표준은행관행의 제정

신용장통일규칙에는 신용장거래에 있어 서류심사의 기준으로써 국제표준은행관행을 제시하고 있다[11]. 그러나 구체적으로 국제표준은행관행이 무엇이냐에 대하여 의견이 분분하고 모호하여 신용장거래 당사자 간에 분쟁이 끊이지 않고 운송서류가 수리거절 되는 경우가 빈번하였다. 이와 같은 문제를 방치하는 것은 신용장이 수출업자를 보호하는 역할을 감소시키고 분쟁을 증가시켜 결과적으로는 신용장 사용의 감소를 초래하게 된다. 국제상업회의소 은행위원회는 이와 같은 문제를 해결하고자 2002년 2월 국제표준은행관행(International Standard Banking Practice for the Examination of Documents under Documentary Credits, ICC Publication No.645)을 제정 공표하였고, 2007년 4월에는 이를 개정(International Standard Banking Practice for the

11) UCP 600 제14조 d항.

Examination of Documents under Documentary Credits, ICC Publication No.681[12])하여 UCP 600과 함께 2007년 7월부터 적용되었다.

개정된 ISBP 681은 기존의 ISBP를 전면 개정한 것은 아니고 UCP 600에 기존의 ISBP가 반영되어서 일부조항을 삭제하여 공표한 것이다. 따라서 문장이 200문장에서 185문장으로 줄어들었다.

(2) 국제표준은행관행의 역할

ISBP는 새로운 관행을 만들거나 UCP를 개정한 것이 아니고 기존관행의 의미와 이것을 서류심사 실무에 어떻게 적용할 것인가를 결정하여 정리해 준 것이라 할 수 있다. 즉, 이전에는 서류심사 시 이견이 분분하고 판단이 모호한 경우에는 일일이 지금까지 발표된 DOCDEX(ICC 신용장 분쟁 전문가 자문)의 최근결정을 찾아보고 참고하였으나 ISBP제정으로 지금까지 발표된 의견(opinion)을 일일이 찾아보지 않고 ISBP만 보아도 문제를 해결할 수 있게 되었다. 따라서 ISBP는 신용장거래 시 서류검토의 기준을 세계적으로 통일함으로써 신용장거래의 모든 당사자들이 일관성 있는 판단을 할 수 있도록 기여하고 있다. 또한 신용장거래에 따른 서류작성을 ISBP의 지침을 기준으로 하여 작성함으로써 제시되는 서류에 하자가 발생하는 것을 감소시키는데 기여하고 있다.

2. 추심에 관한 통일규칙

추심에 관한 통일규칙(Uniform Rules for Collections; URC)은 신용장통일규칙과 같이 국제상업회의소가 추심업무의 통일과 추심결제를 원활히 하기 위하여 1956년에 제정한 국제규칙이다.

추심결제는 URC에 따라서 절차를 진행시켜야 한다.

현재 시행되고 있는 규칙은 1996년 1월 1일부터 제정되어 새로이 시행되고 있는 3차 개정 추심에 관한 통일규칙 1995년 개정판이 ICC 간행물 번호 제522

12) 이하, 'ISBP 681'로 지칭한다.

호인데 "URC 522"로 통용되고 있다.

주요 내용을 요약하면,

첫째, 은행을 통한 선적서류의 송부이다.

수출업자는 선적 후 이 규범에서 정한 선적서류를 계약서에 명기된 서류송부은행 또는 추심의뢰은행(remitting bank)에 제출하고 remitting bank가 수입지에 있는 추심은행(collecting bank)으로 서류를 우송하여야 한다.

따라서 수출업자가 선적서류를 직접 수입업자에게 송부하는 행위는 금지된다.

수출업자가 은행에 제출하는 서류는 운송서류, 보험서류(가격조건이 CIF, CIP일 경우) 상업송장, 환어음, 포장명세서, 기타서류이며, 이것은 URC에 그 목록이 기재되어 있다.

둘째, 은행을 통한 대금의 추심이다.

remitting bank에서 보낸 서류는 계약서에 명기된 수입지은행으로 도착하게 되며 이 수입업자 거래은행을 추심은행(collecting bank)이라 한다.

추심은행은 거래조건이 D/P인 경우에는 수입업자에게 수입대금을 받고 서류를 넘겨주고, D/A인 경우에는 수입업자로부터 서류를 인수하겠다는 의사표시인 인수증을 받고 서류를 넘겨주게 된다.

따라서 수입업자가 수입대금을 직접 수출업자에게 송금하는 행위는 금지되며 반드시 추심은행에 내어야 한다.

추심은행이 수입업자에게 받은 대금을 서류송부은행으로 보내면 서류송부은행이 이 대금을 수출업자에게 전달하게 된다.

셋째, 어음부 거래이다.

3. 은행간 대금상환통일규칙

화환신용장거래에 따른 대금상환에는 상환은행이 개입하지 않는 직접대금상환과 상환은행이 개입하게 되는 은행간 대금상환이 있다. 국제상거래에서 일반적으로 이용되고 있는 것은 후자이다.

대금상환의 경우 분쟁이 발생하면 신용장통일규칙에 의하여 거래당사자간의 책임문제를 원활히 해결하여 왔지만, 은행간 대금상환의 경우에는 그렇지 못한 점을 인식하고 1974년 국제상업회의소는 제3차 개정신용장통일규칙 제13조에서 처음으로 은행간 대금상환에 관한 규정을 마련하였다. 이를 다시 1983년 제4차 개정신용장통일규칙 제21조를 거쳐, UCP500 제19조에서 과거의 규정을 좀더 세분화하여 보완했다 그러나 상기의 제규칙들에 의해서도 은행간 대금상환에 있어 복잡한 사무절차나 당사자간의 책임문제를 일괄적으로 규율할 수 없었고, 또한 국가 또는 지역마다 다르게 이를 운용하여 왔기 때문에 신용장통일규칙의 범위를 넘어 활용되어 온 측면도 있어 1981년 미국의 국제은행업무협회가 마련한 은행간 대금상환에 관한 관습 및 절차를 참조하여, 1995년 국제상업회의소는 '은행간 대금상환통일규칙'(ICC Uniform Rules for Bank to Bank Reimbursements under Documentary Credits: URR 525)을 초안하였다. 이에 국제상업회의소는 URR 525를 정식으로 채택하여 1996년 7월 1 일부터 시행하고 있다.[13)]

동 통일규칙은 크게 4개의 장으로 구성되어 있으면서 모두 17개의 조항을 두고 있다. 즉 A장은 총칙과 정의(제1조~제3조), B장은 의무와 책임(제4조~제5조), C장은 수권, 조건변경 및 청구형식과 통지(제6조~제12조), D장은 잡칙(제13조~제17조)으로서 구성되어 있으며, 상환은행의 법적 성격, 발행은행의 의무와 책임, 상환청구은행의 구체적인 대금상환청구절차 등을 규정함으로써, 대량의 대금상환사무처리를 신속·정확하게 처리할 것을 의도하고 있다.

13) 한국의 경우에도 그동안 국내은행계의 여건미비로 동 통일규칙의 채택을 미루어 왔으나 1997 년에 들어 비로소 채택하여 활용하고 있다.

제2장

무역결제의 메커니즘

2.1 무역대금결제의 구분

무역대금결제방식은 신용장거래와 무신용장거래로 구분하거나 환어음의 개입여부에 따라 화환어음거래와 무화환어음거래로 구분할 수 있다.

신용장거래는 신용장을 매개로 하여 무역대금결제를 하는 것이고 무신용장방식은 송금방식(remittance)과 추심방식(collection), 국제팩토링방식(international factoring), 포피팅방식(forfeiting), 청산결제방식(open account)을 의미한다.

환어음이 개입되는 무역대금결제방식은 신용장과 추심, 포피팅을 의미하고 무화환어음거래는 송금과 국제팩토링, 청산결제로 구분된다.

본서에서는 통상적인 구분인 신용장거래와 무신용장거래에 대하여는 본장에서 설명하고, 다음 장에서부터는 환어음의 개입여부에 따라 구분하여 상세한다.

1. 무신용장방식

1) 송금방식

송금방식은 계약물품을 선적하기 전에 수입업자가 수출업자 앞으로 대금을 송금하여 주는 방식이다. 수출업자의 입장에서는 대금결제에 대한 위험을 완벽히 회피 할 수 있으나, 수입업자에게는 물품인도를 받기 전에 대금전액을 송금해 준다는 것이 금융비용 부담 등 자금부담 면에서 상대적으로 불리한 결제방식이다.

2) 추심방식

추심방식은 수출업자가 발행한 환어음(bill of exchange)으로 수입지의 거래은행을 통하여 무역대금을 추심방법으로 결제하는 방식이다. 추심방식은 화환신용장이 없이 수입업자의 신용을 수출업자가 믿고 매매계약 당사자의 계약의 근거하여 수출업자가 상품을 선적한 후 관련서류를 첨부한 화환어음을 수입업자에게 제시하면 수입업자가 그 어음에 대한 지급 또는 인수를 결제하는 방법이다.

이러한 추심방식은 송금방식의 수입업자에 대한 상업위험과 불편을 줄이기 위하여 고안된 결제방식이지만, 신용장에서와 같이 은행이 수출업자에게 대금지급을 보장하는 것이 아니라 매매당사자 간에 매매계약에 의하여 대금결제가 이루어지는 순수 외상거래방식이므로 매수인의 신용을 절대적으로 한다.

3) 기타의 결제방식

최근의 무역기업들은 특수한 거래형태나 지역적인 거래상정을 고려하여 새로운 거래방식을 과감히 채택함으로써 변화하는 국제무역환경에 적극적으로 대응해 가고 있다. 즉, 신용장이나 송금방식, 추심방식에서 벗어나 국제팩토링, 청산결제, 전자결제, 포피팅 등에 의한 결제방식이 사용된다.

2. 신용장방식

신용장거래는 거래목적물인 계약물품의 운송을 증명하는 운송서류를 제시하는 조건으로 무역대금결제가 이루어지는 상징적 인도방식의 무역거래이다. 따라서 신용장거래의 당사자인 수출업자와 수입업자는 신용장을 이용함으로써 계약물품의 인도를 서류상으로 보장받음과 동시에 대금이 서류와 상환을 조건으로 지급되기 때문에 대금회수가 보장된다.

이는 수출업자의 대금회수에 대한 불안과 수입업자의 물품회수 불능의 위험을 해결해 준다.

신용장은 공신력 있는 은행이 신용장의 조건에 일치하는 서류와 상환으로 대금지급을 이행하겠다는 약정이다. 지급보증과 금융기능을 수행하는 신용장 제도는 무역거래를 원활히 도모하는데 지대한 공헌을 해오고 있다.

2.2 무역대금결제의 기초

국제거래에 있어 물품대금을 결제할 때, 매매당사자간에 현금을 직접 주고받거나 약속어음 등을 이용하는 경우란 거의 없다. 상품거래에서는 채무자가 은행을 통하여 송금하거나 또는 환을 이용하여 경제하게 된다.

여기서 환(draft)이란 멀리 떨어져 있는 당사자 간에 현금을 직접 수함이 없이 채권자가 제3자에게 지급해 줄 것을 위탁하는 결제수단을 말한다. 이러한 환은 엄격한 요식행위를 갖추어야 효력을 발생하는 유가증권으로 상법에 규정된 기재사항을 누락하거나 잘못 기재할 경우는 무효로 처리된다.

1. 환(Transfer)

1) 환의 의의

국제간의 대금결제는 환거래를 통해 이루어진다.

외국환에 대하여 앞서서 언급한 바 있지만 무역거래에서 환은 격지자간의 금전채무를 현금을 수수(주고받음)하지 않고 결제하는 방법 및 절차로, 자금의 수수를 현금의 이동에 의하지 않고, 은행이나 우체국 등 제3자의 개입에 의하여 어음이나 수표 등의 신용수단을 통한 계정간 이체방식으로 대차관계를 청산하는 것을 말한다. 즉, 결제를 위해 직접 현금을 수송하지 않고, 제3자에게 자기를 대신하여 지급하도록 위탁하든지 아니면 자기가 가지고 있는 채권을 일단 제3자에게 양도하여 자기를 대신하여 채권을 징구(徵求)[1]시키든지

1) 돈이나 곡식 따위를 내놓으라고 요구한다는 의미로,(법이나 규약 등에 따라)세금이나 수수료

하는 지급위탁이나 채권양도의 방법에 의한다.

이러한 환거래가 국내에서 발생하는 경우를 내국환이라 하고, 외국과의 사이에서 발생하는 경우를 외국환이라 한다. 내국환과 외국환 사이에는 본질적으로 아무런 차이가 없으나 채권자와 채무자가 거주하는 국가가 다르거나 환어음의 지급장소와 발행장소가 국제적으로 상이함에 따라 내국환어음과 외국환어음으로 구분된다.

환은 서로 멀리 떨어져 있는 관계당사자나 기업간의 수취와 지급관계를 현지의 결제로써 처리하는 것이며, 은행의 신용과 조직망을 통하여 고객간의 지급관계가 은행간의 상계와 결제의 관계로 전환된다는 점이 특징이다.

(1) 내국환

국내의 격지간의 송금 또는 채권·채무의 결제를 현금의 이송에 의하지 않고 제3자에게 위탁하여 처리하는 방식으로 내국환 업무는 주로 은행 등의 금융기관이나 우체국에서 취급하고 있다. 그 종류로는 채무자가 채권자에게 송금하는 송금환과 채권자가 채무자에 대하여 추심하는 역환방식이 있다.

환거래방법은 송금인이 갑은행에 돈을 위탁하고 그 증표를 수취인에게 보내면 수취인은 그 증표를 지정된 을은행에 제시하고 돈을 찾게 된다. 그런 후에 을은행은 수취인에게 갑은행을 대신하여 지급한 대금을 갑은행에 청구하여 은행 상호간에 결제한다.

(2) 외국환

국제간의 채권·채무 관계를 금과 외화를 직접 사용하지 않고 결제하는 지정서류로써 외국환에 의하여 금이나 외화 수송상의 불편과 위험이 제거된다.

예를 들면, 서울의 수출업자 A가 뉴욕의 수입업자 C에게 생사 800만 원(1만 달러)어치를 수출할 경우, 수출대금을 받기 위하여 A는 C를 지불인으로 하는 액면 1만 달러의 환어음을 발행하고, 이 어음을 국내 외환은행(P)에 제시하여 할인을 받는다. 이런 할인은 은행으로서는 수출환어음의 매입이 되며, 수출업

따위를 거두어들인다는 의미의 징수(徵收)와는 의미가 약간 다르다.

자 A는 매입대전으로 800만원을 받게 된다. P은행이 이 어음을 뉴욕의 외국환은행(Q)에 보내면, Q은행은 이 어음을 수입업자 C에게 제시하여 액면금액 1만 달러를 지급받는다. Q은행은 P은행을 대신하여 그 대금을 받았으므로 P은행에 그 액수만큼의 채무를 부담한다. 다음에 서울의 수입업자 B가 뉴욕의 수출업자 D로부터 면화 800만 원(1만 달러)어치를 수입할 경우, 수입대전을 지불하기 위하여 B는 P 은행에서 액면 1만 달러의 송금어음을 800만 원에 사서, 그 어음을 뉴욕의 수출업자 D에게 보낸다. 수출업자 D는 이 어음을 Q은행에 제시하여 액면금액 1만 달러를 지급받는다. Q은행은 P은행을 대신하여 이 대금을 지불하였으므로, P은행에 대하여 액수만큼의 채권을 가지게 된다. 이와 같이 서울의 생사 수출액과 뉴욕의 면화 수출액이 같게 된 경우, P·Q 은행간의 채권·채무는 상쇄되며, 양자간에 금이나 외화의 운송이 필요 없게 된다. 또 서울의 수출업자 A와 수입업자 B의 채권·채무는 P은행을 통하여 결제된다. 이와 마찬가지로 뉴욕의 수출업자 D와 수입업자 C의 채권·채무도 Q은행을 통하여 결제된다.

대금의 수취인, 즉 수출업자측에서 발행한 환어음을 역환이라고 하며, 대금의 지불인, 즉 수입업자측에서 발행한 송금어음은 순환이라고 한다. 역환의 경우에는 지불인이 지불약속을 하기 전에 어음할인이 이루어지기 때문에, 어음채권을 확보하려고 할 경우에는 어음을 발행할 때 미리 신용장을 받아 두거나, 선하증권[2]을 담보로 하는 어음, 즉 화환어음을 발행하도록 한다. 무역에 있어서는 대금결제에 주로 역환이 많이 이용되며, 무역외의 결제에는 순환이 많이 이용된다. 위에서는 설명의 편의상 면화의 경우에는 순환에 의한 결제를 예시하였으나, 이 경우에도 역환을 사용할 수 있으며, 마찬가지로 생사의 경우에도 순환에 의한 결제가 가능하다. 또한 외환은행이 수출업자로부터 외환을 매입한 금액과 수입업자에 외환을 매각한 금액이 같게 되지만, 만일 차이가 있을 경우, 그 차액은 언젠가는 금이나 외화의 거래에 의한 결제가 이루어져야 한다. 그러나 1국의 은행의 정(正)의 차액과 이에 대한 외국은행의 부(負)의

2) 선하증권(船荷證券: Bill of Lading)은 선화증권(船貨證券)이라고 표기하기도 하지만, 상법 제813조 「선하증권의 발행」에서 "船荷證券"으로 표기하는 바, 본서에서는 이에 따르기로 한다.

차액은 서로 상쇄되기 때문에, 금이나 외화가 실제로 국제간에 거래되는 것은 국제수지가 수입초과 혹은 지급초과시에 발생하며, 이때의 지출을 조달하기 위한 보유외화를 외화준비라 한다. 외환에 의한 국제결제가 가능하게 되는 것은 국제수지가 균형상태에 있을 때뿐이나, 국제수지의 불균형시에도 환시장에서의 외화수급 불균형에 따라 환시세가 변동하고, 이를 통하여 환수급의 균형과 국제수지의 균형이 이룩될 수 있다고 여겨진다.

2) 환거래계약

어떤 은행이 국제간 송금, 추심, 신용장 통지 등의 외환업무를 수행하기 위해서는 상대방 국가에 외환거래의 중개자로서 은행이 존재하여야 한다. 상대방 국가에 자행의 지점이 있다면 이 지점을 이용하여 외환거래를 하게 되지만, 여러 가지 이유로 지점설치가 곤란한 경우에는 현지의 유력한 은행과 외국환거래에 관한 계약을 체결하여 서비스를 제공받는다. 외국과의 무역이나 자본거래에 있어서 각국의 은행이 자국거래 당사자들의 의뢰를 받아 송금해주는 등의 일을 하게 되는데 이러한 업무를 서로 추진키로 은행간에 상호계약을 맺는 것을 환거래계약[3]이라고 하며, 이러한 상호계약이 체결된 은행을 환거래은행 또는 코레스 은행이라고 한다. 즉, 환거래계약이란 외국과의 거래시에 당사자간 대금추심, 지급 등을 거래 당사국에 소재하는 은행을 통해 서비스받을 수 있도록 국내외 은행간에 체결하는 관련업무의 취급에 관한 약정이다. 코레스 계약을 체결하기 위해선 거래쌍방 은행들은 대상점포·취급업무의 종류·거래통화의 종류·대금결제방법 등에 관해 협약을 맺어야 하며, 서명감·거래조건서 및 표준암호(test key) 등 거래를 위한 각종 문서를 교환해야 하는 바, 서명감과 test key는 통신의 진정성 확인수단이고, 거래조건서는 수

---

3) 하지만 이는 수출업자인 매도인이 수출대금을 회수하기 위해 체결하는 환계약과는 다르다. 기본적으로 환계약은 매수인이 대금을 지급하기전 은행이 환어음을 매입하고 매도인에게 대금을 지급하는 매도인과 매입은행간 외국환거래약정을 말하는 바, 이는 수출환어음의 매입행위가 일종의 여신행위이므로 수출환어음의 매입에 관해 담보나 책임한계 등을 명확히 하기 위한 것이다. 외국환거래약정은 최초 거래시에 이루어지며, 외국환은행이 작성한 일정한 서식에 수출업자가 서명·날인함으로써 체결된다. 물론, 대금결제방식이 L/C base인지 아니면 계약서(D/A, D/P) base인에 따라 매입은행에 대한 개설은행의 지급확약여부가 달라지게 된다.

수료율을 표시한 서류이다.

환거래은행에는 외국환거래에 따른 대금결제를 위해 자행 명의의 예치금계정을 개설해둔 예치환거래은행[4](depositary correspondent bank)과 예치금계정이 개설되어있지 않은 무예치환거래은행(non-depositary correspondent bank)이 있다.

[그림 2-1] 환거래계약의 개념도

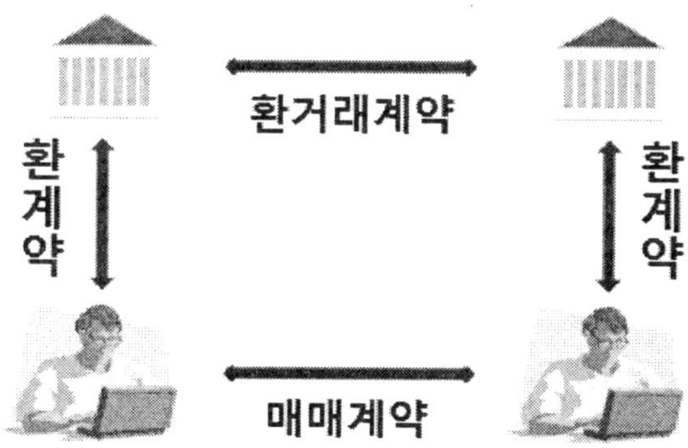

3) 환거래은행

송금방식 흐름도에서 송금은행과 지급은행은 예치환거래은행의 관계가 아니기 때문에 제3의 결제은행(settling bank)이 등장한다. 결제은행은 송금은행과 지급은행의 당좌계정을 모두 보유하고 있는 예치환거래은행이며 송금은행으로부터 송금지시를 받게 되면 송금은행의 구좌에서 대금을 출금하여 지급은행의 구좌에 입금하고 양 은행에 이러한 출금통보(debit advice)와 입금통보(credit advice)를 한다. 따라서 상기 흐름도에서 만약 송금은행과 지급은행이 상호 예치환거래은행인 경우에는 서로의 계정에서 입금과 출금을 처리하여 대금을 결제하기 때문에 결제은행은 당연히 등장하지 않는다. 대부분의 무역거래에서는 결제은행이 개입하게 되며 결제은행은 일반적으로 대금결제통화

---

4) 신용장거래에서도 개설은행을 대신하여 지급, 인수, 매입은행에게 보상업무를 수행하도록 개설은행이 지정하는 보상은행은 개설은행의 본·지점이나 예치환거래은행이 된다.

의 종류별로 각 국가의 국제금융 중심지역에 위치하고 있다.

결제은행은 대금결제의 행위에 대한 수수료로 결제수수료(reimbursement charge)를 수취한다.

4) 환의 종류

(1) 송금환(Remittance)

은행을 매개로 하여 격지자에게 송금하는 방법으로 은행은 송금인으로부터 송금할 금액과 수수료를 받고, 목적지의 자기은행 본지점 또는 거래은행을 지급인으로 하는 어음(대개는 수표)을 작성하고, 송금인은 이것을 받아 수취인에게 보내어 목적지 은행에서 찾을 수 있도록 한 것이다. 보통송금환·전신송금환·당좌계정이체 등이 있다.

채무자가 주도권을 쥐고 채무를 상환하는 방식으로 대금과 환의 이동방향이 같아 순환이라고 부른다.

① 송금수표(Demand Draft: D/D) : 발행은행으로부터 교부받은 송금수표를 송금인이 직접 수취인에게 송부하고, 이를 수령한 수취인은 송금수표상 기재된 지급은행에 지급제시를 하여 수표대금을 찾는 방법. 이 방법은 송금인의 책임하에 수취인에게 전달되므로 우편송금이나 전신송금에 비해 위험성이 높다.
환거래계약에 따라서는 일정액 이상의 송금수표를 발행한 경우 발행은행이 지급은행 앞으로 송금수표 발행통지서(Drawing Advice)를 작성하여 통지해 주고, 지급은행은 수취인으로부터 지급제시가 있는 때 송금수표와 발행통지서를 대조하여 내용 및 진위여부를 확인한다.

② 우편환(Mail Transfer: M/T) : 송금은행이 자행의 환거래은행인 지급은행에 대해 수취인에게 일정금액을 지급하여 주도록 위임하는 지급지시서(payment order)를 발행하여, 이를 송금은행이 직접 지급은행 앞으로 발송한다.

③ 전신환(Telegraphic Transfer: T/T) : 지급지시를 전신으로 하는 것 외에는 우편환의 경우와 같다.

(2) 추심환(collection)

무역거래에서 상품대금의 결제방법 중 대표적인 환결제방법으로 채무자가 채권자에 대하여 환으로 송금하고, 그것으로 결제하는 송금환결제와 대비된다.

채권자가 주도권을 쥐고 채권을 회수하는 방식으로 대금과 환의 이동방향이 반대로 움직여 역환이라고 부른다.

예를 들어 송부한 상품대금을 결제시키기 위하여 채권자가 화환어음을 발행하여 은행에 가져가면 은행은 그 화환어음을 사서 채무자의 거래은행에 보내고 징구를 의뢰한다. 결제방식이 채권자로부터 채무자에게라는 상품의 흐름과 동일하며, 통상적인 결제방식과는 거꾸로 되어 있다는 데서 역환이라 한다. 일반적인 수출입대금의 결제에는 이 방식이 많이 쓰인다.

추심은 송금환과 반대로 채권자가 자금을 역청구하는 역환을 말한다. 즉, 지급지가 외국으로 되어있는 수표 또는 어음 등을 고객으로부터 매입하거나 의뢰받아 지급은행에 대해 직접 또는 거래은행을 통하여 대금을 청구하여 받는다.

[그림 2-2] 추심환의 흐름

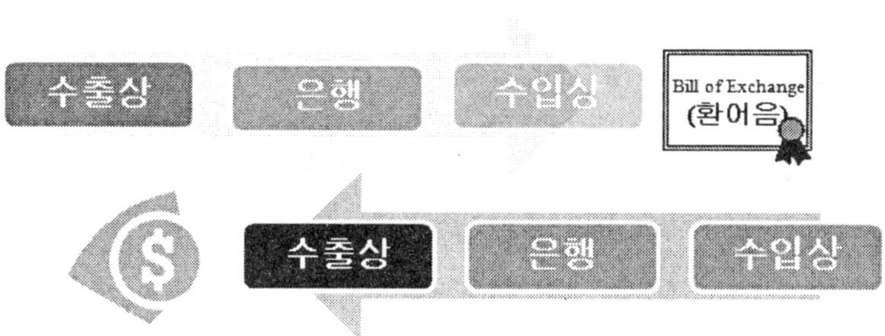

외국환은행이 수표나 어음 등을 추심환에 있어 그 대금을 먼저 고객에게 지급하는 매입절차의 방식을 추심전 매입(bill purchased)라 하고, 수표나 어음의 대금을 추신에 의해 추심은행으로부터 동 대금이 입금되었음을 통보받은 후 지급하는 방법을 추심후 지급(bill collection)이라 한다.

2. 외국환

1) 외국환과 환율

(1) 외국환과 환율의 관계

환율은 일국 통화와 타국 통화와의 교환비율을 말하며 외국환시세(rate of foreign exchange), 외화시세라고도 한다.

환이란 서로 멀리 떨어져 있는 사람, 기타 경제주체사이에 채권 · 채무관계(일방적인 증여의 경우나 자본의 이동을 포함함)가 있을 경우에 자금의 수수를 ① 현금의 이동에 의하지 않고 ② 은행이나 우체국을 통하여 ③ 계정간 이체방식으로 대차관계를 정산하는 것이다.

환거래가 국내에서 발생되는 경우를 내국환이라 하고, 외국과의 사이에서 발생되는 경우를 외국환이라 한다.

즉, 외국환이란 국제간에 대차관계를 정산하는 대금결제시스템이라고 할 수 있다. 이외의 뜻으로 외국환을 단순히 서로 다른 통화의 교환(매매)을 지칭하기도 하고, 외국환거래법에서는 대외지급수단[5], 외화증권, 외화채권으로 정의하고 있다.

(2) 외국환의 특징

외국환에 있어서 대차관계는 동일국내의 한 지역과 다른 지역사이에 일어나는 것이 아니고, 통화를 달리하는 나라와 나라 사이에서 일어나는 것이므로 내국환과 달리 다음과 같은 특징을 지니게 된다.

가) 외국환가격

외국환의 가장 중요한 특색은 그 거래에 환율문제가 따른다는 것이다. 내국환에 있어서는 거래쌍방이 동일통화로써 거래하지만 외국환거래는 서로 다른 국가 간에 대차결제를 하는 것이므로 서로 다른 통화의 교환이 필요하게 되고,

---

5) 대외지급수단은 외국통화와 외국통화로 표시되거나 외국에서 사용할 수 있는 지급수단이라고 규정하고 있다.

이 이종통화의 교환비율을 얼마로 할 것인가 하는 중요한 문제가 대두되게 된다.

나) 자금결제방법

내국환의 경우에는 중앙은행이 있어서 각 은행간의 환거래에 따르는 자금결제를 최종적으로 담당하여 주고 있으므로 자금결제는 비교적 간단히 끝낼 수 있다. 그러나 외국환에 있어서는 그 거래의 장면이 전 세계로 넓혀지게 되므로 내국환에 있어서의 중앙은행과 같은 기능을 담당할 환의 집중결제기관이 없다. 이에 더하여 각국의 통화가 각각 다르기 때문에 환결제의 구조는 보다 복잡하게 된다.

따라서 외국환거래에 따르는 자금결제는 각 은행이 독자적인 환거래은행을 통해서만 가능하게 되는 특이한 형태를 취하게 된다.

다) 외국환의 관리

내국환의 경우에는 동일국내의 환거래이기 때문에 별다른 제약이 없지만 외국환의 경우에는 외국과의 수급인 국제수지와 큰 관련을 갖게 되고 또 외국환의 유효한 이용은 그 나라의 산업과 경제발전의 근간이 되기 때문에 이의 관리는 중요하다. 그리하여 외환의 무제한한 해외유출이나 반대로 투기적인 외화의 일시적인 유입을 방지하기 위하여 무역거래와 함께 외국환의 수급에 대해서 관리를 행하고 있는 것이 대부분의 국가에서 취하고 있는 방법이다. 물론 나라에 따라서 관리의 정도에 차이가 있으며 또 동일국내에서도 그 때의 상황에 따라 탄력적으로 운용하고 있다.

(3) 화폐표시환율

환율을 자국화폐와 외국화폐와의 교환비율이라고 하면 외국화폐와 자국화폐 중 어느 것을 기준으로 해서도 환율을 표시할 수 있다. 즉, 환율은 외국통화 1단위와 교환되는 자국화폐의 단위수로서 표시할 수도 있고 역으로 자국화폐 1단위와 교환되는 외국통화의 단위수로서 표시할 수 있다. 전자를 자국화폐 표시환율(rate in home money or currency) 또는 직접표시환율(direct quotation)이라 하고 후자를 외화표시환율(rate in foreign money or currency) 또는 간접표시환율(indirect quotation)이라 한다.

예컨대 우리나라의 환율을 US$=915원으로 표시하는 것은 자국화폐표시환율이며 이는 영국을 제외한 대부분의 나라에서 사용하고 있는 방법이다. 또한 영국 『파운드』 화의 경우는 £1 = US$1.700.00으로 표시하는데 이는 외국화폐표시환율이다.

결국 자국화폐표시환율은 외화를 하나의 상품으로 보았을 때 그 상품의 한 단위에 대한 자국화폐의 값을 의미하고 외화표시환율은 반대로 자국화를 상품으로 하고 그 상품의 한 단위에 대한 외화의 값어치를 말한다.

따라서 우리가 흔히 환율인하라고 하는 것은 US$1=925에서 US$=915으로 자국화가 평가절상 되는 것을 말한다.

2) 환율제도의 연혁

(1) 고정환율제도(1945.10~1964.5)

당시 국제환율제도가 그러하였듯이 우리나라도 해방이후 미군정 당국에 의하여 고정환율제도를 채택하였다.

(2) 단일변동환율제도(1964.5~1980.2)

1964년 5월 단일변동환율제도를 실시함과 동시에 외환증서제도를 도입하였으나 수입쿼타가 대폭 철폐되고 물가가 보합상태를 유지하자 1965년 3월 변동환율제도를 실시하여 기준환율과 시장율, 외국환 대고객 매매율 및 한국은행 집중률 등을 두었다. 이후에도 환율과 물가의 괴리현상이 나타나 4차례에 걸쳐 대폭적인 환율인상 조치가 불가피하게 취해졌다.

(3) 복수통화 basket제도(1980.2~1990.2)

복수통화 basket제도의 실시로 그 이전 사실상 고정되어 있던 환율이 국제통화 시세 변동, 국제수지추이, 국내외금리차 등에 의하여 대미 dollar 환율이 결정되므로써 유동화하기 시작하였다.

이 제도하에서 환율은 SDR basket 환율과 독자 basket 환율을 산출한 후 한국은행총재가 국내외 금리차, 내외물가 상승차, 외환시장의 전망등을 감안하여 최종결정 고시하였다.

(4) 시장평균환율제도(1990.3~1997.12)

1990년에 들어서 우리경제의 국제경제상 지위가 향상됨에 따라 외환자유화는 시대적인 조류로서 자유변동환율제도의 전단계로서 새로운 환율제도의 필요성이 대두되었다. 이같은 필요에 의해서 시장평균환율제도가 실시되었다.

이 제도하에서 결정되는 시장평균환율은 외국환은행과 고객과의 외환거래나 은행간 외환거래의 기준이 되는 원화와 달러화의 환율로서 은행간 시장에서 외환의 수요와 공급에 의해서 결정되는 환율이다. 이 환율은 단기적으로는 수출입동향, 경제전망, 원화절상 또는 절하에 대한 기대심리 등에 의해 원화환율이 변동되지만 근본적으로는 경상수지와 자본수지를 향한 종합수지에 의해 원화환율이 변동된다고 할 수 있다.

이 환율은 와환매매 중개기능을 담당하는 금융결제원내의 자금중개실에서 산출하여 매일 오전 9시에 Yonhap Infomax, AP, Reuter화면을 통해 당일 외환거래의 시장평균환율을 고시하고 환율자동응답장치에 입력된다.

시장평균환율은 외국환은행들이 국내외환시장에서 거래한 원화와 달러 현물환거래환율을 거래량으로 가중평균하여 다음날의 시장평균환율을 결정하게 되는데 은행간 외환시장의 참여자는 시중은행, 특수은행, 지방은행, 외국은행, 종금사, 한국은행 등이다.

(5) 자유변동환율제도(1997.12.16~현재)

1971년후 Bretton Woods 체제의 붕괴와 더불어 세계 주요 선진국들이 자유변동 환율제도로 이행하였으나, 우리는 국내외환시장의 여건이 아직 성숙되지 않아 그 사전 준비단계로서 시장평균환율제도를 도입하였다.

이 제도하에서 환율은 국내외환시장에서 은행간 미달러화에 대한 수요·공급에 의하여 결정되는 것을 원칙으로 하였으나 기준환율을 중심으로 일정상하한폭을 설정하는 등 정부가 간접적으로 관여하여 왔다.

1997년 12월 들어 우리나라의 경상수지악화, 수년간 누적된 악성 대외채무의 증가로 인하여 IMF구제금융을 받을 수밖에 없었고 동기구의 권고에 따라 자유변동환율제도를 시행하게 되었다.

자유변동환율제도는 이러한 정부의 관여가 배제되어 외환시장에서 은행 및 기타 금융기관간의 거래에 의하여 미달러화와 원화의 환율이 결정된다.

미 달러화를 매입 또는 매도하고자 하는 금융기관은 금융결제원내의 자금중개실의 중개에 의하여 거래를 하게 되며 대고객외환거래를 하고자 하는 은행은 은행간의 외환시장에서 형성된 환율을 참조하여 일정 마진폭을 가감한 대고객환율을 자율적으로 산출하여 적용하고 있다.

은행간의 외환시장에서는 미달러화와 원화의 거래만 이루어지기 때문에 기타 통화와 원화의 환율은 주요 국제외환시장의 환율을 재정하여 산출한다.

3) 현행 환율구조

(1) 외국환은행간매매율

외환시장에서 외국환은행 상호간의 외환거래에 적용되는 환율을 말한다. 외국환은행은 본질적으로 대고객거래에서는 수동적 입장에 있으므로 이에 따라 발생하는 환 risk와 외화자금의 과부족을 조정할 필요가 있을 경우 각 외국환은행 상호간에 이를 위한 외환거래가 금융결제원의 자금중개실을 통하여 이루어지며 이때 은행간 매매율이 결정된다. 따라서 이 율은 원칙적으로 당해 시장의 외환수습사정을 그대로 반영하는 시세라 할 수 있으며 우리나라 외환시장의 경우 외국환은행, 외국은행, 한국은행이 참가할 수 있도록 되어 있다. 또한 외환시장에서 형성된 외국환은행 매매율을 참조하여 각 외국환은행은 대고색 환율을 결정한다.

(2) 외국환은행대고객매매율

외국환은행이 고객과 외환거래를 하는데 적용하는 환율로서 보통 매 영업일에 영업장에 게시하며 전신환매매율, 일람출급환어음율, 수입어음결제율, 기한부어음매입율 등으로 나눈다. 이는 외국환은행간 매매율을 감안하여 외국환은행의 장이 자율적으로 정하고 있으며 기타 통화의 경우에는 주요 국제외환시장의 환율을 참조한 재정환율에 일정 마진을 가감하여 결정한다.

가) 전신환율매매율

전신송금의 경우 송금인으로부터 원화송금대전을 받고 외환을 매도함과 동시에 지급은행 앞으로 송금환의 지급지시를 전신으로 하게 되므로 외화송금대금이 송금은행의 해외예치계정에서 즉시 지급된다. 즉, 송금은행의 입장에서 볼 때 송금환의 매도와 고나련하여 자금부담의 문제가 개입도지 않는다.

이때 송금은행이 송금인에게 외환을 매도할 때 적용되는 환율이 대고객전신환매도율(T/T selling rate)이다.

이와는 반대로 외국으로부터 전신으로 송금되어온 타발송금환을 지급하는 국내의 외국환은행은 이 타발송금을 매입하고 원화를 지급하게 되는데 이를 매입하고 지급하는 시점에는 외화송금대금은 이미 지급은행의 해외예치계정에 입슴되는 것이므로 이 타발전신송금환을 매입하는데 적용하는 환율은 대고객전신화매입율(T/T buying rate)을 적용한다.

마찬가지의 이유에서 비록 전신환이 아니더라도 자행계정(Our a/c)에의 대금입금시점이 자행에서 자국화대금을 지급한느 시점과 비교해서 당일 또는 선일(先日)인 경우에는 전신환과 같은 효과를 발생하므로 전신환매매율이 적용되게 된다.

전신환매매율은 다른 대고객매매율의 기준이 되어 이를 중심으로 일람출급환어음매입율, 기한부어음매입율 및 수입어음결제율을 정하는데 환어음의 자금화 또는 결제에 소요되는 기간에 해당하는 금리만큼 차감하거나 가산한다. 따라서 엄격한 의미의 환율은 바로 전신환매매율을 말한다고 할 수 있다.

이 가산되는 폭을 전신환매매율폭이라 하며 이는 외환매매에 따른 외국환은행의 환위험부담에 대한 보험료와 수수료의 병합이라고 이해하여야 할 것이다. 통상 매매익이라고 한다.

나) 일람출급환어음매입율

환어음이 지급은행에 제시되어야 지급되는 일랍출급환어음(bill of exchange, at sight or demand draft)의 매입에 적용되는 환율로서 환어음의 우송기간이 경과하여야만 자금화가 되므로 해당기간에 대한 금리를 전신환매입율에서 차감한 율이어야 한다. 예컨대 수출업자가 선적을 완료하고 환어음을 외국환은행에 매입시키는 경우에 외국환은행은 수출업자에게 환어음매입대금을 먼저 원화로 지급하고 이를 외국의 수입업자 앞으로 해외의 환거래은행을 통하여 추심하게 되는데 추심이 완료되려면 매입한 환어음을 지급은행을 앞으로 우송하여 지급인인 수입업자에게 제시되어야 함으로 우송기간 경과후에 비로서 매입은행계정에 입금될 것이다. 다시 말하면 매입은행은 동 기간만큼 수출업자에게 자금을 선화(advance)한 셈이 된다.

따라서 일람출급환어음매입율은 동 기간에 해당하는 금리(환가료: exchange commission)를 전신환매입율에서 공제한 율이 된다.

일람출급환어음 매입율은 수식으로 표시하면 다음과 같다.

일람출급환어음매입율 = 전신화매입율 - 환가료

다) 기한부어음매입율

외국환은행이 수출업자로부터 일람한 후(xx days after sight) 또는 확정일자(xx days after B/L Date)로부터 기산하여 일정기간 후에 지급되는 조건의 기한부어음을 매입할 때에 적용되는 환율이다.

외국환어음매입율은 어음기간(usance기간)에 해당되는 금리를 당연히 차감하고 매입하여야 한다.

기한부어음매입율의 산출방식은 당해어음의 만기일 확정방법의 차이에 따라 달라진다. 즉, 어음기간의 기산일이 일람 후부터인 경우에는 당해어음기간에 대한 금리를 일람출급환어음매입율에서 차감하여 어음기간의 기산일이 선적일자(B/L date)등 확정일자로 되어 있는 때에는 당해어음의 매입일(nego)

로부터 만기일까지의 금리를 전신환매입율에서 차감한다.

이를 수식으로 표시하면 다음과 같다.

일람급정기출급인 경우

$$일람출급어음매입율-(장부가격\times\frac{어음기간}{365}\times년환가요율)$$

확정일자후정기출급인 경우

$$전신환매입율-(장부가격\times\frac{어음의 매입일부터 만기일까지의 기간}{365}\times년환가요율)$$

년환매요율 = Libor + Spread

라) 수입어음 결제율

수입의 경우는 수출지에서 수출업자가 선적을 하고 환어음을 발행하여 현지 거래은행에 매입시켜면 해외은행에 개설되어 있는 수입신용장 개설은행의 명의의 당좌예치금 계정에서 동 어음 매입대금이 자기(借記) 되고 즉 출금되고 해외은행이 매입한 어음은 우리나라의 신용장 개설은행앞으로 송부되어 온다. 따라서 수입어음을 수입업자에게 제시하여 수입대금을 받을 때에는 이미 해외의 자행계정에서 차기(출금)되어 상당한 기간이 경과한 때이므로 그에 상당한 금리를 더 받아야 한다.

통상 이 기간을 10일로 하고 이율은 일람출급환어음매입의 경우와 같다.

수입어음결제율 = 전신환매도율 +(환매율)

마) 현찰매매율

외화현찰을 매매하는 경우에는 매매의 대상이 되는 외화현찰의 보관비용,

현송비용이 소요될 뿐만 아니라 외화자산면에서도 외화현금시재액은 비수익적이기 때문에 환율면에 있어서도 이와 같은 위험부담과 손실보전면을 고려하여 현재 현찰매매율은 전신화매매율, 일람출급환어음매입율등 보다 은행의 매매마진폭이 크다.

바) 여행자수표 매도율

여행자수표를 원화의 대가로 판매하는 경우에 적용하는 환율로서 기준환율에 일정율을 가산하여 적용하고 있다.

(3) 기타환율

가) cross rate

cross rate란 한 나라의 외환시장에서 어떤 특정통화에 대한 자국통화의 기준환율이 정하여져 있을 때 이 기준환율의 대상이 되는 외국통화에 대한 다른 외국통화의 환율을 말한다. 즉 자국통화가 개입되지 않은 순수 외국통화간의 환율을 말한다.

우리나라의 경우는 원화와 미달러화간의 환율을 기준환율로 정하고 있으므로 미달러화에 대한 독일 마르크화의 환율 또는 미달러화에 대한 일본엔화의 환율 등이 cross rate기 되며 뉴욕 외환시장의 경우에는 마르크화와 파운드화간의 환율 등이 cross rate가 된다.

그러나 국제외환시장에서의 cross rate는 이와는 약간 다른 의미로 사용되고 있다. 즉, 국제외환시장에서는 모든 통화의 환율이 기축통화인 미달러화에 대한 환율로 표시되고 있으므로 미달러화에 대한 A통화의 환율과 B통화의 환율로부터 산출되는 A통화와 B통화간의 환율이 cross rate가 되는데 만약 뉴욕시장에서 미달러화와 독일 마르크화간의 환율이 US$1 = DM1.6635이고 미달러화와 프랑스 프랑화간의 환율이 US$1=FFR5.6650이라 가정할 때, DM1.6635=FFR5.6650의 공식이 성립되므로 이때 산출되는 수식은 다음과 같다.

$$DM1 = \frac{FFR5.6650}{1.6635} = FFR3.4054 \text{ 또는 } FFR1 = \frac{DM1.6635}{5.6650} = DM0.2936$$

나) 재정환율

재정환율(arbitrated rate)이란 한 외환시장에서 자국통화와 기준통화간의 기준환율이 정하여져 있을 때 이 기준환율과 기준통화와 다른 외국통화간의 Cross rate를 이용하여 산출되는 자국통화와 다른 외국통화간의 환율을 말한다. 그러므로 우리나라의 경우는 미달러화를 제외한 다른 외국통화와 원화간의 환율은 US$1 = ₩920이고 미달러화와 일본 엔화간의 환율이 US$1 = ￥250일 경우 우리나라 원화와 일본 엔화와의 재정환율 산출방법 및 기준환율 cross rate, 재정환율간의 관계는 다음과 같다.

[그림 2-3] 재정환율간의 관계

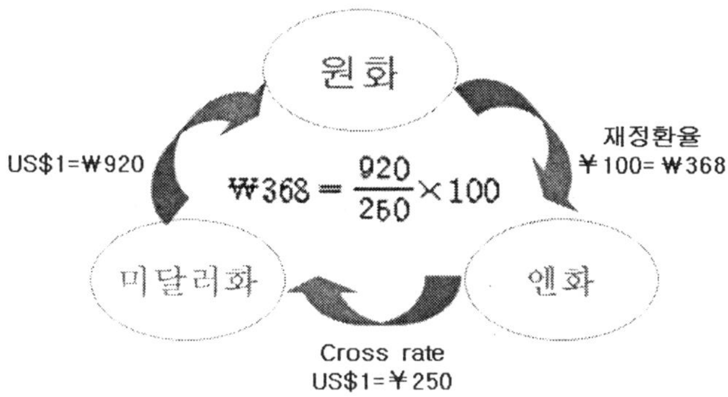

다) 장부가격

장부가격이란 동종외화간의 대체거래에 따른 외화금액의 원화 환산시 적용되는 율이다. 예를 들면 수출환어음매입대전을 원화로 환산하지 않고 수입대전결제에 충당하기 위하여 예금계정에 대체하게 되는데 이러한 대체거래의 거래별 대체총액을 원화 대차대조표에 계상하기 위하여 이를 원화로 평가하여야 하는데 이때 적용되는 원화 환산율을 말한다.

또한 장부가격은 외국환은행이 외국환거래에 따르는 수수료를 원화로 징수할 때 외환대 원화의 환산율로도 적용된다.

4) 환율의 변동요인

외환거래에 대한 규제가 전혀 없는 자유외환시장(free exchange market)에서 환율은 외환의 수요와 공급에 의해 결정된다. 일국의 외환수급상황은 경상수지와 자본수지의 영향을 받게 되는데, 이러한 외환수지는 장기적으로 각국경제의 기초적요인에 의하여 결정되며, 단기적으로는 시장의 투기적 또는 기술적요인 그리고 제도변화 등에 영향을 받는다. 즉, 환율변동에 영향을 미치는 주요인으로서는 ① 물가, ② 경제성장, ③ 금리수준, ④ 통화량 등과 같은 기초적 요인이 있는가 하면 ① 시장분위기(market sentiments), ② 중앙은행의 외환시장개입, ③ 시장의 추세적·순환적 국면, ④ 새로운 뉴스의 출현 등과 같은 기술적 요인이 있다. 이들 환율변동요인 가운데에는 경제성장이나 물가 등과 같이 상품시장의 수급을 통하여 주로 경상수지에 영향을 미치는 장기적인 환율변동요인들이 있는가 하면, 금리나 시장기대의 변동 등은 주로 자산시장(여기서 자산시장이라 함은 상품시장과 대칭되는 개념으로 금융자산시장을 말함)의 수급조정을 통하여 단기적으로 환율변동에 큰 영향을 미치게 된다.

그러나 환율변동에 영향을 미치는 여러 요인들을 장기적 요인과 단기적 요인으로 엄격히 이원화하여 구분하기는 곤란하며 현실적으로 장·단기 요인이 상호간에 교호적으로 작용하면서 시장환율에 영향을 미치고 있는데, 이제 물가, 경제성장, 금리 및 통화량 등이 상품시장과 자산시장을 통하여 환율에 어떤 영향을 미치는가를 살펴보고자 한다.

(1) 물가

환율결정의 전통적 이론인 구매력평가이론에서 각국의 물가상승률은 장기적인 환율결정요인이 되고 있다. 즉, 자국의 물가상승률이 다른나라에 비하여 상대적으로 높은 오름세를 보일 경우에 자국의 수출경쟁력이 약화되는 반면 수입수요는 증대되어 이에 따른 경상수지의 악화(외환의 초과수요)가 자국통화의 평가절하를 초래하게 된다. 상대적인 물가변동에 의한 환율변동효과는 수출입상품의 상대가격변동과 이에 따른 경상수지의 변동(상품시장의 수급조정)을 통하여 나타나기 때문에 일반적으로 장기적인 환율변동으로 인식되고 있다.

이와 같은 실현된 물가상승률은 상품시장의 수급조정을 통하여 일정시차를 두고 환율변동에 영향을 미치지만 장래 인플레이션에 대한 시장기대의 변동은 자산시장을 통하여 즉각적으로 환율에 영향을 미칠 수 있다. 즉, 상대적으로 자국의 기대인플레이션이 높거나 또는 기대인플레이션 이상으로 실제물가상승률이 높게 나타나는 경우, 시장참여자들은 장애에 있어 자국통화의 약세를 예상하여 외환시장에서 자국통화를 즉시 매각하게 되는데 이때 다른 조건에 큰 변동이 없는 한 자국통화의 즉각적인 평가절하가 초래될 수 있다. 즉, 실현된 인플레이션은 수출입상품의 상대적인 경쟁력에 변화를 가져오게 되고 이것이 경상수지의 변동을 통하여 장기적으로 환율변동에 영향을 미치게 되나, 기대인플레이션의 변동이나 예상치 못한 물가상승은 시장참가자들의 기대심리와 투자심리에 영향을 미침으로써 자산시장을 통하여 즉각적인 환율변동요인으로 작용할 수 있다.

(2) 경제성장

전통적으로 케인즈이론은 한계수입성향의 개념을 도입하여 한 나라의 경제가 상대적으로 높은 성장을 지속하는 경우 여타 조건이 일정하다면 수입이 증대되어 경상수지가 악화(외환의 초과수요)되면서 그 나라 통화의 평가절하가 초래됨을 설명하였다. 이와 같은 경제성장에 따른 환율변동은 지출변동과 경상수지의 조정을 통하여 나타남으로써 상대적으로 장기적인 환율변동요인으로 인식되고 있다.

이에 반하여, 시장에서 기대성장률의 변동은 자산시장의 수급조정을 통하여 즉각적으로 자국통화의 환율변동을 초래할 수 있다. 즉, 자국경제가 기대이상으로 높은 성장을 기록하는 경우 시장에서는 장차 자국금리가 상승할 것으로 기대하거나 또는 자국경제의 건전성에 대한 신뢰도가 높아짐으로써 외환시장에서는 자국통화에 대한 매입수요가 증대되는데 이때 자국통화의 즉각적인 평가절상이 이루어질 수 있다.

(3) 금리

각 국간의 상대적 금리수준의 변동은 다른 조건이 일정할 때 자산시장을 통하여 환율변동의 주요 요인이 되고 있다, 지금 다른 조건이 일정할 때 자국의 금리가 상승하면 자국통화표시 금융자산의 수익률이 상대적으로 높아졌음을 의미한다. 이때 투자가들은 자국통화표시 금융자산에 대한 투자증대를 위하여 자국통화의 매입수요를 증대시킴으로써 자국통화는 강세를 시현하게 된다. 즉, 자국통화가 상대적으로 고금리통화가 되면 강세를 그리고 저금리통화가 되면 약세를 시현되게 되는데, 이러한 관계는 자산시장의 즉각적인 수급을 통하여 이루어짐으로써 단기적인 환율변동요인이 되고 있다.

그런데 여기서 금리변동에 의한 이종통화 자산간의 대체현상과 이에 따른 환율변동은 기본적으로 실질금리의 상대적 변동에 기인함을 유의할 필요가 있다.

이와 관련하여 높은 기대인플레이션률이 상당기간 지속되는 상황에서 금리와 환율변동과의 관계를 보면 명목금리의 상승에도 불구하고 높은 기대인플레이션률로 인하여 해당통화가 평가절하될 수 있다는 점이다. 즉, 높은 기대인플레이션률하에서는 환율변동이 명목금리보다는 물가상승에 큰 영향을 받는데다가, 명목금리의 상승이 실질금리의 상승을 가져오지 못함으로써 명목금리의 상승이 실질금리의 상승을 가져오지 못함으로써 명목금리의 상승시에 해당통화의 평가절하가 나타날 수 있다는 점에 유의하여야 한다.

(4) 통화량

자국통화량의 상대적 증가는 다른 조건이 일정하다고 하면 일차적으로 유동성효과(liquidity effect)에 따라 자국금리의 하락요인이 되고 동시에 이것이 기대인플레이션의 상승요인이 됨으로써 자국통화의 평가절하를 가져오게 된다. 특히 지속적인 통화량 증가현상은 시장에서 기대인플레이션률을 높여줌으로써 자국통화의 장기적인 평가절하 요인이 될 수 있다.

(5) 중앙은행의 외환시장개입

중앙은행의 외환시장개입은 단기적으로 외환시장효과(exchange market effect)와 통화효과(monetary effect)를 통하여 환율에 영향을 미치고 장기적으로는 기대효과(expectations effect)를 통하여 환율에 영향을 미친다.

A국의 중앙은행이 외환시장에서는 A국통화를 대가로 B국통화의 매입조작을 실행할 경우에 이것이 외환시장에서는 A국통화의 공급증대, B국통화의 수요증대로 나타남으로써(외환시장효과) 단기적으로는 B국통화의 강세, A국통화의 약세를 유도할 수 있다.

A국의 중앙은행이 A국통화를 대가로 한 B국통화 매입시에 초래되는 A국통화량증가를 공개시장조작을 통하여 흡수하지 않는 경우 A국 통화량의 증대는 A국의 금리하락(통화효과)과 아울러 A국의 기대인플레이션률을 높여줌으로써(기대효과) A국통화의 평가절하를 가져오게 된다. A국 중앙은행이 외환시장에서 B국 통화매입에 따른 A국 통화량증가를 공개시장에서 A국통화표시 국채를 매각하여 흡수할 경우에는 통화효과는 소멸되고 외환시장효과에 의한 A국 통화의 약세효과만 나타나는데, 이러한 통화개입이 환율에 미치는 효과는 일반적으로 일시적이며 제한적으로 나타난다.

(6) 정치적 경제여건

한 나라의 정치적 경제상황이나 경제정책에 대한 시장참여자들의 신뢰성 정도는 오늘날 환율변동의 한 주요요인이 되고 있는데, 이는 투자가들의 시장 기대심리가 이들 여건의 변동에 큰 영향을 받기 때문이다. 예컨대, 특정국가에 있어서 장래 무역거래에 영향을 미칠 보호무역법과 같은 수입규제조치의 법제화 등 정치경제적인 사태발생은 외환시장에서 현재의 환율변동에 즉각적인 영향을 미치게 된다.

정치적 안정은 경제적 안정 또는 해당국가의 전반적인 신인도를 높여 주기 때문에 시장에서 정치안정국의 통화는 안전통화로서의 선호도가 높아 일반적으로 안정적 강세를 보이게 되나 정치불안국의 통화는 해당국가의 신인도가 경제의 불안정성 등을 반영하여 평가절하의 경향을 띠게 된다. 뿐만 아니라 국제분쟁의 반발 등 세계정세의 불안요인이 발생할 경우에는 투자가들은 안전통화를 선호하게 되어 이때는 통상 기축통화인 미달러화가 강세를 시현하게 된다.

지금까지 외환시장에서 외환의 수급변동에 영향을 미치는 기초적·기술적 요인들을 살펴보았는데, 이들 요인들은 주로 상품시장을 통하여 환율변동에 영향을 미치는 경우와 자산시장의 수급조정을 통하여 즉각적으로 환율변동에 영향을 미치는 경우가 있다.

즉, 물가상승, 경제성장 등은 각국 무역구조의 성숙도에 따라 일정시차를 두고 상품시장의 수급을 통하여 환율변동에 영향을 미치고 있으며 이들 거시경제지표에 대한 시장기대의 변동은 자산 시장의 수급조정을 통하여 즉각적인 환율변동으로 작용하게 된다.

금리나 시장기대의 변동, 그리고 정치적 상황과 같은 기술적요인은 금융자산의 즉각적인 거래를 수반함으로써 주로 단기적인 환율변동요인이 되고 있으나 이들 역시 장기적으로 실물경제의 활동에도 영향을 미치게 된다. 따라서 환율변동은 앞서 살펴본 장·단기 요인이 상품 및 자산시장을 통하여 복합적으로 초래한 외환수급의 변동결과라 하겠다. 끝으로 외환거래에 대한 규제가 전혀 없고 모든 시장정보가 환율에 완전하고 신속하게 반영되고 있는 효율적인 시장에서는 기대환율이 실현환율과 동일하게 됨으로써 시장참가자들의 기대환율이 환율변도에 결정적 영향을 미치게 된다.

5) 환율변동과 무역

환율이 인상되면 수출이 증대되는 반면 수입이 감소하게 되고, 환율이 인하되면 수출이 감소하는 반면 수입이 증대되게 된다.

고정환율제도는 외환시세의 변동이 전혀 없게 고정시켜 놓은 환율제도이기 때문에 국제대금결제에 있어 위험이 예측가능하고 정부에서는 대내경제정책의 수행이 용이하다. 반면, 국제수지조정과 자국통화의 조정이 어려워 경제적인 불안요소가 잠재될 우려가 있다.

우리나라도 상당기간 고정환율제도를 채택하였으나 여러 가지 경제여건의 변동과 정책적인 필요에 의하여 1990년 3월부터 변동환율제도인 시장평균제도인 시장평균환율제도를 실시하고 있다. 변동환율제도는 각국 통화의 가치, 즉 환율을 고정하지 않고 시장의 추세에 따라 변동하는 제도이다.

현행제도에서는 상품의 단기적 가격결정이 용이하고 정부입장에서는 정책수행과 환율조정이 용이하지만, 불확실성 증대로 장기적 국제교역 저해와 기업경영의 불안을 초래할 수도 있고 외환 투기시 각국의 환율인상(평가절하)으로 인하여 타격을 입을 수도 있다.

2.3 어음(Draft)

어음은 약속어음과 환어음(화환어음)으로 구분된다. 일반적으로 어음은 발행인이 제3자(지급인)에게 일정금액(어음금액)의 지급을 약속하거나 제3자에게 그 지급을 위탁하는 유가증권으로 발행인이 지급인을 겸하고 언제나 주채무자가 되는 특징이 있다.

1. 약속어음(Promissory Note)과 무역어음

어음발행인 자신이 일정일(만기)에 일정금액(어음금액)을 어음상의 권리자(수취인 또는 피배서인)에게 지급할 것을 무조건으로 약속하는 유가증권으로, 발행인 자신이 지급인을 겸하고 발행인은 언제나 주채무자가 된다.

대부분의 기업들이 회사 경영을 할때 물품대금의 결제, 자금의 유통은 어음이라는 수단을 통하여 수행하게 된다.

그런데 국내 거래를 할때 사용하는 어음은 대부분 약속어음이고, 무역을 할때 사용하는 어음은 환어음이다(국내거래시에도 내국신용장거래에는 환어음을 사용함)

국내거래를 할 때는 채권자가 채무자를 직접 만나서 채무변제를 요구하고 돈을 받는 것이 수월하기 때문에 약속어음을 사용하게 되지만, 무역에서는 채권자인 수출업자와 채무자인 수입업자(또는 개설은행)이 멀리 떨어진 다른 나라에 거주함으로 직접 만나는 것이 어렵고 편리한 방법으로 돈을 주고받기 위해서 두 사람 사이에 제3자(매입은행, 또는 추심은행)를 개입시켜야 하기 때문에 환어음을 사용하게 된다.

약속어음의 특징은 채무자와 어음발행인, 어음의 지급인 즉 어음상의 당사자 3인이 동일인이 된다. 즉, 채무자가 어음을 발행하면서 어음상에 지급 금액과 지급일자, 지급장소를 기재해 놓고 "이 어음을 소지한 사람이 어음상의 만기일에 이 어음을 ××은행(지급장소)에 제시하면 어음상의 금액을 지급받을 수 있다"고 약속하는 것이다.

국내에서 사용하는 약속어음은 어음을 이용하는 목적 여하에 따라 진성어음과 유통어음으로 구분하는 바, "진성어음"이란 납품을 받은 사람이 공급자에게 물건값을 현금이나 수표로 지급하지 않고 만기일이 몇 달후로 표시된 약속어음으로 지급하는 경우이다. 이에 반해 "유통어음"이란 어음 발행자가 자금유통의 방편으로 약속어음을 발행하는 경우이다.

예를 들어 어느 회사가 한시간 내로 현찰 1억원을 마련해야 할 긴급한 사정이 발생했는데 은행에서 이 돈을 융통받기 어려운 사유가 있을 때 1억 2천만원의 약속어음(만기가 1개월후로 표시되었음)을 발행하여 이것을 명동에 있는 사금융업자에게 맡기고 현찰 1억원을 조달하는 경우, 이 어음을 융통어음이라 한다. 반면, 환어음은 채권자가 채무자에게 직접 돈을 받을 수 없는 사정이 있을 때 환어음을 발행하면서 "어음상에 표시된 채무자에게" 이 어음을 제시하는 사람에게 어음에 기재된 돈을 지급해 달라고 부탁하는 것이다.

한편, 무역어음이란 신용장을 받은 수출업자가 소요자금을 조달할 목적으로 수출업자품을 선적하기 전에 수출대금(신용장상의 금액)의 범위 내에서 인수기관을 지급인으로 하여 발행한 자기지시환어음을 말한다.[6] 이러한 무역어음의 발행인(겸 수취인)은 인수기관으로부터 환어음의 인수를 받아 금융기관으로부터 어음할인을 받아 현금화하고, 금융기관은 다시 이 어음을 일반투자가에게 배서하여 할인 받는다. 수출업자는 물품을 선적한 후에 신용장의 조건에 따라 환어음(화환어음)을 발행하여 선적서류와 함께 위의 무역어음을 인수

6) 한국외국환은행의 업무지침에서는 "무역어음을 신용장 등의 수익자가 인수기관의 일정한 약정 하에서 무역어음 발행대상이 되는 신용장 등을 근거로 인수기관을 지급인으로 하여 발행하는 기한부 환어음"이라고 정의하고 있다.; 한국외환은행, 무역어음 할인 등 업무방법, 제1장 제1조 참조.

한 인수기관에 양도하면 인수기관은 이 화환어음에 의하여 무역어음의 결제자금을 상환한다.[7] 무역어음과 화환어음은 환어음이라는 점에서는 같으나, 무역어음은 선적전에 발행되나 화환어음은 선적 후에 발행되는 점에서 양자는 구별된다.

2. 환어음(bill of exchange)

1) 환어음의 개념

어음발행인이 제3자(지급인)에게 일정금액(어음급액)을 일정일(만기)에 어음상의 권리자(수취인 또는 피배서인)에 지급할 것을 무조건으로 위탁하는 유가증권으로 지급인은 어음채무를 부담하지 않으나 일단 어음을 인수[8]하면 주채무자가 된다.

약속어음이 발행인 자신이 지급할 것을 약속하는 것인 데 비하여, 환어음은 발행인 이외의 제3자가 지급의무를 지는 점에서 본질적으로 다르다. 따라서 환어음은 발행인·수취인·지급인이 기본적 요소가 되며, 또 지급인은 발행인의 위탁만으로 당연히 어음채무를 부담하는 것이 아니고, 인수(引受)라는 별도의 어음행위가 있어야 어음채무를 부담하게 된다. 그러나 환어음과 약속어음의 법률관계는 공통점이 많으므로, 어음법에서는 양자를 함께 규정하여 특별규정이 없는 한 환어음에 관한 규정을 약속어음에 준용하고 있다.

환어음은 16세기 영국에서 생겨나 대외무역의 결제수단으로 사용되었으며 그 뒤 세계 각국에서 국내거래에까지 이용하게 되었다. 한국에서는 약속어음이

---

7) 무역어음을 인수한 외국환은행은 반드시 무역어음의 발행인이 발행한 화환어음을 매입하여 무역어음의 결제자금에 충당한다. 이때 어느 한 은행이 무역어음을 인수한 경우 그 발행의 근거가 된 신용장에 기한 수출환어음은 무역어음을 인수하지 아니한 타은행에서는 매입하지 않기로 한다는 묵시적인 은행간의 결의가 있다.

8) 환어음의 지급인은 자신의 의사와는 관계없이 발행인의 지시만으로 지급인의 자격을 취득하는 것이므로, 지급인은 환어음상의 권리자에 대하여 어음채무를 부담하지 않는다. 그러나 지급인이 어음소지인의 인수제시에 대하여 어음채무를 부담할 의사표시를 한 경우에는 어음채무를 부담하게 되는데, 이를 인수라고 한다. 이러한 인수는 환어음의 지급인만이 할 수 있는데, 환어음의 지급인은 인수에 의하여 인수인이 된다.

국내거래를 도맡고 있으며, 환어음은 주로 국제거래에서 널리 사용되고 있다.

환어음의 발행 목적은

첫째, 대금지급을 개설은행에 위탁하기 위한 것이며

둘째, 지급 또는 인수 거절된 환어음 대금에 대하여 발행인(수출업자)의 상환책임을 지게 하는 것이다.

환어음을 은행에 제출할 때 통상 2통이 제시된다. 이를 각각 "this first bill of exchange", "this second bill of exchange"라고 기재하여 동일한 내용을 가진 환어음이 한 조(one set)로 발행된다. 이와 같이 동일한 어음을 2통으로 나누어 발행하는 이유는 선적서류와 함께 환어음을 송부하는 도중에 분실하거나 지연하는 것을 고려한 것이다.

환어음의 이용에 있어 가장 중요한 것은 국제적인 송금거래이며 특히 화환거래(貨換去來)이다. 예를 들면 뉴욕의 A가 서울의 B에게 무역상의 대금을 송금하려면, 뉴욕의 C은행에 현금을 납입하고, C은행 서울지점이나 거래은행 D를 지급인으로 하는 환어음을 발행받아, 이것을 B에게 보내는 방법이다.

국내거래에서는 보통 채무자인 매수인이 매입대금결제용 어음을 발행하지만 격지자간의 거래인 무역매매에서는 반대로 채권자인 매도인이 발행은행 또는 매수인을 지급인(drawee)으로 하는 어음을 발행하여 이를 매입(negotiation) 또는 추심(collection)을 하여 수출대금을 회수하는 이른바 역환방식을 활용한다.

2) 환어음의 당사자

환어음의 당사자는 발행인, 지급인 및 수취인이 있다.

(1) 발행인(drawer)

환어음을 발행하고 서명하는 자, 즉 수출업자를 말한다. 환어음은 발행인의 서명날인이 있어야 유효하다.

(2) 지급인(drawee)

환어음 대금을 일정한 기일에 지급할 것을 위탁받은 자이다. 즉 신용장 방식에서는 일반적으로 개설은행이 되며, 추심 방식에서는 수입업자가 된다.

(3) 수취인(payee)

환어음 대금을 지급 받을 자로 보통은 환어음을 매입한 은행이 된다.

3) 환어음의 인수

지급인이 환어음을 인수하면 만기일에 그 소지인에게 환어음 대금을 지급할 의무가 있다. 신용장 방식에서 어음지급인은 개설은행 또는 제3의 은행이 된다. 내국수입유전스신용장(domestic import usance L/C)이나 선적인유전스신용장(shipper's usance L/C)에서는 개설은행이 환어음지급인이 되며, 해외은행인수신용장(overseas banker's usance L/C)에서는 제3의 은행, 즉 인수은행이 환어음지급인이 된다.

환어음의 인수는 지급인이 어음의 앞면에 이 어음을 인수하겠다는 의사를 표시하고 서명날인을 하여야만 된다. 그러나 뒷면에 기재하면 백지배서가 되므로 조심하여야 한다. 인수의 의사는 다음과 같이 한다. 여기서 인수일자를 기재하는 것은 인수의 요건은 아니지만 일람후정기출급환어음에는 꼭 기재하여야 한다.

[그림 2-4] 환어음 인수의 실례

Accepted on Oct. 30, 1999 by Hanvit Bank, Pusan Korea <u>서 명</u> 직위 및 성명

4) 환어음의 배서

환어음은 배서함으로써 유통된다. 배서의 방법은 다음과 같다.

(1) **기명식 배서**(special endorsement)

배서인이 피배서인의 이름을 구체적으로 명기하여 서명한다. 기명식 배서가 되어 있는 환어음을 다시 유통시키기 위해서는 다음에 배서할 자, 즉 피배서인의 배서가 있어야 한다. 예를 들어 만일 매입은행이 개설은행을 피배서인으로 하여 배서하였다면 개설은행도 그 환어음을 다시 유통하기 위해서는 자신의 배서가 반드시 필요하다.

[그림 2-5] 기명식 배서의 실례

Pay to order of 개설은행 매입은행 <u>서 명</u> 직위 및 성명

(2) **백지식 배서**(blank endorsement, endorsed in blank)

피배서인에 대하여 아무 것도 기재하지 않고 배서인이 서명한다.

[그림 2-6] 백지식 배서의 실례

Han Co. Ltd. <u>서 명</u> 직위 및 성명

5) 환어음의 기재사항

BILL OF EXCHANGE

No.______①________ Date :_____②_____ ③

Pusan, Korea FOR _____________④________________

AT ____⑤_______SIGHT OF THIS FIRST BILL OF EXCHANGE (+SECOND OF THE SAME TENOR AND DATE BEING UNPAID)

PAY TO________________⑥____________________OR ORDER THE SUM OF

_______________________⑦___________________________ VALUE

RECEIVED AND CHARGE THE SAME TO ACCOUNT OF ______⑧________

DRAWN UNDER ___________________⑨_______________

L/C NO__________⑩_______________DATED___________⑪

______________ TO_____________⑫______________

___________________________ ⑬ _____________________________

환어음

어음번호______①________ 발행일 :_____②_____ ③ Pusan, Korea 금액[數字]____________④_________________

(동일한 기한 및 일자의 제2환어음이 지급되지 않은 경우) 본 제1환어음이 ⑤ 일람출급(또는 기한부)으로 ⑥ 은행 또는 그 지시인에게

______________________⑦____________________금액[文字]을 지급하십시오.

대가수취 하였으며 어음금액을 ⑧의 계정에서 청구하십시오.

본 어음은 ⑪ 일자 ⑨ 은행이 신용장 번호 ⑩에 의거하여 발행되었습니다.

____

_________⑫앞(지급인)__________ ⑬ 발행인

____

① 어음번호 : 특별한 의미는 없고 후일 참고할 필요가 있을 때 사용하기 위하여 기재한다. 기재하지 않아도 무방하다.

② 발행일 : 어음 발행일은 외국환은행이 어음과 함께 제시된 선적서류를 매입한 날짜이며 반드시 신용장의 유효기일 이내이어야 한다.

③ 발행지 : 환어음의 법적 효력은 행위지 법률에 의하므로 발행지를 꼭 표시하여야 한다. 발행지는 도시명까지만 표시해도 되므로 "Pusan, Korea"라고 기재하면 된다.

④ 숫자 금액 : 환어음의 금액은 상업송장금액과 일치해야 한다. 그러나 상업송장금액의 100% 이하로 어음을 발행하도록 신용장에서 요구하는 경우에는 그 조건에 따라야 한다. 그러한 경우 신용장에 다음과 같이 명시한다. "your draft at sight for______% of the invoice value"에서 90% 등과 같이 발행할 수 있는 어음금액을 표시하고 있다. 일반적으로 상업송장금액 전액에 어음을 발행할 경우에는 100% of invoice value 또는 full invoice value등과 같이 기재한다.

⑤ 지급 만기일의 표시(결제조건) : 일람출급과 기한부 두 가지로 구분한다. 일람출급인 경우 "at xxxxx sight" 로 표시하며, 기한부인 경우는 at ________ days after sight 또는 at _____ days after B/L date와 같이 기재하면 된다.

D/A방식인 경우 기한부와 같이 기재하면 된다. D/P인 경우는 이 난에 D/P라고 기재하면 된다.

⑥ 수취인(payee) : 환어음 대금의 지급을 받는 자로 환어음에서 pay to 다음에 기재되는 것으로 통상 신용장 방식에서는 매입은행이 기재된다. 추심방식에서는 수출업자가 수취인이 된다.

⑦ 문자금액 : 어음금액을 아라비아 숫자가 아닌 문자로 표시하여야 한다. 예를 들어 미화 19,546불인 경우 "SAY US DOLLARS NINETEEN THOUSAND FIVE HUNDRED FORTY SIX ONLY"라 기재한다.

이것은 ④의 금액과 동일하다. 만약 서로 차이가 나면 문자로 표시된 금액을 어음금액으로 간주한다. 또한 표시하는 통화의 종류는 완전하게 기재하여야 한다. 즉 반드시 US Dollars(US $), Sterling Pound(Stg £)로 표시하여야 한다.

⑧ Value Received and Charge the Same to Account of ______________
: 이 난은 대가수취문구라고 한다. 어음 발행인이 어음의 대가(對價;대금)를 수취하였으며 당해 환어음을 지급인이 결제하면 그 대금을 __________에 기재되어 있는 자에게서 대금을 청구하라는 의미이다. 따라서 _________에는 신용장의 Accountee(대금 결제인), 즉 수입업자가 기재된다. 이 문구는 법적인 필수문구는 아니나 오랜 상관행에 따라 계속 사용하고 있다.

⑨ 신용장 개설은행 : Drawn under___________에는 신용장 개설은행을 기재하며 D/P, D/A등 무신용장방식의 경우에는 공란으로 둔다.

⑩ 신용장 번호 : 신용장 번호를 기재한다. D/A, D/P인 경우에는 계약서 번호를 기재한다.

⑪ 신용장 발행일자 : 신용장상의 발행일자를 기재한다.
⑨, ⑩, ⑪의 "Drawn under Hanvit Bank, Yeonsan-dong L/C NO G/S-571030 Dated Oct. 30, 2007."는 2007년 10월 30일 우리은행 성남모지점에서 발행한 신용장 G/S-571030에 의거하여 라고 해석하면 된다.

⑫ 지급인(drawee)과 지급지 : To___________에는 지급인과 지급지를 기재한다. 지급지는 신용장에 달리 명시하지 않으면 도시 名만으로도 충분하다. 지급인은 신용장의 개설은행이나 또 다른 제3의 은행(상환은행)이 될 수도 있다. 환어음은 반드시 개설은행이나 기타 환어음의 지급인 앞으로 발행하여야 하며 어떠한 경우에도 개설의뢰인 앞으로 발행한 환어음은 인정되지 않는다. 만일 개설의뢰인 앞으로 환어음을 발행한 경우 은행은 이것을 단순한 추가서류로 취급한다.
통상 신용장에 지급인을 지시하는 문구는 "Documentary credit which is available by negotiation of your draft at sight drawn on _______"이며 이 문구 중 ___________에 지급인을 기재하면 된다. 따라서 "on ______"

은 "__________를 지급인으로 하여"라고 해석하면 된다.
D/P, D/A 방식은 지급인이 수입업자이다.

⑬ 발행인 : 환어음을 발행하는 자는 신용장의 수익자 또는 신용장을 양도받은 경우에는 양수인이 되며 반드시 서명날인 하여야 한다. 사용하는 발행인의 서명 날인은 외국환거래약정 시 은행에 제출한 서명감과 일치하여야 한다.

[그림 2-7] 환어음의 실제

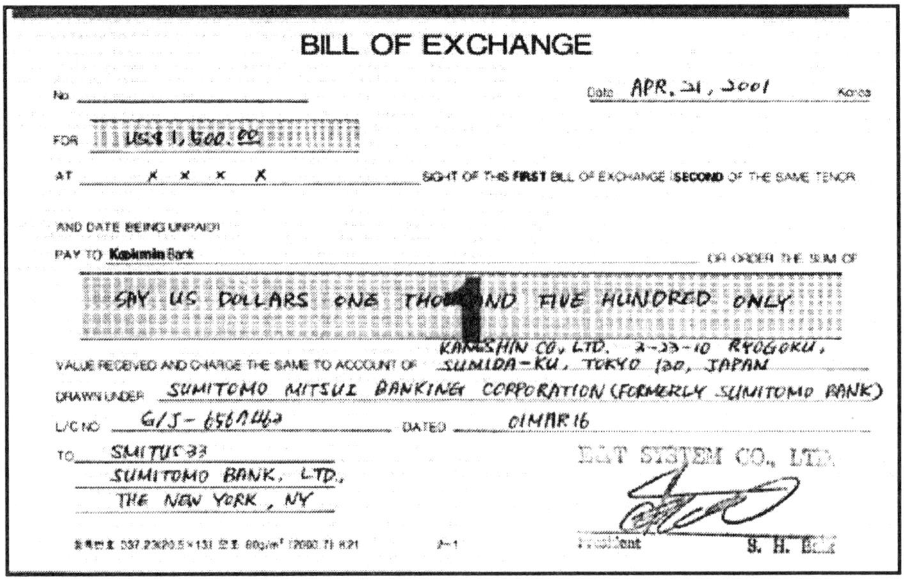

BILL OF EXCHANGE

No. ______ Date APR. 21, 2001 Korea

FOR US$ 1,500.00

AT X X X X SIGHT OF THIS FIRST BILL OF EXCHANGE (SECOND OF THE SAME TENOR AND DATE BEING UNPAID)

PAY TO Kookmin Bank OR ORDER THE SUM OF

SAY US DOLLARS ONE THOUSAND FIVE HUNDRED ONLY

VALUE RECEIVED AND CHARGE THE SAME TO ACCOUNT OF KANSHIN CO., LTD. 2-23-10 RYOGOKU, SUMIDA-KU, TOKYO 130, JAPAN

DRAWN UNDER SUMITOMO MITSUI BANKING CORPORATION (FORMERLY SUMITOMO BANK)

L/C NO. G/J-6560462 DATED 01MAR16

TO SMITUS33
SUMITOMO BANK, LTD.
THE NEW YORK, NY

E&T SYSTEM CO., LTD.
President S. H. [illegible]

6) 환어음 작성시 유의사항

(1) 환어음의 요건 구비여부

환어음의 요건(환어음의 표시, 무조건지급위탁문구, 지급인, 지급기일, 수취인, 지급지, 발행일 및 발행지, 발행인의 서명날인)을 갖추고 있는지를 확인하고 그 요건들이 대금결제조건과 일치하는지의 여부를 확인한다. 한가지라도 그 기재가 누락되면 환어음으로서의 법률적 효력이나 구속력을 갖지 못하므로 주의하여 기재하여야 한다.

(2) 네고서류와 관계

신용장 금액 또는 잔액을 초과하지 않았는지, 상업송장 금액과 일치여부를 확인한다.

(3) 지급인의 일치여부

일반적으로 Telex로 개설된 신용장에서는 어음관련 사항에서 "drafts at sight drawn on Citibank N.Y.…"과 같이 기재되는데 "drawn on" 다음에 기재된 "Citibank N.Y."이 지급인이 되며, SWIFT로 개설된 신용장에서는 "drawee" 다음에 기재된 당사자가 지급인이 되는데 통상적으로 신용장 결제방식이 송금(remittance)방식인 경우에는 개설은행이 표시되고 상환(reimbursement)방식인 경우에는 상환은행이 표시된다. 이 지급인은 어음의 왼쪽 하단 'TO' 이하에 기재된다. 과거에는 개설의뢰인이 지급인이 될 수 있었으나 제5차 신용장통일규칙에서는 이를 억제하도록 변경되어 개설은행이나 제3은행(신용장상의 drawee)이 지급인이 되는 것이 일반적이다. 그러나 신용장에서 개설의뢰인을 어음의 지급인으로 하는 환어음을 요구한 경우에는 이러한 환어음을 추가적인 서류로 간주한다.

(4) 기타 기재사항의 확인

기타 기재사항이 신용장 조건과 일치하는지의 여부를 확인한다.

① 신용장개설은행의 명칭, 개설일자와 지급인은 정확하게 표시되었는지를 확인한다.

② 어음의 발행일이 신용장 유효기일 이내이어야 한다.

③ 이자에 대한 문언의 표시를 신용장에서 요구하고 있으면 L/C의 기재사항을 그대로 표시해야 하며 막연하게 "with interest", "interest 10% for Dollars" 등으로 표시해서는 안 된다.

④ 기한부어음인 경우 기간 또는 기한 표시가 정확히 기재되어야 하며, 신용장에서 요구하는 환어음의 통수가 모두 갖추어서 제시되었는지를 심사한다.

⑤ 어음금액에 대한 표시는 문자와 숫자로 병기하고 있으며 반드시 일치해야 한다.

3. 환어음의 종류

환어음은 적용되는 기준이 무엇이냐에 따라 다음과 같이 구분할 수 있다.

1) 지급시기에 따라

(1) 일람출금 환어음(sight bill 또는 demand bill)

일람출금 환어음이란 어음상의 지급인이 어음을 보는 즉시 어음상의 금액을 어음 제시인에게 지급해야 되는 어음이다.

At sight L/C 및 D/P 거래시에 발행되는 어음이며 어음상의 표시는 at ××× sight로 표기된다.

(2) 기한부 환어음(usance bill, time bill, term bill)

기한부 환어음이란 어음상의 지급인이 어음을 수령한 후 어음상에 표시된 만기일 내 어음금액을 어음 제시인에게 지급해야 되는 어음을 말하며 만기일의 표시방법여하에 따라 다음과 같이 구분된다.

첫째, 일람후 정기출금(time sight draft) 방식이 있다.

이 어음은 만기일 표시가 "at ××days after sight"로 표기되어 있는 경우를 말하는데, 어음상의 지급인은 어음을 일람한 익일부터 계산하여 달력상으로 지정된 해당일에 지급하면 된다.

예를 들어 어음을 받은 날짜가 9월 9일인데 어음상에 "90 days after sight"로 표기되었다면 9월 10일부터 기산하여 90일이 되는 날인 12월 8일에 어음금액을 지급하면 된다.

둘째, 일자후 정기출금(time date draft) 방식이 있다.

이 어음은 만기일 표시가 "at ××days after date"로 표기 되어 있는 경우를 말하는데, 어음상의 지급인은 어음상에 표기된 근거 서류(B/L 또는 B/E)의 발급일 다음날부터 계산하여 달력상으로 지정된 해당일에 지급하면 된다.

예를 들어 어음을 받은 날짜가 9월 9일인데 어음상에 "90 day after B/L date"로 표기 되었고, 첨부된 선화증권의 발급일자가 9월 3일이라면 이 어음의 만기일은, 9월 4일부터 기산하여 90일이 되는 날인 12월 2일이 되는 것이다.

"after sight" 방식과 "after B/L date" 방식에서는 만기일이 달라지는 것이다.

"after sight" 방식에서는 매입은행이 개설은행에 서류를 도착시킨 다음날부터 기산일이 시작됨으로 만일 운송 중 사고가 발생하여 한달 후에 서류가 도착하였다 하더라도 이 어음은 서류도착 익일부터 기산하여 만기일을 계산하게 된다.

그러나 "after B/L date"인 경우에는 B/L상에 표기된 발행일자 다음날부터 기산하여 만기일을 계산하게 됨으로 서류의 운송기일은 만기일에 아무런 영향을 미치지 못한다.

셋째, 확정일부 출급(stated draft) 방식이 있다.

이 어음에는 만기일 표시가 아예 측정일자로 못 박혀 있는 경우이다.

어음상의 지급인은 어음상에 표시된 해당일에 지급을 하여야 함으로 "일람후" "일자후"와 같이 달력을 가지고 기간 계산을 할 필요가 없다.

예를 들어 어음상의 만기일을 "on 10,december"로 표기하였다면 12월 10일이 어음금액 지급일이 되는 것이다.

2) 첨부된 서류의 존재에 따라

(1) **화환어음**(documentary bill of exchange)

어음 뒤에 어음의 가치를 증명하는 선적서류(B/L, 상업송장, 포장명세서…)가 첨부된 경우 이러한 어음을 화한어음 또는 담보어음이라고 한다.

송금신용장 또는 매입제한 신용장과 같은 경우 매입은행은 개설은행을 지급인으로 표시한 환어음에 선적서류를 첨부하여 송부하게 되는데 이때의 어음을 화환어음(또는 담보어음)이라 한다.

(2) **무화환어음**(clean bill of exchange)

어음에 선적서류를 첨부하지 않고 어음한가지만 어음상의 지급인 앞으로 송부하는 경우 이러한 어음을 무화환어음 또는 무담보어음이라 한다.

상환신용장의 경우 매입은행은 수출업자가 발행한 상환용어음을 상환은행 앞으로 송부할 때 어음 하나만 보내게 되는데 이때의 어음을 무화한어음(또는 무담보어음)이라 한다.

3) 거래방식에 따라

(1) 신용장어음(clean bill of exchange)

신용장거래에서 발행되는 어음을 말하며 어음상의 지급인은 은행(개설, 상환, 인수 은행)으로 표시된다.

(2) 추심어음(bill of exchange for collection)

D/P, D/A 거래에서 발행되는 어음을 말하며 어음상의 지급인은 수입업자로 표시된다. 어음상의 지급인이 개인이므로 이 어음을 개인환어음(private bill)이라고 말하기도 한다.

D/P, D/A 거래에서는 수입업자에게 어음대금을 받아내는 사람이 추심은행(collecting bank)이므로 환어음상의 수취인을 추심은행으로 기재하고 그 다음에 "for collection"이라는 표시를 하게 된다.

(3) 이자표시어음(interest bill)

이것은 어음상에 이자에 관한 사항을 기재하고 있는 어음을 말하며, 어음에 이자에 관한 사항을 기재하자면 신용장에 그와 같은 기재를 하라는 지시가 있을 경우에 한하게 되는바 신용장의 기재에는 다음과 같다.

All draft must be marked "payable with Interest at prevailing rate from the draft till the approximate of xeturn remittance"(환어음의 일자부터 대금상환일까지의 이자를 현행이자율에 의하여 지급하여야 함)

우리나라에서 개설된 신용장에는 이와 같은 지시가 명기된 신용장이 없지만 싱가폴이나 말레이시아와 같은 나라에서 개설한 신용장에는 위와 같은 지시가 있는 경우를 볼 수 있다.

우리나라에서는 개설은행이 수입업자에게 신용장 대금을 받을 때 "수입어음 결제율×환어음상의 액면금액"으로 계산하기 때문에 개설은행은 전신환매도율에 환가료를 더한 금액을 수입업자에게 받아 은행이자를 자동적으로 받으므로 상기와 같은 이자문구를 기재할 필요가 없기 때문이다. 따라서 싱가폴에서는 환가료를 별도로 받지 않기 때문에 신용장에 환가료에 해당하는 우편기일 이자를 별도로 기재한다.

(4) **합산어음**(joint draft)

합산어음이란 신용장은 2개 이상인데 환어음은 여러 장의 신용장 금액을 합산하여 하나의 어음을 발행하는 경우의 어음을 말한다.

어음은 신용장건별로 발행하는 것이 원칙이지만, 신용장 Special condition에 "Combined Shipments with other credits are acceptable"이라는 문구가 있을 때에는 joint draft를 발행 할 수 있다.

합산어음을 발행할 때는 어음상에 그 근거가 되는 신용장번호와 해당금액을 "Drawn under L/C No. 1234 for US$100,000"와 같이 기재한다.[9]

---

9) 어음상에 이러한 내용을 기재했다면 이것은 상업송장에도 표기되어야 된다.

제3장

무화환어음 무역대금결제

무역대금결제는 현금(cash)과 수표(check), 어음(draft)을 사용한다.

현금은 이동과 보관상의 단점이 있으나 대금결제에 있어 최종가치에 해당한다. 따라서 현금대신에 수표를 일반적인 현금결제수단으로 사용한다.

수표는 발행인(drawer)이 지급인(drawee or payer: 은행)에게 일정금액을 수표상의 권리자에게 지급할 것을 위탁하는 유가증권으로, 지급인이 은행에 한정되어 있고 만기가 없이 항상 일람출급이라는 점에서 어음과 차이가 있다.

무화환어음 무역대금결제의 방법에서는 수표·현금결제(송금, OAT, factoring) 방식을 설명하고 이어 제4장에서는 화환어음 무역대금결제방식인 신용장과 추심에 대하여 상세한다.

3.1 송금방식

송금방식에 의한 대금결제란 수입업자가 수출업자에게 물품대금을 송금하여 결제하는 방식을 말한다. 수입업자의 물품 인도시기에 따라 단순송금방식, 대금교환도방식(물품인도방식, 서류인도방식), 청산결제방식, 신용카드방식 등으로 분류한다. 송금수수료는 달리 정한 바 없으면 수입업자가 부담하는 것이 일반적이다.

송금시기에 따라 위험부담자가 바뀐다. 즉, 송금시기에 따라 사전송금방식과 사후송금방식[1]으로 나뉘는데, 사전송금이면 수입업자가 사후송금이면 수출업자가 위험을 부담한다.

대외무역법, 외국환거래법[2]에서는 사전송금방식을 "단순송금방식"이라 칭하고 있다.

1. 사전송금방식(advance payment or advance remittance)

수출업자가 물품을 선적하기 전에 수입업자가 대금의 전액을 송금하는 방식이다. 수입업자가 수출업자에게 송금하는 수단에 따라 수표송금방식(개인수표 또는 은행수표), 우편환송금방식(M/T), 전신환송금방식(T/T) 등이 있다.

1) 수표송금방식

수표발행은행이 교부한 송금수표를 수입업자가 직접 수출업자에게 보내고 이를 받은 수출업자가 자신의 거래은행에 지급하도록 제시하면 이 은행은 수표에 기재된 결제은행 앞으로 교환·회부하여 이 결제대금으로 수출업자에게 송금대금을 지급한다. 긴급하지 않은 송금 또는 소액송금시 주로 이용한다.

수표는 개인수표(personal check)든 은행수표(Demand Draft; D/D)든 추심이 완료되고 수출업자의 구좌에 입금되었을지라도 수표발행인이 사후에 분

---

1) 사전, 사후의 구분은 수입통관 또는 선적서류 영수를 기준을 구분하는 것이다.

2) 외환관리규정 제5-8조 수출입대금 결제의 제한을 보면, 일부 본지사간 수출거래 등 다음과 같은 특별한 수출입거래를 하고자 하는 경우에는 다음과 같이 한국은행에 신고하여야 한다고 규정하고 있다.

- 계약 건당 미화 5만불을 초과하는 수출거래로서, ① 본지사간 수출대금을 무신용장 인수인도조건방식(D/A)으로 물품의 선적 후 또는 수출환어음 일람 후 3년을 초과하는 영수 ② 본지사간 수출선수금 영수(수출대금의 물품 선적전 영수) ③ 본지사간이 아닌 수출대금의 물품 선적 전 1년을 초과하는 영수(다만, 선박, 철도차량, 항공기, 산업설비, 중화학공업제품 및 기계류는 신고대상에서 제외)
- 수입거래로서, ① 계약 건당 미화 2만불을 초과하는 수입대금을 선적서류 또는 물품의 영수 전 1년을 초과하는 송금방식의 지급 ② 계약건당 미화 5만불을 초과하는 미가공 재수출할 목적으로 금을 수입하는 경우로서 수입대금을 물품의 영수일로부터 30일을 초과하여 지급하거나 내수용으로 30일을 초과하여 연지급 수입한 금의 미가공 재수출.

실 또는 도난당한 것으로 주장하는 경우 수령한 대금을 상환하여야 한다. 따라서 수표는 지급보장이 명확치 않으므로 수입업자의 신용상태가 확실하지 않으면 받지 않는 것이 바람직하다.

예를 들어, 수입업자가 대금결세를 하기 위하여 은행수표를 송부하였고 수출업자는 그 수표를 거래은행에 추심의뢰한 결과 아무 이상이 없었으므로 대금을 지급 받았다. 이 후 그 수표는 분실수표이며 수표의 서명이 위조된 것이 판명되어 거래은행은 수출업자에게 대금상환을 요구하고 있다면 수출업자는 대금을 상환하여야 하는가? 수입업자가 문제의 수표에 대해 책임지면 간단히 해결된다. 그러나 통상 이런 경우는 수입업자를 찾을 수 없거나, 수입업자를 찾아도 자신도 다른 사람에게 받은 수표라 주장하면 결국 수출업자는 은행에 대금을 상환할 수밖에 없다.

[그림 3-1] 수표 송금방식 거래경로

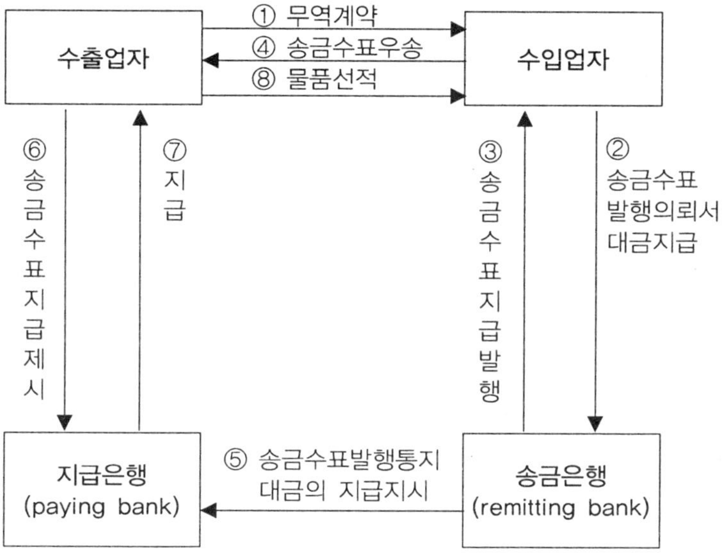

2) 우편환 송금방식(Mail Transfer; M/T)

수입업자의 요청에 따라 송금은행이 지급은행 앞으로 일정한 금액을 수출업자에게 지급하여 줄 것을 위탁하는 지급지시서(Payment Order)를 우편으로 보내는 방식을 말한다. 수출업자는 지급은행에게서 송금도착통지서를 받아 송금대전을 지급받는다.

이 방식은 지급지시서의 우송 중에 분실 또는 도난과 같은 송금에 따른 위험은 은행이 부담한다. 은행은 지급지시서가 분실되어도 부본으로 지급할 수 있으므로 수표송금방식보다 안전하다. 그러나 송금기간이 길어서 우송되는 동안에 환율의 변동에 따른 위험이 따른다. 신속한 결제를 요하지 않거나 소액송금 시 주로 사용하나 현재는 거의 이용하고 있지 않다.

3) 전신환 송금방식(Telegraphic Transfer; T/T)

수입업자의 요청에 따라 송금은행이 지급은행 앞으로 일정한 금액을 지급하여 줄 것을 위탁하는 지급지시서(payment order)를 전신으로 보내는 방식을 말한다.

송금과정에서 모든 위험은 은행이 부담한다. 송금과정이 신속하고 편리하여 분실이나 도난의 위험이 없을 뿐 아니라 환율변동에 따른 위험도 거의 없이 안전하므로 무역대금결제에 많이 사용하는 송금방식이다.

실무적으로 T/T를 "wire transfer"라고 지칭하기도 하는 Telegraphic Transfer와 같은 의미이다.

telegraphic은 지금까지 cable방식을 주로 이용해 왔는데 지금은 SWIFT방식이 대부분이다. SWIFT란 "Society for Worldwide Interbank Financial Telecommunication"의 약자로써 국제 은행간 자금결제 통신망이란 의미이다. 이는 원래 유럽 은행들끼리 가입하여 사용해 왔는데 요즘에는 전 세계 유명은행이 이 SWIFT망에 가입되어 있고 우리나라의 시중은행 대부분이 가입되어있다.

결국 SWIFT도 cable과 같이 결제수단의 한 방법이며 SWIFT로 업무를 할 수 있는 경우는 양 당사자 은행 모두가 SWIFT에 가입되어 있어야 가능하다. 송금, 추심, L/C개설 등에 사용되며 싸고 신속하게 업무를 처리할 수 있다.

해외바이어에게 자신의 계좌를 알려 줄 경우에는 필히 BIC(SWIFT code)를 알려 주어야 한다. 통상 SWIFT code는 8자리로 구성되는데 이 code번호만

알면 SWIFT에 가맹된 은행끼리 송금할 때 간단하게 송금 업무가 끝나게 된다. 지시방법이 우편이 아닌 전신이라는 점에서 M/T와 구별되며 안전, 신속, 정확이라는 장점이 있으므로 무역거래에 따른 대금지급은 주로 이 방법을 이용하고 있다.

[그림 3-2] 전신환 송금방식의 거래경로

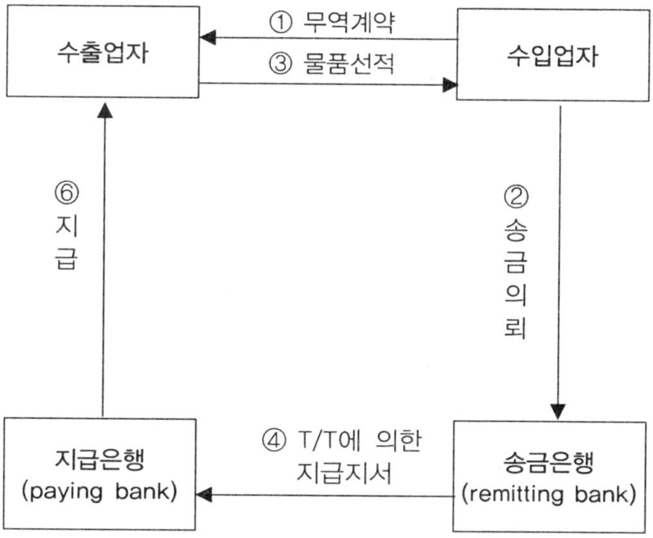

[그림 3-3] 송금절차

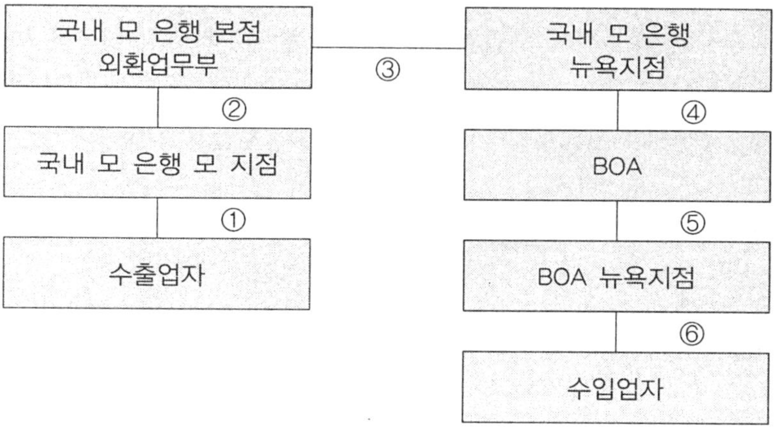

① 수출업자가 국내 모 은행 모 지점에 송금의뢰
② 국내 모 은행 모 지점은 본점 외환업무부에 송금의뢰(자동 전산시스템에 의하여)
③ 국내 모 은행 본점은 뉴욕지점으로 SWIFT 송신
④ 국내 모 은행 뉴욕지점은 BOA로 SWIFT 송신
⑤ BOA는 BOA뉴욕지점으로 송금사실 통보(자동 전산시스템에 의하여)
⑥ BOA뉴욕지점은 수입업자에게 입금 사실 통보

2. 사후송금방식(대금교환도방식; remittance after shipment)

수출업자가 물품 또는 서류를 인도할 때 수입업자가 스스로 대금을 지급하는 방식으로 수출입대금의 결제가 이루어지는 것을 말한다. 환어음이 필요하지 않으며 일반적으로 은행이 개입되지 않는다.

외화결제사정이 나쁜 구 공산권 또는 과다한 인지세로 인하여 대금결제시 환어음의 개입을 꺼리는 유럽지역의 수출에 많이 이용된다.

1) 현물상환 방식(Cash On Delivery; COD)

수출업자가 수입국에서 수입통관을 완료하고 수입업자에게 물품을 인도할 때 대금을 수령하는 결제방식이다. 통상 수출업자의 지사나 대리인이 수입국에 있는 경우에 사용한다. 경우에 따라서는 특사배달(DHL or Fedex) 또는 항공회사와 제휴하여 수입업자에게 물품을 인도하면서 대금을 회수한다. 주로 귀금속과 같은 고가품을 거래할 때 활용하는 결제방식이다.[3)]

통상 COD 30days와 같이 기재하여 물품인도로부터 일정기간 경과 후에 지

---

3) COD 결제는 수입업자가 물품 확인 후 대금을 지급하는 조건이므로 수입업자의 부당한 클레임제기 가능성이 높다. 따라서, COD거래는 특정품목의 수출에서만 활용되는 것이 일반적이다. ex) 전문가의 감정을 거쳐야 하는 물품 즉, 귀금속의 거래에 많이 사용된다. 이러한 경우 전문가가 품질 등을 확인하므로, 수입업자가 악의적으로 품질을 이유로 계약파기를 주장할 수 없기 때문이다. 만일, 수입업자의 계약파기 가능성이 예상되면 이러한 경우에 대비하여 반송이 용이하도록 하기 위해, 선적서류상의 수하인을 수출업자의 대리인이나 거래은행으로 하고 통지처를 수입업자로 기재하는 것이 바람직하다.

급하는 경우가 일반적이고, 수출업자의 대리인이나 지사 등이 수입국가에 있어, 이러한 자에게 선적서류를 송부하고, 수출업자의 대리인은 물품을 수입통관하여 창고에 입고한 후 수입업자에게 연락하여 물품확인 후 대금지급 하도록 통보하게 된다.4)

[그림 3-4] COD의 거래절차

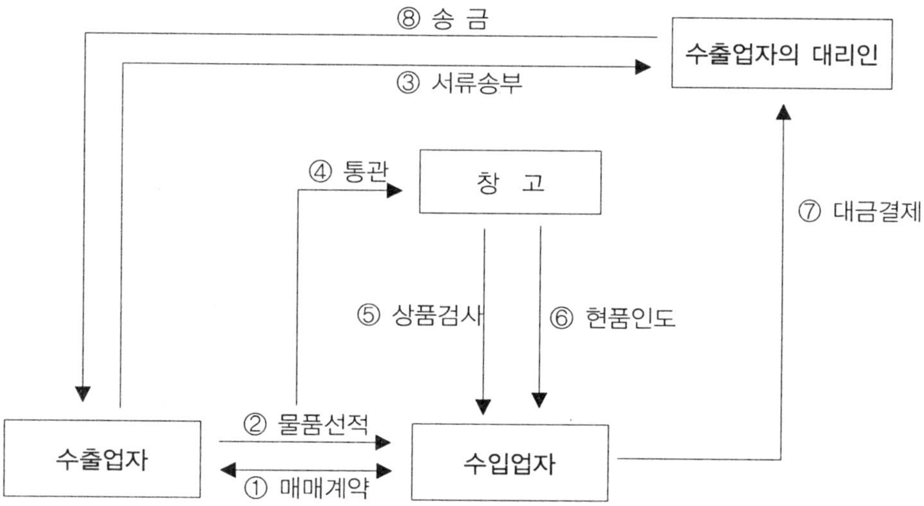

① 당사자간에 매매계약을 체결하면서 수출 계약은 수입업자의 counter sign이 되어 있는 계약서(sales contract) 또는 offer sheet로서 결제조건을 사전(advance payment) 또는 사후송금(COD 30 days 등)으로 명시한 대금결제방식으로 이 방식을 약정한다.

4) European D/P; 변형된 COD 방식의 결제방법으로 선적서류가 은행으로 송부되는 경우를 의미한다. 수출업자가 물품을 선적한 후에 해외의 수입업자 거래은행으로 당해 선적서류를 송부하여 수입업자에게 제시하도록 하며, 수입업자는 본인의 거래은행을 통하여 선적서류를 수령함과 동시에 결제대금을 송금하는 형태의 거래를 말한다. 이 방식은 D/P 방식과 같은 결제안전성을 유지하면서도 환어음 발행에 따르는 불필요한 인지세 부담을 제거하고자 유럽지역에서 주로 사용되고 있는 방법이기 때문에 '유럽식 D/P'라고 부른다. 수출업자가 본인의 거래은행을 통하여 대금을 추심하지 않고 직접 해외의 수입업자 거래은행으로 서류를 송부하는 것이 일반적인 거래형태이며, 환어음이 발행되지 않는다는 점에서 D/P 방식과 차이점이 있다.

② 수출업자는 계약물품의 수출통관을 완료하고 이를 선적한다.

③ 수출업자는 자신의 대리인 등에게 서류를 발송한다.

④ 수출업자의 대리인 등은 상품을 수입통관 하여 창고에 입고시킨다.

⑤ 수입업자는 상품을 검사 후 인도 받으면서 대금을 수출업자의 대리인 등에게 결제한다.

⑥ 수출업자의 대리인 등은 수출업자에게 송금한다. 수출업자의 대리인은 통상 수입업자의 국가에 소재하고 있으며, 수출업자의 이익을 대신하여 상품의 판매행위를 돕는다.

2) 서류상환 방식(Cash Against Documents; CAD)

수출업자가 물품을 선적한 후 수출국에서 수입업자에게 선적서류를 인도할 때 대금을 수령하는 결제방식이다. 통상 수입업자의 지사나 대리인이 수출국에 있는 경우에 사용한다.

통상 물품보다 선적서류가 먼저 도착하는 것이 일반이다. 그러므로 본 조건에서는 물품의 품질이나 수출업자의 사기 등에 대해 수입업자가 불안해 할 수 있다. 이러한 위험에 대비하여 본 조건을 사용하는 수입업자는 수출국가내에 자신의 대리인이나 지사를 두고 있는 경우에 활용하며, 대리인이 상품의 포장 전에 품질을 검사하고, 또는 선적전에 물품을 검사하는 경우가 많다. 물론 대리인이 없으면, 전문적인 품질검사기관에 의한 선적전검사를 의뢰하여 수출업자의 사기를 막아야 할 것이다.[5]

---

5) CAD와 D/P의 차이점; CAD방식의 경우 운송서류가 외국환은행을 통하는 경우 환어음을 발행하지 않으므로 D/P방식과 유사하여 이를 '유럽식 D/P방식'이라고 한다. 그러나, 두 거래방식의 근본적인 차이는 환어음의 발행 여부에 있다. 즉, D/P는 환어음을 발행하여 동 어음과 선적서류의 추심은 반드시 추심의뢰은행과 추심은행(제시은행)을 통하여 송부하고 대금결제도 관계은행을 통하여 이루어지지만, CAD는 환어음을 발행하지 않으며 선적서류를 은행을 통하지 않고 수입업자에게 직접 발송한 후 동 서류의 대금을 외국환은행을 통한 송금에 의하여 영수된다.

[그림 3-5] CAD의 거래절차

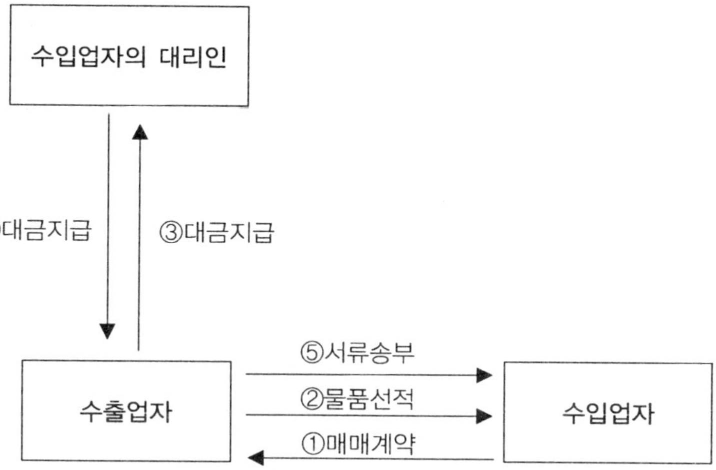

① 당사자간에 매매계약을 체결하면서 대금결제방식으로 이 방식을 약정한다.

② 수출업자는 물품을 수출 통관하여 이를 선적한다.

③ 수출업자는 수입업자의 대리인 등에게 서류를 인도하면서 대금을 결제 받는다.

④ 수입업자의 대리인 등은 수입업자에게 서류를 발송하여 수입통관하도록 한다.

이때 수출업자의 선적 후 선적서류를 수입업자의 대리인에게 제시하여 대금지급요청하고, 자금이 없어 수입업자에게 직송할 것을 요구하면, 이를 직송할 것이 아니고, 수출업자의 대리상 또는 자신의 거래은행을 경유하여 제시하는 것이 안전하다. 이 경우 거래은행은 자신의 수입국내 지점으로 선적서류를 송부하고, 수입국내 지점은 수입업자가 대금을 지급하지 않으면 선적서류를 제공하지 않을 것이므로 수입업자의 악의적인 행동으로부터 보호받을 수 있는 것이다.

3. 혼합 방식(mixed payment)

선지급, 동시지급, 후지급 중 2가지 이상을 혼합한 결제방식을 말한다.

실무에서 자주 사용되는 송금결제방식중의 하나가 결제방법을 혼합하여 활용하는 것이다. 예컨대 ① 대금의 50%는 사전송금방식(cash in advance)으로 결제하고 ② 나머지 50%는 사후송금방식 또는 일람지급 환어음(at sight bill of exchange)을 사용하는 추심(collection)방식(또는 신용장방식)을 혼합하여 활용할 수 있다.

혼합방식은 사전지급, 동시지급 및 사후지급을 혼합한 결제조건으로 수입업자가 수출품 선적 이전에 대금의 일부를 지급하고 선적 이후에 잔액을 송금하는 방식이다. 잔액 송금시점에 따라서 선적서류지급, 상품인도지급, 외상지급으로 구분할 수 있다. 대표적인 것으로는 대금을 일시에 결제하지 않고 계약시, 선적시, 도착시 등으로, 또는 공정에 따라 분할해서 지급하는 누진지급방식이 있다. 누진지급방식(progressive payment base, installment payment)은, 예를 들면, ① 매수인이 주문과 동시에 대금의 1/3, ② 선적 완료후 1/3, ③ 잔액은 화물도착 후에 지급하는 방식이다. 선박, 증기기관 및 기계, 설비류 등의 수출에 이용되는 결제방식으로 미국에서는 'rate payment'라고 한다. 'progressive payment'라는 결제 조건은 생산공정의 진척도에 따라 대금을 분할로 결제하는 방식으로 분할 지급이라고 할 수 있다. 이는 선지급 방식에서 파생된 결제 방식으로 물품의 구입을 위한 주문을 하면서 일부를 결제하고 나머지 선적시, 도착시 등으로 나누어서 결제하는 방식이다. 보통 큰 금액이나 주문에 의한 생산이 이루어졌을 때에 쓰이는 방식이다. 수입업체의 경우에는 분할 지급을 할 수 있다면 당연히 유리할 수 있으나 상대방의 동의가 필요하다. 송금 결제방식의 문제점은 국제무역거래에서 주로 수출업자를 중심으로 발생되고 있는데, 특히 사후 송금 방식의 경우에 수출대금의 미회수가 발생할 위험성이 높아서 리스크가 있다는 점이다. 사전 송금 방식은 수출대금을 미리 받기 때문에 대금회수에 문제가 없지만 소량의 샘플을 수출하는 경우와 일부 seller's market에 한정된 수출일 경우가 많아서 송금방식 중에서 사전 송금 방식이 차지하고 있는 비중은 아주 적은 것이 보편적인 현상이다. 그리고 송금 결제방식의 대부분을 차지하고 있는 사전 송금 방식과 사후 송금 방식의 혼합방식에서도 사후 송금 조건은 수출보험가입이 쉽지 않기 때문에 대금의 미회수 발생가능성이 있게 된다. 수출보험을 인수하는 보험기관에서는 엄격한 사전 신용조사를 통하여 신용도가 높은 수입업자와의 거래에만 한정하여 수출보험을 인수하고 있다.

4. 송금결제방식의 유의사항

1) 매매계약서 작성시 권리 · 의무의 구체적인 내용을 모두 기재한다

송금방식은 환어음을 사용하지 않기 때문에 어음법을 적용시킬 수 없는 거래이다. 송금방식거래에 적용되는 국제규칙도 존재하지 않으며, 대금지급과 관련하여 은행의 지급확약도 없기 때문에 오직 매매계약서를 근거로 하여 거래가 성립되어진다. 그러므로 송금방식의 거래를 하는 경우에는 특히 매매계약서를 체결할 때 당사자의 권리·의무 내용을 더욱 구체적으로 확실하게 작성할 필요가 있다.

수출입업자간의 클레임(claim)·불평(complaint)·분쟁(dispute)의 발생을 예방하고, 이를 해결할 수 있는 관련조항들을 계약서에 반드시 상세하게 기재한다.

① 클레임 제기 기한을 계약서에 명시한다. 상품의 품질이나 수량이 문제가 되는 경우에는 매수인은 상세한 검사보고서를 제시하여야 한다는 내용도 명시한다.

② 각종 불가항력사태를 열거한 목록과 목록에 나타나지 않는 경우의 사태를 대비한 안전장치로 구성되어 있는 불가항력(force majeure) 조항을 계약서에 명시한다.

③ 클레임 해결에 관하여 소송에 의한 방법은 시간과 비용이 많이 소요되므로 무역분쟁은 일반적으로 중재에 의하여 해결되며 이를 위하여 계약서의 중재(arbitration)조항에 중재지, 중재기관 등의 중재에 관한 사항을 합의하여 명시한다.

"All disputes in relation to this contract shall be finally settled by arbitration under the Arbitration Rules of the Korean Commercial Arbitration Board"(이 계약과 관련하여 발생하는 모든 분쟁은 대한상사중재원의 중재규칙에 따라 중재로 최종 해결한다.)

④ 무역조건의 해석기준 및 준거법(trade terms and governing law)을 명시한다.

⑤ 계약위반, 보상(breach, indemnity)에 관한 구체적인 내용을 합의하여 명시한다.

⑥ 인도지연(late delivery)에 따른 지체보상금 산정 및 청구의 내용을 명시한다.

2) 사후지급 송금방식에서의 유의사항

물품의 선적이나 인도후 지급 또는 서류의 인수 후 일정기간 뒤에 결제가 이루어지는 방식인 사후송금방식 거래인 기한부지급(deferred payment), 현품인도 결제방식(COD), 서류상환 결제방식(CAD), 선적통지부 결제방식(open account), 유럽식 D/P(European D/P), 혼합 방식(mixed payment)에서 사후송금방식에 해당하는 부분 등에 대하여는 다음과 같이 실무적으로 대금지급에 관한 대응방안에 유의하여 처리하여야 한다.

① 수출업자는 수입업자에 대한 신용조사를 이행하여 신뢰성에 대한 여부를 검토한다.

② 수출업자는 수출대금의 회수에 이상이 없도록 하기 위한 조치를 마련하여야 한다. 수출보험에 가입하는 방법 또는 대리인을 선정하여 거래하는 방식인 COD 및 CAD 거래로 유도하여 단순송금방식보다는 유리한 방법을 선택하도록 한다.

③ 수입업자가 신용조사가 불가능하거나 수출보험대상이 아닌 경우와 대리인을 통한 거래가 불가능한 경우 수출대금회수가 보장되는 신용장방식의 거래를 택하여야 한다.

④ 수출업자는 새로운 시장개척에 대한 과잉의욕 또는 수출거래에서 발생될 이익에 치중하는 자세를 과감하게 버려야 한다. 상품의 공급과잉으로 국제상품시장이 수입업자 중심(buyer's market)으로 바뀜에 따라서 해외바이어의 송금방식 요구가 증가하였다.

⑤ 송금방식에 대한 수출금융수단으로 '수출팩토링' 및 'OAT매입'이 이용되고

있으나 취급기관인 금융권의 해외리스크 평가 및 관리능력 미흡으로 활성화되지 못하고 있다.

3.2 팩토링방식

1. 팩토링의 개념

팩토링에 대한 명칭 및 해석이 각 국가마다 상이한 거래관습, 금융제도 및 법체계 하에서 자국의 거래관행에 적합하도록 도입되고 발전되어 왔기 때문에 그 정의에 대하여 미국과 영국의 입장 및 국제팩토링에 관한 UNIDROIT협약의 정의에 따라 다양한 해석이 있다.[6)]

UNIDROIT협약이 내리고 있는 정의를 종합하여보면[7)], 팩토링(factoring)이란 "판매자(supplier)가 구매자(debtor)에게 상품이나 서비스를 제공함에 따라 발생하는 외상매출채권(accounts receivable)을 팩토링회사(factor)가 판매자를 대신하여 신용조사 및 지급보증, 매출채권을 기일관리, 대금회수 등의 업무를 제공하는 금융기법"이라고 하고 있다. 즉, 팩토링회사가 고객의 물품매매계약으로 발생하는 매출 채권을 지속적으로 매입하는 형식으로 고객에게 자금을 공급하고, 아울러 채권추심, 경영컨설팅, 회계업무 등의 서비스 중 적어도 2가지 이상을 제공하는 업무를 수행하는 오래된 금융기법이다.[8)]

국제팩토링은 국제간의 무역거래에 일반적인 팩토링의 업무범위가 확대적용되어 양국에 존재하는 수출팩터와 수입팩터를 활용하는 결제방식으로 설명된다. 국제팩토링방식의 결제는 전세계의 팩토링회사가 국제적인 회원망을 형성하여 상호업무협약에 따라 국제간 금융업무서비스를 제공하는 종합금융서비스이다.[9)]

---

6) 박광서, "우리나라 중소수출기업의 수출팩토링 활용증대 방안에 관한 연구", 「무역상무연구」 제33권, 2007, p. 33.

7) FCI, *Guide to the Establishment of a Factoring Operation*, 2004. p. 4

8) Clyde W. Phelps, "The Role of Factoring in Modern Business Finance", *Studies in Commercial Financing*, No 1, 1956, Commercial Credit Company, p. 11.

9) 남풍우, 『무역결제론』, 두남, 2006. p. 585.

국제팩토링기구는 FCI, IFG, Heller Bank[10] 등이 있는데, 이중에서 가장 활발한 활동을 하는 기구인 FCI(Factors Chain International)[11]는 1968년 설립된 이래 암스테르담에 본부를 두고 있다. FCI는 국가별 회원사 수를 제한하지 않는 개방형 영업방식을 택하여 2006년 11월 현재 61개국에 212개의 팩터를 가지고 있고, 전세계 국제팩토링 실적의 50% 이상을 차지하고 있다. IFG (International Factors Group)[12]는 1963년 설립되었으며 브뤼셀에 본부를 두고 있다. 50개국에 84개 팩터를 두고 있다.

우리나라에서 국제팩토링의 도입은 1979년 아세아종합금융이 처음 시도하여 1980년 재무부가 중소기업의 미결제 판매대금의 현금화를 통한 자금지원 및 금융서비스 확대를 위하여 6개 종금사에 대해 팩토링 업무 兼營을 권고하면서 실시되었다. 1981년 투금사로 팩토링 취급기관이 확대되었다. 1981년 민간 팩토링 회사인 금성팩토링(주)이 처음 등장하였으며, 1983년에는 당시 5개 시중은행, 지방은행, 외환은행, 중소기업은행, 국민은행 등으로 팩토링업무가 허용되었다.[13] 1998년경에는 약 200여개에 달하는 투신·종금사, 은행, 신용카드사, 할부금융사, 신기술금융사, 렌탈사, 리스사 등이 팩토링 업무를 취급하였다.

1984년에 처음으로 17만5천불의 국제팩토링 실적을 기록한 이래 1995년에 6억 76백만불, 1999년에 151억8732만불, 2005년에는 10억 635만불에 이르고 있다.[14]

우리나라에서는 1982년에 대한투자금융이 IFG회원이 된 후 삼삼투자금융, 반도투자금융 등이 가입하였으나 탈퇴하여 현재는 가입하고 있지 않고 있고, 2006년 11월 현재 수출입은행, 기업은행, 신한은행 등 3개 은행이 FCI 회원사를 통한 제휴방식의 팩토링 및 직접방식에 의한 국제팩토링 서비스를 제공하고 있다.[15]

---

10) Heller Factoring Bank 사이트 http://www.heller-bank.de, 2006.11월 현재
11) FCI 사이트 http://www.factors-chain.com, 2006. 11월 현재
12) IFG 사이트 http://www.ifgroup.com/2005public/splash.asp, 2006. 11월 현재
13) 이소한·서근우, "팩토링제도 발전에 관한 연구", 「한국금융연구원」, 1998. 2, p. 8.
14) 2000년대 초반에는 국내 팩토링 회사들이 국제팩토링 서비스를 제공하지 않음에 따라 우리나라 국제팩토링 실적이 급격히 줄어들었다가 2005년부터 수출입은행이 수출팩토링서비스를 실시하면서 다시 증가추세에 있다.

1) 국제팩토링

국제팩토링(international factoring)은 팩토링 당사자의 국적에 따라서 국내와 국제로 구분하여 팩토링 당사자들의 국적이 서로 다른 경우를 말하는 것으로써 무신용장방식에 의해 무역거래가 이루어질 때 팩터가 수출업자와 수입업자 사이에서 무역대금의 지급보증과 선급금융을 제공하는 것을 말한다.

[그림 3-6] 수출입팩토링

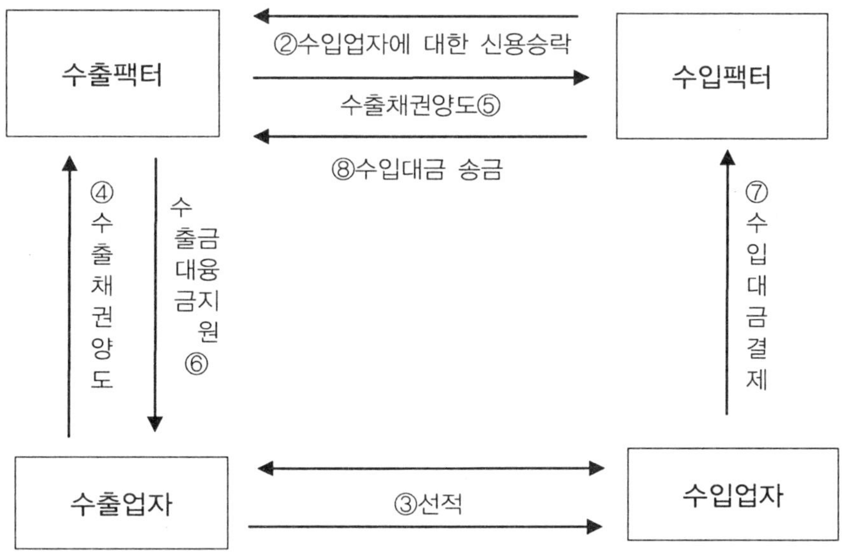

2) 수출팩토링

수출팩토링(export factoring)은 사후송금방식, 즉 외상수출거래에 의해서 발생된 수출채권을 수출기업으로부터 '상환청구권 없이(without recourse)' 매입하는 수출금융이며, 수출대금의 조기지급, 해외수입업자의 신용위험 인수, 수출대금의 추심, 해외수입업자의 신용조사, 수출채권 관리 등의 금융서비스를 종합적으로 제공하는 종합금융상품으로써 우리나라에서는 2005년 5월 수

15) 수출입은행과 신한은행은 수출팩토링 업무를 취급하고, 기업은행은 수출입팩토링 업무를 취급하고 있다.

출입은행이 처음[16] 도입하였다. 무소구조건이란 해외수입업자가 만기일에 수출대금을 상환하지 못하더라도 팩터가 수출기업에게 수출대금의 반환을 청구하지 않는 것을 의미한다.

2. 팩토링의 관계당사자

팩토링 결제방식은 팩토링 회사의 회원망을 통하여 이루어지는 무신용장방식의 신용조건부로 수출시에는 외상수출로 인한 대금회수 불안을 제거하면서도 대금회수전에 수출대전을 자금화할 수 있으며, 수입시에는 신용장 없이 팩토링회사의 지급보증으로 연지급수입을 할 수 있는 무역 거래방식이다.

팩토링거래의 기본적인 관계당사자는 수출업자, 수입업자, 수출업자와 팩토링계약을 체결한 수출팩터, 수입업자와 팩토링계약을 맺은 수입팩터이다.

수출업자는 수입업자와의 물품매매계약상 매도인이다. 매수인에게 계약물품을 선적하고 송장 및 선적서류를 수출팩터에게 양도하면 상업송장 금액의 일부를 선급금으로 제공받을 수 있다.

수입업자는 수입팩터로부터 신용을 제공받아 이를 근거로 수입하는 매수인을 의미하고, 만기일에 물품매매계약대금을 지급할 의무가 있다.

수출팩터는 수출국의 수출업자와 국제팩토링계약을 체결하고 이에 따라 수출업자의 수출채권을 매입하여 선급금을 제공함으로써 효율적인 운전자금을 조달하며, 수입팩터와의 상호협약에 따라 수입업자에 대한 신용조사와 채권관리, 대금회수 서비스를 제공받게 된다. 또한 수출업자의 회계업무를 대행한다.

수입팩터는 수입국에서 수입업자와 국제팩토링계약을 체결하고 수입업자의 외상수입을 위하여 신용조사를 하고 팩토링채권을 회수하여 수출팩터에게 송금하며 수입업자에 대한 회계서비스를 제공한다.

16) 우리나라에 팩토링 또는 국제팩토링이 도입된 것은 1980년대 초반이지만, '수출팩토링' 명칭의 서비스는 수출입은행에서 처음 실시한 것이라 함.

3. 국제팩토링의 효용

국제팩토링방식의 무역대금결제는 수출업자로서는 대금회수에 대한 불안을 제거할 수 있고 수입업자는 자금부담과 계약과 상이한 물품에 대한 불안으로부터 자유롭게 된다. 또한, 무역거래 당사자는 자신의 국가에 있는 팩터와 거래하면 되기 때문에 언어적, 문화적, 법률적, 관습적 차이 없이 국내거래처럼 거래를 할 수 있기 때문에 편리하고[17], 팩터가 수출업자에게 수입업자의 지급을 보증하기 때문에 안전한 거래가 이루어질 수 있다.

1) 수출업자에 대한 유리한 점[18]

첫째, 수출대금을 안전하게 회수할 수 있다. 수입팩터로부터 신용승인을 받았고, 해당 물품에 대한 수입업자의 클레임이 없었을 때, 수입업자의 파산 또는 지급불능시 수입국의 팩토링 회사가 채권금액의 100%를 대신 지급하게 되므로 안전한 수출대금을 회수할 수 있다.

둘째, 선적서류 등 수출채권을 수출팩터에게 매입하고 외상수출대금을 즉시 현금화 할 수 있다. 단, 수출팩터가 신용승인한 범위내에서 상품선적 후 수출채권(선적서류)을 매입해야 한다.

셋째, 수출채권관리의 효율화를 기대할 수 있다. 해외 팩토링 회사를 통해 수입업자에 대한 신용조사와 외상수출대금 관리를 대신하기 때문에 해외지사의 설치효과를 거둘 수 있어 신용조사비용 등의 부대비용을 절감할 수 있고, 팩토링회사가 신용판매에 따른 구매자별 원장정리, 월별 채권회수현황 등의 매출관리서비스를 제공하므로 업무편이 및 관련 비용을 절감할 수 있다.

넷째, 새로운 시장의 개척의 기회로 활용할 수 있다. 외상거래를 하면서도 대금회수의 확실성이 높아 부실채권을 방지할 수 있고, 신용장개설이 필요 없으므로 수입업자의 부담을 경감할 수 있어 보다 나은 조건으로 상담이 가능하여 새로운 시장개척에 용이하다.

---

17) Salinger, F. R, Salinger, *F. R, Factoring : the law and practice of invoice finance*, 3rd ed., London, Sweet & Maxwell, 1999, p. 113.

18) 기업은행 사이트 http://www.ibk.co.kr, 신한은행 사이트 http://www.shinhan.com 참조.

2) 수입업자에 대한 유리한 점

첫째, 외상구매가 가능하다. 신용이 우수한 기업은 수입팩터가 수입대금의 지급을 보증하므로 수출업자로부터 외상으로 손쉽게 물품을 구입할 수 있고, 신용판매에 따른 구매자별 원장정리, 월별 채권회 수현황 등의 매출관리서비스를 제공하므로 관련 비용을 절감할 수 있다.

둘째, 수입업자금부담을 경감할 수 있다. 물품수령 후 일정 기간내에 수입대금을 결제하면 되므로 운영자금부담이 경감된다.

셋째, 수입관련 금융비용을 절감할 수 있다. 수수료 등의 모든 거래비용은 수출업자가 부담하므로 신용장개설비용 및 부대비용을 절감할 수 있다.

넷째, 계약물품의 품질을 대금결제 전에 확인할 수 있다. 신용장방식의 서류거래와 달리 수입대금 결제전 물품의 품질을 확인할 수 있다.

4. 수출팩토링

1) 수출팩토링의 특성

수출팩토링의 주요 기능상 특징은 신용보증, 금융제공, 채권관리, 대금회수 등이다[19]. 이를 상술하면 다음과 같다.

첫째 수출업자와 수입업자의 담보물 없이 신용만으로 금융제공을 받을 수 있다는 특성이 있다. 즉, 수출팩터가 수출업자로부터 외상매출채권을 매입할 때 담보를 요구하는 것이 아니라 수입팩터의 수입업자에 대한 신용승인통보가 담보역할을 하게 된다. 이 점이 수출팩토링이 신용장거래나 추심거래에 비해서 수출업자 및 수입업자에게 유리한 점이다. 신용장 및 추심거래와 비교하면, 신용장 거래에서 개설은행은 수입업자에게 개설담보금을 요구하거나 수입화물을 담보로 취득하기 때문에 수입업자는 비용 및 자금 부담이 있을 뿐만 아니라, 신용장이 서류에 의한 거래이기 때문에 사기위험이 있고, 무역계약 이행이 지연되는 측면이 있다. 추심거래는 은행의 지급보증 없이 수출업자가 신용위험

19) FCI, *op. cit.*, pp. 4~5.

을 부담하며, 수입업자가 은행에서 서류를 받아야 되고 수수료도 내야 한다.

둘째, 수출팩토링을 이용하는 자는 대부분 중소기업으로 거래규모가 크지 않다. 팩토링제도가 중소기업이 현금흐름, 운영자금 및 성장에 괄목할 만한 영향을 미치고 있으며, 특히 신생 중소기업 및 신용이 부족한 중소기업에 유리하다. 우리나라는 외환 관련 규정에 거래한도 제한이 있는 것은 아니지만 수출팩터들이 중소업체에게 신용만으로 금융을 제공하는 거래 특성상 중소기업과의 거래규모가 크지 않고, 실제로 대기업들의 거래규모가 크다.

셋째, 수출팩토링은 원자재 수출입과 같이 빈번한 거래에 유용한 제도이다. 수출업자와 수입업자가 거래 팩터들에게 신용을 인정받으면 그 다음부터는 까다로운 신용조사 없이도 이 거래방식을 활용할 수 있기 때문에 신용장이나 추심방식보다 훨씬 간편한 방법으로 거래할 수 있고 따라서 소규모 원자재를 빈번하게 거래할 때 이 거래방식이 많이 활용된다.

2) 수출팩토링의 거래절차

수출팩토링은 지원방식에 따라 폐쇄형(disclosed factoring)의 경우에는 하나의 팩터가 개입하고, 개방형(undisclosed factoring)인 경우에는 수출팩터와 수입팩터로 구분된다. 개방형 팩토링방식은 수출팩터가 수입팩터를 통해 수입업자의 신용위험을 인수하고 수입업자로부터 수출대금을 인수하는 방식이고 폐쇄형 팩토링방식은 수출팩터가 수입업자의 신용위험을 직접인수하고 수입업자로부터 수출대금을 직접 추심하는 방식이다.[20]

수출업자는 팩터와 팩토링계약을 체결하고 동 계약에 의하여 당해 상거래에서 발생한 외상매출채권(account receivable)을 팩터에게 전부 양도하고 대금을 받게 되고, 수입업자는 제3채무자가 된다.

제휴방식(two-factor system)의 수출팩토링 거래절차를 살펴보면,

① 수출팩토링 거래상담, 수출팩토링 거래약정 체결 : 회사개요, 최근 3개년도 영업결산 보고서, 수입업자별·거래형태별 수출취급액, 상품안내서 등

20) D'Arcy, Murray and Cleave, op. cit., pp. 229~230.

을 수출팩터에게 제출하고 수출팩토링 거래약정 체결

② 신용승인 의뢰 : 팩토링거래가 가능하다고 판단되는 수출업자와 상담 후 수입팩터에게 수입업자에 대한 신용승인 의뢰서(Credit Approval Request; CAR[21]))발송

③ 신용조사 후 신용승인한도 결정 : 수입업자와 수입 팩터간에 신용한도 및 거래조건을 협의한 후 수입팩토링 약정체결

④ 신용승인 통지 : 수입팩터는 수입업자에 대한 신용승인 양식(Credit Line; CL 또는 Individual Credit Approval; ICAR), 승인금액, 대금결제 기간 등을 검토한 후 수출팩터를 통하여 수출업자에게 신용승인통지(answer to CAR) 전달

⑤ 신용승인통지서 발급 : 수출팩터는 신용승인통지를 접수한 즉시 수출업자에게 신용승인 통지서 발급

⑥ 팩토링방식에 의한 매매계약서 작성 : 수출업자와 수입업자간에 대금결제조건 등을 신용승인조건 범위 내로 하여 팩토링방식에 의한 거래임을 명시하여 수출계약을 체결하고 필요할 경우 관련기관에서 수출승인을 받음.

⑦ 수출업자의 상품 선적

⑧ 선적서류 매입의뢰 및 전도금융 제공 : 수출업자는 수출팩터에게 수출채권 매입 의뢰서, E/L(필요한 경우), 수출신고필증, 상업송장, 선하증권 등 선적서류를 제시한 후 수출채권액 범위 내에서 송장금액의 80%내외를 선급금으로 받을 수 있음. 이 때 수출팩터는 선급금 이자와 팩토링 수수료를 선취함.

⑨ 선적서류 발송 및 수출채권을 수입팩터에게 양도

---

21) 수입팩터는 수입업자의 재무상태 악화 등으로 인한 지급불능(부도)에 대하여만 보증책임이 있고 수출업자에게 원인이 있는 상품의 하자나 계약조건 위반, 외환규제나 전쟁 등의 위험에 대하여는 책임이 없음. 수입업자의 지급불능 발생시 해당 채권의 만기일로부터 90일째 되는 날에 수입팩터가 대지급함.

⑩ 선적서류를 수입업자에게 인도, 수입대금 결제 : 수입업자가 계약상의 만기일에 수입팩터에게 수입대금을 입금시켜야 한다. 만일 수입업자가 대금지급을 지연시키는 경우에는 원칙적으로 수출업자가 금융연장에 대한 이자를 부담하고, 계약서에 명시된 조건에 따라 수입업자가 연체이자를 추가하여 송금하여 오면 수출업자에게 반환한다. 분쟁 없이 수입업자가 대금지급을 지연시키는 경우에는 연체이자율을 적용하지 않고 매입시의 이자율을 적용하여 금융을 계약상의 만기일로부터 90일까지 연장하여 준다. 또한 계약상의 만기일로부터 90일까지도 분쟁 없이 입금이 되지 않는 경우에는 수입팩터가 신용승인 내용에 따라 수출채권금액의 100%를 대지급한다. 그러나 수입업자의 대금지급 거절이 물품의 하자 등을 이유로 한 claim인 경우에는 수입팩터는 물품대금을 대신 지급하지 않는다.

⑪ 수입대금 송금

⑫ 수출대금과 전도금융 상계후 정산차액지급

[그림 3-7] 수출팩토링 거래절차

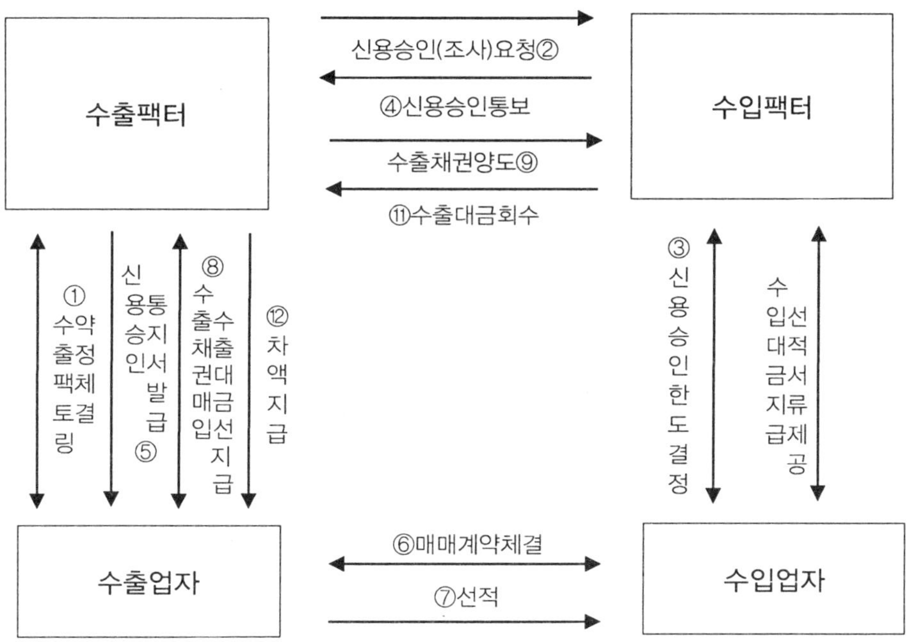

직접방식(one-factor system)의 수출팩토링 거래절차는 수출팩터가 수입업자의 신용위험을 직접 인수하고 수입업자로부터 수출대금을 직접추심하게 되는 것으로 신용도가 양호한 수입업자 및 대규모 수출거래에 이용된다.

〈표 3-1〉 우리나라 은행의 수출팩토링 서비스 현황22)

<table>
<tr><th colspan="2">구분 \ 은행</th><th>수출입은행</th><th>기업은행</th><th>신한은행</th></tr>
<tr><td colspan="2">서비스 형태</td><td>수출팩토링</td><td>수출팩토링,
수입팩토링</td><td>수출팩토링</td></tr>
<tr><td colspan="2">서비스 방식</td><td>직접방식, 제휴방식</td><td>제휴방식</td><td>좌동</td></tr>
<tr><td colspan="2">대상 거래</td><td>사후송금 외상수출거래
D/A거래
해외현지법인 경유 가능</td><td>좌동</td><td>좌동</td></tr>
<tr><td colspan="2">대상 기업</td><td>동종품목 수출경험 1년
동일 해외수입업자와
6월 이상 수출기업</td><td>제한 없음
자체 심사기준에
따름</td><td>제한 없음
자체 심사기준에
따름</td></tr>
<tr><td rowspan="2">대상금액</td><td>제휴방식</td><td>5백만불 이하, 6월 이내</td><td>제한 없음</td><td>금액제한 무,
6월 이내</td></tr>
<tr><td>직접방식</td><td>1천만불 이하, 1년 이내</td><td>해당사항 없음</td><td>좌동</td></tr>
<tr><td colspan="2">매입대금 지급</td><td>80～100% 선지급</td><td>100% 선지급</td><td>80～100%</td></tr>
<tr><td rowspan="2">수수료</td><td>할인료</td><td>연Libor + 0.5 ～ 1%</td><td>연Libor +
0.1 ～ 2%</td><td>연Libor +
0.5 ～ 1%</td></tr>
<tr><td>수출팩터
수입팩터</td><td>수출채권의 0.05 ～ 0.2%
수출채권의 0.35 ～ 0.6%</td><td>수출채권의 0.4%
수출채권의
0.2 ～ 0.8%</td><td>수출채권의
0.1 ～ 0.4%
수출채권의
0.3 ～ 0.8%</td></tr>
<tr><td colspan="2">수출기업 책임</td><td>without recourse, 담보 없음</td><td>좌동</td><td>좌동</td></tr>
<tr><td colspan="2">가능국가</td><td>61개국</td><td>좌동</td><td>좌동</td></tr>
<tr><td colspan="2">FCI 가입</td><td>2005년 5월 가입</td><td>1989년 가입</td><td>2005년 10월
가입</td></tr>
<tr><td rowspan="3">실적</td><td>이용업체수</td><td>40개사</td><td>40개사</td><td>10개사</td></tr>
<tr><td>2005년</td><td>9,899억원</td><td>400억원</td><td>-</td></tr>
<tr><td>2006년
(예상)</td><td>1조5천억원</td><td>600억원</td><td>100억원</td></tr>
</table>

22) 박광서, 전게논문, p. 47.

3.3 OAT 방식(Open Account)

1. 청산결제방식의 개념(Open Account; OAT)

청산결제[23]는 수출입거래가 빈번한 경우 대금결제를 장부상에 상쇄·정리한 다음 일정한 청산기간(6개월 또는 1년)만에 그 차액만을 결제하는 방법으로 주로 외국인 투자기업이나 대형 상사의 본·지사 간에 이용되고 있다. 청산계정에서는 수출업자가 환어음을 발행하지 않고 주로 송장만으로 물품대금을 청구하는 것이 일반적이며, 수입대금을 바로 결제할 필요가 없기 때문에 수입업자에게 유리한 방식이다.

국가간 이루어지는 청산결제제도는 양국간 청산협정이 먼저 이루어지고 결제를 담당할 은행이 결정되면 양국간의 교역 및 그와 관련된 대금결제는 이들 두 은행에 개설된 청산계좌를 통해 이루어지게 된다. 청산결제제도하에서 수출업체가 수출계약을 체결하고 물품을 선적하면, 수입업체는 자국의 청산결제은행에 수입대금을 입금한다. 수입국의 청산결제은행은 이를 수출국의 청산결제은행에 통보하면 수출국의 은행은 수출업자에게 수출대금을 지급한다. 그러나 청산결제 은행들은 수출입 대금을 거래마다 직접 결제하는 것이 아니라, 청산계정에 기재하였다가 일정기간(보통 1년)마다 정기적으로 대차 차액만을 정산한다.

2. 청산결제방식의 장 · 단점

청산결제방식의 장점은 첫째, 여타의 대응무역방식보다는 거래상품의 폭을 넓힐 수 있다. 즉, 청산결제방식에 의한 교역은 대응무역(counter trade)의 한 가지 형태로 분류될 수 있으며, 대부분의 대응무역이 교역 상대방에 대해서 대응구매 의무를 직접 부과하기 때문에 교역이 대단히 제한적일 수밖에 없으나 청산계정의 경우 대응구매의 의무를 교역당사자에게 직접 부과하지 않기 때문에 여타의 대응무역방식보다는 거래상품의 폭을 넓힐 수 있다. 둘째, 청

23) 양영환·오원석, 『최신 무역상무론』, 법문사, 2002, p.38

산결제는 국제화가 부족한 국가에게 유리한 방식이다. 즉, 청산결제에 의한 거래는 광의의 barter trade에 해당하며 상품의 경쟁력이 뒤지고 교역대상을 다변화할 수 없는 국가에게는 유리한 교역방식이다. 셋째, 기말의 차액 정산을 제외하고는 직접적으로 국제 결제통화를 필요로 하지 않기 때문에 외환보유고가 부족한 국가의 대외교역에 접합한 제도로 활용될 수 있다.

단점은 국가간의 협정을 바탕으로 수출입 대상품목, 수량, 결정방식이 청산결제방식에 의하여 결정된다는 측면에서 국가간의 협정무역이라는 것이다. 따라서 국가의 개입 및 관리를 필요로 한다.

3. 청산결제방식의 거래절차

청산결제방식의 거래를 원하는 자는 외국환거래은행에 신고서를 제출해야 하고, 외국환은행은 신고서제출시 국세청에 통보해야 한다.

청산결제거래의 상대방은 외국에서 영업을 하고 있는 자로서, 국내 제조업체의 해외지점, 현지법인 등이나, 외국인 투자기업의 본점, 또는 외국에 있는 자회사나 현지법인 이어야 한다.

우리나라 외국환거래규정 제5-5조부터 제5-7조에 청산결제 대상업체의 업무처리 방법이 규정되어 있다.[24)]

---

24) ① 청산결제 인정대상업체(외국환거래규정 제5-5조)
이 방법으로 수출입을 하고자 하는 자는 지정거래외국환은행에 청산결제신고서를 제출하여야 하며 지정거래외국환은행은 신고서를 접수시 이 사실을 국세청에 통보하여야 한다. 폐쇄하고자 하는 경우에도 신고하여야 한다.
지정거래외국환은행의 장은 청산결제를 실시하는 자가 외국환거래법·영·규정 및 기타 법령에 규정하는 사항을 위반하거나 그 거래실적·거래내용이나 기타 사정에 비추어 청산결제계정의 존속이 필요없다고 인정되는 경우에는 그 청산결제계정을 폐쇄할 수 있다. 폐쇄된 계정의 대차기잔액은 계정 폐쇄후 3개월 이내에 지정거래외국환은행의 장에게 신고한 수 지급 또는 영수하여야 한다.
신고수리 외국환은행이 인정하는 해당업체는 신고시에, 상대방과의 거래가 빈번하고 계속적이라는 사실이나 자신이 무역업체 또는 제조업체라는 점을 신고서에 기술하여야 한다.
② 청산결제거래의 상대방
상대방은 외국에서 영업활동을 하고 있는 자로서 국내 제조업체의 해외지점, 현지법인 등의 자격이 있는 자 또는 외국인 투자기업의 본점, 또는 타국에 있는 자회사, 현지법인

수출업자가 수출물품을 선적한 후 상업송장과 운송서류 등을 은행을 경유하지 않고 직접 수입업자에게 발송하며 선적서류를 수취한 수입업자는 계약서에 약정된 기간내에 수입대금을 수출업자에게 송금한다. 송금방식과 다른 점은 수출업자가 선적 후 선적서류 원본은 수입업자에게 직접 송부하고 수입업자의 동의를 얻은 수출채권을 외국환은행에게 매입시킨다는 것이다.

이어야 한다.

③ 신고절차

청산결제대상업체가 주거래 외국환은행에 신고할 때는 다음 서류를 제출하여야 한다.

- 회사 등기부등본 - 인감증명서
- 해외지점 설치허가서 또는 해외투자 허가서(국내제조업체인 경우)
- 외국인 투자기업 등록증(외국인투자 업체인 경우)
- 상대방과 거래실적 증명서(최근 1년 간)

신고를 받은 외국환 은행은 기재내용의 사실여부를 확인한 후 서류접수일로부터 7일 이내 신고 수리 여부를 통보하여야 한다.

④ 대·차기 항목 및 기장시점(외국환 관리규정 제5-6조)

청산결제계정을 통하여 대기 또는 차기할 수 있는 항목은 청산결제상대방과의 채권 또는 채무로 한다. 다만, 법·영 및 이 규정에 의하여 지급, 지급방법 및 자본거래에 있어 허가 또는 신고를 요하는 경우에는 당해 허가를 받거나 신고하여야 한다.

청산결제계정의 기장은 당해 거래가 물품의 수출입 또는 용역의 제공을 수반하는 경우에는 그 수출입 또는 용역제공의 완료[1] 후 30일 이내, 기타의 경우에는 당해 거래에 따른 채권·채무의 확정 후 30일 이내에 행하여야 한다.

⑤ 결산(외국환거래규정 제5-7조)

청산결제계정의 결산은 사업연도를 기준으로 하여 1년 이내에 월단위로 실시하여야 한다.

청산결제계정의 결산에 있어서의 대기 및 차기잔액은 각 상대방별 계정의 대차기잔액을 합산한 금액으로 한다.

청산결제계정의 대차기잔액은 매 결산기간 종료 후 3월 이내에 지정거래외국환은행의 장에게 신고한 후 지급하거나 영수하여야 한다.

청산결제를 실시하는 자는 결산보고서 등 지정거래외국환은행의 장이 정하는 보고서를 지정거래외국환은행의 장에게 제출하여야 한다.

청산결제를 실시하는 자는 장부 및 관계증빙서류를 보관하여야 한다.

⑥ 표시통화의 환산율

표시통화에는 제한이 없으나 표시통화와 거래통화가 다른 경우 당해 통화간의 환산율은 기장일 현재의 전신환 매입률을 적용한다.

[그림 3-8] 청산결제방식 거래 절차도

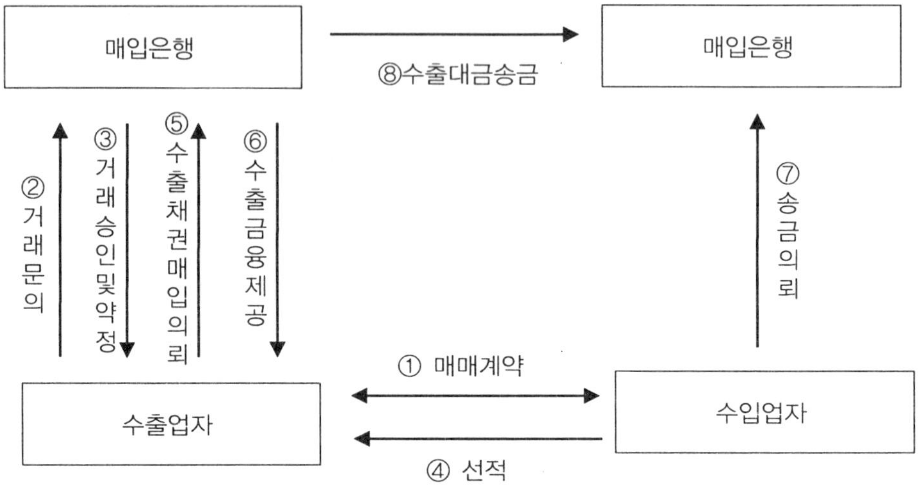

매입의뢰인인 수출업자는 선적서류매입신청서(2매 1세트), 수출채권 매입신청서, 백지어음(건별거래시), 수출승인서(필요시), 수출신고필증, 수출계약서, 수출계약서에서 약정된 선적서류 사본 일체 등을 제시한다. 최초거래시에는 외환거래 기본약관을 교부하고 약정서류 및 채권서류 등을 제출한다.

은행은 수출채권 매입신청서상의 기재사항과 수출계약서상의 요구서류 등의 일치여부를 확인하고 수출업자 신용상태 및 채권보전이 확실한 경우에 무신용장방식 기한부 수출환어음 매입에 준하여 환가료를 징수하고 매입에 응하여 준다.

은행은 수출업자로부터 수출채권을 양도받았으므로 채권매입사실 및 매입대전을 만기일에 매입은행 예치금계정에 입금하여 줄 것을 텔렉스 등을 통하여 수입업자에게 통지한다.

수출채권을 매입한 은행은 만기일에 수입업자가 매입은행 예치금계정에 입금시킬 때까지 사후관리를 해야 된다.[25] 만일 매입한 수출채권이 만기일로부터 1개월까지 입금되지 아니한 경우에는 해당일 익일에 매입의뢰인으로부터

25) 본 결제방식은 수출업자의 신용에 의거한 여신이므로 만기일에 입금여부의 확인, 부도등록 및 부도대전 상환 등 사후관리에 만전을 다해야 한다.

수출채권회수가 불가능하다는 통지를 하고 즉시 부도처리하여 부도원금과 부도이자(연체대출금 금리)를 징수한다. 자기자금결제 후 해외입금 시, 원금은 지급당시 T/T buying rate를 적용하여 매입의뢰인 계좌에 입금하고 기 징수한 부도이자는 환출(해외입금액 해당 부도이자에 한함)하고 기환출한 환가료는 환입하며 예정만기일부터 입금일까지의 지연이자를 징수한다.

제4장

화환어음 무역대금결제

4.1 추심방식

추심방식(collection)은, 송금방식과 반대로 채권자가 자금을 역청구하는 역환을 말한다. 즉, 지급지가 외국으로 되어있는 수표 또는 어음 등을 고객으로부터 매입하거나 의뢰받아 지급은행에 대해 직접 또는 거래은행을 통하여 대금을 청구하여 받는 과정을 말한다.

수출업자가 화환어음을 추심의뢰 할 때에는 선적서류의 인도방식을 명확히 기재하여야 하지만 추심의뢰서(collection order)상에 D/A 또는 D/P의 명시가 없어 불명확한 경우에는 D/P 방식의 추심환어음으로 간주된다.

〈표 4-1〉 D/A와 D/P의 비교

구분	수출업자	수입업자
D/P	대금수령이 보장되지 않음	지급하기 전에는 품질 확인이 안 됨
D/A	수입업자가 물품을 수령한 뒤 만기에 대금을 지급하지 않으면 물품회수가 보장되지 않음	지급하기 전에 물품을 수령하기 때문에 위험이 없음

1. 거래당사자

추심거래에 관여하는 자를 추심거래의 당사자라고 하며 당사자는 다음과 같다.[1)]

① 고객(customer) : 추심의뢰인인 수출업자를 의미한다.

② 추심의뢰은행 또는 서류송부은행(remitting bank) : 추심의뢰인의 추심요구에 따라 금융서류와 상업서류를 수입지은행으로 송부하는 임무를 맡은 수출지의 은행을 말한다.

③ 추심은행(collecting bank) : 추심의뢰은행으로부터 최초로 서류를 수취하는 수입지의 은행을 말한다.

④ 서류제시은행(presenting bank) : 수입업자가 서류전달을 받기에 좋은 위치에 있는 은행으로써 수입업자 거래은행이다. 따라서 추심은행은 대부분 수입업자의 거래은행이 되지만 계약서상에 명기된 추심은행이 수입업자거래은행이 아닌 경우도 있다.

예를 들어 계약서상의 추심은행은 국내 모 은행 모 지점으로 명기되어 있는데 수입업자의 실제 거래은행이 국내 모 은행 모 지점이라면 추심은행이 서류를 받아 국내 모 은행 모 지점으로 넘겨주어야 하는데 이때 국내 모 은행 모 지점을 서류제시은행[2)]이라 한다.

추심당사자는 아니지만 지급인(drawee)은 추심의뢰서에 따라 제시은행으로부터 지급 또는 인수를 위한 제시를 받고 만기일에 대금을 지급하는 자를 말하며 추심의뢰서에 따라 제시를 받아야 할 수입업자(buyer, importer)을

---

1) URC 522 제3조.

2) 지급인에게 제시를 하는 수입국의 은행을 의미한다. 추심의뢰은행으로부터 추심의뢰를 받은 추심은행은 수입업자와의 거래관계 등으로 인하여 직접 수입업자에 대한 서류의 제시가 곤란한 경우에는 다른 추심 은행(제시은행)으로 추심서류를 송달하여 다시 추심의뢰하게 된다(대개의 경우는 추심은행이 수입업자의 거래은행이 되도록 추심은행을 선정한다. 즉, 조속한 추심을 위하여 최초의 추심은행이 제시은행이 되도록 하는 것이다).

의미한다. 비록 지급인이 궁극적으로 추심업무에 참여하기는 하지만 그는 당초의 당사자중 하나는 아니며 따라서 지급인의 정의는 URC에서 다른 당사자와는 별도로 기재되었다.

2. 추심서류

1) 개념

추심이란 은행이 고객의 위임을 받아 지급 또는 인수를 받기 위하여 금융서류 또는 상업서류를 취급하는 것을 말한다.[3] 그러므로 추심서류는 금융서류(financial documents)와 상업서류(commercial documents)로 구분된다.[4]

금융서류란 대금결제에 사용되는 증거서류를 의미하며 이러한 수단에는 환어음뿐만 아니라 영수증 등도 포함된다. 또 경우에 따라서는 수입업자가 수출업자에게 약속어음이나 수표를 송부하기도 하는데 이것은 모두 금전의 지급을 받기 위하여 사용되는 금융서류에 속한다.

상업서류란 금융서류가 아닌 일체의 서류를 의미하며, 상업송장, 운송서류, 보험서류, 포장명세서, 영사송장, 관세송장, 원산지증명서, 용적증명서, 검사증명서 등이 있다.

또한 추심의 종류에는 무화환추심(clean collection)[5]과 화환추심(documentary collection)[6]이 있다. 전자는 무역과 관련이 있는 추심으로서 어음뒤에 상업서류가 첨부되는 경우이며, 후자는 용역거래에 따른 추심으로서 상업서류가 첨부되지 않는 금융서류만의 추심을 의미한다.

---

3) URC 제2조 a항.

4) URC 제2조 b항.

5) URC 522 제2조 c항 : c. "Clean collection" means collection of financial documents not accompanied by commercial documents.("무담보추심"이란 상업서류가 첨부되지 않은 금융서류의 추심을 의미한다)

6) URC 522 제2조 d항 : d. "Documentary collection" means collection of:("화환추심"이란 다음과 같은 추심을 의미한다) 1. Financial documents accompanied by commercial documents;(상업서류가 첨부된 금융서류의 추심) 2. Commercial documents not accompanied by financial documents.(금융서류가 첨부되지 않은 상업서류의 추심)

추심의뢰서에는 거래방식이 D/P인지 D/A인지 반드시 표기되어야 하며 그러한 표기가 없는 경우에는 D/P로 간주된다. 특히 기한부어음인 경우에도 D/P, D/A의 표시가 없으면 D/P로 간주된다.[7]

2) 추심서류의 접수 및 처리

해외로부터 추심서류를 접수한 추심은행은 어음의 지급인 즉 수입업자가 자행의 거래선인가를 확인한다. 지급인이 자행의 거래선인 경우에는 자행이 서류를 지급인에게 제시하는 제시은행이 되지만 자행의 거래선이 아니거나 의뢰서에서 제시은행을 따로 지정하고 있을 때에는 지급인의 거래은행 또는 지정된 은행으로 서류를 송부하여야 한다.

서류를 검토한 결과 수입업자가 자행의 거래선인 것으로 확인되면 먼저 서류가 추심의뢰은행을 통하여 내도된 것인가 또는 수출업자로부터 직송되어 온 것인가를 확인한다. 종전에는 수출업자가 직접 추심할 수 없고, 추심의뢰은행을 통하여 추심하는 것을 원칙으로 하였으나, 현재에는 관습이 변경되어 수출업자가 수입지의 추심은행에 직접 추심의뢰 할 수 있다. 반면, 수출업자가 수입업자 앞으로 추심서류를 직접 송부하여 수입업자가 서류를 은행에 제시하는 경우가 있다. 이 때에는 수입업자에게 충분히 설명하여 추심서류를 반송케하여 정식으로 추심의뢰은행 또는 수출업자로부터 자행에 송부하도록 하는 것이 좋다. 그러나 수입업자의 사정이 서류를 반송하여 재송달할 만한 시간적 여유가 없을 때에는 수출업자로 하여금 추심서류 사본으로 자행에 추심의

---

7) URC 522 제7조 bgkd : b. If a collection contains a bill of exchange payable at a future date, the collection instruction should state whether the commercial documents are to be released to the drawee against acceptance(D/A) or against payment(D/P). In the absence of such statement commercial documents will be released only against payment and the collecting bank will not be responsible for any consequences arising out of any delay in the delivery of documents.(만일 추심이 장래확정일 지급조건의 환어음을 포함하는 경우에는 추심지시서에는 상업서류가 인수인도(D/A) 또는 지급인도(D/P)중 어느 조건으로 지급인에게 인도되어야 하는 지를 명시해야 한다. 그러한 명시가 없는 경우에는, 상업서류는 지급과 상환으로만 인도되어야 하며, 서류인도의 지연에 기인하는 어떠한 결과에 대해서도 추심은행은 책임을 지지 아니한다)

뢰 하도록 함과 동시에 수입업자가 접수보관하고 있는 추심서류 원본으로 필요한 인도조치를 취해도 좋다는 지시를 수출업자가 자행에 주었을 때에는 그 추심서류 원본을 접수해도 무방하다. 다만 수입업자가 직접 접수하여 자행에 제시하는 추심서류 원본에는 보다 주의깊은 검토가 필요하다.

다음으로 서류가 원본서류(original documents)인가 부본서류(duplicate documents)인가를 확인하여야 한다. 이미 신용장거래에서 설명한 바와 같이 선적서류는 두 번으로 나누어 보내는 것을 관습으로 하고 있다. 은행은 원본서류와 부본서류 중에서 일찍 도착하는 서류에 의해서 인도하게 된다.

서류가 원본이든 부본이든 간에 이들 서류가 D/P, D/A 또는 기타 서류인가를 확인하여야 한다. 추심 의뢰서에는 서류가 D/P인가 D/A인가를 명시하여야 하고, 명시가 없는 경우에는 D/P인 것으로 간주된다. 특히 기한부어음인 경우에도 D/P, D/A의 표시가 없으면 D/P로 간주되므로 이 경우에는 추심의뢰은행 또는 추심 의뢰인에게 조회한 후 처리하는 것이 좋다. 일반적으로 D/P, D/A로 표시하나 기타의 표현을 사용하는 경우[8]도 있다.

3) 추심의뢰서

화환어음 추심에 관한 통일규칙에 의거 D/P, D/A 거래시 은행들은 자행에 비치된 추심의뢰서 양식을 수출업자에게 제공하여 작성, 제출케 하고 모든 업무를 이에 따라 처리한다.

---

8) 어음이나 추심의뢰서에 D/P조건으로 간주되는 표현 : deliver documents against payment, D/P at sight, sight, at sight on arrival of vessel(or cargo), D/P 30 day's sight, D/P at 30 days after B/L date, D/P at 30 days after draft's date
D/A로 간주되는 표현 : deliver documents against acceptance, D/A, 90 D/S, B/L(D/A, at 90 days after B/L date), D/A at 60 days after sight, D/A at 60 days after date(or draft), D/A at 60 days after arrival of steamer(vessel or cargo)

3. 거래절차

1) D/P(Documents against Payment: 지급도조건 화환거래)

수출업자가 수입업자와의 매매계약에 따라 자기 책임하에 수출물품을 선적하고 구비된 서류에 일람출급 화환어음(sight bill of exchange)을 발행·첨부하여 자기거래은행(추심의뢰은행)을 통하여 수입업자가 거래하는 은행 앞으로 그 어음대금을 추심의뢰 하면 추심의뢰를 받은 수입국측 은행(추심은행)이 수입업자에게 어음을 제시하여 그 어음금액을 일람출급으로 지급받아 추심의뢰은행 앞으로 송금하고, 추심의뢰은행이 수출업자에게 대금을 지급하는 거래방식이다.

[그림 4-1] D/P 거래 절차도

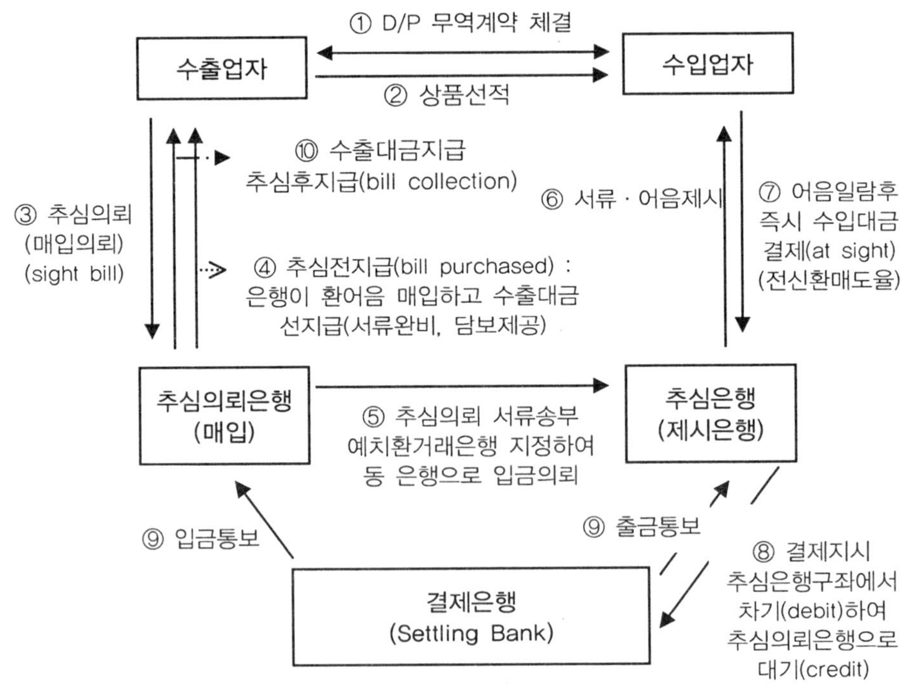

① 수출업자와 수입업자는 대금의 지급방식이 D/P조건인 무역계약을 체결한다.

② 수출업자는 필요한 경우(수출제한품목에 해당하는 경우)에 수출승인(Export License; E/L)을 받고 수출업자의 보험부보조건인 경우(CIF, CIP조건)에 보험계약을 체결한 후(수입업자가 보험을 가입하는 조건인 경우에는 수입업자가 보험계약을 체결함) 소정의 수출절차를 종료한 다음에 계약상품을 선적하고 운송서류를 준비한다.

④ 수출업자(principal)는 D/P계약서에서 요구하고 있는 상업송장, 선화증권(B/L), 보험서류 등 약정한 서류와 수입업자 앞으로 일람출급환어음(sight bill)을 발행하여 거래 외국환은행(추심의뢰은행 : remitting bank)에 추심(또는 추심전매입)을 의뢰한다.

수출업자가 추심(또는 추심전매입)을 의뢰하면 서류에 하자가 없으며 부도에 대비한 채권보전조치를 은행이 취한 경우에는 은행은 추심전매입(B/P; bill purchased)으로 환어음을 추심전에 매입하고 그 대전을 선지급한다. 이 때 은행은 선지급한 환어음대전을 받기 위하여 서류를 추심은행(collecting bank)에 송부하여 수입업자로부터 대금을 나중에 수취하므로 우편송달기간에 해당하는 이자성격의 환가료를 공제한 「전신환매입률－환가료」인 환율을 적용하여 산출한 금액을 수출업자에게 선지급하게 된다. 상기의 흐름도에서 ④는 추심전지급에 해당하는 것이다.

반면에, 추심의뢰은행이 선지급하지 않고 추심절차에 의하여 추심후지급(B/C; Bill Collection)으로 취급하게 되면, 대금지급을 하지 않은 상태에서 환어음과 서류를 추심은행 앞으로 송부하여 추심은행이 수입업자로부터 대금을 수취한 후 서류를 인도하며 그 대금을 추심의뢰은행으로 보내고 추심의뢰은행은 이를 다시 수출업자에게 지급한다. 추심후지급에서는 수출업자에게 지급되는 되는 경우 전신환매입률을 적용한다.

⑤ 추심의뢰은행(또는 추심전 매입은행)은 환어음과 운송서류를 추심은행에 송부하고 대금을 자신의 해외 예치환거래은행의 계좌에 입금시키도록 의뢰한다.

수출업자로부터 추심의뢰 요청을 받은 수출지의 추심의뢰은행은 추심에 수

반하는 모든 지시(instruction)를 기재한 추심의뢰서를 작성하여 추심서류와 함께 추심은행에 송달하여 수입업자 앞으로 추심하여 줄 것을 요청한다. 이때 추심의뢰은행은 의뢰인이 지시한 경우에는 지정한 추심은행을 이용하며, 지정하지 아니한 경우에는 추심의뢰은행 임의로 선정한 지급지나 인수지 국가에 있는 어떠한 은행으로도 추심은행으로 이용할 수 있다(URC 제5조). 그리고 추심의뢰은행으로부터 추심의뢰를 받은 추심은행은 수입업자와의 거래관계 등으로 인하여 직접 수입업자에 대한 서류의 제시가 곤란한 경우에는 다른 추심은행(제시은행)으로 추심서류를 송달하여 다시 추심의뢰하게 된다(대개의 경우는 추심은행이 수입업자의 거래은행이 되도록 추심은행을 선정한다. 즉, 조속한 추심을 위하여 최초의 추심은행이 제시은행이 되도록 하는 것이다).

⑥ 추심은행(제시은행)은 운송서류를 수령하고 이를 수입업자에게 추심서류 도착통지를 하여 조속한 어음의 결제를 촉구한다.

⑦ 수입업자는 운송서류에 하자가 없는 경우에 일람출급환어음을 일람한 후에 수입대금을 지급하고 운송서류를 인도 받는다. 이 때 전신환매도율을 적용하여 환산한 금액을 은행에 지급한다. 수입업자는 관계 화물을 통관·인수하는 절차를 밟는다.

⑧~⑨ 추심은행은 추심의뢰은행이 지시한 결제은행의 자행계좌에서 차기(debit: 출금)하여 추심의뢰은행의 계좌에 대기(credit: 입금)할 것을 결제은행에 의뢰한다. 결제은행은 추심은행에게 차기(출금)를 통보(debit advice)한다. 결제은행은 추심의뢰은행 앞으로 대기(입금)되었음(Credit Advice)을 알린다.

⑩ 추심의뢰은행은 자기은행 계좌에 입금된 수출대금을 수출업자에게 지급한다. 이 경우는 이미 설명한 바와 같이 추심후지급(bill collection)의 절차를 통하여 성립한다.

마지막으로 수입업자는 추심은행으로부터 인도받은 서류를 가지고 필요한 경우에 수입승인을 득하고 소정의 수입신고절차를 필한 후 선화증권을 제시하고 수입물품을 인수하면 거래가 종료된다.

2) D/A(Documents against Acceptance: 인수도조건 화환거래)

앞서 설명한 D/P 거래와 대금을 추심하는 절차는 같으나 D/P와 다른 점은 일람후 정기 또는 확정일 출급의 화환어음(usance bill of exchange)을 발행하고 수입업자는 그 제시된 어음을 인수함으로써 서류를 인도받은 후 어음 만기일에 대금을 지급하는 거래방식이다.

[그림 4-2] D/A 방식 거래 절차도

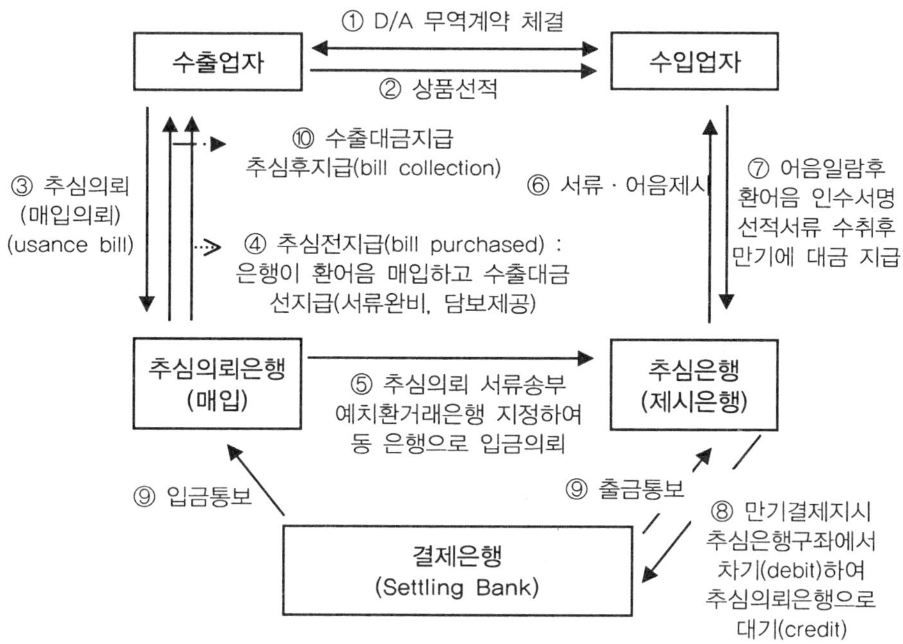

① 수출업자와 수입업자는 대금의 지급방식이 D/A조건인 무역계약을 체결한다.

② 수출업자는 필요한 경우에 수출승인을 받고 수출업자의 보험부보조건인 경우에 보험계약을 체결한 후(수입업자가 보험을 가입하는 조건인 경우에는 수입업자가 보험계약을 체결함) 소정의 수출절차를 종료한 다음에 계약상품을 선적하고 운송서류를 준비한다.

③ 수출업자(principal)는 D/A계약서에서 요구하고 있는 상업송장, 선하증권

(B/L), 보험서류 등 약정한 서류와 수입업자 앞으로 기한부환어음(usance bill)을 발행하여 거래 외국환은행(추심의뢰은행 : remitting bank)에 추심(또는 추심전매입)을 의뢰한다.

④ 수출업자가 추심(또는 추심전매입)을 의뢰하면 서류에 하자가 없으며 부도에 대비한 채권보전조치를 은행이 취한 경우에는 은행은 추심전매입(B/P; Bill Purchased)[9]으로 환어음을 추심전에 매입하고 그 대전을 선지급한다. 이 때 은행은 선지급한 환어음대전을 추심은행에 송부하여 수입업자로부터 대금을 나중에 수취하므로 우편송달기간에 해당하는 이자성격의 환가료 및 usance 기간에 해당하는 이자를 공제한 환율(구 기한부환어음 매입률)을 적용하여 산출한 금액을 수출업자에게 선지급하게 된다.
반면에, 추심의뢰은행(수출업자 거래은행)이 선지급하지 않고 추심절차에 의하여 추심은행(수입업자 거래은행)으로 환어음과 운송서류를 송부하여 수입업자로부터 어음의 만기일에 대금을 수취한 후에 그 대금을 추심의뢰은행으로 보내고 추심의뢰은행은 이를 다시 수출업자에게 지급하는 추심후지급(B/C : Bill Collection)의 경우에는 전신환매입률을 적용한다. 상기의 흐름도에서 ④는 추심전지급에 해당하는 것이다.

⑤ 추심의뢰은행(추심전 매입은행)은 환어음과 운송서류를 추심은행에 송부하고 usance 기간 이후인 어음의 만기일에 대금을 자신의 해외 예치환거래은행의 계좌에 입금시키도록 의뢰한다.

⑥ 추심은행은 운송서류를 수령하고 이를 수입업자에게 제시한다.

⑦ 수입업자는 운송서류에 하자가 없는 경우에 기한부어음에 인수 서명표시를 하고 선적서류를 인도 받는다. 수입업자는 추심은행으로부터 인도받은 서

---

9) 외국환은행이 수표나 어음 등을 추심환에 있어 그 대금을 먼저 고객에게 지급하는 매입절차의 방식을 추심전 매입(bill purchased)라 하고, 수표나 어음의 대금을 추심에 의해 추심은행으로부터 동 대금이 입금되었음을 통보받은 후 지급하는 방법을 추심후 지급(bill collection)이라 한다. 우리나라에서는 추심거래에 따른 결제의 지연과 수입업자의 신용 등에 따른 위험을 제거하기 위해 우리나라에서는 추심전매입제도와 수출보험제도를 통해 추심전 수출대금을 회수할 수 있도록 하고 있다.

류를 가지고 필요한 경우에는 수입승인을 득하고 소정의 수입신고절차를 필한 후 선화증권을 제시하고 수입물품을 인수한다.
수입업자는 usance 기간 이후인 어음의 만기일에 수입대금을 지급한다. 이 때 전신환매도율을 적용하여 환산한 금액을 은행에 지급한다.

⑧~⑨ usance 기간 만기일에 추심은행은 추심의뢰은행이 지시한 결제은행의 자행계좌에서 차기(Debit: 출금)하여 추심의뢰은행의 계좌에 대기(credit: 입금)할 것을 결제은행에 의뢰한다. 결제은행은 추심은행에게 차기(출금)를 통보(debit advice)한다. 결제은행은 추심의뢰은행 앞으로 대기(입금)되었음(credit advice)을 알린다.

⑩ 추심의뢰은행은 자기은행 계좌에 입금된 수출대금을 수출업자에게 지급한다. 이 경우는 이미 설명한 바와 같이 추심후지급(bill collection)의 절차를 통하여 성립한다.

〈표 4-2〉 송금 및 추심방식 비교

결제 방법	종류	수출업자(seller)	수입업자(buyer)
선적전 송금방식	사전송금방식	유리	경우에 따라 대금회수와 물품인수가 불능
선적후 송금방식	C O D	대리인의 신용에 따라 대금영수 및 물품회수가 불능	유리
	C A D	대금의 영수가 보장 안됨	
추심방식	D / P	대금의 영수가 보장 안됨	유리
	D / A	대금영수 및 물품회수가 보장 안됨	

4. 특수한 D/P

1) D/P usance[10)]

추심은행에 도착한 D/P 서류 중 환어음과 추심지시서에 D/P, 20 days af-

10) usance는 환어음의 지급 유예기간을 말하는 것이다.

ter B/L date 등으로 표시되어 있는 경우가 있는데, 이러한 경우를 기한부 D/P라 부른다. D/P 방식은 선적서류와 수입대금이 동시에 교환되는 것을 의미하는데, 이것이 현실에서는 편리에 의해 변형되어 사용되고 있어, D/P는 D/P at sight와 D/P usance로 나눌 수 있다.

D/P usance란 서류도착 즉시 추심은행이 수입업자에게 서류를 인도하고 대금을 수령하는 것이 아니고 명시된 기간 후에 수입업자로부터 대금과 교환하여 선적서류를 인도하게 된다. 즉, 추심서류 도착시 수입업자에게 추심서류 도착 통지 및 열람케 하고, 만기에 대금과 교환으로 서류를 인도한다.

기한부 D/P 방식은 선적서류 도착시 수입업자에게 통보하여 서류를 열람케 한 후 서류를 넘겨주지 않고 은행이 보관하고 있다가 만기일이 되었을 때 다시 수입업자를 은행으로 불러 돈을 받고 서류를 인도하여야 한다. 추심은행(수입업자 거래은행)은 반드시 B/L 일자 후 기한부일자내에 서류인도를 하여야지 그렇지 않으면 이로 인하여 발생하는 문제에 대하여 책임을 부담하여야 하며, 미리 인도하고자 하는 경우에는 반드시 추심의뢰은행(수출업자 거래은행)의 용인을 받아야 한다. 따라서 사고발생 또는 분쟁의 소지가 있어 1996년 1월 이후 시행된 "제3차 개정 추심에 관한 통일규칙(Uniform Rules for the Collection)"에서는 D/P usance의 사용 관행을 억제하도록 하고 있다(URC 522 제7조 a항 및 c항 참조.[11])

D/P usance 방식을 활용하는 이유는

---

11) URC 522 제7조 a항, c항. : Collections should not contain bills of exchange payable at a future date with instructions that commercial documents are to be delivered against payment.(추심은 장래의 확정일 지급조건의 환어음을 상업서류는 지급과 상환으로 인도되어야 한다는 지시와 함께 포함하여서는 아니 된다. 즉, 기한부환어음을 첨부하면서 추심조건을 D/P로 해서는 안 된다)

c. If a collection contains a bill of exchange payable at a future date and the collection instruction indicates that commercial documents are to be released against payment, documents will be released only against such payment and the collecting bank will not be responsible for any consequences arising out of any delay in the delivery of documents.(만일 추심이 장래확정일 지급조건의 환어음을 포함하고 추심지시서에 상업서류는 지급과 상환으로 인도되어야 한다고 기재된 경우에는, 서류는 오직 그러한 지급과 상환으로만 인도되고, 추심은행은 서류인도의 지연에서 기인하는 어떠한 결과에 대해서도 책임을 지지 아니한다. 즉, 기한부환어음을 첨부하면서 D/P라고 명시한 경우에는 반드시 D/P로 취급함을 의미한다)

(1) 자금의 활용도 증가

서류를 항공편으로 보내고, 물품은 해상운송을 하는 등으로 인하여, 물품보다 추심서류가 먼저 도착하는 경우, 만일 추심서류 도착시 대금을 지급하게 되면, 대금지급일로부터 물품의 수령 및 판매시까지 상당한 기간동안 수입업자가 자금의 이용권이 박탈당하게 된다. 따라서 이러한 경우, 항해기간만큼의 일수를 고려하여, 기한부 D/P 방식을 활용하고 있다.

(2) D/P usance의 변형

신용장방식과 달리 추심방식의 경우, 수입업자는 물품의 품질 등을 이유로 하여 클레임을 제기하여 대금지급을 거절하는 것이 가능하다. 일반적으로 대금미지급(unpaid)과 손해배상청구의 방법을 사용하는데 대금미지급이 수입업자에게 유리하다.

대금미지급의 경우 수입업자는 품질위반 등을 서면으로 지적한 후 대금지급거절을 선언하면 되지만, 대금을 지급한 상태에서 손해배상을 청구하는 경우에는 수입업자가 수출업자에게 이미 지급한 대금을 되돌려 달라고 청구하여야 한다. 즉, D/A방식은 대금미지급의 방법을 사용할 수 있으나 D/P방식은 손해배상청구의 방법을 사용해야 된다. 이 때 손해배상을 청구하는 경우 수출업자가 받은 돈을 되돌려 주지 않게 되면 이것을 받기 위하여 소송이나 중재판정을 제기해야 한다.

at sight D/P에서는 수입업자가 대금을 지급한 후 일정기간이 지나서야 물품의 상태를 확인해야 하기 때문에 품질위반 등을 이유로 클레임을 제기하기가 용이하지 않으므로 기한부 D/P방식의 변형을 은행의 도움하에 실무적으로 사용하기도 한다.

D/A방식은 선적서류를 수입업자에게 제공한 뒤 일정한 기한이 도래해야 물품대금이 회수되므로 수출업자는 위험에 노출될 수 밖에 없으나, 기한부 D/P 방식의 변형은 수입업자가 선적서류를 인도 받는 동시에 대금을 은행에게 상환하기 때문에 수출업자는 대금미지급에 대한 염려를 하지 않아도 된다.

기한부 D/P방식의 변형에서 은행은 수입업자로부터 대금을 확보하고 일정한 기한이 경과된 뒤 수입업자로부터 클레임 제기가 없으면 대금을 추심하게 된다.

2) D/P nego

추심결제방법에서는 추심의뢰은행에게 서류매입의무가 없기 때문에 은행은 수출업자에게 받은 서류를 내용검토 없이 추심은행으로 송부하고 대금을 수출업자에게 선지급하지 않아도 된다. 그러나 수출업자 입장에서는 D/P가 비록 동시불거래라 하더라도 추심은행이 수입업자에게 결제를 받고 그 돈을 수출업자에게 보낼 때까지 상당기간동안 자금 부담을 갖게 된다.

이 때 수출업자는 추심의뢰은행에 가서 L/C거래와 동일하게 은행자금을 선지급해 달라고 요청하게 되고 은행이 이 요구를 들어주는 경우가 있는데 업계에서는 이것을 D/P nego라 한다.

4.2 신용장방식

1. 신용장의 원리와 특성

1) 신용장의 기본원리

(1) 신용장거래 및 신용장의 의의

가) 신용장거래

국제무역에서 수출업자의 가장 큰 관심사는 자신은 매매계약에 따라 물품을 인도하려 하나 수입업자가 과연 대금을 지급할 것인지에 관한 것이다. 이에 비해 수입업자의 가장 큰 관심사는 자신은 매매계약에 따라 물품대금을 지급하려 하나 수출업자가 과연 물품을 인도할 것인지에 관한 것이다.

수출업자가 수입업자로부터 선수금을 받지 않고 선적을 이행한다면 물품대금, 운송비, 보험료, 행정비용 등 여러 가지 부대비용을 부담한 상태에서 상품을 수입업자에게 인도하게 된다. 그러나 수입업자가 시장상황의 변화를 이유로 수출업자의 계약위반이 없는데도 불구하고 클레임을 제기하거나 대금지급을 거부한다면 수출업자는 이에 대한 마땅한 대응방법을 찾을 수 없게 된다. 왜냐하면 그 어느 누구의 지급확약도 없는 상태에서 수출을 이행할 때 수출업자는 신용이 불확실한 외국의 수입업자에게 직접 대금을 청구하고 수입업자가 지급을 이행치 않으면 대금을 받을 방법이 없어지기 때문이다. 이러한 위험부담을 이유로 수출업자가 선적을 꺼리거나, 위험요소를 가격에 삽입시켜 높은 가격을 산정하게 된다면 무역의 장점이 없어지게 되므로 자연히 무역은 활성화 될 수 없게 된다.

이와 같이 무역업자의 상충한 이해관계를 송금방식이나 추심방식의 대금결제는 충분히 만족시켜 주지 않는다. 그러나 신용장방식의 대금결제는 개설은행이 수출업자를 위하여 수입업자를 대신하여 대금지급을 확약하고 또한 수입업자를 위하여 수출업자를 대신하여 신용장 조건에 일치하는 서류를 인도하여 상호 이해관계를 충족시켜 준다.

나) 신용장

신용장이라 함은 무역거래에서 신용장에 명시된 조건을 수익자가 이행하면 개설은행은 ① 수익자에게는 매매대금의 지급을 보장하고 ② 개설의뢰인에게는 운송서류의 입수를 보장하는 조건부지급확약을 의미한다.

신용장(Letter of Credit; L/C)이란 무역거래에 따른 대금지급 및 상품수출을 원활하게 하기 위하여 수입업자를 신용장 개설의뢰인(applicant)으로 하고 수출업자를 수익자(beneficiary)로 하여 수입업자의 거래은행인 신용장 개설은행(issuing bank)이 수입업자의 요청으로 수출업자 또는 서류매입은행(negotiating bank) 및 선의의 소지자(bona-fide holder)[12]에게 대금지급을 확약하는 서신으로서, UCP 500 제2조 "신용장의 정의(Meaning of Credit)"에 규정된 내용을 요약하면 다음과 같다.[13]

---

12) 선의의 소지자란 실제 유통되고 있는 증권 자체에 하자가 있는 것을 모르고 표면상 완전하고 정상적인 증권으로 간주하고 취득한 소지인을 말한다.

13) UCP 600에서는 신용장에 대한 정의가 삭제되고 신용장 관계당사자와 용어의 정의를 제2조 "정의"에서 언급할 뿐이다. UCP 500의 제2~3조의내용을 인용한다.

[그림 4-3] 일람지급 화환신용장 거래절차

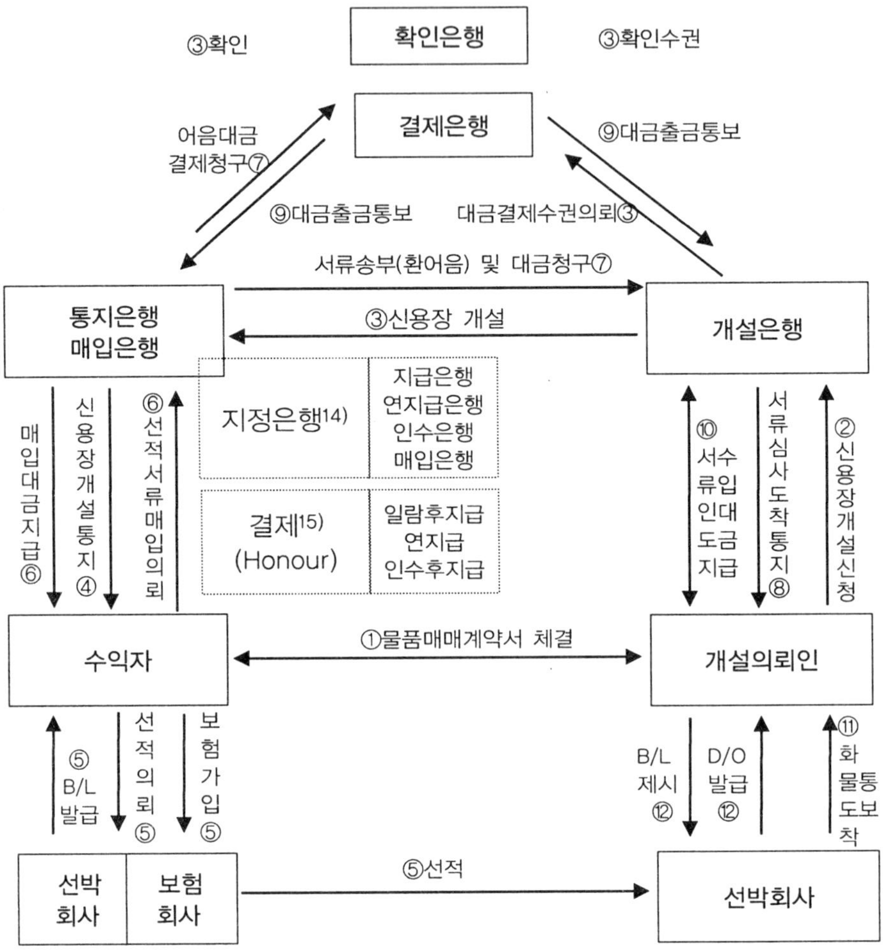

① 개설의뢰인(customer, applicant)의 요청(request)과 지시(instruction)에 따라 개설은행(issuing bank)이 개설하고,

---

14) UCP 600 제2조 지정은행(Nominated Bank)은 지급, 연지급, 인수 또는 매입을 할 수 있도록 신용장에서 권한을 받은 은행을 의미한다. 개설은행은 특정은행을 지정은행으로 지정할 수도 있고, 모든 은행이 지정은행이 될 수 있도록 할 수도 있다.

15) UCP 600 제2조 결제(honour)는 지급신용장의 경우 일람출급 지급, 연지급신용장의 경우에는 연지급 약정을 부담하고 만기에 지급, 인수신용장의 경우에는 환어음을 인수하고 만기에 지급을 포괄하는 개념이다.

② 수출업자인 수익자(beneficiary)가 신용장에 명기된 제 조건을 일치시키고 요청된 서류를 제시하면[16),]

③ 개설은행 자신이 수익자에게 직접 지급(payment) 또는 환어음을 인수(acceptance)하는 직접약정의 방법과 다른 은행에게 간접적으로 지급, 환어음의 인수 또는 매입(negotiation)하도록 하는 간접약정의 방법을 수권(authorization)한 증서이다.

이를 분석하면 ① 신용장은 개설은행의 수출업자에 대한 독자적인 대금지급약속이 된다는 점이다. 즉 개설은행은 수출업자가 신용장 조건과 일치하는 서류를 제시하는 한 자기자금을 직접 수출업자에게 지급하여야 하고 수입업자에게 받은 대금을 지급하겠다는 의미가 아니기 때문에 수출업자가 서류를 제시하는 시점에 비록 수입업자가 파산되거나 행방불명이 되었더라도 이것을 이유로 지급을 거절하거나 지연시킬 수 없는 법적 책임을 지게 된다.

② 신용장은 개설은행의 수입업자에 대한 지급보증서가 될 수 없다는 점이다. 만일 신용장을 지급보증서로 해석한다면 보증의 법적 의미로 보아 채권자인 수출업자가 상품을 선적한 후 1차 청구는 반드시 채무자인 수입업자에게 하여야 하며, 수입업자가 지급하지 않을 경우 지급능력이 없다는 사실을 수출업자가 보증인인 은행에게 증명한 후에야 개설은행에게 보증책임을 물을 수 있게 된다.

이럴 경우 수출업자의 대금회수 불안의 해소라는 신용장제도의 목적이 유명무실해 질뿐만 아니라 신용장제도의 장점이 반감되어 버린다.

③ 신용장에서는 계약당사자의 위치가 변경된다는 점이다.

기본계약에서는 수입업자가 매수인으로서의 지위를 지니고 있지만 신용장이라는 제2의 계약에서는 당사자의 자격에서 탈락되고 매수인의 법적

---

16) 개설은행의 신용장 대금에 관한 지급확약 의무는 개설은행이 약정한 대로의 제 조건에 일치하는 서류와 상환(against stipulated document(s), provided that the terms and conditions of the Credit are complied with)하는 경우에만 발생하는 조건부 지급약정(conditional bank arrangement of payment)이라는 것이다.

지위는 개설은행이 대신 차지하게 된다. 따라서 신용장 업무를 진행할 때 개설의뢰인은 자신의 의사를 직접 수익자에게 전달하지 못하고 신용장개설신청서(L/C application)를 통해 자신의 법적 대리인인 개설은행을 통하여 수출업자에게 송부하는 방법으로 의사표시를 하여야 한다.

④ 개설은행은 수입업자의 지시와 요청에 따라서 신용장 업무를 진행하여야 한다는 점이다.
개설은행과 수입업자의 관계에서 개설은행의 법적 지위는 신용장업무와 관련하는 한 일종의 수·위탁계약의 당사자로서 수입업자의 법적 대리인이 되는 것이다. 따라서 개설은행은 개설의뢰인의 요청과 지시가 없는 한 독자적인 행동에 제약을 받게 되며 자신이 행한 법률상의 결과를 수입업자가 거두게 되는 것이다.

다) 일람지급 화환신용장 거래절차(매입 · 상환방식)

① 매매계약서체결 - Payment 난에 "Sight Draft for the invoice amount under Transferable Irrevocable L/C", "By an irrevocable L/C at sight confirmed by THE XXX BANK in Seoul, Korea", "By an irrevocable L/C at sight opened by THE XXX BANK in Seoul, Korea", "By an irrevocable letter of credit payable at sight"[17)]

② 신용장개설신청 - 개설의뢰인의 신용상태 조사한 후 외국환거래 약정서 체결, 담보여부확인(일부 또는 전체금액), 개설한도약정, 개설신청서제출 및 심사를 하고 개설수수료(term charge), 전신요금(cable charge) 등 관련수수료를 징구한다.

③ 신용장개설 및 확인, 통지의뢰, 대금결제수권의뢰 - 개설은행이 직접 수익자에게 통지하는 방법(신용장의 진위성 문제)과 개설은행이 수익자 소재지의 개설은행의 본/지점이나 환거래은행에 개설사실을 알리고 이들로

---

17) 신용장으로 결제하도록 합의한 경우, 일반적으로 매매계약서상에 대금지불은 취소불능 신용장을 개설하도록 명시하고, 신용장 개설기한을 언급한다. "L/C to be opened within xx days after contract", "L/C to be opened by xx date".

하여금 수익자에게 통지하도록 하는 방법이 있다.[18] 신용장개설은행의 요청에 따라 신용장에 확인[19]을 확인은행 지정하고 신용장개설은행의 지급확약에 추가하여 일치하는 제시에 대한 지급이행 또는 매입할 확인은행의 확약문언이 삽입된다.

④ 신용장통지 – 수익자는 신용장(master L/C)의 수취 후에 L/C의 진위여부와 내용을 상세하게 검토한다. 수출업자는 신용장에 내도 후 선적물품을 생산한다.[20]

⑤ 물품선적 및 보험부보 – 수출신고 등[21] 수출절차 후 선박회사에게 선적의뢰(Shipping Request; S/R)를 하고, 선박회사는 화물을 인도받고 B/L을 발급한다. 매매계약의 조건에 따라 부보의무가 수출업자에 있는 경우 보험회사를 통하여 부보한다.

⑥ 선적서류[22]매입의뢰 및 서류심사후 매입(negotiation) – 매입은행은 서류 제조건의 일치여부를 심사후 환가료[23] 및 취급 수수료를 공제하고 자기자금으로 대금을 먼저 지급한다.[24] 이 때, 선화증권의 점유권이 매입은

---

18) 통지은행은 신용장의 외견상 진정성(the Apparent Authenticity)을 검토하고, 결제은행으로 대금결제수권의뢰를 하여 매입은행의 대금청구에 대비한다.

19) 신용장 확인(confirmation)이란 1차적으로 지급확약의무를 부담하고 있는 개설은행의 요청으로 제3의 은행(확인은행)이 2차적으로 신용장에 대하여 추가적으로 지급확약의무를 부담하는 것이다. 개설은행의 신용도가 낮거나 국가위험도가 높은 지역에 소재하는 개설은행이 발행한 신용장의 경우에 수익자(수출업자)의 보호를 목적으로 요구된다.

20) 선적물품의 생산을 위한 원자재를 수입(master 수입신용장을 개설하여 필요한 원자재를 외화획득용원료의 수입제도를 통하여 수입) 또는 국내(Local L/C나 구매확인서를 개설하여 원자재를 구매)에서 조달할 수 있다.

21) 세관에게 수출신고를 하기 이전에 대외무역법 상 수출입공고 및 통합공고 대상 물품이라면 동 법에서 지정한 기관 및 단체로부터 추천과 승인을 받도록 한다.

22) 서류에는 환어음, 상업송장, 보험서류, 운송서류, 기타서류 등이 있다. 신용장거래는 서류거래이기 때문에 제조건의 일치를 전제로 하여 개설은행이 대금지급을 약정하고 있다.

23) 환가료(exchange commission)이란 매입은행이 자기자금을 먼저 지급함에 따른 자금부담이자로 서류를 개설은행에 송부하여 대금을 받을 때까지의 기간에 해당하는 이자성격의 금액이다.

24) 우리나라의 어음법상 환어음의 소구권을 인정하기 때문에 매입은행이 선지급한 대금이 개설은행으로부터 지급거절을 당하는 경우에 매입은행은 매입의뢰인인 수출업자에게 네고시 기지급한 대금을 상환청구할 권리가 있다.

행으로 넘어오기 때문에 선적물품에 대한 권리는 매입은행에게 이전된다.

⑦ 서류송부 및 대금결제청구 – 매입은행은 매입한 서류를 개설은행 앞으로 송부한다. 그리고 대금청구를 위하여 신용장 상에 기재되어 있는 결제은행 앞으로 결제용 환어음을 송부하여 대금결제신청을 한다.

⑧ 서류심사 및 도착통보 – 서류를 심사하여 신용장의 조건일치여부를 확인한 후 수입업자에게 서류의 도착을 통지한다. 서류의 일치여부에 따른 지급 또는 하자서류에 대한 매입거절은 서류접수 익일부터 5은행영업일 내에 개설은행이 결정할 수 있으며, 매입거절 통보시에는 하자내용의 전부를 한번에 통보하여야 한다.[25] 개설은행으로부터 대금을 받지 못할 경우 매입은행은 수익자에게 이미 지급했던 대금의 반환요청(with recourse right; 소구권)을 이행할 수 있다.

⑨ 대금결제 – 개설은행은 서류의 조건일치여부를 심사한 후 하자가 없을 경우에 개설은행의 자기자금으로 먼저 매입은행에게 대금을 결제한다. 개설은행의 대금결제수권을 받은 결제은행(settling bank, reimbursing bank)은 개설은행의 구좌에서 출금하여 매입은행의 구좌로 대금을 입금하고 각각 출금통보(debit advice)와 입금통보(credit advice)를 한다.[26]

⑩ 서류인도 및 대금결제 – 개설은행은 서류를 수입자에게 인도하면서 대금을 지급받는다. 이때 개설의뢰인이 대금지급을 하지 아니할 경우 서류를 인도하지 않는다.[27]

⑪ 선박회사가 수입업자에게 화물도착을 통보

⑫ 수입업자가 선박회사에게 B/L을 제시하고 선박회사는 수입업자에게 D/O 발급

---

25) UCP 600 제16조.

26) 개설은행과 매입은행은 무예치환거래은행(non depositary correspondent Bank)의 관계로 설정되었다. 따라서 이 두 은행이 예치환거래은행 관계라면 결제은행의 존재 및 역할은 필요하지 않고 서류심사후 대금결제가 이루어진다.

27) 환어음의 결제조건이 'at sight'인 경우이며, 만약 'usance' 조건이라면 수입업자의 대금결제는 일정기간후인 환어음의 만기일에 이루어진다.

(2) 은행의 개입

무역을 가로막는 장애요인은 수출업자의 대금회수 불안에 기인하는 것이므로 이 문제만 해결된다면 무역은 훨씬 활성화 될 것이다. 따라서 수출입거래 당사자들 사이에 제3자를 개입시키고 이 제3자로 하여금 무역거래에서 가장 중요한 사항인 대금지급을 담당하게 하는 것이다. 여기서 제3자는 무역거래 당사자가 적극적으로 수용할 수 있는 외관상의 요건을 구비해야 할 것인데, 다음과 같은 상황에 기초하여 은행이 가장 적임자일 것이다.

첫째, 은행은 해외거래에 적합한 조직을 가지고 있다. 은행은 거래가 빈번하게 일어나는 외국의 주요 지역에 지점을 설치하여 이 지점을 통하여 조직관리를 할 수 있고, 지점이 없는 지역과의 거래에 대비하여 현지은행과 환거래 계약을 체결하고 있으므로 조직문제 해결에 가장 적당하다.

둘째, 은행은 신용과 재력을 겸비한 자이다. 수출업자가 상품을 선적한 후 대금을 청구할 때 수입업자를 대신하여 자기 자금을 수출업자에게 선 지급하고 그 돈을 수입업자에게 받아낼 수 있는 능력을 구비한 자는 필연적으로 신용과 자본을 겸비한 자라야 하는바 은행은 이와 관련하여 가장 적당한 자격을 구비한 자이다.

셋째, 은행은 수출업자, 수입업자와의 평소거래를 통하여 이들의 재력과 신용상태를 가장 잘 파악하고 있다. 신용장 개설 및 Nego업무 진행과 관련하여 담보문제 해결 등 가장 적절하게 업무처리를 할 수 있는 위치에 있기 때문이다.

넷째, 은행은 기본업무인 여·수신 업무에 유리할 뿐만 아니라 수수료를 받을 수 있어 경영에 도움이 된다.

한편, 신용장통일규칙이 적용되는 신용장을 개설할 수 있는 자는 은행(banks)이며, 비은행(non banks) 당사자는 신용장을 개설할 수 없다. 신용장통일규칙에서는 신용장을 개설, 통지, 확인, 매입 및 지급하거나 신용장에 관한 서류를 제시하는 당사자를 은행이라고 명시하고 있다.[28]

---

28) UCP 600 제2조.

(3) 정지조건부 확약

신용장은 개설은행이 수익자에 대하여 정지조건부[29]로 지급을 확약한다. 즉, 수익자가 신용장조건을 만족시키고 둘째, 신용장에서 요구하고 있는 서류를 제시할 경우에 한하여 개설은행이 수익자 또는 그 대리인에게 대금을 지급하겠다는 확약이다.

여기에서 요구하고 있는 신용장의 조건을 충족시켜야 한다는 것은 신용장 또는 신용장통일규칙에 규정된 각종조건을 준수하여야 함은 물론이거니와 일반적인 상거래관습도 준수하여야 한다는 것을 의미한다.

예를 들면 최종 서류제시일자가 지정되어 있는 경우, 수익자는 은행의 마감시간 이전에 서류를 제출하여야 한다는 것이다. 만약 최종 제시일자에 제시되었으나 영업시간이 마감되었을 경우, 제시일자를 경과하여 서류가 제시된 것으로 간주한다.

한편 신용장에서 요구하고 잇는 서류는 신용장조건을 만족시켜야 한다. 신용자에서 요구하고 있는 서류가 신용장에 명시된 제 조건을 만족시키는 것은 물론이고 당해서류를 발행하거나 또는 거래하는데 합당한 서류이어야 한다.

예를 들면 상업송장을 제시함에 있어서 발행일자를 누락시키거나 통상적으로 사용하는 양식이 아닌 한글로 된 송장을 제시하는 경우 등의 경우에는 신용장조건을 만족시킨다고 할 수 없다.

(4) 지급확약

신용장은 개설은행이 수익자에 대하여 지급하거나, 환어음을 인수 및 지급하거나 타 은행으로 하여금 지급하거나 환어음을 인수 및 지급하거나 또는 환어음을 매입하도록 수권하겠다는 확약이다.

수익자가 신용장을 사용함에 있어 신용장조건을 준수해야 한다는 사실에는 당사자간에 다툼이 없다. 그러나 수익자와 개설은행은 격지자간에 소재하기 때문

---

29) 영국에서는 매매계약상에 기재된 신용장 조항에 따라 신용장을 개설하는 것은 매매계약의 이행을 위한 "정지조건(停止條件)"(a condition precedent)으로 보고 있다; D'Arcy, Murray and Cleave, op. cit., p. 186.

에 개설은행에 직접 지급을 청구하거나, 환어음의 인수를 요청하기는 쉽지않다.

따라서 신용장을 사용할 때 수익자는 개설은행에 직접 자금을 청구하기보다는 수익자가 소재하는 도시의 은행에 지급을 요청하거나 환어음을 인수토록 요구하는 것이 편리하다.

2) 신용장의 특징과 유용성

(1) 신용장의 특징

가) 독립성[30](principle of independence)

무역거래에서 계약당사자가 결제조건으로 신용장에 의할 것을 합의하면 매수인은 매도인에 대하여 신용장을 개설·제공할 의무(매매계약상의 의무[31])의 이행을 위해 자신의 거래은행과 일정한 약정을 교환한 후 신용장의 개설을 요청하게 된다. 그러나 일단 신용장이 개설[32]되게 되면, 그 기초가 되었던 매매계약이나 매수인과 은행간의 약정으로부터 독립되어 자체적으로 별도의 법률관계를 형성하게 되는데, 이를 신용장의 독립성이라 한다.

① 매매계약과의 독립성 – 신용장의 개설을 통해 무역거래의 이행과정에 참여하는 은행은 매도인과 매수인간의 매매계약과 무관하다. 따라서 수익자와 개설은행간의 권리·의무는 신용장상의 조건에 의해서만 결정된다. 그 결과 매수인은 매매계약에서 발생된 사유를 들어 신용장거래에 영향을 미칠 수 없고, 매도인은 이중적인 지위(매매계약상의 당사자 그리고 신용장거래

---

30) UCP 600 제4조.

31) 매수인이 신용장개설의무를 이행하지 않는 경우, 매도인은 매매계약을 해제할 수 있다. 일반적으로는 매매계약에서 신용장개설기간이 정하여지므로 그 기간 내에 개설되지 않으면 매도인은 매수인에 대하여 최고하지 않고 매매계약을 해제할 수 있다. 또한 매수인은 매매대금을 우선 신용장에 의하여 지급할 의무를 부담하고, 신용장에 의하여 지급하지 못하는 경우에 비로소 매매계약(원인행위)에 기하여 지급할 의무를 부담한다.

32) 개설은행은 수익자에 대하여 일방적인 지급약속을 한 것이므로, 개설은행의 이러한 채무는 매도인의 승낙을 요하지 아니하고 그의 의사표시가 매도인에게 도달한 때에 그 효력을 발생하며 또한 주채무이다.

의 당사자)를 갖게 되나, 매수인과 마찬가지로 매매계약상의 이유를 들어 신용장거래에 영향을 미칠 수 없다. 물론 개설은행이 매매계약을 원용할 수 없음은 당연하다.[33)]

② 신용장개설약정과의 독립성 – 매도인은 매수인과 개설은행간의 약정을 원용할 수 없고, 매수인도 개설은행과의 개설약정을 기초로 하여 개설은행과 수익자와의 신용장거래에 영향을 미칠 수 없다. 또한 개설은행도 이중적인 지위(신용장거래의 당사자와 개설약정상의 당사자)를 갖지만, 자신과 매수인과의 약정을 이유로 하여 자신의 신용장상의 약속을 회피할 수 없다.

③ 독립성원칙의 존재 이유 – 첫째, 수출지에 있는 매입은행이 신용장거래에 참여하여 개설은행 대신 수출업자에게 자기자금을 선지급할 수 있도록 하기 위해 필요하다. 즉, 신용장거래에서 지급확약을 한 자는 수입국가에 있는 개설은행이다. 그러나 수출업자가 선적을 완료한 후 개설은행에 직접 서류를 제공하는 경우를 상상할 수는 없다. 일반적으로 수출업자에게 신용장대금을 지급하는 자는 수출지에 있는 은행이 되어야 하는데, 만일 개설은행이 수출업자가 제공한 서류가 기본계약에 위반된다는 이유로 수출지에서 서류와 상환으로 지급한 은행(매입은행)에 대하여 대금상환을 거절한다면 매입은행은 위험부담 때문에 이와 같은 신용장거래에 참여하지 않으려 할 것이다.
둘째, 신용장을 기본계약과 연계 또는 연결된 것으로 본다면 기본계약에서 지급책임을 부담하고 있는 자가 수입업자기 때문에 개설은행은 수출업자가 매입은행을 통하여 신용장조건과 일치된 서류를 제시하였다 하더라도 서류도착시에 수입업자가 지급불능 또는 파산상태에 직면했다면 이를 이

33) 이와 관련하여 개설은행이 수익자에 대하여 채권을 갖는 경우에 신용장에 기한 채무와 상계할 수 있는가의 점에 관하여는 논의가 있는데, 위와 같은 매매계약으로부터의 독립성을 엄격히 강조하여 수익자로부터 신용장대금청구를 받은 개설은행은 개설의뢰인과 수익자 사이의 매매계약에 기한 원인관계상의 채권을 개설의뢰인으로부터 양도받은 경우에도 매도인의 신용장대금지급청구에 대하여 이러한 권리로 대항할 수 없고, 따라서 개설은행이 양수한 원인관계상의 채권으로 신용장대금지급채무와 대등액에서 상계하는 것은 허용되지 아니한다는 견해가 있다; 개설은행의 원인관계에 기한 항변을 배척한 판결례(전담부(21부) 1996. 4. 18. 선고 95가합46116); 국제거래·상사소송의 실무, 서울지방법원, 1997, p.55.

유로 지급을 거절하는 것이 정당하게 된다. 그렇다면 이는 "은행이 지급을 책임지는 거래"라는 의의가 사라지게 되는 것이다.

나) 추상성[34](principle of abstraction)

기본거래(매매계약)상의 물품 등 계약의 이행여부를 보지 않고, 개설은행이 작성한 신용장의 규정에 따라 수익자가 제공한 서류만을 근거로 하여 대금의 지급 또는 거절을 결정한다는 특성을 말한다. 즉, 실제 선적된 물품이 매매계약상의 목적물인가 또는 실제로 물품이 제공되었는가와 관계없이 제시된 서류와 신용장의 조건이 일치하면 지급한다.

이러한 신용장의 추상성원칙에 따라,

① 개설의뢰인은 신용장조건과 일치하는 서류와 상환으로 대금 지급한 개설은행에 대하여, 실제로 선적 또는 도착한 물품의 품질이 낮다거나 계약했던 물품이 아니라는 이유로 개설은행의 대금충당요청을 거절할 수 없다.

② 개설은행이 신용장조건과 불일치한 서류와 상환으로 대금 지급하였다면, 실제 수령한 물품이 계약했던 물품이라는 것을 이유로 개설의뢰인에 대하여 대금충당을 요청할 수 없다.

③ 수익자는 신용장조건과 불일치하는 서류를 제공하였다면, 실제 계약물품과 일치하는 물품을 선적 또는 제공하였다는 이유로 개설은행에 대하여 대금의 지급을 요구할 수 없다.

신용장의 독립·추상성은 지급, 인수, 매입은행 및 개설은행을 매매계약 등에 의한 구속으로부터 해방시킴으로써 상품거래에 대한 지식이 없고 또는 그 경험이 없는 은행을 보호하고, 은행으로 하여금 안심하고 환어음을 지급, 인수, 매입하도록 하여 신용장거래가 원활하고도 적극적으로 이루어지도록 하는 기능을 한다.

34) UCP 600 제5조.

다) 서류거래의 원칙[35)]

신용장거래 당사자는 서류거래를 하는 것이지 상품거래를 하는 것은 아니라는 원칙을 서류거래의 원칙이라고 한다.

신용장거래에서 은행에게 상품의 실체나 상품의 유용성 등을 직접 점검한 후 대금을 지급하도록 규정한다면 은행은 가능한 한 신용장거래에 참여하지 않으려고 할 것이다. 그러나 은행이 신용장에 명시된 서류와의 상환으로만 지급하도록 한다면 은행의 의무는 한결 단순해지며 근거계약으로부터 독립된 거래로 존재할 수 있게 된다.

이와 같이 신용장의 독립·추상성을 실현시키고 은행의 의무를 신용장에 명시된 내용만으로 신용장조건을 만족시키고 있는가를 판단하고 이에 따라 지급을 이행하도록 단순화시킨 특성을 서류거래의 원칙이라고 한다.

라) 엄격일치원칙과 상당일치원칙

은행은 수익자가 제공한 서류가 신용장의 조건과 엄격하게 일치하는 경우에만 대금 지급해야 한다는 것이 엄격일치의 원칙이다.

신용장의 서류심사기준으로 오랜 동안 존중되어 온 엄격일치원칙의 적용에 대한 현실적인 불합리성에서 출발한 것이 상당일치의 원칙이다. 즉, 수익자가 신용장 하에서 대금을 받기 위해서는 은행에게 신용장의 제조건과 엄격하게 일치하는 서류를 제시하여야 하지만 현실적으로는 서류의 엄격한 일치가 불가능하다는 비판을 받아 왔다. 이에 대한 대안으로서 나온 것이 사소한 불일치는 허용해 주어야 한다는 상당일치의 원칙이다.

---

35) UCP 600 제34조 "서류의 유효성에 대한 면책"; 은행은 모든 서류의 형식, 충분성(sufficiency), 정확성(accuracy), 진정성(genuineness), 위조성(falsification) 또는 법적 효력(legal effect)에 대하여 또는 그 서류에 명시되거나 또는 이에 부가된 일반조건(general conditions) 또는 특정조건(particular conditions)이나 부기사항에 대하여 의무나 책임을 지지 않으며, 또한 모든 서류에 표시되어 있는 상품, 용역 또는 기타 이행의 명세, 수량, 중량, 품질, 상태, 포장, 인도, 가치 또는 실존여부에 대하여 또는 물품의 송하인, 운송인, 운송주선인, 수하인, 보험자 또는 기타 모든 당사자의 성실성(good faith) 또는 작위(acts) 또는 부작위(omissions), 지불능력(solvency), 이행능력(performance) 또는 신용상태(standing)에 관하여 어떠한 책임도 부담하지 아니한다.

은행은 매도인과 매수인간의 실제거래에 대한 사실 확인이 불가능하다. 따라서 제시된 서류상의 조건이 신용장상의 조건과 틀릴 때 그 상이한 사항이 고객인 개설의뢰인에게 중요한 것인가를 알 수 없다. 은행은 서류가 신용장조건과 일치하는가를 조사할 의무를 가지고 있는데 이는 형식적인 조사에 그치는 것으로 실질조사 즉, 서류의 유용성, 상품의 실체 또는 서류발행일자의 신용상태 등을 조사할 의무는 지지 않는다.[36]

UCP 600 제14조 d항에서는 서류 그 자체나 국제표준은행관행에 따라 문맥을 읽는 신용장의 데이터는 그 서류나 다른 적시된 서류 또는 신용장상의 정보와 반드시 일치될 필요는 없지만, 그들과 상충되지 않아야 한다고 명시하고 있다. 이는 UCP 500 제14조 d항의 불일치에 대한 거절통지가 '가짜의'(spurious), '사소한'(frivolous), '조작된'(manufactured)것이 대부분[37]이라는 현실적인 문제점을 개선한 결과라 할 것이다.

(2) 신용장의 유용성

가) 수출업자 입장

① 신용대체(substituting credit) - 수입업자의 신용을 보증하는 개설은행의 신용에 기초하여 거래하기 때문에 개설은행이 파산 또는 지급불능사태가 발생하지 않는 한 수출업자는 대금지급을 받을 수 있으리라는 확신을 갖고 거래에 임하게 된다.

② 즉시결제(prompt payment) - 신용장은 수출업자와 수입업자의 이해관계를 조화시키는 결제방식이다. 즉, 수출업자는 비록 물품 자체는 자신이 관리하지 않더라도 물품에 대해 영향력을 행사할 수 있는 서류(ex 선화증권)를 가지고 있다가 은행에 대하여 이러한 서류와 교환으로 대금을 지급받을 수 있으므로 이것은 동시이행조건이다. 물론 수입업자는 계약에 따

---

36) UCP 600 제14조 "서류심사의 기준"; a. 지정을 받고 행동하는 지정은행, 확인은행이 있는 경우 및 개설은행은 서류들이 일치하는 제시를 구성하는 것으로 보이는지 아닌지 여부를 결정하기 위하여 서류만을 근거로 심사하여야 한다.

37) Martin Shaw, "Three bankers judge the document on standard banking practices", *DCINSIGHT*, Vol.9, No.1, 2003. 1/3, p.13.

라 서류와 교환으로 곧바로 대금 지급하는 것이 아니고 경우에 따라서는 일정한 기간 후에 대금을 지급할 수 있을 것이므로 수출업자와 수입업자의 이해관계를 조화시킬 수 있을 것이다.

③ 무역금융 - 수출업자는 신용장을 담보로 해서 물품의 선적 또는 생산 전에 금융을 받아 물품의 제조 또는 조달할 수 있다. 우리나라의 경우 주요 금융기관에서는 외국으로부터 신용장을 받은 수출업자에게 수출품을 집화하거나 이를 생산하기 위하여 필요한 원자재를 조달 또는 수입하는데 필요한 자금을 융자해주고 있다. 또한 무역어음제도를 운용하고 있기 때문에 수출업자는 무역어음을 발행하여 필요한 수출자금을 조달할 수 있다.

④ 주문에 대한 확신 - 매매계약만이 존재한다면 상대방인 수입업자가 언제라도 계약을 일방적으로 취소 또는 파기할 염려가 있으나, 신용장의 경우 개설은행과 자신(수익자)의 동의 없이는 취소 또는 변경이 불가능하므로 주문에 대하여 확신을 갖고 거래에 임할 수 있게 된다.

⑤ 외국환 이전위험 회피 - 수입국에서 계약대금의 지급을 금지하는 경우, 경우에 따라서는 수입업자로부터 대금을 지급 받지 못할 수도 있다. 그러나 신용장이 개설된 경우에는 이러한 국내의 조치를 통해 자신의 국가내의 은행이 발행한 신용장의 지급을 막는다면 해당 국가와 국가 내에 있는 은행의 신뢰도에 영향을 미치므로 이미 발행된 신용장대금의 경우에는 예외적으로 지급을 허용하가 때문에 비상위험을 예방할 수 있게 된다.

나) 수입업자의 입장

① 신용대체(substituting credit) - 수입업자의 신용은 개설은행이 보증하기 때문에 신뢰도가 높은 수입업자는 협상력이 강해지게 된다. 이에 따라 우월한 지위에서 또는 대등한 지위에서 협상하여 가격을 낮추거나 기타 유리한 조건으로 계약을 체결할 수 있다. 즉, 일반적으로 수출업자는 신용상태가 낮은 상대방에 대해서는 신용상태가 좋은 상대방에 비해 더 높은 가격, 또는 더 많은 제한조건을 가할 것인데, 은행의 신용을 근거로 수입업자는 협상력을 강화할 수 있게 되는 것이다.

② 자금의 유동성 확보(providing liquidity) - 수입업자는 매매계약을 입증하는 선적서류와 상환으로 대금지급을 하기 때문에 수출업자가 선적기일과 유효기일을 지키지 못하면 수입업자는 대금의 지급을 거절할 수 있다. 수입업자는 원하는 시기에 상품이 노착할 것이라는 확신을 가질 수 있으므로 수입자금의 유동성을 확보할 수 있다.

③ 수입금융 - 수입업자는 개설은행으로부터 금융혜택을 받아 신용장을 개설할 수 있으며, 수입대금을 마련치 못했을 때는 개설은행으로부터 수입화물대도(Trust Receipt; T/R)의 편의를 제공받을 수 있고 기한부신용장(usance L/C)을 이용하여 외상수입도 가능하다.

(3) 신용장거래의 한계

서류에 의한 결제를 원칙으로 한다는 위의 두 가지 특성은 대금결제를 원활하게 하기 위하여 불가피한 것이기는 하나 실물거래인 무역거래를 완벽하게 보장할 수는 없는 한계성을 동시에 지니게 된다. 즉, 수입업자의 입장에서 신용장이 물품의 품질을 보장할 수는 없으며 수출업자의 입장에서는 양질의 물품을 공급하였더라도 서류상의 하자로 인한 대금결제의 지연 또는 지급 거절을 방지할 수는 없다.

신용장거래의 한계성을 살펴보면 다음과 같다.

첫째, 반드시 계약된 상품이 인수된다고 보장하지는 않는다. 신용장 발행의 뢰인인 수입업자는 수출업자가 신용장거래의 특성인 독립성과 추상성원칙을 악용하여 계약상품인 아닌 상품의 선적 또는 아예 상품선적을 하지 않고도 서류만을 완벽하게 신용장의 조건대로 갖추어서 제시하게 되면 개설은행은 반드시 대금을 지급할 의무가 있기 때문에 이를 악용하여 불성실한 수출업자는 대금을 수령하게 되고 수입업자는 신용장거래에 대하여는 개설은행에 대금을 상환하여야 하며 수출업자에게 매매계약을 불이행하였다는 사유로 손해배상을 청구하여야 하지만 격지간의 소송이 그다지 쉽지는 않을 것이다. 즉 신용장조건과 불일치하는 서류의 제시 사유 이외에는 수입업자는 매매계약 또는 기타계약과의 불이행을 사유로 대금지급을 거절할 수는 없기 때문에 수입업자

입장에서는 자신이 원하는 계약상품을 정확하게 인수한다는 확신을 가질 수 없다는 것이 신용장의 문제점으로 등장할 수 있게 된다. 물론 이러한 위험을 방지하기 위하여 신용장 상에 제3자가 발행한 검사증명서 같은 것을 요구하기도 하지만 검사 후에 상품을 바꿔치기 한다면 수입업자 입장에서는 여전히 적정한 계약상품의 입수가 불안한 것이다.

둘째, 수출업자는 제시한 서류의 조건불일치로 인한 피해를 면하기 어렵다. 신용장거래에서 수익자인 수출업자는 성실하게 매매계약서의 내용을 준수하여 적합한 계약상품을 선적하고 계약사항을 모두 이행하였음에도 불구하고 제반 서류 중에 기재상의 오류로 신용장에 명시된 제조건과 일치하지 않을 경우에는 지급을 거절당할 수 있다.

셋째, 신용장은 독립된 완전무결한 지급수단이 될 수는 없다. 신용장은 일종의 계약성격을 지니고 있는 조건부 지급확약서라고 볼 수 있으며 그 자체가 완전하게 독립되어진 지급수단으로는 간주할 수 없는 것이다. 신용장 상에 명시되어 있는 제반조건과 일치하는 서류를 소정기일 내에 제시할 것을 조건으로 지급하겠다는 개설은행의 조건부 지급확약서라는 성격 때문에 수표나 어음과 같은 유통성이 부여된 독립된 지급수단은 아니며 유가증권도 아니다.

가) 독립성 · 추상성 원칙의 예외(Injunction)

'injunction'이란 법원의 '지급금지 명령[38]'을 의미하며 우리나라 민사소송법의 가처분과 유사한 미국의 소송용어이다. 이 용어는 Sztejin, V. Henry Schroder Banking Corporation[39]사건에서 재판부가 개설은행에게 "매입은행이 비록 하자 없는 서류를 제시하고 대금지급 청구를 했더라도 수출업자의 사기행위에 방조하는 대금지급은 허용할 수 없으므로 개설은행은 대금지급을 하지 말라"라고 판시한 데에서 유래한다.

그러나 이 판례는 신용장의 근본성질인 독립·추상성의 원칙에 위배되는

---

38) 지급금지명령(injunction)이란 일정한 행위를 함을 금지하는 법원의 명령으로서 이것에는 어떤 불법한 행위가 발생한 다음에 사후적으로 그 결과를 제거하는 mandatory injunction과 사전에 예비적으로 어떤 행위를 금지시키는 prohibitory injunction이 있다.
39) 31. New York Supplement, 2nd., 631(1941).

판례라는 점에서 많은 논란이 있었다. 이 사건은 인도의 수출업자가 미국의 수입업자에게 신용장상의 품목대신 쓰레기더미를 포장하여 선적한 후 Clean B/L을 발급 받아 매입은행인 Chartered Bank에 추심의뢰했으나 물품도착 이전에 정보를 입수한 수입업자가 개설은행을 상대로 "지급 금지요청" 소송을 제기하였으며, 이 소송에서 재판부는 "지급금지를 하더라도 매입은행이 수출업자에게 대금지급을 하지 않은 채 추심조건으로 서류만 송부했으므로 관련은행에는 아무 피해가 없다. 따라서 본 건의 지급금지는 신용장의 독립·추상성과는 무관하다"는 요지의 판결이유와 함께 원고의 신청을 받아들인 것이다.

1990년대 초 우리나라와 중국과의 거래에서 중국의 법원들이 이 injunction 제도를 남발하여 우리나라 수출업자들이 큰 곤경을 겪은 바 있다. injunction으로 수입업자를 보호해야 할 필요성이 있다하더라도 이것이 신용장제도의 본질을 훼손해서는 안 될 것이므로 Injunction의 발동은 수출업자의 사기행위에 대한 명백하고 확실한 증거가 제시되는 때에 국한하여야 하며 개설은행의 대금지급 이전이어야 효력이 있다.

나) 독립 · 추상성의 법률적 한계

신용장거래는 매매계약으로부터 독립추상성을 갖고 있다. 예를 들면, 신용장의 수익자는 신용장에서 요구하는 상품을 선적하지 않은 경우라도 제시된 서류가 신용장조건과 일치하면 대금을 지급 받을 수 있다. 신용장의 독립추상성은 무역거래를 원활하게 하는 기능을 갖고 있다. 그러나 신용장의 독립추상성이 위와 같이 악용되는 사례가 있다. 따라서 이 독립추상성에 한계가 설정되어야 하지 않느냐 하는 문제가 제기된다. 수익자의 행위에 불법성이 있고 공공정책에 반하는 경우에는 신용장의 독립추상성의 원칙은 적용되지 않는다. 미국의 통일상법전에서는 서류가 위, 변조된 경우에 해당재판권이 있는 법원은 대금지급을 금지할 수 있다고 규정하고 있다.[40]

---

40) 미국통일상법전 5-109(b); "발행의뢰인이 어떠한 요구된 서류가 위조 또는 중대한 사기의 목적으로 작성되었거나, 또는 제시를 인수·지급하는 것이 발행인이나 발행의뢰인에 대한 수익자의 중대한 사기를 조장하게 될 것이라고 청구하는 경우에는 정당한 재판관할권이 있는 법원은 발행인이 제시를 인수·지급하는 것을 잠정적으로 또는 영구적으로 금지시키

우리나라 대법원 판례에서도 은행이 위조에 가담한 당사자이거나 서류 위조 사실을 사전에 알았거나 또는 그와 같이 의심할 만한 충분한 이유가 있는 경우 이는 신용장거래를 빙자한 사기거래에 지나지 아니하므로 그 은행은 신용장의 독립, 추상성원칙에 의해서 보호받을 수 없다고 판시하였다.[41)]

다) 사기의 원칙(fraud rule)

신용장 거래가 서류상의 거래이며, 서류의 진위판단과 관련된 은행의 면책을 악용하려는 파렴치한 행동을 방지하기 위하여 개설은행은 사기행위에 대한 명백한 증거가 있는 경우 신용장상의 조건과 일치하는 서류에 대하여 지급을 거절할 수 있다는 판례가 있다. 이는 신용장제도를 악용한 사기적 지급청구행위에 대처하기 위한 수단으로 강구되었지만, 은행의 공신력을 감안하면 명백한 증거가 뒷받침해 주는 경우에 한하여 사용되어야 한다. 따라서 차선책으로 법원으로부터 지급정지명령(Injunction)을 받아 대금지급을 거절하면 은행의 공신력도 유지하면서 사기적 지급청구에 대처하는 방안이 될 것이다.

즉, 신용장에 의한 계약일지라도 실제로 사기행위가 증명되면 그 계약은 무효화될 수 있으며 위조된 서류가 제공되는 경우에는 신용장의 독립·추상성의 원칙이 배제된다. 그렇지만 서류가 신용장조건대로 이행되어 할인은행 등 정당한 소지인으로부터 제시되었을 때와 매수인이 사기의 성립을 증명하는 독자적인 증거를 제공하지 못했을 때에는 사기의 원칙을 적용할 수는 없는 것이다. 또 하나의 판례[42)]에서는 독일의 매수인이 스페인의 매도인으로부터 상품을 수입하기 위하여 연지급신용장을 개설하고 이 신용장은 스페인의 은행으로부터 확인되었으며 이 신용장에서는 상업송장, 분석증명서 및 원산지증명서 등의 서류만을 요청하였으며 선하증권의 제출을 요구하지는 않았다. 매도인은 유효기간 만료 전에 규정된 서류를 확인은행에 제출하였다. 개설은행을 통하여 동 서류를 인수받은 독일의 매수인은 개설은행에게 자신의 계정에서 대금을 인출하도록 허용하였고 이에 따라 개설은행은 확인은행에게 대금을 약정일

거나, 또는 발행인이나 기타의 자에 대하여 이와 유사한 구제조치를 허용할 수 있다."

41) 1997년 8월 29일 선고, 대법원 96다 43713 판결.

42) Wertpapier - Mitteilungen 445 et seq(1981).

자에 상환하겠다고 통지하였다. 이런 통지를 받은 확인은행은 신용장금액을 매도인에게 미리 지급하였다. 그 후 매도인이 상품의 일부인 400톤밖에 선적되지 않았음이 발견되었으나 그때는 이미 매도인이 파산하고 난 후였으며 이 내용을 알게 된 매수인은 개설은행이 400톤을 초과하는 금액에 대하여 매도인이나 확인은행에 지급받지 못하도록 지급중지명령을 신청하였다. 그러나 프랑크푸르트 지방법원은 매수인이 중지명령을 입증할 근거를 제시하지 못하였다는 이유로 이 신청을 거절하였다. 이는 사기가 명백하게 입증되지 않은 경우 매수인의 지급중지명령 신청이 있다 하더라도 독립·추상성의 원칙을 적용하여 이를 허용하지 않는 사실을 인정한 것이라 할 수 있다.

개설의뢰인이 개설은행에게 신용장 사기의 의혹을 제기하는 경우 그러한 의혹이 명백히 밝혀지지 않는 한 은행은 지급을 이행하여야 하며 그 서류가 위조되었음이 명백히 밝혀졌으나 만약 그러한 사실을 수익자가 인지하지 못하고 제3자에 의하여 이루어 졌다면 은행은 역시 지급을 이행하여야 한다. 그러나 만약 수익자가 서류의 위조와 같은 이러한 사기를 사전에 알고 있었고 그러한 사기가 이루어 졌다는 명백한 증거를 은행이 가지고 있다면 은행은 법원의 지급정지명령에 의해 신용장에 의한 의무를 이행하지 않아도 된다.[43)]

예를 들어, A사는 중국으로부터 신용장을 받아 물품을 선적한 후 거래은행에 서류를 매입시켰다. 이 신용장은 개설은행이 서류 접수 후 신용장 대금을 수익자의 요구에 따라 지급하겠다는 이른바 송금신용장(remittance L/C)[44)] 이었다. 그런데 최근에 중국의 신용장 개설은행으로부터 매입은행에 다음과 같은 텔렉스가 도착하였다.

"Please be informed that we have received an injunction from the local court, forbidding us to pay the proceeds to you, because the applicant,

---

43) D'Arcy, Murray and Cleave, po, cit., pp. 211~212.

44) 신용장은 개설은행의 신용장대금 지급방식에 따라 단순신용장, 상환신용장, 송금신용장으로 나눌 수 있다. 이 중에서 수출업자에게 불리한 것이 송금신용장이다. 이 신용장에서는 개설은행이 신용장조건에 일치하는 서류를 받으면 수익자가 지시하는 대로 신용장대금을 송금한다는 상환조건이 있다. 이 경우 개설은행이 접수된 서류에 하자가 있다고 주장하면서 신용장대금 지급을 거절하면 매입은행과 수출업자로서는 상당히 곤란한 상황에 빠진다.

Company A, had brought against the beneficiary for the business of fraud. The injunction has become effective since September 3, 2006."

이에 수출업자는 매입은행을 통하여 수입업자에게 신용장에서 요구한 물품을 이미 선적하였으며 자사가 부당한 행위를 하지 않았고 신용장 거래는 서류거래이므로 신용장 대금을 송금하여 달라고 요구하였지만 신용장개설은행은 신용장대금을 지급하지 않았다. 이유는 신용장통일규칙보다 현지 법률이 우선하므로 개설은행이 법원의 결정을 이유로 대금 지급을 거절할 수 있었기 때문이었다.

2. 신용장의 당사자

신용장 관계당사자는 신용장거래에 등장하는 모든 은행 및 기업을 지칭한다. 신용장 관계 당사자가 신용장거래에 모두 등장하는 것은 아니고 신용장의 종류에 따라 등장하는 경우도 있고 등장하지 않는 경우도 있다.

신용장의 당사자는 기본당사자와 기타당사자로 나눌 수 있는데, 기본당사자에는 신용장거래가 성립되기 위하여 필요한 최소한의 주체를 말하는 것으로 신용장거래에서 직접적인 권리의 의무를 부담하는 주체를 의미하는 것은 아니다.

1) 기본 당사자

(1) **개설의뢰인**(applicant, importer)

매매계약에서 결제방식으로 신용장에 합의한 경우 수입업자는 약정된 기간까지 수출업자를 수익자로 하는 신용장을 개설하여 제공할 매매계약상의 의무를 부담한다.

개설의뢰인은 무역거래에 있어 수익자로부터 물품을 구매하는 수입업자이고 신용장 대금을 지급하는 지급인(drawee)이며 물품을 수령하는 수하인(consignee)이다. 신용장거래에 있어 신용을 공여하는 자(accreditor)이다.

한편, 신용장 개설의뢰인은 반드시 수입업자이어야 할 필요는 없다. 수입업자의 거래은행이 외국환업무를 취급하지 않아 신용장개설을 할 수 없는 경우,

그 거래은행은 중앙의 외국환은행에 다시 신용장의 개설을 의뢰하게 되는데, 이때는 수입업자의 거래은행이 개설의뢰인이 된다.

(2) 개설은행(issuing bank)

신용장거래의 핵심을 이루는 은행으로 개설은행은 개설의뢰인의 지시와 요청에 따라 수출업자 앞으로 자신의 서장을 발행하여 교부하는 은행이다. 종전에는 opening bank로 칭하였으나 UCP 500부터 현재 UCP 600에서도 issuing bank로 명시하고 있다.

개설은행은 개설의뢰인이 영업하는 도시에 있기 때문에 수익자와는 멀리 떨어진 외국에 소재하는 것이 일반적이다. 신용장은 원칙적으로 개설의뢰인의 지시나 의뢰가 있어야 개설이 가능하지만 개설은행이 금융거래를 하기위하여 개설하는 경우도 있다.

(3) 수익자(Beneficiary)

수익자는 신용장거래에 있어 이익을 가장 낳이 누리는 자이며, 개설의뢰인과 물품거래를 하는 수출업자 또는 물품공급업자이다.

수익자는 개설은행으로부터 개설된 신용장을 통지은행으로부터 수취하여 이에 요구된 모든 조건을 일치시키는 서류를 제시함으로써 대금의 결제를 받아 이익을 얻는 환어음 발행인(drawer), 지급을 받는 자(payee)이자 물품의 송하인(consignor, shipper)이다.

개설은행과 함께 신용장거래에 있어서는 가장 중요한 역할을 하는 자로써 신용장의 취소나 조건을 변경할 때 수익자의 동의를 얻어야 가능하다.

2) 기타 당사자

(1) 통지은행(advising bank)

신용장이 개설되면, 개설은행은 대부분의 경우 수익자 소재지에 있는 개설은행의 본, 지점이나 환거래은행(correspondent bank)을 경유하여 통지하게 된다. 이때 신용장 개설은행의 지시에 따라 수익자에게 신용장개설의 사실과 그 내용을 통지하는 은행을 통지은행이라고 한다. 통지은행이 신용장의 통지를 지시 받는 방법은 우편 또는 전신의 방법이 있는데 오늘날 통지시간을 절약하고 통지의 안전성을 확보하기 위하여 전신에 의한 개설이 보편화되어 있다. 전신신용장을 접수한 통지은행은 이미 개설은행과 교환되어 있는 비밀암호(test key)에 의하여 진위성을 확인할 수 있다.

우편신용장을 받은 통지은행은 외관상으로 진위 여부를 확인하고(서명감과 비교하여) 통지번호를 부여하여 원본은 수익자에게 부본은 자신이 보관한다.

전신신용장의 경우 별도의 신용장 통지양식에 이 전보문을 첨부하여 통지은행의 책임자가 서명하여 수익자에게 전달한다.[45)]

통지은행은 신용장을 통지할 때 상당한 주의를 기울여 신용장의 외관상의 진정성을 확인하여야 할 의무와 책임을 부담[46)]하나, 통지한 신용장에 의거하여 발행한 어음의 결제나 매입에 관하여서는 어떠한 책임도 부담하지 아니한다.[47)] 그러나 실무상으로는 통지은행이 매입은행 및 결제은행을 비롯하여 확인은행 역할을 겸하는 경우가 많다.

(2) 지정은행(nominated bank)

가) 매입은행(negotiating bank)

매입은행은 신용장상의 개설은행의 확약을 근거로 개설은행에 의한 최종지급일까지의 이자 및 수수료를 공제하고 화환어음을 할인하여 매입(purchase)함으로써 수출대금을 미리 융통하여 주는 은행이다.

매입은 지정은행이 일치하는 제시에 대하여 환어음 및 서류를 매수하는 것을 의미한다.[48)]

---

45) 통지은행이 신용장을 약정된 기간 내에 통지하지 않는데 과실이 있더라도 개설의뢰인은 통지은행에 대하여 손해배상을 청구할 수 없다. 개설의뢰인은 개설은행에 대하여 손해배상을 청구할 수 있고, 개설은행이 통지은행에 대하여 손해배상을 청구하게 된다. 수익자 또한 통지가 늦은 것을 이유로 통지은행에 대하여 손해배상을 청구할 수는 없다. 매매계약에 기초하여 수입업자에게 손해배상을 청구해야한다.

46) UCP 600 제9조의 b.

47) UCP 600 제9조의 a.

48) UCP 600 제2조.

매입은행은 화환어음의 선의의 소지자(bona-fide holder)가 되며 개설은행은 확약내용대로 이러한 어음의 소지자에게 대금을 상환해 주어야 할 의무가 발생한다.[49)]

나) 지급, 연지급은행(paying bank - sight payment, deferred payment)

신용장에 의거하여 수익자가 발행한 환어음에 대하여 직접 지급을 하도록 개설은행으로부터 위탁받는 은행을 말한다. 일반적으로 지급은행은 수익자 소재지에 있는 개설은행의 해외지점이나 예치환거래은행(depositary correspondent bank) 또는 개설은행이 결제대금을 미리 위탁시켜 둔 지정은행만이 지급은행이 될 수 있다. 지급은행은 지급을 행한 후 즉시 자신이 보유하고 있는 개설은행의 예금구좌에서 지급금액을 차기함으로써 지급과 동시에 상환을 받게 된다. 지급은행은 개설은행과의 내부적인 구상관계에 의하여 지급금액을 보상받는데 환거래은행 간에는 신용공여한도를 설정하여 그 한도 내에서 지급대행을 한다.

다) 인수은행(accepting bank)

신용장에서 기한부어음(time bill, usance bill)을 요구하고 있는 경우 수익자는 자신이 발행한 환어음을 당해 환어음의 지급인으로 되어있는 자에게 인수제시를 하게 된다. 이때 지급인이 제시된 환어음에 대해 주채무자가 되겠다는 의사표시를 인수라고 한다. 즉, 어음발행인이 제시하는 환어음에 대하여

---

49) 수익자와 매입은행간의 법률관계는 신용장거래 관계뿐만 아니라 어음법도 적용이 되게 된다. 즉, 환어음을 매입한 매입은행은 어음법상 어음발행인에 대하여 어음소지인(bona-fide holder)의 권리를 갖는다. 즉, 만일 어음의 지급인이 어음의 인수나 지급을 거절하게 되면 어음발행인 또는 자신의 전자에 대하여 상환청구권을 갖는다. 그러므로 수익자는 당해 화환어음이 개설은행에 의하여 결제될 때까지 일단 책임을 지는 것으로 보아야 한다. 한편 매입신용장하에서의 매입은행은 개설은행에 대하여 신용장상의 수익자와 동일하거나 수익자보다도 더 나은 지위를 취득하게 된다.
물론 매입은행이 제한된 제한매입신용장의 경우에는 제한된 매입은행만이 개설은행에 대하여 신용장상의 권리를 주장, 상환 청구할 수 있으며, 지급신용장이나 인수신용장하에서 매입행위를 한 은행은 이러한 은행에 대하여서까지 지급확약을 하고 있지 않으므로 이러한 은행은 개설은행에 대하여 신용장상의 권리를 주장, 상환 청구할 수 없다. 우리나라에서는 소구의무의 면제를 허용하고 있지 않으므로 상환청구불능신용장(without recourse L/C)은 인정되지 않는다.

그 어음의 만기에 틀림없이 지급하겠다는 의사를 환어음 앞면에 인수의사와 서명을 함으로써 표시하는 것을 인수라고 하며 이러한 인수를 하는 은행을 인수은행이라 한다. 따라서 인수은행은 만기에 가면 지급은행이 되는 것이다. 만약 인수은행으로 지정된 은행이 수익자의 환어음을 인수하지 않거나, 인수 후 지급하지 않는 경우, 수익자는 개설은행을 지급인으로 하는 환어음을 발행하여 제공해야 한다.

(3) 확인은행(confirming bank)

개설은행의 수권 또는 요청에 따라 개설은행이 일치하는 제시에 대하여 결제(honour) 또는 매입하겠다는 확약에 추가하여 확인은행이 지급확약을 부가하는 것을 확인이라고 하고 이러한 확인을 행하는 은행을 확인은행이라고 한다. 확인을 부가한 은행은 수익자에 대하여 독립적인 채무를 지기 때문에 개설은행에 대한 일종의 여신행위에 해당한다. 확인은행은 신용장상에 확인을 부가하였다는 문언[50]을 기재하고 서명날인하여야 비로소 확인이 유효하게 된다.

(4) 상환은행(reimbursing bank)

매입은행이 개설은행과 예치환거래은행이 아닌 경우 또는 신용장의 결제통화가 수출입국이 아닌 제3국의 통화인 경우, 개설은행은 자행과 예치환거래관계에 있는 제3의 은행을 지정하여 매입은행으로 하여금 수익자가 발행한 환어음을 이 은행 앞으로 송부하도록 지시한다. 이때 개설은행으로부터 상환수권을 받아 놓은 제3의 은행은 이러한 매입은행의 청구시 즉시 자행에 예치된 개설은행의 구좌에서 청구된 금액을 인출하여 매입은행의 구좌로 입금시킨다. 상환은행이 상환을 거절할 경우 개설은행이 이에 대한 책임을 져야하고, 상환은행에서는 신용장조건과의 일치성 여부를 심사할 의무는 없다.

(5) 양도은행(transferring bank)

양도가능신용장은 "transferable"이라고 특정하여 기재하고 있는 신용장을

50) "We add our confirmation to this letter of credit"

의미한다. 양도가능신용장은 수익자("제1수익자")의 요청으로 전부 또는 일부를 부분적으로 다른 수익자("제2수익자")가 이용하도록 할 수 있다.[51)]

양도은행은 신용장을 양도하는 지정은행 또는, 모든 은행에서 사용가능한 신용장의 경우 개설은행으로부터 양도하도록 특별히 수권되어 신용장을 양도하는 은행을 의미한다.

(6) 중개은행(intermediate or discount bank)

수익자의 요청에 다라 수익자가 제시한 운송서류를 할인해주는 은행으로 신용장의 사용을 지정받지 못한 은행이다. 수익자의 요청에 따라 수익자를 대리하여 지정은행에 서류를 제시해주는 은행을 말한다.

(7) 선대은행(advanced payment bank)

선대신용장(red clause credit)의 조건에 따라 신용장대금의 일부를 수익자에게 미리 지급해주는 은행으로 수익자가 소재한 곳의 은행이 선대은행으로 지정한다.

3. 신용장의 종류

신용장은 이용 목적에 따라서 화환신용장(documentary L/C)과 보증신용장(Standby L/C)으로 구분할 수 있고, 운송서류의 첨부여부에 따라 분류가 된다.

일반적으로 사용되는 신용장은 취소불능상업화환신용장(irrevocable commercial documentary credit)이고 각종 보증과 관련된 여러 종류의 보증신용장이 있다.

1) 운송서류첨부여부에 따른 분류

(1) 화환신용장(documentary L/C)

화환신용장이란 수출업자가 선적후 신용장에서 요구하는 서류(상업송장,

51) UCP 600 제38조

선하증권 및 보험증권 등)를 제시하고, 은행은 이 서류와 상환하여 신용장대금을 지급하는 방식의 신용장을 말하며 대부분의 신용장이다.

(2) 무화환신용장(Clean L/C)

수출업자가 매입(nego)을 할 때 은행에 제시하는 서류가 선적서류가 아니고 수출업자가 발행한 단순한 영수증이나 진술서 등일 경우 이를 clean L/C라 하며 clean L/C는 다시 화물의 존재 유무에 따라 다음과 같이 세분된다.

첫째, 화물의 존재는 처음부터 없는 경우 즉 금융융통을 목적으로 발행되는 신용장을 보증신용장(Standby L/C)이라 한다.

보증신용장(Standby L/C)이란 신용장의 발행목적이 화물의 인수에 있지 않고 금융의 융통 등 서비스의 제공에 있는 경우에 사용되는 신용장이다. Standby L/C는 주로 본사가 해외지사의 현지금융을 보증하거나, 본사 또는 해외지사의 국제입찰 참가시 계약보증금이나 이행보증금을 대신할 때 이용된다. 개설은행(본사 거래은행)이 해외에 있는 금융제공은행을 수익자로 하여 신용장을 개설하며, 해외은행은 신용장개설의뢰인이나 그가 지시하는 자(지사)로부터 영수증이나 확인서를 받고 현금을 지급하거나 지급보증서를 발행하는 방식으로 전개된다.

둘째, 화환신용장과 마찬가지로 화물의 송달 및 그에 따른 대가의 지급을 목적으로 발행되는 신용장이나 대금지급의 전제로 제시되는 서류가 선적서류가 아닌 경우의 무화환신용장은 그 형태에 따라 다음과 같이 구분한다.

가) 무담보신용장(documentary clean L/C)

수출업자가 nego할 때 매입은행에 제시하는 서류는 수출업자 자신이 발행한 환어음뿐이며 부대선적서류(B/L, 보험증권, 송장 등)가 첨부되지 않는 것만 화환신용장과 다르며 나머지 부분은 화환신용장과 같다. 이러한 신용장 하에서 B/L, 보험증권 등의 선적서류는 수출업자가 수입업자에게 직송하게 되므로 은행의 담보권확보와 관련하여 문제가 발생할 소지가 있으므로, 일반적으로 수입업자와 개설은행이 특수한 관계(예 : 신용장 대금을 개설시에 선납한 경우, 동일계열회사)를 유지하고 있을 때만 개설된다.

나) 선수금 환급보증

선금거래(advance payment)에서는 계약체결과 동시에 수입업자가 수출업자에게 상품대전을 미리 지급하고 수출업자는 수입업자에게 받은 돈으로 상품을 제작하거나 수집하여 선적하는 거래를 말하며 통상무신용장방식의 일종의 CWO 방식을 채택하는 경우가 대부분이다. 이 경우 수출업자가 대금을 선수하고 약정한 물품을 기일내에 보내지 않을 경우를 대비하여 수출업자의 거래은행에게 수출업자가 계약조건을 위반할 경우 은행책임하에 선수금을 환급할 수 있는 보장조치를 요구하기도 한다. 이때 수출업자의 거래은행은 수입업자 앞으로 지급보증서(Letter of Guarantee; L/G) 또는 Standby L/C를 개설한다.

다) 원양어업에서의 물품인수증(cargo receipt L/C)

원양어선 등이 공해상에서 포획한 수산물을 직접 해외거래선에게 인도할 경우에는 성질상 객관적인 위치에 있는 제3자 발행 운송서류를 구할 수 없으므로 B/L 대신에 거래선으로부터 물품인수증(cargo receipt)이나 확인서 등을 받게 되며, 원양어선 선장으로부터 이러한 서류를 전달받은 본사는 환어음에 이 서류를 첨부하여 거래은행에 제출함으로써 nego를 하게 되는데, 이와 같은 신용장을 cargo receipt L/C라고 한다.[52)]

라) 국제입찰에서 요구하는 보증금

국제 입찰에 참가하는 업체는 공사내정 가격을 적은 서류를 입찰함에 투자할 때 공사 발주처가 정한 바에 따라 일정금액의 입찰보증금(bid band)을 동봉하여 투찰하여야 한다. 이 때의 입찰보증금은 현금 또는 현금에 준하는 유가증권으로 제한, 되는 바 이 경우 실무에서 가장 많이 통용되는 것이 Standby L/C와 지급보증서(Letter of Gurantee; L/G)이다.[53)]

---

52) Cargo Receipt L/C 예 : "Cargo receipt stating(certifying) that the applicant for the credit(or buyer) has duly received the undermentioned merchandise."

53) Standby L/C와 L/G : 고객이 기일내에 주채무를 이행하지 않으면 은행이 즉시 보증인으로서의 지급을 이행하게 된다는 점에서는 보증신용장과 지급보증서가 동일하나 다음의 점에서 양자는 구별된다. ① 보증서는 주채무에 종속되는 채무이나, 보증신용장은 주채무와 별

국제 입찰에 참가하는 업체는 발주국으로 떠나기 전에 거래은행으로부터 금액이 공란으로 표시된 Standby L/C 또는 L/G 발급받아야 하며, 금액기입은 현지에서 타경쟁 업체의 투찰 정보를 입수하여 낙찰가능 금액을 산정하고 그 금액의 일정액(2% 정도가 가장 많음)을 Standby L/C상에 기재하여 입찰서류와 함께 입찰한다. 이와 같이 국제입찰에서 요구되는 보증금에는 입찰보증금 이행보증금(perforjmance band) 하자보수 보증금(retention bond) 등이 있으며 시공업체는 이 경우 위약보증금을 Standby L/C로서 충당하게 되며 시공업체가 계약을 위반할 경우 업체는 보증인인 Standby L/C 개설은행에게 시공업체의 위약사실을 증명하는 서류를 제시하고 Standby L/C의 지급을 요구하게 된다.

마) 현지금융 취급시의 채무보증

일반적으로 보증신용장은 해외현지법인이나 지점 또는 관련 거래선이 자국상사의 물품수입과 관련하여 현지은행에 현지금융담보의 조건이나 건설, 용역 및 플랜트수출과 관련한 입찰보증, 계약이행보증, 하자보증, 선수금환급보증 등에 대한 지급보증서의 대용으로 국내외국환은행이 해외은행 앞으로 발행하여 사용되고 있다.

즉, 한국의 해외지사가 현지 은행에서 융자를 받거나 또는 현지에서 입찰보증이나 계약이행보증 등이 필요한 경우 해외지사가 한국의 본사에 요청하면 본사에서 거래은행에 의뢰하여 해외지사의 거래은행을 수익자로 하는 Standby Credit을 개설해 주고 해외지사의 거래은행은 이것을 담보로 금융상의 혜택을 주거나 보증서를 발행하게 된다.

보증신용장을 수취한 은행은 현지에서 보증신용장에 의하여 금융을 수혜받은 상사 또는 피보증상사가 채무를 불이행하였을 경우에는 그러한 불이행사실을 증명하는 서류[54]와 보증신용장에 의거하여 개설은행 앞으로 지급을

개의 독립된 채무이다. ② 보증서는 반드시 발급의뢰인이 의무불이행이 있을 경우에만 은행의 지급이 일어나지만, 보증신용장에서는 개설의뢰인의 의무불이행이라는 전제가 없이도 약정만기일이 도래하면 자동적으로 은행의 지급이 일어난다.

54) 화환신용장에서 요구하는 서류가 아닌 단순한 확인서(certificate) 또는 성명서(statement)를

청구하여 채권을 회수할 수 있게 되는 것이다.

보증신용장도 화환신용장과 마찬가지로 적용하는 한 범위 내에서 신용장통일규칙에 w적용을 받는다.

바) 내국신용장(local L/C)

내국신용장은 국내거래이므로 개설의뢰인과 수익자간의 거리가 가까워 별도의 운송수단을 필요로 하지 않는 경우가 대부분이며, 우리나라에서는 신용장개설 근거법규도 신용장통일규칙 보다는 무역금융제도중 내국신용장 취급규정을 우선하여 적용된다. 따라서 Nego 할 때 공급자(수익자)가 개설은행에 제시하는 기본서류도 인수자(개설의뢰인)가 발행한 물품수령증이 주된 서류이며 은행도 별도의 운송서류를 요구하지 않는다.

2) 신용장의 사용방법에 따른 분류

신용장의 사용방법에 따라서 지급, 연지급, 인수, 매입신용장으로 구분할 수 있다. 당사자들은 이러한 네 가지 방식 중 어느 것이 선택되는지를 명시해야 하고, 이 점은 신용장 개설의 기초가 되는 매매계약체결 이전에 확정되어야 한다. 이는 환어음의 유무, 지급기한, 그리고 매입을 취급하는 은행이 개설은행의 예치환거래은행인지 또는 무예치환거래은행인지에 따른 신용장의 분류이다.

지급, 연지급, 인수신용장은 수익자에 소구권을 행사할 수 없고, 매입신용장은 우리나라 은행에서 고객과 외국환거래시 체결하는 외국환거래약정[55]에 따라 소구권행사가 가능하다.[56]

제시하면 지급하기로 약속한다. 예컨대, 보증신용장의 수익자는 "계약의 상대방인 XYZ회사가 계약을 불이행하였음을 확인한다"라는 내용의 확인서만 작성하여 보증신용장의 개설은행에 제시하면 개설은행은 보증신용장의 대금을 지급한다.

55) 은행과 무역업자 사이에 수출거래, 수입거래, 내국신용장 발행 및 내국신용장환어음 매입(추심)에 사용하는 통일된 인쇄양식으로 은행과 무역업자 사이의 권리와 의무관계를 명시하고 있다.

56) 외국환거래약정서 제11조 매입대금의 상환 조항에 "환거래은행 등으로부터 지급 또는 인수거절된 경우의 그 화환어음(환어음이 첨부되지 않은 선적서류를 포함)의 상환의무를 지고 곧 변제하기로 한다"고 명시하여 UCP에 우선하여 적용되므로 지정은행의 소구권이 있다고 보아야 한다. 이에 추가하여 환어음이 발행된 경우 어음법 제9조 발행인의 책임 조항에 "발

(1) 지급신용장(sight payment credit)

지급신용장이란 수익자가 신용장 조건에 일치하는 선적서류를 신용장에 지정되어 있는 지급은행에 제시하면 지급은행은 이를 일람한 즉시 대금을 지급하도록 약정되어 있는 신용장을 말한다. 즉, 일람출급신용장이라고 하고 통상 수출지의 지급은행이 개설은행의 예치환거래은행일 때 사용한다.
환어음의 제시를 요구하지 않거나 또는 지급은행을 지급인으로 하여 수익자의 환어음 발행을 요구한다.

원칙적으로 지정은행만 지급업무를 수행하기 때문에 통지은행이 지정은행으로 지정된다.

지급신용장(sight payment L/C)[57]의 기본적인 거래절차는 다음과 같다.

① 수출자와 수입자가 대금결제를 sight payment L/C 방식으로 하는 무역계약을 체결한다.

② 수입자는 거래은행에 sight payment L/C의 개설을 의뢰한다.

③ 개설은행은 지급신용장을 개설하여 수출지역에 소재하고 있는 본·지점이나 예치환거래은행을 통지은행 및 지급은행으로 선정하고 지급신용장의 개설을 통지한다.

④ 통지은행을 통하여 수출자에게 신용장이 통지되고 추후에 수출자는 신용장 조건에 부합되는 서류를 지급은행에 제시한다.

⑤ 지급은행은 서류를 심사한 후 이상이 없으면 개설은행의 구좌에서 차기(출금)하여[58] 수출자에게 지급한다. 지급금액 = 신용장금액 × 전신환매입률

행인은 어음의 인수와 지급을 담보한다"고 명시하여 지급 또는 인수거절된 환어음 대금에 대한 반환책임이 있다고 보아야 한다.

57) 지급신용장 문언 : "We hereby issue in your favour this documentary credit which is available by sight payment against presentation of the following documents"

58) 만약 개설은행이 지정한 지급은행이 개설은행의 예치환거래은행이 아닐 경우에는 제3의 결제은행(상환은행)을 결정하고, 결제은행이 개설은행의 구좌에서 차기(debit; 출금)하여 지급은행의 구좌에 대기(credit; 입금)하는 과정을 거치게 될 것이다.

⑥ 지급은행은 개설은행에 서류를 송부하고 개설은행은 서류를 심사한 후 수입자에게 제시한다.

⑦ 수입자는 수입대금을 결제한다. 만약 한국의 수입자가 지급신용장을 개설하여 수입대금을 결제할 경우 선적서류가 개설은행에 도착되기 이전에 개설은행 본·지점 또는 예치환거래은행의 개설은행 구좌에서 미리 지급되었으므로 환가료를 지급하여야 한다.

※ 결제금액 =(신용장금액 × 전신환매도율) +환가료(대고객매매기준율)

(2) 연지급신용장(deferred payment credit)

연지급신용장이란 수익자가 신용장 조건에 일치하는 선적서류를 신용장에 지정되어 있는 연지정은행인 지급은행에 제시하면 연지급은행은 신용장에 정해져 있는 만기일에 대금을 지급하도록 약정되어 있는 기한부신용장을 말한다.

지급은행은 수익자에게 일정기간 후에 대금을 지급하겠다는 연지급약정서(deferred payment undertaking)를 발급하고, 수출지의 연지급은행이 개설은행의 예치환거래은행일 때 사용한다.

원래 기한부거래에서는 반드시 환어음이 필요하였으나 연지급신용장은 환어음발행의 지시가 없는 것이 특징이다. 그러므로 연지급신용장에서는 서류를 제시한 후 일정한 만기일에 지급할 것을 조건으로 하더라도 기한부 환어음의 발행을 하지 않는다. 연지급 신용장의 등장 배경은 독일이나 프랑스, 스위스와 같은 국가에서는 환어음발행에 따른 인지세가 고액이기 때문에 이를 기피하기 위한 방법으로 유럽 등에서 사용하고 있다.

이 신용장에서는 일반적으로 수익자가 소재하는 지역의 통지은행이 연지급은행이 되며 통지은행이 개설은행의 예치환거래은행 또는 해외지점일 때 이용되고 있다. 연지급신용장은 신용장의 뒷면에 매입사실의 배서를 요구하지 않는 비배서 신용장이며 환어음이 첨부되지 않기 때문에 수익자가 서류를 제시할 때 만기일에 지급한다는 확약내용이 기재된 연지급약정서를 받는다.

연지급약정이란 연지급신용장하에서 수익자가 신용장의 제조건과 일치하는 서류를 지정은행에 인도하는 경우에 수익자가 만기일에 지급받는다는 확실한 보장을 받는 확약을 의미하며 이러한 확약을 하는 은행을 연지급약정은행이라고 한다.

연지급신용장(deferred payment L/C)[59]의 거래절차는 다음과 같다.

① 수출자와 수입자가 대금결제를 연지급신용장 방식으로 하는 무역계약을 체결한다.

② 수입자는 거래은행에 연지급신용장의 개설을 의뢰한다.

③ 개설은행은 수출지역에 소재하는 본·지점이나 예치환거래은행을 통지은행 및 연지급은행으로 선정하고 연지급신용장의 개설을 통지한다.

④ 통지은행을 통하여 수출자에게 신용장이 통지되고 추후에 수출자는 신용장 조건에 부합되는 서류를 연지급은행에 제시하면 서류를 심사한 후 수출자에게 연지급약정서를 교부한다.

⑤ 연지급은행은 개설은행에 서류를 송부하고 개설은행은 서류심사후 수입자에게 제시한다.

⑥ 수입자는 연지급기간 만료일에 수입대금을 결제한다. 결제금액 = 신용장금액×전신환매도율

⑦ 연지급은행은 연지급기간 만료일에 수출대금을 수출자에게 지급한다.
※ 결제금액 = 신용장금액×전신환매입률

(3) 인수신용장(acceptance credit)

인수신용장이란 수익자가 신용장 조건에 일치하는 선적서류와 함께 기한부환어음을 신용장에 지정되어 있는 지정은행인 인수은행에 제시하면 인수은행은 개설은행을 위하여 신용장금액을 대신 지급하고 신용장에 정해져 있는 만기일에 대금을 개설은행에게서 받는 기한부신용장을 말한다.

---

59) 연지급신용장 문언 : "Credit available with xxx bank(the nominated bank) by deferred payment at 90 days after the date of issuance of the transport documents detailed herein"

기한부어음거래에 사용하는 신용장의 인수약정은 개설은행이 직접 약정하는 경우와 다른 은행으로 하여금 약정하는 경우로 구분할 수 있다. 개설은행이 지정한 인수은행에서 인수편의(acceptance facility)를 제공받을 때 사용되는 기한부신용장으로써 기한부어음을 필요로 한다. 인수은행은 환어음을 인수하였다가 만기일에 지급한다.[60]

인수은행이 개설은행에 인수편의를 제공할 때 사용하고, 수출지의 인수은행이 개설은행의 예치환거래은행일 때 사용된다.

(4) 매입신용장(negotiation L/C)

매입신용장이란 수익자가 신용장 조건에 일치하는 선적서류와 함께 일람출급환어음 또는 기한부환어음을 매입은행에 제시하면 매입은행은 그 가액을 지급하도록 약정되어 있는 일람출급 또는 기한부신용장을 말한다.

매입신용장에는 자유매입신용장(freely negotiable L/C)과 매입제한신용장(restricted L/C)이 있다. 자유매입신용장은 수익자가 매입은행을 자유롭게 선택할 수 있으므로 수출지에 있는 은행이면 어느 은행이라도 매입할 수 있는 신용장이며, 매입제한신용장은 개설은행이 지정한 은행에서만 매입을 할 수 있다. 일반적으로 자유매입신용장이 사용된다.

선적서류의 매입의뢰시 어음을 제시되므로 서류가 부도반환 되면 매입은행은 수익자에게 소구권을 행사할 수 있다. 수출지의 매입은행이 개설은행의 무예치환거래은행인 경우에 사용된다.

3) 대금지급시기에 따른 분류

(1) 일람출급신용장(sight L/C)

매입은행 혹은 서류 송부은행으로부터 송부된 서류가 서류상의 하자가 없는 한 서류제시 즉시 대금을 지급하는 신용장으로 일람출급매입신용장과 일람지급신용장이 이에 해당된다.

---

60) 인수신용장 문언 : "We hereby issue in your favor irrevoCable documentary credit which is available by acceptance of your draft at 30 days after sight drawn on xxx bank."

(2) 기한부신용장(usance L/C)

기한부신용장이란 신용장에 의하여 발행되는 어음 또는 선적서류가 지급인에게 제시된 후 일정기간이 경과한 후에 대금이 지급되는 신용장을 말한다. 기한부신용장에 의하여 발행되는 기한부어음은 수출업자의 입장에서는 소정의 기간이 경과한 후에 어음대금을 지급 받는 것이 원칙이다. 그러나 수출업자는 환어음을 발행하여 어음할인의 형식으로 어음기간 동안의 이자를 지급하고 어음을 외국환은행에 매각하여 수출대금을 즉시 회수할 수 있다. 기한부의 외상신용장은 신용장의 사용방법에 따라서 어음이 첨부된 기한부매입신용장(negotiation usance L/C), 인수신용장(acceptance) 그리고 무어음 방식인 연지급신용장(deferred payment L/C)으로 구분한다.[61)]

(3) 할부신용장(installment L/C)

선적 또는 대금결제기간이 일정한 시기로 나뉘어져 있는 신용장을 말하며 수출자가 선적을 수회에 걸쳐서 일정기간별로 분할하도록 약정한 것을 할부선적신용장(installment shipment L/C)[62)]이라 하고, 수입업자가 선적서류를 인도받을 때는 착수금만 지급하고 잔액은 일정기간별로 나누어 상환하도록 약정된 신용장을 할부지급신용장(installment payment L/C)[63)]이라 한다.

(4) 선대신용장(advance payment L/C)

수출업자의 자금여력이 충분치 않고, 수출물품이 집하 과정을 거쳐야 하는

---

61) 연지급신용장 문언; "at 120days after B/L date by deferred payment", 인수신용장 문언; "at 90days after B/L date by acceptance" 기한부매입신용장 문언; "at 120days after sight by negotiation"

62) 할부선적과 분할선적(partial shipment)의 차이점 : 할부선적은 선적기일이 신용장상에 미리 명시되어 있으므로 buyer's option이나 분할선적은 선적기일 내에 수출업자가 마음대로 선적시기를 선택할 수 있으므로 seller's option의 성격을 지니고 있다.

63) 할부선적신용장 문언 : "Shipment must be made(effected) in three equal lots during July, August and September. Partial shipment within installments are not allowed.", "September and October shipment should be equally divided.", "Half shipment in September and the balance two months after."

농수산물 등일 경우, 수출업자의 자금융통을 위하여 신용장 개설과 동시에 수출업자로 하여금 일정액의 금액을 은행으로부터 미리 지급 받을 수 있도록 하는 방식의 신용장을 말한다. 수출업자의 집화자금에 대한 융자라는 의미에서 "packing credit"이라고도 부른다. 이 신용장은 자금선대 조건을 붉은 글씨로 쓰던 관례(2차 개정 UCP)로 "red clause L/C"라고도 칭하며 선대자금을 수령할 때 수출업자는 서류 없이 현금으로 선대 받는 부분에 대한 어음만 발행하여 제시한다. 최근에는 대부분의 신용장이 전신(cable or SWIFT)으로 개설되므로 붉은 글씨는 사용될 수가 없다.64)

수입업자의 입장에서는 신용장 금액의 선대금액에 해당하는 금액을 선송금하는 방식과 동일하기 때문에 수출업자가 선금을 수취한 후 계약을 이행하지 않을 경우 수입업자는 일방적으로 손해를 입게 된다. 수출업자의 계약이행을 담보하기 위해서는 ① 수출업자에게 수입업자를 수익자로 하는 보증신용장(Standby L/C)을 요구하든지, ② 선지급 조건이 없는 단순 일람지급화환 신용장으로 유도해야 한다.

4) 어음지급기간에 의한 분류

어음지급기간에 따라 일람출급신용장과 기한부신용장로 분류된다. 일람출급신용장은 수익자가 일람출급환어음(at sight draft)을 발행하거나 또는 환어음 없이 선적서류를 직접 개설은행, 확인은행 또는 지정된 은행에 제시하면 일람 후 즉시 지급하기로 확약하고 있는 신용장이다. 일람출급신용장은 환어음 또는 선적서류와 상환으로 일람출급이 있기 이전에 제3의 은행이 이를 매입할 수 있도록 허용하는 조항이 있는가하면 신용장에 지급은행이 지정되어있어 환어음의 발행을 요구하지 않는 경우도 있다.

기한부신용장은 일람후정기출급어음(usance draft)의 발행을 요구하는 경

---

64) 선대신용장 문언 : "We authorize the negotiating bank to pay US$1,000,000 to the beneficiary against presentation of the following documents : 1. Beneficiary's clean draft drawn at sight on accountee. 2. Beneficiary's receipt stating that the beneficiary have duly received US$1,000,000 for the delivery of color T.V. sets from Busan, Korea to New York, U.S.A."

우로 수익자의 인수제시가 반드시 필요한 경우이다. 즉, 환어음 상에 지급인으로 기재된 자에게 기간내에 일람후정기출급어음을 인수제시하고, 지급인은 이 어음에 인수문언을 기재하고 서명을 한 다음 제시인에게 반환하면 기재된 만기일 또는 확정되는 만기일에 지급인이 되는 자가 인수인에게 제공하면 이 때에 대금을 지급하는 경우를 말한다. 인수신용장에서는 일람후정기출급어음만이 발행된다. 수익자는 이렇게 인수 제시된 어음을 만기일까지 보관하지 않어음할인을 통해 자금을 융통할 수 있는 기회가 생긴다.

기한부신용장은 신용공여의 주체에 따라 shipper's usance와 banker's usance[65]로 구분되어 불리기도 한다.

[그림 4-4] 기한부신용장의 종류

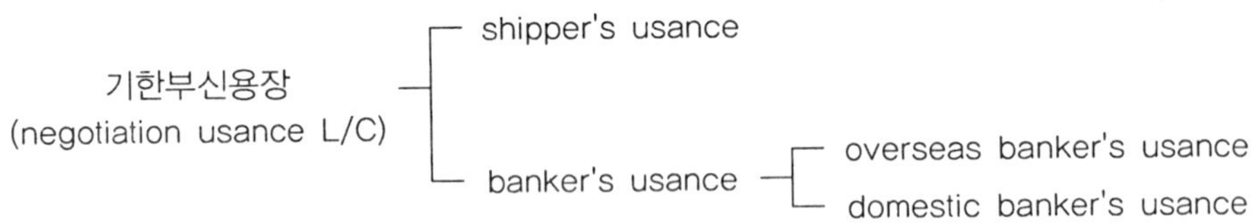

(1) shipper's usance L/C

shipper's usance란 수출업자가 수입업자에게 직접 외상 혜택을 주는 방식의 신용장이다. 수출업자와 수입업자의 상호계약에 의하여 수입대금을 일정기간 후 지급하는 형태이며 usance 기간동안의 신용공여를 수출업자가 수입업자에게 주는 것(seller's usance의 개념)으로 수입업자는 서류를 인수한 후 인수사실과 만기일을 통지하고 만기일(maturity date)에 수입대금을 결제한다.

---

65) 기한부 신용장거래에서 수출업자가 발행하는 환어음은 기한부어음(time draft, term draft)이기 때문에 수입업자는 만기일까지 결제대금을 유예 받을 수 있는 이익을 향유할 수 있다. 이렇게 기한부 신용장거래에서 이익을 공여하는 것을 인수금융(acceptance financing)이라고 하며 이러한 인수금융을 관계당사자 중에서 화주(shipper)인 수출업자가 공여하도록 신용장상에 명시하고 있으면 "shipper's usance credit"이라고 하며, 개설은행이나 인수은행과 같은 은행이 인수금융을 공여하도록 신용장상에 표시하고 있는 것을 "banker's usance credit"이라고 한다. "banker's usance"에서 해외은행이 신용을 공여하면 "overseas banker's usance"라 하고, 국내은행(신용장 개설은행)이 신용을 공여하면 "domestic banker's usance"라고 한다.

수출업자가 신용공여하는 기간에 대한 이자의 보전형태는 상품가격에 전가되어 상품가격 자체가 인상되는 경우가 대부분이나, 상품가격에 전가하지 않고 이자가 별도로 청구되는 경우도 있다.

(2) banker's usance L/C

수입업자가 외상혜택을 누릴 수 있도록 자금을 제공하는 주체가 수출업자가 아닌 인수은행 또는 개설은행일 때 이를 banker's usance[66]라 하며, 어음인수의 주체가 해외에 있는 은행일 경우에는 해외은행인수신용장이라 하며 수입지 국내의 개설은행일 경우에는 국내은행인수신용장이라 한다.

가) 해외은행인수신용장(oversea banker' s usance)

해외은행인수란 개설은행의 해외에 있는 환거래은행이 인수금융을 공여하는 것을 말한다. 즉, 해외 인수은행이 usance 기간동안 신용을 공여하는 신용장으로써, 개설은행이 지정한 해외은행(통상은 개설은행의 해외지점)으로 하여금 수출업자가 발행한 기한부 화환어음을 인수·할인하게 하여, 어음금액을 일람출급으로 매입은행을 통하여 수출업자에게 지급한다.

기한부신용장에 의하여 발행된 환어음을 수출업자가 매입은행에 매각하여 수출대전을 지급 받게 되며 매입은행은 신용장조건에 따라 인수은행에 대하여 매입어음을 제시하게 된다.

인수은행은 제시된 기한부지급어음(usance bill)을 즉시 인수 및 할인하여 인수수수료와 할인료(Acceptance Commission & Discount Charge; AC/DC Charge)를 개설은행에 청구함과 동시에 어음인수사실을 통지하고, 매입은행에 대하여는 어음대금을 전액 지급하게 된다. 이렇게 인수된 어음을 은행인수

66) 기한부 환어음의 지급을 유예시켜주는 주체가 은행이 되는 것으로 수출업자가 발행한 기한부어음을 만기일 이전에 인수은행이 인수 및 할인하여 어음 금액 전액은 매입은행을 통하여 수출업자에게 지급하고 인수수수료와 할인료는 개설은행에 청구하여 수출업자는 at sight basis와 동일하게 매입대전을 수취하고 수입업자의 입장에서는 usance interest(인수수수료와 할인료)만 선지급하여 원리금은 만기일에 개설은행을 통해서 지급하게 되는 방식을 banker's usance credit 이라고 하며 buyer's usance라고도 부른다. 미국에서는 이와 같은 방식을 banker's acceptance라고 한다.

어음(banker's acceptance bill)이라고 하며 인수은행에서는 인수한 어음을 자체 보유하거나 은행인수어음시장(B/A Market[67])에서 할인하여 자금을 조달하기도 한다.

인수사실을 통지 받은 신용장 개설은행은 신용장 개설신청인으로부터 인수수수료 및 할인료를 지급 받고 환어음을 인수시킨 후 수입담보화물대도(Trust Receipt; T/R[68])절차에 의하여 서류를 인도하게 된다. 서류를 인도 받은 수입업자는 선박회사로부터 수입업자품을 찾아서 매각한 후 어음만기일에 수입대금을 지급하게 된다.

한편, 개설은행은 인수은행의 인수 및 할인 즉시 인수수수료, 할인료를 인수은행에 송금하며 어음만기일에 원리금을 송금한다. 이와 같이 banker's usance는 수출업자의 입장에서는 at sight base와 마찬가지로 매입 대전을 즉시 지급 받을 수 있으며, 수입업자의 입장에서도 유전스 기간 동안 이자만 지급하고 원금은 만기일에 개설은행을 통하여 지급해도 되는 이점이 있다.

나) 국내은행인수신용장(domestic banker' s usance)

domestic usance(내국수입유전스)란 해외의 수출업자가 일람지급 신용장과 동일하게 선적서류 제시와 동시에 수출대금을 회수할 수 있는 점에서 overseas

---

67) 인수신용장 하에서 발행되는 기한부어음은 원칙적으로 어음의 만기일에 대금이 지급되기 때문에 수출업자는 환어음을 발행하여 만기일까지의 이자를 지급하고 어음을 할인받는 형식으로 외국환은행에 할인매입의뢰를 하여 수출대금을 회수할 수 있다. 그리고 이를 할인매입한 은행은 발달된 은행인수어음시장(Banker's Acceptance Market : B/A Market)에서 재할인을 받아 자금을 융통한다. 이 때 기한부어음의 인수인은 뉴욕이나 런던 등에 있는 신용도가 높은 일류은행으로 하는 것이 일반적인데, 인수어음의 지급지가 뉴욕으로 되어있는 어음을 "New York acceptance"라고 하며 그 신용장을 "New York acceptance credit"이라고 한다. 그리고 인수어음의 지급지가 런던으로 되어 있는 어음을 "London acceptance"라고 하며 그 신용장을 "London acceptance credit"이라고 한다.

68) T/R은 일종의 은행 여신제도로써 수입업자가 신용장서류 도착시 수입대금을 결제할 수 없을 때 개설은행으로부터 서류를 인도 받아 상품을 처분하여 그 대전으로 수입대금을 결제토록 수입업자와 은행이 맺은 약정이다. 이 약정에 따라 화물의 소유권은 은행이 보유하고 화물의 점유권을 수입업자에게 이양하여 물품을 처분한 금액으로 신용장 대금을 결제할 수 있게 하는 제도이다. 신용장거래에서 일람지급(at sight)거래뿐만 아니라 외상(usance)거래에서도 T/R이 발생하며 수출용 원자재 수입시에나 외화대출 및 차관자금에 의한 수입에 사용된다.

banker's usance와 같으나 overseas banker's usance는 어음의 인수가 개설은행에게 신용공여한도를 제공한 해외 환거래은행에서 일어나는 반면, 내국수입유전스는 어음의 지급인을 개설은행으로 지정하여 국내에서 개설은행이 인수하는 신용공여라는 점에서 차이가 있다. 개설은행의 외화자금에 의한 인수 자금부담이 발생하게 되므로 개설은행은 외화자금 조달여부 등을 감안하여 수입신용장 개설시 사전에 관련 부서와 협의를 거쳐 결정하게 된다.

수출업자가 일람지급로 지급을 받는다면 수입업자의 입장에서 보면 내국수입유전스가 될 수 있다.

내국수입유전스는 어음의 지급인을 개설은행으로 지정하여 국내에서 개설은행이 어음을 인수하고 만기일까지 수입업자로 하여금 수입어음의 결제를 유예시켜 주는 신용공여의 형태이다. 우리나라가 내국수입 usance제도를 도입하게 된 주요한 목적은 다음과 같이 설명될 수 있다.

첫째, 종래의 기한부 수입방식이 shipper's usance 또는 해외의 인수은행의 신용공여에 의하는 overseas banker's usance 등 무역신용의 해외의존 일변도를 지양하고, 신용공여를 국내은행에 의하도록 함으로써 국내 금융기관의 국제화를 도모하고 무역신용의 비용을 국내은행에 귀속시킴으로써 국내은행의 수익증대를 꾀할 수 있고, 국가적으로 볼 때 무역신용비용(usance interest)의 해외지급에 따르는 외화를 절약할 수 있다.

둘째, 국내은행이 인수한 어음을 국내에 유통시켜 단기외화자금 시장의 형성에 기여토록 함으로써 국내 외환시장의 육성에 이바지한다.

셋째, 내국수입 Usance에 의하여 창출된 어음은 국내유통 외에도 해외 B/A 시장에 매각함으로써 외자조달원의 다양화를 도모할 수 있다.

넷째, 보유외환을 효율적으로 이용할 수 있다.

5) 대금결제의 방법에 따른 분류

수입신용장을 개설하고 수출업자가 선적 후 자신의 거래은행을 통하여 서류가 개설은행에 제시되었을 때 그 대금을 지급하는 방법에는 상환방식(reimbursement base), 송금방식(remittance base) 및 차기방식(debit base)이 있다. 개설은행이 신용장을 개설할 때 주로 상환방식을 많이 이용하지만 거래처(수입자)의 신용위험 등으로 채권보전에 지장이 있는 경우에는 신용장 발행시 송금방식으로 지정한다.

(1) 상환방식(reimbursement base)

신용장 개설시 개설은행이 상환은행(reimbursement bank)에 상환수권서(R/A : Reimbursement Authorization)를 보내 놓고 매입은행이 상환은행으로 자금을 청구하여 결제되는 방식을 말하며 국내은행 인수신용장(일명 내국수입유전스)을 제외한 모든 usance L/C와 대부분의 sight L/C에 이용되고 있다. 우리나라의 개설은행의 경우 대부분 개설은행이 자행의 해외지점을 상환은행으로 지정하고 있다.

상환신용장(매입방식)의 거래[69]는 다음과 같은 절차를 거치게 된다.

① 수출자와 수입자가 무역계약을 체결하고 대금결제조건을 L/C 방식으로 결정한다.

② 수입자는 거래은행에 L/C의 개설을 의뢰한다.

③ 개설은행은 수출지역에 소재하는 무예치환거래은행에 신용장의 개설을 통지하고 상환은행에는 상환수권(reimbursement authorization)을 한다.

④ 통지은행을 통하여 수출자에게 신용장이 통지된다.

⑤ 수출자는 신용장의 조건에 일치되는 서류를 구비하고 상환은행을 지급인으로 하는 환어음을 발행하여 매입은행에 서류를 제시하여 매입을 의뢰한다.

⑥ 매입은행은 서류를 심사하여 하자가 없으면 환어음에 첨부된 서류를 매입하고 수출대금을 선지급(추심전 매입처리)을 한다.

·매입금액 =(신용장금액 × 전신환매입률) - 환가료
·환가료 = 신용장금액 × 대고객매매기준율

---

69) 상환방식의 문언 : "T/T Reimbursement is not allowed. We authorize you to claim reimbursement from drawee bank by forwarding the beneficiary's drafts.", "Please reimbursement yourselves from the Korea Exchange Bank."

⑦ 수출자로부터 선적서류를 매입한 매입은행은 신용장에서 지시한 방법으로 상환은행으로 대금을 청구하며, 기타 선적서류는 개설은행으로 송부한다.

⑧ 환어음을 받은 상환은행은 신용장 개설은행의 구좌에서 차기(출금)하여 매입은행의 구좌에 대기(입금)한 후 개설은행과 매입은행에 각각 차기통보(debit advice), 대기통보(credit advice)를 한다.

⑨ 개설은행은 선적서류를 심사한 후 수입자에게 제시하고 수입자는 수입대금을 결제한다.

※결제금액 =(신용장금액 × 전신환매도율) - 환가료
※환가료 = 신용장금액 × 대고객매매기준율

(2) 송금방식(Remittance Base)

서류가 내도되고 개설신청인에게 지급 제시되어 결제가 이루어지면 매입은행이 서류송부장에 표시한 요청에 따라 직접 자금을 송금하여 결제되는 방식을 말하며 sight L/C의 일부분과 국내은행인수신용장에 쓰이고 있다. 장단점은 상환방식과 반대이며 중계무역의 back to back 신용장 개설시, 후진국으로 개설되는 신용장 및 수입업체에서 특별히 요청하는 경우에 적용될 수 있다.

송금신용장(remittance L/C)은 신용장에 수출대금 상환은행이 지정되지 않고 또한 통지은행과 개설은행이 예치환거래 관계가 아닐 때 사용되는 신용장이며, 개설은행은 선적서류가 도착한 뒤에 매입은행이 지정한 제3의 상환은행에 대금을 송금하므로 다른 일람지급 신용장에 비해서 대금입금이 늦어질 가능성이 많다. 한편 신용장 거래에서 추심(collection)을 하는 경우는 선적서류에 하자가 있어서 매입을 하지 않고 단순히 서류를 송부하여 개설은행의 결제대금을 받은 후에 수출업자에게 지급하는 것을 말하며, 송금방식 신용장과 별다른 차이가 없다. 다만, 실무적으로 우리나라 은행들은 수출업자의 신용이나 담보가 충분한 경우에는 송금신용장도 매입으로 처리하고 있으므로 이런 경우에는 일람지급 매입방식의 신용장과 차이가 없다.

송금신용장(매입방식)의 거래[70]는 다음과 같은 절차를 거치게 된다.

① 수출자와 수입자가 대금결제조건을 L/C 방식으로 하는 무역계약을 체결한다.

② 수입자는 거래은행에 L/C의 개설을 의뢰한다.

③ 개설은행은 수출지역에 소재하는 무예치환거래은행에 신용장의 개설을 통지한다.

④ 통지은행을 통하여 수출자에게 신용장이 통지된다.

⑤ 수출자는 신용장의 조건에 일치하는 서류를 구비하여 개설은행을 지급인으로 하는 환어음을 발행하여 매입은행에 서류를 제시하여 매입을 의뢰한다.

⑥ 매입은행은 서류를 심사하여 하자가 없으면 환어음이 첨부된 서류를 매입하고 수출대금을 선지급(추심전 매입행위)을 한다.

※ 매입금액 =(신용장금액 × 전신환매입률) - 환가료

※ 환가료 = 신용장금액 × 대고객매매기준율

⑦ 수출자로부터 선적서류를 매입한 매입은행은 환어음을 포함한 선적서류를 개설은행으로 송부하고 결제은행을 지정하여 동 은행의 매입은행 구좌에 신용장 대금을 입금시켜 주도록 지시한다.

⑧ 개설은행은 서류를 심사하여 하자가 없으면 결제은행에 지시하여 개설은행의 구좌에서 차기(출금)하여 매입은행의 구좌에 대기(입금)할 것을 지시한다.

⑨ 결제은행은 지시된 대로 이행한 후 개설은행에는 차기통보(debit advice), 매입은행에는 대기통보(credit advice)를 각각 한다.

⑩ 개설은행은 수입자에게 선적서류를 인도하고 수입자는 수입대금을 결제한다.

※결제금액 =(신용장금액 × 전신환매도율)

(3) 차기방식(debit base)

단순신용장(simple credit, 차기방식)은 신용장을 지급·인수·매입한 은행에 개설은행이 자신의 명의로 예치된 환계정이 있는 예치환거래은행[71]의

70) 송금방식 문언 : "Upon receipt of documents and drafts in conformity with(or conforming to) the terms and conditions of this Credit, We shall remit the proceeds to the bank designated by negotiating bank."

관계일 때, 타은행이 신용장에서 요구하는 제조건에 일치한 정당한 대금지급에 대하여 개설은행의 예치환계정에서 대체하여 대금을 상환받는 형태의 신용장을 말한다. 개설은행의 예치환거래은행이 서류매입을 하므로 업무취급이 간단하고 단순하기 때문에 단순신용장이라고 부른다. 예를 들어 신용장을 개설하는 경우에 상대방 통지은행이 개설은행의 예치환거래은행인 경우에는 지급신용장을 사용하게 되며, 예치환거래은행은 통지은행(지급은행)이 서류를 매입할 때 개설은행 명의의 예치금계정에서 차기(debit)하여 수익자에게 신용장대금을 지급하게 된다.[72]

6) 확인유무에 따른 분류

(1) **확인신용장**(confirmed L/C)

개설은행이 지급, 연지급, 인수 또는 매입을 확약한 취소불능신용장에 타은행(개설은행에 대한 신용을 공여하고 있는 은행, 주로 통지은행)이 개설은행의 수권이나 요청에 따라 추가로 지급, 연지급, 인수를 확약하거나, 소구권을 행사하지 않는 조건으로 환어음의 매입을 확약하는 행위를 신용장의 확인(Confirmation)[73]이라고 하며, 그러한 내용이 담겨진 신용장을 확인신용장이라고 한다. 확인은행의 2차적인 결제 및 매입확약은 개설은행의 지급확약에 따른 부차적인 지급확약이 아니라 별도의 독립된 직접적인 확약이다. 이 경우에 확인은행은 개설은행에 공여하고 있는 신용한도(credit line)[74] 범위 내에서 확인[75]을 행하게 된다.

---

71) 예치환거래은행(depositary correspondent bank)이란 수출입거래, 외국환거래, 국제금융거래 등의 원활한 수행을 위하여 외국은행과 환거래계약(agency arrangements)을 체결하고 취급 업무의 종류, 결제방법, 거래조건, 수수료, 서명감, 암호 등을 상호 교환하고 상대은행에 자기 명의로 예치금계정(당좌계정)을 설치한 은행을 말한다.

72) 차기방식의 문언 : "Please debit our account with you and credit your a/c on maturity."

73) UCP 600 제8조.

74) 외국환은행은 통상적으로 수출입거래의 지원과 외화자금의 원활한 조달을 위하여 해외소재 은행으로부터 상호 신용을 공여받고 있는데 이것을 총칭하여 credit line이라고 한다. 신용한도는 일정기간, 일정한도 내에서 당좌대월, 신용장확인, 인수금융 등의 형태로 이루어진다.

(2) **미확인신용장**(unconfirmed L/C)

타은행인 확인은행이 추가 확약 없이 신용장 개설은행만이 신용장대금의 결제를 확약하는 대부분의 신용장을 말한다.

7) 양도가능유무에 따른 분류

(1) **양도가능신용장**(transferable L/C)

수익자가 받은 신용장을 제3자에게 신용장금액의 전부 또는 일부를 양도 가능한 신용장을 말한다. 양도가능 신용장을 양수 받은 자가 또다시 제3자에게 양도할 수는 없다. 신용장의 양도는 1회에 한한다. UCP 600 제38조 b항에서 양도가능신용장이란 특별히 "transferable(양도가능)"이라고 특정하여 기재하고 있는 신용장을 의미한다고 하고 있고, 양도가능신용장은 수익자(제1수익자)의 요청으로 전부 또는 일부를 부분적으로 다른 수익자(제2수익자)가 이용하도록 할 수 있다고 명시하고 있다.

(2) **양도불능신용장**(non-transferable L/C)

이는 신용장상에 "transferable"이라는 표시가 없는 신용장을 말하며, 이와 같은 신용장은 양도사유가 발생하여도 신용장양도를 할 수 없다. 대부분의 신용장은 양도불능신용장이다.

8) 연계무역 거래형태의 분류

연계무역이란 수출과 수입을 연계하여 수출입 균형을 기하기 위한 무역거래로써 barter trade(물물교환), compensation trade(구상무역), parallel purchase(대응구매)[76], buy back(제품재구매)[77], switch trade[78], offset

---

75) ICC 신용장 통지은행용 표준양식 문언 : "As requested by the Issuing Bank, we here by add our confirmation to the Credit in accordance with the stipulations under UCP 600 Article 8"

76) parallel purchase는 매출액의 일정비율에 상당하는 상품을 대응 수입해야 한다는 점에서는 구상무역과 비슷하나, 수출과 수입이 별도의 계약서나 일반 신용장에 의해 이행된다는

trade[79] 등으로 구분된다.

barter trade는 환거래가 수반되지 않으며 하나의 계약서로 상품을 1:1로 교환하는 거래형태를 의미한다. 이와 유사한 compensation trade는 수출액의 일부 또는 전부를 상대방의 물품을 구매함으로써 상계 되어지는 무역거래로써 하나의 계약서로 거래가 성립된다. 구상무역에 사용되는 신용장은 통상 back to back L/C, escrow L/C, TOMAS L/C 등 특수신용장이 이용된다.

(1) 동시발행신용장(back to back L/C)

원래의 뜻은 견질신용장에서 언급한 바와 같이 원신용장을 견질로(backed)해서 이에 대응하여 개설된 제2의 신용장을 의미하였으나 오늘날에는 국가간의 수출입 균형을 유지하기 위한 연계무역에 사용되는 신용장을 의미한다. 우리나라에서 어떤 물품을 수입하기 위하여 신용장을 개설하는 경우, 외국에 있는 수출업자가 우리나라의 상품을 수입하는 신용장을 개설해야만 비로소 우리나라에서 개설한 수입신용장이 유효하다는 조건부신용장을 말한다. 조건 문구는 "수출업자가 이 신용장을 받은 날로부터 xx일 이내에 수입업자를 상대로 counter L/C를 개설해야 이 신용장이 유효하다"라는 형식[80]이다.

점이 다르다.

77) buy back은 수출자가 수출한 기술, 플랜트, 기계를 사용하여 생산한 제품을 다시 수입하는 계약으로써 수출대금의 회수는 생산된 제품의 구매로써 이루어는 방식이다.

78) switch trade는 수출입 당사자간의 수출입 잔액을 회계연도 말에 따져서 제3국을 개입시켜 상쇄하는 거래이다.

79) offset trade는 무기, 항공기, 첨단기술제품 등을 수출할 때 이용되는 방식으로써, 수입국에서 생산한 부품이나 자재를 수출국이 수입하여 이것을 수출업자품에 추가함으로써 수출대금의 일부를 상계 하는 거래 형태이다.

80) 동시개설신용장 문언 : "This Letter of Credit shall not be available unless and until standard prime banker's irrevocable Letter of Credit in favor of XX Company, Seoul for account of YY Company, New York for an aggregate amount of USD500,000 have been established pursuant to the contract No.111 for the export of the goods described as follows."

(2) 기탁신용장(escrow L/C)

수입업자가 신용장 개설시에 신용장의 한 조건으로 그 신용장에 의하여 발행되는 어음의 매입대금을 수익자에게 지급하지 않고 수익자 명의의 기탁계정(寄託計定, escrow account)에 기탁하여 두었다가 그 수익자가 원신용장 개설국으로부터 수입하는 물품의 대금결제에만 사용하도록 명시된 신용장을 말한다.[81] escrow account는 약정에 의하여 매입은행, 개설은행 또는 제3국에 있는 환거래은행 중 어느 곳에나 설치, 운용할 수 있다.

(3) 토마스신용장(TOMAS Credit)

수출입상 양 당사자간에 서로 같은 금액의 신용장을 개설하는 데 있어서 한 쪽은 먼저 신용장을 개설하고 상대방은 동일한 금액을 일정기간이 지난 후에 신용장을 개설하겠다는 보증서를 제출하여야만 상대방에서 내도된 신용장이 유효한 조건의 신용장을 토마스 신용장(TOMAS Credit)이라고 한다. 이 신용장은 일본과 중국간의 구상무역거래에서 생성된 것으로 'TOMAS'란 용어는 최초로 이러한 방식을 사용하여 중국과 거래를 성사시킨 일본 무역회사의 전신약호에서 유래한 것이다. 특히 선수출 후수입의 경우를 'TOMAS credit' 이라고 하며 선수입 후수출의 경우를 'reverse TOMAS credit'이라고 한다. 이러한 방식의 신용장은 수출국의 수출업자품은 확정되었지만 그 대가로 수입할 상품이 결정되지 않은 경우에 이용된다.

9) 회전신용장(revolving L/C)

회전신용장이란 동일거래선과 동일품목을 상당한 기간 동안에 걸쳐서 지속적으로 거래할 때 거래시마다 신용장을 개설하는 불편을 피하고, 개설비용 절감 및 절차간소화를 목적으로 이용되는 신용장으로써 처음 개설한 신용장 금

---

81) Escrow L/C 문언 : "It is a further condition of this credit that the proceeds of same remain blocked at your bank in a special account in the name of the beneficiary for account of XYZ till fulfillment of irrevocable undertaking of the beneficiary to use the funds of this letter of credit exclusively for the goods mentioned above."

액이 이행되면 일정 기간이 경과한 후 자동적으로 동액의 신용장 금액이 소생되는 방식의 신용장이다.

회전신용장을 self-continuing credit이라고도 하며 회전(revolving)의 방법[82]으로는 개설은행으로부터 환어음에 대한 지급통지가 있으면 회전되는 방법과 환어음이 결제되는 일정한 일수를 정하여 그 기간 내에 지급거절통지가 없으면 회전되는 방법, 일정한 기간이 경과하면 다시 자동적으로 그 금액이 갱신되어 회전되는 방법이 있다.

(1) 누적적 회전방법(cumulative method)

전회의 미이행된 선적분이 다음 회차의 선적시 전회의 미이행분까지 포함하여 이행하는 방법을 말한다. 예를 들어 매월 갱신되는 조건의 US$1,000,000의 신용장을 개설하였을 경우에 11월에 US$900,000이 사용되었다면 12월에는 전월의 미사용 금액인 US$100,000을 포함하여 US$1,100,000을 사용할 수 있는 것이 누적적 방법이며 이러한 신용장을 누적회전신용장[83]이라고 한다.

(2) 비누적적 회전방법(non-cumulative method)

해당기간에 이행되지 않은 미 선적분이 자동적으로 취소된다. 앞의 예에서 미사용한 US$100,000은 무효가 되며 원래의 금액인 US$1,000,000만을 다시 사용할 수 있는 것이 비누적적 방법이며 이러한 신용장을 비누적적회전신용장[84]이라고 한다.

---

82) revolving 문언 : "The amount of drawings under this credit becomes automatically reinstated on payment by us. Draft drawn under this credit must not exceed to US$~in any calendar month, "

83) 누적회전신용장 문언 : "Any shipment not to exceed invoice value of USD99,000. After a draft has been paid under this credit, the credit reverts to its original amount USD99,000. Any unused portion of monthly availment may be used during any subsequent month."

84) 비누적회전신용장 문언 : "Upon receipt by the beneficiary of notice from Korea Exchange Bank, Seoul that a draft again becomes available under the credit. Notwithstanding anything contained in the foregoing clause, drawings under this credit are limited to USD99,000 in any calendar month."

10) 내국신용장

(1) 내국신용장(local L/C)제도의 개념

신용장의 수익자인 수출업자는 신용장에 명시된 선적기한 내에 계약상품을 선적해야만 수출대금을 회수할 수 있다. 수출업자는 선적품의 조달을 위하여 국내의 다른 제조업자 또는 상품공급업자로부터 상품 그 자체를 구입하거나, 경우에 따라서는 선적품의 생산·가공에 필요한 원·부자재 등을 공급 받아 완제품을 생산하여 선적한다. 그러나 수출업자의 신용을 믿지 못하는 공급업자들은 선불을 요구하거나 은행의 지급보증 등을 요구하게 된다. 이와 같은 경우 수출업자가 자기 앞으로 내도한 수출신용장을 견질로 하여 수출용 수입원자재와 국내에서 생산된 수출용 원자재 또는 완제품을 구매할 때 국내의 공급업자를 수혜자로 하는 신용장을 개설함으로써 원활하게 당해 상품 및 원·부자재를 조달 받을 수 있다. 이와 같이 수출업자의 의뢰에 따라 외국환은행이 수출업자 앞으로 내도한 원신용장(master L/C)을 견질로 하여 국내의 공급업자 앞으로 개설하는 신용장을 내국신용장(local L/C)이라고 한다.[85]

내국신용장은 수출신용장 뿐 만 아니라 D/P, D/A계약서, 외화표시물품공급계약서, 외화표시건설용역계약서 및 과거 수출실적을 근거로도 개설이 가능하다.

(2) 내국신용장의 효용

가) 수출업자(내국신용장의 개설의뢰인)에 대한 효용

수출업자는 국내의 공급업자에게 수출업자품이나 원·부자재의 구입대금을 사전에 지급할 필요 없이 개설은행의 신용 및 융자로 대신할 수 있고 개설은행의 지급확약을 바탕으로 유리한 조건으로 공급계약을 체결할 수 있다. 또한 수출용 원자재를 내국신용장에 의해 조달하면 원자재 금융을 지원 받아 결제할 수 있고 부가가치세 영세율이 적용되어 구입가격상의 이점이 있다.

---

85) 김순자·박성철, 『무역실무강의』, 학문사, 2007, p. 187.

나) 국내공급업자(내국신용장의 수익자)에 대한 효용

개설은행이 국내의 제품 또는 원·부자재 공급업자에게 대금지급을 보장함으로써 국내의 공급업자는 대금회수를 안심할 수 있을 뿐 아니라 해당 물품 제조에 소요되는 원자재의 구입자금 및 제조, 가공에 필요한 자금을 융자 받을 수 있다. 이 밖에도 부가가치세의 영세율 적용, 내국신용장에 의한 물품공급실적의 수출실적 인정 등의 수혜를 받는다.

다) 은행(내국신용장 개설은행)에 대한 효용

내국신용장의 개설은행은 원신용장을 담보로 하여 내국신용장을 개설함으로 내국신용장 결제자금을 상환 받는데 따르는 위험 부담을 해소할 수 있다.

(3) 내국신용장거래 절차

① 수출업자(원신용장상의 수익자)와 국내공급업자(내국신용장의 수혜자)간에 국산 원자재 또는 완제품 매매계약을 체결한다.

② 수출업자는 공급자가 발행한 물품매도확약서, 원수출신용장, 기타 융자관계서류 등을 구비하여 거래은행에 내국신용장 개설을 의뢰한다.

③ 개설은행은 내국신용장의 수혜자인 국내공급업자에게 내국신용장의 개설을 통보한다.

④ 내국신용장의 수혜자는 자기의 거래은행을 상대로 생산자금 및 원자재금융으로 융자를 받아 제조 또는 가공한다.

⑤ 납품할 상품이 제조 또는 가공 완료되면 국내공급업자(수혜자)는 송장 및 세금계산서를 발행하여 원수출자(개설의뢰인)에게 납품한다.

⑥ 납품을 받은 원수출업자는 국내공급업자에게 물품수령증명서를 발급해 준다.

⑦ 수혜자인 국내공급업자는 내국신용장 환어음을 발행하고 원수출업자가 발행해 준 물품수령증명서 및 공급자발행 세금계산서 사본을 첨부하여 개설은행이외의 거래은행(매입은행)에 어음의 매입 및 추심을 의뢰하거나 개설은행에 직접 매입의뢰 한다.

⑧ 내국신용장 개설은행은 내국신용장 어음 교환실을 통하여 어음이 내도하거나 또는 내국신용장 수혜자로부터 직접 어음의 지급제시를 받은 경우, 지급거절 사유가 없는 한 당해어음의 지급제시를 받은 날로부터 3영업일 이내에 결제하여야 한다.

⑨ 개설은행의 대금지급은 수출시 원수출신용장의 매입자금으로 상환하고 원수출자에게는 차액만 결제한다.

(4) 내국신용장의 조건[86)]

① 양도불능의 취소불능신용장으로 개설되어야 한다.

② 표시통화는 원화, 외화, 원화 및 외화금액 부기 중 하나이어야 한다.

③ 금액은 물품대금 전액으로 하되 원화와 외화금액을 부기한 경우에는 와화금액을 내국신용장어음 매입일 (추심 시는 추심의뢰일) 현재의 매매기준율로 환산한 금액으로 하여야 한다.

④ 물품의 인도기일은 대응수출 또는 물품공급이 원활히 이행되는데 지장이 없도록 되어 있어야 한다.

⑤ 유효기일은 물품의 인도기일에 최장 10일을 가산한 기일 이내이어야 한다. 그러나 원수출신용장 등을 근거로 하여 개설되는 내국신용장의 유효기일은 대응 원수출신용장 등의 선적 또는 인도기일 이전이어야 한다.

⑥ 서류제시기간은 물품수령증명서 발급일로부터 최장 5영업일 범위 내에서 책정되어야 한다. 다만, 개설의뢰인과 수혜자의 소재지가 원격지인 경우에는 물품수령증명서 발급일로부터 7영업일까지로 할 수 있다.

⑦ 어음의 형식은 개설의뢰인을 지급인으로 하고, 개설은행을 지급장소로 하는 일람출금환어음이어야 한다.

⑧ 어음대금은 개설의뢰인이 자체자금으로 결제(일람지급내국신용장)하거나 개설은행이 융자하여 결제(기한부내국신용장)하는 방식이어야 한다.

⑨ 어음의 발행조건은 원수출신용장 매입조건부 결제 등 수혜자에게 불리한

---

86) 양영환·오원석·서정두, 『신용장론』, 삼영사, 2002, p. 149.

조건이 아나어야 한다.(산업설비 수출을 위해 개설되는 완제품 내국신용장의 경우는 제외)

⑩ 위의 사항이외의 조건에 대해서는 국제상업회의소(ICC)의 신용장통일규칙(UCP)을 준용한다는 문언이 기재되어야 한다.

(5) 구매확인서와의 관계

내국신용장은 한국은행의 총액한도대출관련 무역금융취급세칙 및 절차에 따라 발행되는 것이기 때문에 무역금융(원자재금융)의 한도가 소진되고 없으면 개설이 불가능하다. 이러한 경우에 수출용원자재의 조달을 원활하게 할 수 있도록 하기 위한 제도로 대외무역관리규정에 근거한 구매확인서가 있다. 구매확인서의 발행의뢰인은 내국신용장과 동일하며, 외국환은행이 발행한다. 그러나 외국환은행은 지급보증을 제공하지 않으며, 수출업자의 지급확으로 발행된다. 그러나 구매확인서에 의한 물품공급분에 대해서도 대외무역법상 수출실적으로 인정되며, 매출부가세 영세율이 적용되며, 차수에 관계없이 발행될 수 있다.

〈표 4-3〉 내국신용장과 구매확인서 비교

구 분	내국신용장	구매확인서
관련법규	무역금융관련규정 (한국은행 총액한도대출관련 무역금융 취급세칙및 절차)	대외무역법
개설(발급) 기관	외국환은행	좌 동
수출실적	공급업체의 수출실적 인정	좌 동
부가세	영세율 적용	좌 동
지급보증	개설은행이 지급보증	발급은행의 지급보증 없음
개설(발급) 조건	원자재금융 한도내에서 개설 (무역금융 수혜대상)	제한없이 발급(발급근거 확인) (무역금융수혜대상 아님)
개설(발급) 근거	① 수출신용장 ② 수출계약서(D/P, D/A등) ③ 외화표시물품공급계약서 ④ 내국신용장 ⑤ 당해업체의 과거 수출실적	① 수출신용장 ② 수출계약서(D/P, D/A등) ③ 외화표시물품공급계약서 ④ 내국신용장 ⑤ 외화입금(매입)증명서 ⑥ 구매확인서

4. 신용장의 개설

신용장은 매도인과 매수인간에 체결된 매매계약에 의하여 개설되기 때문에 매매계약에서 당사자간에 신용장으로 대금결제조건을 합의하였을 때 개설된다. 이 경우 "수입업자는 이 계약 체결일로 부터 몇일 이내에 수출업자 앞으로 취소불능일람지급화환신용장을 개설하여야 한다"라고 구체적인 개설시기를 합의한다. 만일 수입업자가 동기간 내에 신용장을 개설하지 않으면 거래는 더 이상 진행될 수 없고, 수출업자는 신용장개설 사실을 확인하지 않으면 물품제조에 착수하지 않게 된다.

1) 개설절차

(1) 개설은행

신용장을 개설하는 개설은행을 지정함에 있어 당사자간에 합의된 범위내에서 일류은행에서 개설하도록 한다. 그러나 개설의뢰인은 자신이 거래하는 은행에서 신용장을 개설하기 때문에 수익자는 개설의뢰인이 소재하는 은행에 대하여 정확한 정보를 갖지 못하는 경우, 개설은행의 신용상태에 대하여 의심이 가는 경우에는 확인은행을 부가토록 한다.

(2) 개설방법

기본계약의 의무이행을 위하여 수입업자는 먼저 자신의 거래은행을 방문하여 외국환거래 약정을 맺고 개설은행은 수입업자에게 자기은행 고유의 신용장 개설신청서를 수입업자에게 교부하게 되고 수입업자가 이 서류를 작성하여 제출하면 개설은행은 이를 근거로 신용장을 작성하게 된다. 그러나 최근에는 업무의 전자문서화로 인하여 EDI 혹은 거래은행의 홈페이지에 들어가서 개설신청을 하면 된다.

가) 우편(mail)에 의한 개설

개설은행이 신용장 원본을 작성하여 통지은행에 우편(mail)으로 발송하는 방법이다. 개설은행이 수익자 앞으로 된 신용장 원본과 사본 각1통을 통지요청서와 함께 통지은행에 우송하면 이를 접수한 통지은행은 신용장의 진위여부를 확인한 후 통지번호를 부여하고 수익자에게 통지하게 된다. 이때 진위여부 확인은 개설은행과 통지은행간에 사전에 약정한 서명감(authorized signatories)으로 한다.

나) 전신(cable)에 의한 개설

① short cable에 의한 개설 : Short Cable에 의한 방법은 신용장 개설이 아니고 개설사실을 전신으로 수익자에게 신속하게 알려서 선적준비를 빨리하게 할 목적이 있을 때 주로 사용한다. 약식전보로 수익자에게 통지하는 내용은 금액, 품명, 선적기일 등 중요한 부분이며 나머지 내용은 'details to follow'라는 문언으로 표시하고 개설은행은 추후에 우편으로 통지은행을 통하여 신용장 원본을 송달하게 되는데 이것을 우편확인서(mail confirmation)라고 한다. 결국 short cable은 우편에 의한 신용장 개설이다.

② full cable에 의한 개설 : 이것은 약식전보와는 달리 신용장내용 전체를 정식전보(full cable)에 의하여 개설하는 방법이다. 개설은행이 신용장 내용의 전부를 전신으로 통지은행에 보내면 통지은행이 이를 자행의 신용장 양식에 옮겨 쓴 후 수익자에게 전달하게 된다. full cable에 의하여 신용장이 개설된 후에는 개설은행은 별도로 신용장 원본을 수익자에게 보내지 않으며 통지은행이 자기은행의 양식에 옮겨 써서 통지한 내용이 그대로 신용장 원본역할을 하게 된다. full cable에 의한 개설시 신용장의 진위여부는 개설은행과 통지은행간에 사전에 약정한 전신암호문(test key)에 의한다.

③ SWIFT에 의한 개설 : SWIFT는 통신수단과 컴퓨터의 결합이므로 종전의 cable이나 FAX가 갖추지 못했던 보안유지기능을 갖추었으므로 빠르고 편리하고 안전하게 통신할 수 있는 장점이 있다. 그러나 이 방식은 교신하고자 하는 양쪽 모두가 SWIFT에 가입되어 있어야 송수신이 가능하게 되는데 아직은 선진국은행 상호간에만 통용되고 있는 실정이다. 우리나라는 1992년 3월부터 SWIFT에 가입하였고 국내 거의 대부분 은행이 가입되어 있다.

> SWIFT에 의한 신용장 개설시 신용장 진위여부는 'authenticator key'[87]에 의한다. 가장 간편한 신용장 개설방법이며 우리나라와 선진국 은행들과의 신용장 개설은 거의 이 방법에 의한다. 그러나 한쪽 은행이라도 가입되어 있지 않으면 SWIFT방식에 의하여 개설할 수 없으며 cable이나 우편(mail)에 의하여 개설하여야 한다.

최근 신용장들은 일부 후진국들은 제외하고는 거의 대부분 SWIFT방식에 의하여 개설된다. SWIFT system은 안전성(security)[88], 신속성(timeliness)[89], 저렴한 비용구조(low cost)[90], 업무의 표준화(standardized formats)[91] 등의 장점으로 인해 기존의 telex방식을 대체하고 있다.

2) 개설신청서류

(1) 외국환거래약정서

은행과 고객사이의 신용장를 비롯한 각종 외환거래에 따른 각종 비용과 위험부담을 포괄적으로 규정하기 위하여 거래은행(개설은행)이 개설의뢰인에게 징구하는 은행서류이다. 거래를 할 때마다 매번 제출하는 서류가 아니며, 최초의 거래시에 한 번만 제출하면 된다. 개설의뢰인의 신용조사에 따른 채권보전조치를 강구하는 것이다.

---

87) telegraphic test key의 보다 발전된 형태로써 test key의 경우와 같이 전문내용의 일부 data만을 자료로 하여 전문의 진위여부를 확인하는 것이 아니라, 전문 내용 전체를 당사자 은행간 맺어진 key값으로 자동으로 확인하게 한다.

88) SWIFT로 송수신하는 모든 message가 여러 단계의 확인 및 검증과정을 거쳐서 표기되기 때문에 기존방식인 telex에 비하여 정확하고 또한 전문의 진위 여부를 용이하게 판별할 수 있어서 안전성이 뛰어나고 보안성이 유지된다.

89) 송수신 내용의 저장과 전신전달 및 정보전달 방식을 갖추고 있기 때문에 송신을 중복하여 시도할 필요를 요하지 않아서 신속한 업무의 전달과 수행이 가능하다

90) 국제은행간 금융통신망이기 때문에 이 시스템을 사용하는 비용이 일반 telex보다 매우 저렴하다.

91) 송신하는 message type이 표준화되어 있으며 컴퓨터가 스스로 message type을 해독하여 업무를 수행하기 때문에 자동화가 가능하다는 장점이 있다.

(2) 신용장개설신청서

개설의뢰인이 개설은행에게 지시하는 신용장에 기재할 모든 사항을 적은 서류로서 매매계약을 근거로 작성하며 개설은행은 이 내용을 반영하여 신용장을 개설한다.

개설신청서의 양식은 신용장의 양식과 같기 때문에 개설신청서에 기재된 내용이 신용장의 내용이 되므로 작성시 신중해야 한다.

(3) 물품매도확약서(offer sheet)

통상 수출업자와의 거래에 대한 증빙서류로써 물품매도확약서 또는 수입계약서를 제출한다.

(4) 수입승인서(Import Licence; I/L)

해당품목이 수출입공고상의 수입승인제한품목인 경우, 수입행위가 적법함을 증명하는 기본서류로서 신용장의 내용은 이 수입승인서가 허용하는 범위내에서 개설되어야 한다.

(5) 개설담보금

신용장 개설시 개설은행은 자기의 책임하에 수출업자에게 대금지급을 해야 할 법적의무를 부담하게 된다. 이 대금은 궁극적으로 수입업자에게 받은 결제자금으로 보상받게 되지만, 만일 수입업자가 신용불량자이거나 신용상태를 알 수 없는 사람이라면 개설은행은 신용장 개설시 수입업자에게 만일의 경우에 대비한 담보금을 요구하게 되는데 이를 신용장 개설담보금(수입보증금)이라 한다.

개설담보금으로 현금, 부동산, 유가증권 등이 사용될 수 있는데 선택은 개설은행의 심사기준에 달려 있다. 따라서 업체의 신용상태에 따라 신용장개설금액의 100%(full margin)를 요구하든 50%를 요구하든 은행이 자율적으로 결정한다.

개설담보금으로 부동산담보를 설정하였을 경우, 담보물을 개설은행에 양도

한다는 조항이 명시된 양도담보계약서를 납입하거나 백지약속어음을 발행해 주기도 한다. 백지약속어음은 개설의뢰인이 신용장대금을 상환하지 못하게 되는 경우에 부동산담보를 처분하는데 많은 시간과 노력이 필요할 수가 있으므로 고안된 것이다.

(6) 개설수수료

개설수수료는 신용장개설에 따라 개설은행이 부담하는 위험에 대해 보상금 명목으로 개설신청시 개설은행이 수입업자에게 받는 수수료이다.

이 수수료의 특징은 개설시 한번 받는 것으로 끝내는 것이 아니고 기간에 비례하여 받는 term charge의 성격을 가진다는 점이다.

우리나라에서는 통상 이 기간을 3개월 단위로 운영하고 있으며 통상 수입업체의 신용도에 따라 3개월당 0.15%~0.25%의 term charge를 징수한다. 그러나 1개월 단위로 징수하는 은행도 있다.

3) 신용장개설시 유의사항

(1) 지시의 완전명료성

개설의뢰인이 개설은행에 대하여 행한 지시인 신용장개설신청서에 기재된 내용은 곧 신용장의 조건이 되므로 모든 사항이 완전하고 명료하여야 한다. 불명확한 지시[92]는 당사자간의 분쟁을 불러일으킬 우려가 있기 때문이다.[93]

(2) 과다한 명세의 방지

개설은행은 개설의뢰인이 신용장상에 수익자에 대한 지시를 과다하게 상세히

---

92) ISBP 681 제25조. "철자의 오류 또는 타자의 실수에 대한 허용은 그것이 발생된 단어나 문장의 의미에 영향을 주지 않는 범위까지 이다. 예를 들어, 상품명세로 'machine'대신에 'mashine', 'fountain pen'대신에 'fountan pen', 'model'대신에 'modal'이라고 된 상품명세는 서류를 하자있는 것으로 만들지 않는다. 그러나 'model 321'대신에 'model 123'이라고 된 명세는 오타로 간주되지 않고 하자가 될 수 있다."

93) ISBP 681 제2조. "개설의뢰인은 신용장의 개설 또는 조건변경을 위한 지시에서 모든 불명료함에 대한 위험을 부담한다"

기술하려는 의도를 방지하여야 한다. 개설의뢰인은 약정된 물품을 정확하게 제공받기 위하여 명세나 각종 서류에 관한 사항을 가능한 상세하게 신용장 상에 명시하려고 한다. 그러나 이러한 시도는 개설의뢰인에게 유리할지 모르지만 신용장 관계당사자에게는 불편을 초래하게 된다. 과도한 명세는 결국 관계은행의 서류심사의무를 확대시키는 결과[94]뿐만 아니라 수익자에게도 과도한 부담이 될 수 있다. ICC Publication 459, Case No. 8에 의하면 "과도한 명세란 그 정의를 내리기가 곤란한 일이지만 신용장상의 명세사항이 신용장거래의 혼란과 오해를 초래할 정도로 불필요한 것인가를 판단하여야 한다. 예를 들면 수익자가 취득할 수 없는 서류를 요구한다거나 일반적으로 명시되지 않은 명세를 특정의 서류상에 요구하고 있어서 수익자뿐만 아니라 모든 당사자에게 불편을 끼치게 되는 신용장은 과도한 명세를 포함한다고 볼 수 있다"고 해석하고 있다.

(3) 용어사용의 제한

UCP 600에서는 신용장을 개설할 때 다음과 같은 용어의 사용을 제한하여 당사자간의분쟁을 방지도록 하고 있다.

① 서류발행자를 명시할 때 사용된 "first class(일류의)", "well known(유명한)", "qualified(자격있는)", "independent(독립된)", "official(공적인)", "competent(유능한)" 또는 "local(현지의)"과 같은 용어들은 수익자를 제외하고, 해당서류를 발행하는 모든 서류발행인이 사용할 수 있다.

② 서류에서 사용되도록 요구되지 않는 한, "immediately(즉시)", "prompt(빨리)", "as soon as possible(가급적 빨리)"의 용어들은 무시되므로 사용해서는 안 된다.

③ "on or about" 또는 유사한 표현은 어떠한 일이 시기와 종기를 포함하여 특정 일자의 전 5일부터 후 5일까지의 기간 중에 발생해야 하는 것으로 해석된다.

---

94) ISBP 681 제1조. "서류의 심사에서 불필요한 비용과 지연 및 분쟁을 피하기 위하여 개설의뢰인과 수익자는 요구되는 서류들과 작성자, 제시기간을 신중하게 고려하여야 한다"

④ 선적기간을 결정하기 위하여 사용된 "to(까지)", "until(까지)", "till(까지)", "from부터)", "between(사이)"의 용어들은 언급된 일자를 포함하고 "before(전)", "after(후)"의 용어들에서는 명시된 일자를 제외한다.

⑤ 만기일을 결정하기 위하여 사용된 "from(부터)" 및 "after(후)"의 용어들은 명시된 일자를 제외한다.[95)]

⑥ 어느 달의 "first half(전반기)" 및 "second half(후반기)"라는 용어는 각각 그 달의 1일에서 15일 및 16일에서 해당 월의 마지막 날까지로 해석되며, 그 기간 중의 모든 날짜를 포함한다.

⑦ 어느 달의 "beginning(초순)", "middle(중순)" 및 "end(하순)"라는 용어는 각각 그 달의 1일에서 10일, 11일에서 20일 및 21일에서 해당월의 마지막 날까지로 해석되며, 그 기간 중의 모든 날짜를 포함하는 것으로 한다.

한편, ISBP 681에서는 다음과 같은 경우를 언급하고 있다.

① 일반적으로 인정되는 약자, 예를 들어 "Limited"대신에 "Ltd.", "Company" 대신에 "Co.", "kilos"대신에 "kgs" 또는 "kos", "Industry" 대신에 "Ind.", "manufacturer"대신에 "mfr" 또는 "metric tons"대신에 "mt" 또는 반대의 경우가 서류를 하자있는 것으로 만들지 않는다.[96)]

② 사선(슬래시 마크 "/") 은 다른 의미를 가질 수 있으므로, 사용되는 상황에서 명백하지 않으면, 단어로 대체하여 사용되지 않아야 한다.[97)]

③ 어떤 일자 또는 이벤트 시간을 나타내기 위하여 가끔 사용되는 문구에 대한 설명이다.[98)]

---

95) ISBP 681 제43조 d항. "UCP 600 제3조에서는 "from"과 "after"라는 단어가 환어음의 만기일을 결정하기 위하여 사용되는 경우에 대한 지침을 규정하고 있는데, 만기일의 계산은 서류, 선적 또는 기타 사안의 일자 다음 날에 시작된다. 즉 10 days after 또는 10 days from 3월 1일은 3월 11일이다."

96) ISBP 681 제6조.

97) ISBP 681 제7조.

98) ISBP 681 제16조.

- "within 2 days after"는 이벤트 일자로부터 이벤트 후 2일의 기간을 표시한다.
- "not later than 2 days after"는 기간은 표시하는 것이 아니고 최종일을 표시한다. 만일 통지가 특정일자 이전의 일자로 되지 않아야 한다면, 신용장은 그렇게 명시하여야 한다.
- "at least 2 days before"는 어떠한 것이 이벤트보다 늦어도 2일전에 일어나야 한다는 것을 표시한다. 보다 빨리 일어나는 것에 대한 제한은 없다.
- "within 2 days of"는 이벤트 이전 2일과 이벤트 이후 2일의 기간을 의미한다.

④ 일자와 관련하여 "within"이라는 용어가 사용되면 기간 계산에서 그 일자를 제외한다.[99]

⑤ 일자는 여러 가지 형태로 표시할 수 있다. 예를 들어, 2007년 11월 12일은 12 Nov 07, 12Nov07, 12.11.2007, 12.11.07, 2007.11.12, 11.12.07, 121107 등으로 표현할 수 있다. 의도하는 일자가 그 서류 또는 그 제시에 포함된 다른 서류로부터 결정될 수 있다면 이러한 모든 형태가 수리된다. 혼란을 피하기 위하여 숫자대신에 그 달의 이름을 사용하도록 권장한다.[100]

4) 개설신청서의 기재사항

(1) 수익자와 개설의뢰인의 성명 및 주소

수익자와 개설의뢰인의 주소가 모든 요구서류상에 보이는 경우, 신용장이나 다른 요구서류상에 기재된 것과 같아야 할 필요는 없지만, 신용장에 언급된 해당 주소들과 같은 국가 이내이어야 한다. 수익자 및 개설의뢰인의 주소의 일부로서 기재된(팩스, 전화, 이메일 및 이와 유사한 것) 연락처 명세는 무시된다. 그러나 개설의뢰인의 주소나 연락처가 운송서류상에 수하인이나 통지처 일부로서 나타날 때에는 신용장에 명시된 것과 같아야 한다.[101]

---

99) ISBP 681 제17조.
100) ISBP 681 제18조.
101) UCP 600 제14조 j항.

(2) 신용장 금액

신용장 한도액(available amount of credit)을 표시한다. 지정은행이나 확인은행의 확인 있다면 그 금액 이상의 환어음을 발행할 수 있으나[102] 이러한 경우를 제외하고는 송장금액을 초과할 수는 없다.[103] 또한 표시통화는 수입승인서에 기재되는 통화와 같은 통화[104]이어야 한다.

신용장금액은 문자와 숫자로 표시하는 것이 바람직하다. 그러나 단가 또는 수량이 확정되지 못한 경우에는 "about(약)" 또는 "approximately(개략)"이라는 용어들을 표시하여 신용장금액의 10%를 가감하도록 허용하면 편리하다.[105]

(3) 유효기일(expiry date) 및 서류의 제시기일(presenting date), 선적기일(shipping date)

신용장의 유효기일이라 함은 수익자가 매입은행 또는 지급은행에 대하여 어음의 지급, 인수 또는 매입을 요구하기 위하여 서류를 제시하여야 할 최종일을 말하며, 선적기일이란 그 신용장에 의해 거래된 화물의 최종선적일자를 말한다.

신용장은 제시를 위한 유효기일을 명기하여야 하고,[106] 서류에는 신용장개설일 이전의 일자가 있을 수 있지만 제시일자보다는 늦지 않아야 한다.[107] 결제(honour) 또는 매입을 위하여 명기된 유효기일은 제시를 위한 유효기일로 간주된다. 그리고 그 제시는 불가항력에 의한 제시불능의 경우를 제외하고 유효기일 또는 그 이전에 이행되어야 한다.[108]

---

102) UCP 600 제18조 b항. "자신의 지정에 따라 행동하는 지정은행, 확인은행이 있는 경우 또는 개설은행은 신용장에서 허용된 금액을 초과하는 금액으로 발행된 상업송장을 수리할 수 있으며, 해당 은행이 신용장에서 허용하는 금액을 초과하는 그 금액을 결제(honour) 또는 매입하지 않는다면, 모든 당사자들을 구속한다."

103) ISBP 681 제51조.

104) ISBP 681 제50조. "문자금액과 숫자금액이 둘 다 표시된다면 문자금액은 숫자금액을 정확하게 반영하여야 하며. 신용장에 명시된 통화를 표시하여야 한다."

105) UCP 600 제30조 a항.

106) UCP 600 제6조 d항.

107) UCP 600 제14조 i항.

108) UCP 600 제6조 e항.

한편, 위의 유효기일 이외에 신용장에는 선하증권 또는 기타 서류의 발급일 이후 지급·인수 또는 매입을 위한 선적서류의 제시기일을 정하여 명시하게 되어 있으나 명시되어 있지 않은 경우는 통상적으로 선적서류 발행일로부터 21일까지를 제시기일로 간주하며, 그 기일이 경과한 서류는 은행이 수리 거절하므로 수출업자는 이를 유의하여야 한다.[109]

(4) 환어음의 기한[110]

환어음 자체의 자료로부터 만기일을 산정할 수 있어야 한다. 환어음이 일람출급 또는 일람 후 정기출급인 경우는 환어음의 지급기일을 "at sight", "90days after sight"로 표시하고, 기한부로 발행된다면 다음과 같이 표기한다. 환어음의 자료로부터 만기일을 산정할 수 있는 경우의 예로서, 만일 신용장이 선하증권일자 후 60일의 기한으로 된 환어음을 요구하는데, 선하증권의 일자가 2007년 7월 12일이라면, 그 기한은 다음의 방법들 중 하나로 환어음에 표시될 수 있다.

- "60 days after bill of lading date 12 July 2007", 또는
- "60 days after 12 July 2007", 또는
- "60 days after bill of lading date" 그리고 그 환어음의 문면 어딘가에 "bill of lading date 12 July 2007"이라고 명시하거나, 또는
- 선하증권의 일자와 같은 일자의 환어음에 "60 days date", 또는
- "11 September 2007", 즉, 선하증권 일자 후 60일로 표기한다. 만일 기한을 선하증권 일자 후 xxx일로 언급하고 있다면, 본선적재일자가 선하증권의 발행일자보다 빠르거나 늦거나 상관없이 그 본선적재일자가 선하증권 일자로 간주된다.

(5) 선적서류에 관한 사항

선적서류의 종류와 통수 및 요구하는 조건을 명시한다. 기본서류는 상업송

109) UCP 600 제14조 c항.
110) ISBP 681 제43조 a~c항.

장(invoice), 선하증권(B/L), 보험증권(insurance policy)이며 그 외 부속서류는 원산지증명서(Certificate of Origin), 포장명세서(Packing List), 영사송장, 검사증명서(inspection certificate) 등이 있다.

① 상업송장은 수출입계약조건을 정당히 이행하였다는 것을 수익자가 개설의뢰인 명의로 작성한 서류로서 물품대금 청구권 성격이 있다. 상업송장 상의 물품, 서비스 또는 이행의 명세는 신용자에 보이는 것과 동일해야 한다.[111]

② 선하증권[112]은 운송인의 명의를 표시하고 운송인 또는 그 운송인을 대리하는 기명대리인, 선정 또는 그 선장을 대리하는 기명대리인이 서명한 것이어야 한다.[113] 그리고 물품이 신용장에 명기된 장소에서 기명된 선박에 선적되었음을 기 인쇄된 문언, 또는 화물이 선적된 일자를 표시하고 있는 본선적재표기를 통하여 확인하여야 한다.[114] 선하증권의 발급통수와 제시된 서류는 일치하여야 하고, 무고장 운송서류인지를 확인하여야 한다.[115]

③ 신용장은 요구되는 보험의 종류(Institute Cargo Clause; ICC)를 기재[116]하여야 하고, 부보될 추가위험이 있다면 그것도 명시되어야 한다. 보험증권(포괄보험의 확인서, 보험증서 포함)은 보험회사, 보험인수인 또는 그들의 대리인이나 수탁인(proxies)들이 발행하고 서명한 것이어야 하고, 보험서류에 한 통 이상의 원본으로 발행되었다고 표시되어 있는 경우에는 모든 원본이 제시되어야 한다.[117]

---

111) UCP 600 제18조.

112) 선하증권 문언; "Full set of clean on board marine ocean bills of lading, made out to the order of(issuing bank) marked freight…and notify applicant."

113) UCP 600 제20조.

114) UCP 600 제20조 a항. "선하증권이 선적일자를 표시하는 본선적재표기를 포함하지 않는 경우에는 선하증권 발행일을 선적일로 본다. 선하증권에 본선적재표기가 된 경우에는 본선적재표기에 기재된 일자를 선적일로 본다."

115) UCP 600 제27조. "은행은 무고장 운송서류만 수리한다. 무고장 운송서류란 물품 또는 포장에 관한 결함상태를 명시적으로 표시하는 조항이나 부기가 없는 서류이다. 신용장이 "clean on board"의 운송서류를 요구하여도, 운송서류에 "clean(무고)"이라는 용어를 표시할 필요가 없다."

116) FOB조건일 경우에는 "insurance covered by buyer"라고 기재한다.

보험서류상의 일자는 선적일보다 늦어서는 안되며, 부보금액의 표시는 신용장과 같은 통화이어야 한다. 신용장에 부보금액에 대한 표시가 없는 경우, 부보금액은 적어도 CIF 또는 CIP 물품가격의 110%이어야 한다. 부보범위는 최소한 신용장에 명시된 수탁지 또는 선적지로부터 하역지 또는 최종 목적지 사이에 발생하는 위험이다.

④ 포장명세서(packing list), 검사증명서(certificate of inspection) 등은 개설의뢰인이 필요에 따라 요구하는 것이지만 수입허가 요건에 따라 반드시 필요한 경우도 있다.

⑤ 상품의 명세는 철자, 규격, 수량, 단가, 가격조건의 정확한 기재여부에 유념하여 오자, 탈자가 없도록 하여야 한다.

⑥ 선적 및 하역항은 수입승인서상의 도착항과 일치하여야 한다. 승인서상의 선적항이 "uropean ports" 등으로 표시되어 있을 경우에는 "London port" 또는 "Hamburg" 등으로 표시할 수도 있다. 만일 선하증권이 신용장에 명기된 선적항을 표시하지 않거나, 또는 선적항과 관련하여 "예정" 등의 의미표시를 포함하고 있으면, 신용장에 명기된 선적항, 선적일자 및 선박명을 표시하는 본선적재표시가 되어야 한다.[118)]

⑦ 선하증권에는 전 운송과정이 하나의 동일 선하증권으로 취급되는 한, 화물이 환적될 것 또는 될 수 있다고 표시될 수 있고,[119)] 같은 운송수단에서 개시되고 같은 운송구간을 위한 선적을 증명하는 두세트 이상의 운송서류로 이루어진 제시는, 그 운송서류가 같은 목적지를 표시하고 있는 한 비록 다른 선적일자 또는 다른 선적항, 수탁지 또는 발송지를 표시하더라도 분할선적으로 보지 않는다.[120)]

⑧ 수수료와 관련하여 개설은행은 개설의뢰인의 비용과 위험부담으로 다른 은행의 서비스를 이용한다. 개설은행은 자신의 지시와 관련하여 그 은행에

117) UCP 600 제28조.
118) UCP 600 제20조. a항.
119) UCP 600 제20조. c항.
120) UCP 600 제31조. b항.

서 발생한 모든 수수료, 보수, 비용이나 지출금(요금)에 대한 책임을 진다.[121] 개설의뢰인은 외국의 법률 및 관행에 의하여 부과되는 모든 의무와 책임에 대하여 은행에 보상할 의무와 책임이 있다.[122]

⑨ 선박의 지정은 수입업자가 특별히 선박을 지정할 필요가 있을 때 기재한다. 즉, 가격조건이 F그룹(FCA, FAS, FOB)인 때는 선박지정권이 수입업자에게 있으나, 가격조건이 C그룹(CFR, CIF, CPT, CIP)인 경우에는 수출업자가 자기 마음대로 선박을 지정할 수 있다.

5. 신용장의 사용

1) 신용장의 통지

신용장의 통지란 신용장개설은행의 요청에 의하여 통지은행(Advising Bank)이 수출업자인 수익자에게 신용장 내도사실을 알리는 것을 말하는데 이 때의 통지방법은 수출업자 소재지의 자기은행의 본·지점 또는 환거래계약체결은행을 통하여 통지한다.

(1) 통지은행의 의무

가) 신속 정확한 전달

통지은행의 기본 임무는 신용장을 신속하고 정확하게 수익자에게 전달하는데 있으므로 신용장이 자행에 도착하면 가장 신속한 연락수단(전화, 이메일)을 이용하여 수익자를 자행으로 불러서 직접 신용장원본을 교부하거나 무역자동화(EDI)시스템을 통하여 통지한다.

나) 신용장의 진위확인에 대한 책임

신용장의 통지에 있어서 우편신용장이나 SWIFT신용장의 경우에는 내도된 신용장을 그대로 통지하므로 별문제가 없겠으나 전신으로 내도한 신용장을

121) 만일 신용장에서 요금은 수익자의 부담이라고 기술하고 있는데 요금이 대금에서 징수되거나 공제될 수 없다면, 개설은행은 수수료의 지급에 대한 책임을 진다.
122) UCP 600 제37조.

수익자에게 통지할 때에는 통지은행이 자기은행의 양식에 이기하여 통지하게 되는데, 이 때 번역의 오류, 기재상의 오류, 기재내용의 탈루 등에 주의해야 한다. 통지은행은 자신이 통지한 신용장이나 조건변경에 대한 외형상 진정성(the apparent authenticity of the Credit)[123]이 충족된다는 점과 그 통지는 접수한 조건을 정확하게 반영하고 있다는 점을 표명해야 한다.[124]

다) 불분명한 지시에 대한 조처

은행이 외견상 진정성을 확인할 수 없다면 지체 없이 그러한 지시를 한 것으로 보이는 은행에 신용장의 진정성을 확인할 수 없음을 지체없이 알려야하며, 통지은행이 이러한 사정이 있음에도 불구하고 신용장을 통지하기로 하였다면 수익자에게 신용장의 진정성을 확인할 수 없었다는 사실을 통보해야 한다.[125]

(2) 통지방법

가) 우편통지

개설은행이 서명을 한 원본 신용장을 편지봉투에 넣어 등기 속달로 통지은행에게 송부하는 것을 말한다. 60년대 중반까지 전 세계에 통용되었던 신용장은 대부분 우편신용장이었다. telex가 은행업무에 이용된 것이 50년대 말이었고 1963년경까지 telex개설이 안된 은행들이 상당수 있었기 때문이다. 당시 telex를 제외하면 해외은행간의 업무연락을 위한 전신수단이 전화와 전보밖에 없는데 계약서인 신용장을 전화로 일러주고 받아써서 그것을 수출업자에게 전달할 경우 의사전달이 잘못된다면 이에 대한 책임문제가 발생하기 때문에 우편통지가 불가피하였다.

---

123) 통지하기로 선택한 경우 통지은행은 외관상의 진정성 확인의무가 주어진다. 외관상의 진정성이란 신용장에 기명된 발행은행이 실제로 발행한 신용장인지 여부를 내용은 상관하지 않고 겉모양만 보고 검토한다는 말이다. 이러한 확인은 전신신용장의 경우는 환거래약정시 상호간에 교환한 비밀번호표(test key)를 전신문 비밀번호와 대조하여 이루어지고, 우편신용장의 경우는 상호 교환한 서명감(signature book, cypher)을 신용장의 서명과 대조하여 이루어진다.

124) UCP 600 제9조 b항.

125) UCP 600 제9조 f항.

나) 전신통지

개설은행이 전신으로 신용장 내용을 통지은행에게 타전하는 것을 전신통지라 하는 바 1964년 전세계 모든 은행에 telex가 개설되자 해외은행 상호간의 외환업무는 속도가 느린 우편보다는 전신으로 대체되게 되었다.

① short cable

개설은행이 telex로 신용장 내용을 타전하는데 신용장 원본에 있는 내용중 요약만 전달하는 경우이다.

1970년대 중반까지 telex 이용 요금이 고액이었으므로 경비절감 차원에서 신용장 내용을 전부 전신으로 전달하지 못하고 수입업자가 신용장을 개설했다는 사실을 수출업자에게 확인시키는 수단으로 short cable방법을 많이 이용했다.

통상 short cable에 언급되는 사항은 신용장번호, 개설은행의 명칭, 품목, 수량, 금액, 선적기일 등 필수사항 몇 가지에 불과하다.

수출업자가 short cable을 받으면 수입업자가 기본계약에 명기된 신용장개설 약속을 지켰다는 확인을 할 수 있고 이를 근거로 선적준비에 착수 할 수 있다.

그러나 short cable은 신용장 개설에 대비한 예비통지(preliminary advice)에 불과함으로 그 자체가 신용장으로서의 효력을 가지는 것이 아니며 뒤이어 도착하는 우편신용장이 유효한 신용장이 된다. short cable 말미에 "full details to follow"라는 문구를 기재하는 것은 나중에 원본신용장이 별도로 도착된다는 사실을 예고하는 의미이다.

수출업자가 short cable을 수령한 후 며칠 기다리면 통지은행으로부터 "short cable 내용을 보충하는 원본 신용장이 도착했으니 받아가라"는 요지의 통보가 온다. 나중에 도착하는 우편신용장 원본을 mail confirmation이라 하며 short cable은 신용장 원본이 아니고 mail confirmation; L/C 신용장 원본이 되는 것이다.

② full cable

개설은행이 telex로 신용장 내용을 통지은행에 통보했는데 신용장 원본에 있는 내용이 빠짐없이 모두 언급된 경우를 말한다.

1970년대 이후 telex 이용 요금이 저렴해지자 은행들은 short cable을 보내고 뒤이어 mail confirmation을 보낼 필요가 없다. full cable을 접수한 통지은행은 그 내용을 그대로 은행 소정의 신용장 통지양식에 부착한 후 그것을 신용장 원본으로 확인하여 수출업자에게 교부하게 된다.

③ SWIFT System에 의한 통지

SWIFT는 통지수단이 컴퓨터이다. 1990년대 이후 인공위성이 금융기관 상호간의 통신수단으로 활용되면서 은행들은 Telex의 대체수단으로 SWIFT방법을 이용하고 있다. 따라서 SWIFT를 이용한 신용장 통지방법이 현재 가장 많으며 이것은 국제적 데이터 통신조직은 SWIFT System을 이용하여 이루어진다.

SWIFT란 "Society for World-wide Inter-bank Financial Telecommunication"의 약어이며 외국환은행의 국제간 자금결제 업무를 신속, 정확하게 수행하기 위하여 조직한 국제은행간 데이터 통신 조직을 말한다. 본부는 스위스 베른에 있으며 회원제로 운영되고 있다.

SWIFT를 회원제로 운영하는 것은 이 조직에 가입하기 위한 조건이 있기 때문이다.

SWIFT 회원이 되자면 첫째, 해당 은행이 완벽한 EDI System을 갖추고 있어야 하고, 둘째, 해당은행 소속국가가 인공위성 보유국이어야 한다.

SWIFT 회원이 되면 국제은행간의 자금대체 지시 송달을 신속, 정확하게 처리할 수 있고 안전성이 높으며 외국은행 상호간의 자금매매, 대출 및 예치금거래, 계정잔액, 대차내역등을 쉽게 확인할 수 있는 이점이 있다.

현재 우리나라의 외국환 은행은 모두 조직에 가입되어 있지만 전세계로 보면 약 60%의 은행이 이 조직에 가입되어 있다.

SWIFT 회원이 되면 신용장 통일규칙의 준수뿐만 아니라 SWIFT규약의 준수 의무도 부담하게 된다. SWIFT 규약 중에는 신용장 통일규칙과 내용이 상치되는 부분이 있는데 이것은 nego 완료 후 매입은행이 수출업자에게 받은 서류를 개설은행으로 송부하는 방법이다.

신용장통일규칙은 매입은행이 개설은행으로 서류를 보낼 때 수출업자에게 받은 원본 서류를 편지봉투에 넣어 항공편으로 송부하도록 하고 있으나

SWIFT규약에서는 매입은행과 개설은행이 모두 SWIFT 회원일 경우 서류의 전신송부도 가능하도록 조치하고 있다.

이것은 internet을 통하여 서류내용을 즉시 확인할 수 있기 때문에 안전성이 높다는 이류로 그리하는 것이다. 단, SWIFT에서도 운송서류와 보험서류만은 전신송부를 허용하지 않는데 그 이유는 선박회사, 보험회사가 원본서류임을 확인하지 않으면 물품을 인도하지 않거나, 보험금을 지급하지 않기 때문이다.

2) 신용장의 조건변경

(1) 신용장조건변경의 의의

신용장의 조건변경(amendment)이란 이미 개설된 신용장의 조건을 어떠한 사정으로 인하여 일부 조건을 변경하는 것을 말하며 신용장의 조건변경은 신용장의 유효기간(expiry date) 내에 이루어져야 한다.

신용장을 통지 받은 수출업자는 무엇보다도 먼저 매매계약서 내용과 상이함이 없는지를 확인하여야 하며 신용장 내도시 우선 검토사항을 철저히 검토한 후 변경하여야 할 내용이 발견되면 즉시 서면으로 그 내용을 수입업자에게 통보하여 변경될 수 있도록 하여야 한다.

조건변경의 일반적인 사유는 매매계약서 내용과 상이함이 있을 때, 계약 당시 언급되지 않았던 조항이 있을 때, 지키지 못할 조건 및 제출 불가능한 서류 요청이 있을 때, 계약 당시와 변동된 상황이 발생하였을 때 등이다. 이에 따라 신용장의 선적기일 및 유효기일의 연장이나 신용장 금액의 증감, 수량·단가·총액의 계산착오 수정, 매매계약서 내용과 다른 사항 수정, 지키지 못할 모든 조건의 삭제하는 조건변경을 한다.

(2) 신용장 조건변경시 유의사항[126)]

신용장의 조건변경은 개설은행, 확인은행[127)]이 있는 경우에 확인은행 및

---

126) UCP 600 제10조 참조.

127) 확인은행은 조건변경에 대한 확인을 연장할 수 있으며 그 조건변경을 통지하는 시점으로부터 취소불가능하게 그 내용에 구속된다. 그러나 확인은행은 자신의 확인을 연장하지 않고

수익자의 동의가 없으면 조건변경이나 취소가 될 수 없고, 개설은행이 조건변경을 발행하는 순간부터 조건변경이 취소불가능하게 구속되는 점에 유의해야 한다.

원신용장(또는 이전에 수락된 조건변경이 포함된 신용장)의 조건은 수익자가 그 조건변경을 통지한 은행에게 그 조건변경의 수락을 통보할 때 까지 계속해서 수익자에게 유효하기 때문에 수익자는 조건변경의 수락 또는 거절의 통보를 하여야 한다. 만일, 수익자가 그러한 통보를 하지 아니하였으나 조건변경에 일치하는 제시를 수익자가 하였다면 그 조건변경의 수락통보로 간주된다. 이 경우부터 그 신용장은 조건변경이 된다.

조건변경에 대하여 일부만을 수락하는 것은 허용되지 않는다. 이는 그 조건변경의 거절통지로 간주된다. 조건변경을 통지하는 은행은 그 조건변경을 보내 온 은행에게 수락이나 거절의 모든 통보를 알려야 한다.

(3) 신용장조건변경의 변칙적인 활용

최근에는 신용장조건변경을 활용하여 신용장개설관련 수수료를 절약하기도 한다. 신용장개설의뢰인이 국내에 파이낸싱컴퍼니 성격의 수출에이전트에게 일 년에 한번 신용장을 개설하여주고, 수출대리업자가 각각 체결한 국내공급처에게 신용장조건변경을 통하여 물품을 공급하도록 하는 것이다. 신용장 관련 효용입장에서 보면, 개설의뢰인 입장에서는 거래 건마다 신용장개설을 위한 관련 업무를 회피할 수 있고, 전체거래를 기준으로 볼 때 신용장개설관련비용과 신용조회기간으로 인하여 허비되는 시간을 절약할 수 있게 된다. 수익자 입장에서는 신용장조건변경과 관련된 은행 수수료를 부담해야하는 해당 거래관행상의 약점이 있으나, 안정된 거래관계를 유지할 수 있는 중대한 장점이 있게 된다.

통지만을 할 수 있는데 그러한 경우 그러한 사실을 지체없이 개설은행에 알리고 수익자에게도 그 사실을 알려야 한다.

3) 신용장의 확인

(1) 신용장 확인의 의의

신용장의 확인(L/C confirmation)이란 대외공신력이 없는 개설은행이 지급, 인수, 매입을 확약하고 있는 취소불능신용장에 대하여 개설은행의 요청을 받은 제3의 은행이 이중적으로 지급, 인수를 확약하거나 환어음의 발행인에 대하여 신용장 조건에 일치하는 한 소구권 없이(without recourse) 매입할 것을 확약하는 것이다. 확인은행에 의한 추가적인 확약은 개설은행의 지급 또는 인수와는 별개의 독립적인 것으로 수익자에 대한 직접적인 확약이다.

개설은행의 요청이 없는 가운데 수익자의 요청으로 확인이 진행되기도 하는데 이 경우는 "silent confirmation"이라 불린다.

(2) 신용장 확인의 방법

신용장 확인은 대외공신력이 없는 은행의 신용장에 대하여 수출업자가 수입업자에게 확인을 요청하게 되는데 수출업자는 매매계약 전에 수입업자에게 개설은행을 미리 물어보고 개설은행의 공신력이 없다고 판단되면 신용장 개설 전에 확인을 요청하여야 한다.

수출업자의 확인요청에 대하여 수입업자는 자신의 거래은행(개설은행)에 확인을 요청하게 되고 개설은행은 주로 통지은행에게 확인을 요청한다.

수익자가 신용장을 받은 후라도 확인이 필요하다고 판단되면 수입업자에게 확인을 요청할 수 있고 수입업자는 다시 개설은행에게 확인을 요청한다. 이때 만약 개설의뢰인과 개설은행이 이에 불응하는 경우, 수익자는 단독으로 자기 거래은행에게 확인을 요청할 수 있다.

신용장통일규칙에서는 다른 은행이 개설은행으로부터 신용장에 확인을 추가(adding)하도록 수권 또는 요청을 받았으나 확인할 준비가 되지 않았다면 지체없이 그러한 사실을 개설은행에 통보하여야 하며 개설은행이 확인추가를 위한 수권이나 요청에서 달리 명시하지 않았다면, 통지은행은 확인을 추가하지 않고(without adding) 신용장을 수익자에게 통지할 수 있다.[128]

① 개설은행이 통지은행에게 확인을 요청한다.
이런 방법은 가장 보편적인 형태이며 주로 후진국 개설은행이 수출국에 소재한 통지은행에게 확인을 요청하는 경우이다. 일반적으로 개설은행이 확인을 추가해 주기로 사전에 동의한 은행에게 통지하여 줄 것을 요청하기 때문에 통지은행이 통지를 하면서 자신의 확인을 추가(with our confirmation)하여 확인은행을 겸하게 된다.

② 개설은행이 수출국의 통지은행이 아닌 제3국의 일류은행에게 확인을 요청한다.
주로 후진국의 개설은행이 제3국에 소재하는 미국계나 유럽계 일류은행에게 요청하는 경우이다.

(3) 확인신용장 거래시 유의사항

① 확인신용장에서 서류는 반드시 확인은행에 제시하여야 한다. 확인은행의 지급, 연지급, 인수 또는 매입의무에 대한 확인은 신용장조건과 일치한 서류가 확인은행에 제시된 경우에 한하여 유효하다. 그럼에도 불구하고 수익자가 확인은행이 아닌 타은행에게 서류를 매입시켜 확인은행을 거치지 않고 이를 개설은행 앞으로 직접 제시한다면, 수익자는 확인은행에 대하여 확인에 관한 어떠한 권리도 주장할 수 없게 된다.

② 확인 후 신용장의 조건변경이 있으면 원신용장의 확인과 별도이므로 수익자는 그 조건변경서에 대해서도 확인은행의 동의를 얻어 별도의 확인이 추가되어있는지 점검해야 한다.

③ 환어음을 매입한 확인은행은 어떠한 이유로도 수익자에게 소구권을 행사할 수 없다. 취소불능 매입신용장의 경우 확인은행은 환어음의 발행인이나 선의의 소지인에게 상환청구 없이(without recourse) 매입을 확약하여야 한다.

---

128) UCP 600 제8조 d항

4) 신용장의 양도

(1) 신용장 양도의 의의

신용장상의 수익자가 신용장상의 권리의 일부 또는 전부를 수익자의 요청에 의하여 제1수익자(first beneficiary)가 지시하는 제2수익자(second beneficiary)에게 양도하는 것을 신용장의 양도라고 한다. 신용장은 원칙적으로 비유통성 증서이므로 양도될 수가 없지만 양도가능신용장(transferable L/C)에 한하여 양도가 가능하다. 신용장의 양도는 원 신용장(master L/C)에 "transferable"이라는 문구가 있어야 가능하다.[129)]

원수익자가 신용장을 양도하려면 전부 또는 일부 양도신청서(application for advice of total or partial transfer)를 양수자 즉, 제2수익자와 함께 서명한 후(또는 제2수익자와 맺은 계약서나 오퍼를 첨부) 원신용장과 함께 양도취급은행에 제출한다. 양도 취급은행은 동 의뢰서의 내용에 따라 원신용장 원본에 양도사실[예 : this credit had been totally(or partially) transferred to abc co. for usd12,000 by xyz bank]을 명기한다. 특히 partial transfer인 경우 상품이 종류별로 되어 있거나 수량이 명시되어 있는 경우에는 원신용장의 뒷면에 당해 상품명이나 수량도 기재해야 한다. 양도은행은 양도인, 개설은행, 통지은행에 'transfer advices'의 사본을 교부하고 양수인(제2수익자)에게는 양도은행이 작성한 양도신용장 원본을 교부한다.

(2) 양도의 요건과 양도인의 권리

가) 양도의 요건

신용장을 양도하기 위해서는 다음과 같은 요건을 갖추어야 한다.

첫째, 개설은행에 의하여 신용장상에 "transferable"이라는 용어가 반드시 명시되어야 한다. 둘째, 신용장상의 양도는 1회에 한정한다. 따라서 양도의 권리는 제1수익자만이 지니고 있다. 셋째, 신용장양도는 원신용장의 조건과 동일하게 이루어져야 한다. 그러나 양도차익의 추구를 목적으로 신용장이 양도되는

---

129) ucp 600 제38조.

경우에 원수익자의 권리보호를 위하여 다음과 같은 예외조항을 인정한다.

① 신용장금액과 단가의 감액 - 원수익자는 신용장의 금액과 단가를 원래의 금액이나 단가보다 낮추어 제2수익자에게 양도할 수 있다. 예를 들면 신용장의 금액이 US$200,000이고 단가가 US$200이라면 신용장을 양도할 때 신용장의 금액은 US$180,000로 하고 단가를 US$180로 감액할 수 있다는 것이며 이러한 경우에 그 차액인 US$20,000은 원 수익자의 양도차익이라고 할 수 있다.

② 신용장의 유효기일, 서류제시기간 및 선적기일의 단축 - 원수익자가 양도차익을 취득하기 위해서는 상업송장과 환어음의 대체를 하여야 하며 이를 대체하려면 시간이 소요된다. 그러므로 신용장의 유효기일, 선적기일, 서류제시기일을 단축하여야 한다. 예를 들면 “선적기일이 2003년 10월 10일, 유효기일이 10월 20일, 서류의 제시기간이 선적일로부터 20일 이내”로 명시된 신용장에 대하여 “선적기일 2003년 10월 5일, 유효기일 2003년 10월 10일, 서류의 제시기간은 선적일로부터 5일 이내”로 단축할 수 있다는 것이다.

③ 원신용장의 부보비율 요구 - 원신용장의 금액이 US$200,000이며 부보금액이 상업송장금액의 110%에 대하여 부보하도록 되어 있는 경우에 부보금액은 US$220,000이 된다. 그러나 감액 양도하는 경우에 양도장에 부보기준에 대하여 특별히 명시되어 있지 않다면 제2수익자가 부보하는 금액은 원신용장의 조건을 충족하지 못하게 될 것이다. 예를 들면 US$180,000로 감액하면서 상업송장금액의 110%를 부보하게 된다면 부보금액은 US$180,000의 110%인 US$198,000이 되기 때문에 원신용장의 조건에 위배된다. 그러므로 양도장에 US$220,000에 대하여 부보하도록 요구하면 신용장조건을 충족하게 되는 것이다.

넷째, 제1수익자는 개설의뢰인의 명의대신에 자신의 명의를 기재하여 신용장을 양도할 수 있다. 신용장을 감액 양도하는 경우에 신용장의 양수인인 제2

수익자가 수입업자를 모르게 할 필요가 있게 된다. 왜냐하면 양수인이 직접거래를 하게 되면 제1수익자의 권리를 침해당할 수도 있기 때문이다. 그러므로 신용장의 양도에는 성명대체를 인정하고 있다. 그러나 원신용장이 신용장개설의뢰인의 명의가 상업송장 이외의 다른 서류에 표기되도록 특별히 요구하고 있을 때에는 그러한 요구에는 반드시 부응하여야 한다.

나) 양도인의 권리

① 송장대체 및 어음대체의 권리 - 제1수익자는 신용장에 명시된 당초금액을 초과하지 않는 금액 그리고 신용장에 단가가 명시되어 있는 경우에는 그러한 단가로 작성한 자신의 상업송장(및 환어음)을 제2수익자의 송장(및 환어음)과 대체할 권리를 갖는다. 그리고 상업송장 대체시에 제1수익자는 자신이 작성한 송장과 제2수익자가 작성한 송장간에 차액이 있을 경우 그 차액에 대하여 신용장조건에 따르는 환어음의 대체, 추가발행을 할 수도 있다. 그러나 양도은행의 최초의 송장대체요구에 응하지 아니하거나 응하지 못하는 경우 양도은행은 제2수익자가 발행한 상업송장 및 환어음을 포함한 채로 양도된 신용장에 의하여 접수된 서류를 개설은행에 인도할 권리를 가지며 제1수익자에 대하여는 그 이상의 책임을 부담하지 않는다.

② 양도장소에서 지급 및 매입이행 요구 권리 - 원신용장에 명시되어진 장소에서 지급이나 매입을 위하여 사용될 수 없다고 신용장이 특별하게 명시하지 않는 한 제1수익자는 제2수익자에 대하여 신용장 유효기일 당일까지 지급 또는 매입이 신용장이 양도되어진 장소에서 이루어지도록 요구할 수 있다. 이러한 경우에 원수익자는 그러한 뜻을 양도장에 기재[130]하도록 요구하게 된다.

다) 양도의 효과

결론적으로 양도가능 신용장이 개설된 경우 그 신용장 양도의 효과, 즉 제1수익자가 향유할 수 있는 권리와 의무를 요약하면 다음과 같다.

---

130) "Please forward us(transferring bank) all draft and documents in two consecutive airmail."

① 제1수익자의 권리

- 개설은행 또는 양도은행으로 지정된 은행에게 신용장의 양도를 요청할 권리를 갖는다.
- 원신용장의 조건에 따라 1회 또는 수회에 분할하여 국내외의 제2수익자에게 신용장을 양도할 권리를 갖는다. 특히, 신용장금액, 단가, 유효기일, 서류의 제시기한, 선적기일 등은 감액하거나 단축할 수 있고, 반대로 각 양도분의 부보금액은 원신용장의 백분율 만큼 증액할 수 있다.
- 신용장을 양도할 때 개설의뢰인의 명의 대신에 제1수익자의 명의를 기재할 권리를 갖는다.
- 서류를 제시할 때 신용장금액의 범위내에서 제2수익자의 송장과 환어음 대신에 제1수익자의 송장과 환어음을 발행하고 그 송장금액의 차액도 향유할 권리를 갖는다.
- 제2수익자에 대한 지급 또는 매입을 신용장의 유효기일내에 신용장이 양도된 장소에서 이행하도록 요청할 권리를 갖는다.

② 제1수익자의 의무

- 신용장의 양도에 소요된 양도은행의 모든 경비를 부담할 원초적인 의무를 진다.
- 늦어도 신용장을 양도할 때까지 장차 양도은행이 양도가능 신용장의 변경을 제2수익자에게 직접 통지하는 것을 허용하는지를 지시할 의무를 진다.
- 제2수익자의 송장을 대체하는 권리는 지정은행이 이를 최초로 요구할 때 즉시 행사하여야 한다.

라) 양도취급은행

신용장의 양도는 지급, 인수, 매입 또는 연지급의 약정이 수권된 은행에서만 취급이 가능하다. 지급신용장은 지급은행, 연지급신용장은 연지급은행, 인수신용장은 인수은행, 매입제한신용장은 매입제한은행이 양도은행이 된다. 자유매입신용장의 경우에는 양도은행으로 특별히 수권된 은행이 취급한다.

양도은행은 그 은행이 명백하게 동의한 범위와 방법에 의하지 아니하고는 양도를 이행할 하등의 의무를 부담하지 않으며 양도와 관련한 은행비용과 수수료, 대가 또는 지출금을 포함한 양도은행의 경비(charges)는 다른 합의가 없는 한 원칙적으로 제1수익자가 부담한다.

(3) 양도의 종류

가) 양도금액에 따른 분류

① 전액양도(total transfer) – 원신용장의 제1수익자가 수취한 신용장금액을 제2수익자에게 전액을 양도하여 주는 것을 전액양도라고 한다.[131)]

② 분할양도(Partial Transfer) – 원신용장의 최초의 수익자가 수취한 신용장금액중 일부를 하나의 제2수익자에게 양도하거나 원신용장 전체금액을 다수의 제2수익자에게 분할로 양도하여 주는 방법이다. 원신용장의 금액이 US$200,000이라면 그 금액을 A, B, C, D에게 US$50,000씩 분할하여 양도하는 경우에 이들 모두를 제2수익자로 간주하게 된다.[132)]

나) 양도지역에 따른 분류

① 국내양도 – 신용장의 제1수익자와 제2수익자가 동일한 국가내에 소재하고 있는 경우를 의미한다.

② 국외양도 – 신용장의 제1수익자와 제2수익자가 다른 국가에 소재하고 있는 경우를 의미한다. 국외양도는 신용장 상에 국외양도에 대한 금지문언이 없어야 하며, 선적항 및 가격조건이 양도되는 국가와 모순되지 않아야 한다.

---

131) 양도은행은 원신용장의 배면에 문언과 같은 양도사실을 기재하고 서명한다. "This Credit in totally transferred to A Co., Ltd. for US$200,000 on April 15, 20XX by XXX Bank XX branch."

132) "This Credit is partially transferred to A Co., Ltd. for US$50,000 on April 15, 20XX by XXX Bank XX branch."

다) 양도방법에 따른 분류

① 단순양도

신용장의 수익자가 신용장의 조건변경 없이 수익자의 명칭만 변경하여 신용장을 제2수익자에게 양도하는 것을 의미한다.

양도인이 원신용장의 액면금액 전액 또는 일부를 양수인에게 권리 이전해 주는 것을 말하며 양수인이 양도인의 권리를 모두 행사하게 된다(품목에 따라 여러 업체로 분할하여 양도할 수도 있다).

수출업자가 최초로 받은 신용장은 원신용장(master L/C)이라 하고 최초의 수익자를 first beneficiary라고 한다. 또한 최초의 신용장을 양도받은 양수인은 second beneficiary라고 한다.

최초의 신용장에 대한 수출업무는 양수인이 진행하게 되고 양도인에게는 양자가 정한 일정 수수료를 주게 되는데 수수료를 잘 주지 않는 업체도 있다. 이러한 경우나 수입업자를 노출시키지 않고자 하는 경우에는 조건변경부 신용장 양도방법을 활용할 수 있다.

② 조건변경부 신용장 양도

신용장의 제1수익자가 신용장 양도에 따른 중계차익 확보 등을 목적으로 원신용장의 금액, 단가, 유효기일, 서류제시기일, 선적기일을 감액 또는 단축하여 제2수익자에게 신용장을 양도하는 것을 말한다.

조건변경부 신용장 양도는 금융기관이나 신용장 수혜자 모두에게 유리한 거래이며 현재 세계적으로도 보편화된 거래로써 현재의 단순양도거래, 중계무역시 baby L/C개설 및 완제품 내국신용장 개설의 상당부분이 필요에 따라 조건변경부 신용장 양도거래로 대체될 수 있다.

조건변경부 양도는 제2수익자가 양도은행 앞으로 서류를 송부하고 양도은행으로부터 대금을 영수한다. 최근에 우리나라 국내의 인건비 및 원자재 가격 등의 상승으로 노동집약적인 상품의 국내생산을 통한 수출의 가격경쟁력이 경쟁국가보다 떨어지는 추세가 발생되고 있다. 따라서 중국 및 동남아 국가로 생산설비를 이전하거나 현지공장과의 위탁생산을 통하여 생산한 상품을 수출하거나, 외국에서 구매하여 제3국으로 판매하는 중계무역이 활성화되고 있으며 그 비중도 점차 확대되고 있다. 이러한 경우에 신용장의 조건변경부 양도를 이용하면 양도차액을 확보할 수 있다.

전형적인 중계무역의 거래, 해외 현지공장 등이 위탁생산한 물품을 외국에 판매하는 거래, 국내 완제품 local 거래, 국내에서 중계수수료 수취를 목적으로 한 단순양도 거래 등에서 조건변경부 양도를 이용할 수 있다.

[그림 4-5] 신용장 양도 흐름도

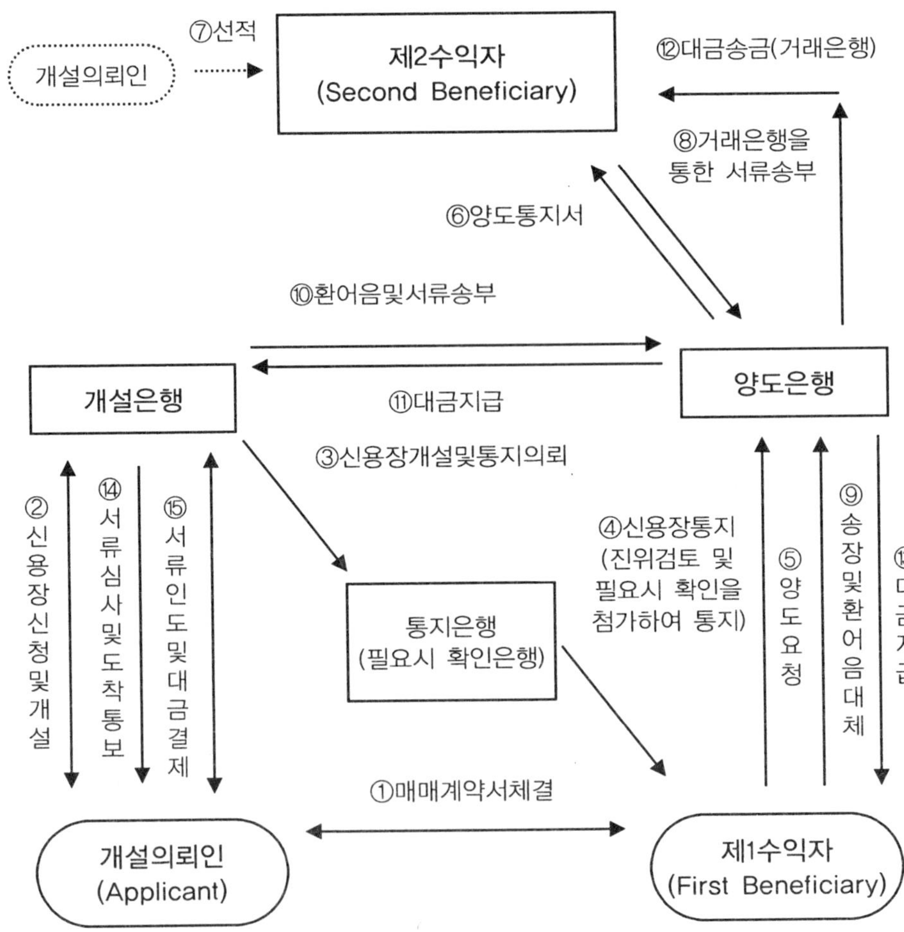

(4) 신용장 양도와 back to back L/C

양도신용장과 back to back신용장의 유사점과 차이점을 요약하면 다음과 같다. 먼저 back to back 신용장이란 그 신용장의 개설은행이 다른 은행이 개설한 원 신용장을 담보로 이용하여 자신의 신용장을 새로이 개설한 것이다. 그러므로 백투백신용장의 개설은행은 그 신용장에서 책임을 지고 지급이나 인수를 확약한다.

가) 유사점

① 두 신용장 모두 중계무역상이 개입한다.

② 두 신용장 모두 원 신용장의 수익자인 중계무역상이 서류를 자신의 명의로 교체할 수 있다.

③ 두 신용장 모두 양도 또는 개설시 변경이 가능한 조건은 신용장금액 및 단가의 감액, 유효기일 및 선적기일의 단축, 서류제시를 위한 제한일수의 단축, 원 신용장의 부보금액을 맞추기 위한 부보비율의 조정이다.

나) 차이점

① 양도된 신용장 거래에서는 하나의 신용장만이 관련되는 반면 back to back 신용장 거래에서는 두 개의 신용장이 관련된다

② 양도된 신용장을 취급하기 위해서는 원 신용장(master L/C)에 "transferable" 이라는 용어가 있어야 하지만 백투백신용장을 개설하는 데는 필요가 없다.

③ 양도된 신용장의 양도은행은 책임이나 확약 없이 양도하지만 back to back 신용장의 개설은행은 자신의 책임하에 지급확약을 하면서 개설한다.

④ 두 신용장 모두 UCP 600을 준거규칙으로 하지만 양도된 신용장의 업무처리는 특히 UCP 600 제38조의 규칙을 준용한다.

⑤ back to back 신용장에서 요구하는 서류들은 원 신용장의 요구 서류들과 약간 다를 수 있지만 양도된 신용장의 요구서류는 UCP 600 제38조에서 허용된 서류들(상업송장 및 환어음) 외에는 원 신용장의 요구서류와 반

드시 일치하여야 한다.

⑥ back to back 신용장의 개설신청인(중계무역상)은 back to back 신용장의 개설은행에 신용장 개설은 위한 여신한도가 있어야 하지만 양도 신용장의 양도신청시는 필요 없다.

6. 신용장 관련 서류

신용장은 독립, 추상성에 의거한 서류상의 거래이므로 매입은행 및 개설은행은 수익자가 제시한 서류의 심사만으로 신용장 대금의 지급여부를 결정하게 된다.

신용장 네고서류 작성은 신용장 본문 자체를 최우선적으로 해석해야 하며 신용장이 비록 매매계약서에 근거하여 개설되었다 하더라도 그 매매계약과는 별개의 거래이며 그러한 계약에 어떠한 구속도 받지 아니한다. 서류를 작성하는 수익자는 서류작성시 어떠한 상상이나 창의성을 발휘하여서는 안 되며 신용장 조건에서 지시하는 대로만 서류를 작성하여야 한다.

수익자는 신용장이 요구하는 서류를 우선 준비한 후 환어음을 작성하고 수출신고서를 준비하면 모든 네고서류 작성이 완료된다.

1) 관련 서류

신용장 네고서류 작성에 앞서서 우선 서류란 무엇인가를 살펴보도록 하자. 신용장거래에서 서류(documents)라고 하면 신용장에서 요구하는 모든 서류를 가리킨다. 또한 신용장에서 선적서류(shipping documents)란 하면 어음을 제외한 신용장에서 요구한 모든 서류를 말한다. 그러므로 만약 신용장조항에 모든 shipping documents에 L/C No.를 삽입하라고 했다면 어음을 제외한 모든 서류에 삽입하여야 한다.

신용장거래에서의 서류에는 기본서류(basic documents)와 기타서류(other documents)가 있고, 기본서류에는 운송관련서류(transport documents), 보험서류(insurance documents) 그리고 상업송장이 있다. 기타서류는 기본서류를 제외한 모든 서류를 가리킨다.

[그림 4-6] Shipping Documents

- transport document
  - marine(ocean)B/L
  - combined transport documents
  - other shipping document
    - airway bill
    - postal receipt
    - rail B/L
    - etc.
- insurance documents
- commercial invoice
- 기타서류(other documents)
  - certificate of origin
  - packing List
  - inspection certificate
  - beneficiary's certificate
  - etc.

2) 서류수리 요건

은행이 신용장 관련서류를 심사할 때는 다음 사항을 기준으로 수리여부를 결정하게 된다.

첫째, 서류의 일치성의 문제이다.

제시되는 서류는 신용장이 요구하는 종류와 통수를 모두 갖춘 것이어야 하며 서류상의 기재내용과 신용장상의 기재내용이 서로 일치하여야 한다. 일치성 심사란 신용장 원본을 기준으로 제출된 서류상의 문언과 신용장 상의 문언이 서로 같은 지의 여부를 심사하는 것을 말한다. 이러한 서류 중 특히 신용장 당사자가 직접 작성하는 상업송장과 환어음은 신용장상의 요건과 완전히 꼭 같아야 하나(strict compliance), 제3자가 작성하는 서류인 운송서류나 보험서류는 신용장 요건에 어긋나지만 않으면 비록 문면상의 표현은 일치하지 않더라도 내용이 서로 상호 모순 되지 않는 한 수리가 가능한 것(substantial compliance)으로 해석하고 있다.

둘째, 서류 상호간의 모순성의 문제이다.

일치성 심사가 신용장 원본을 기준으로 심사하는 것인데 반하여, 모순성 심사란 신용장 원본과는 상관없이 제출된 서류 상호간에 서류의 명칭은 다르나 항목이 동일한 경우 양자의 표현이 서로 어긋나는 점이 있는지의 여부를 심사하는 것이다.[133] 이 모순성의 문제는 주로 해당서류에 신용장 조건으로 요구하지 않는 사항을 기재하는 경우에 많이 발생하므로 서류작성자는 필요 불가사항이 아닌 한 굳이 기재하지 않는 것이 현명하다.

셋째, 위조된 서류 수리시의 효력문제이다.

매입은행 및 개설은행은 신용장통일규칙 제14조에 의거 서류심사를 할 때 서류들이 일치하는 제시를 구성하는 것으로 보이는지 아닌지 여부를 결정하기 위하여 서류만을 근거로 심사한다. 그리고 서류 그 자체나 국제표준은행관행에 따라 문맥을 읽는 신용장의 데이터는 그 서류나 다른 적시된 서류 또는 신용장상의 정보와 반드시 일치될 필요는 없지만, 그들과 상충되지 않는지를 심사한다.[134] "은행은 서류의 형식, 충분성, 정확성, 진정성, 위조 및 법률적 효력에 대하여 어떠한 책임과 의무도 부담하지 아니한다"라는 면책사항을 두고 있다.[135] 따라서 은행은 신용장관련 해당 서류가 일반적으로 갖추어야 할 형식과 외관을 구비하고 있는 한 이를 믿고 그대로 수리하는 것이 관례이며 (예, 서류상의 서명이 위조된 것이나 워낙 정교하여 진위를 식별치 못한 경우) 이에 대한 책임도 지지 않는다.

그러나 매입은행이 그 서류가 위조된 것이 명백하다는 심증을 가지고 있고, 또한 그 심증이 사실과 부합될 때는 그 서류의 수리를 거절하여야 한다. 왜냐하면 은행의 면책조항은 위조서류를 잘 모르고 수리했다 하더라도 문책하지 않는다는 것이지 위조서류의 수리를 의무화하거나 권장한 것은 아니기 때문이다.

3) 운송서류

국제무역에서 화물을 수송하는 방법은 해상, 육상, 항공 및 복합운송형식의

133) UCP 600 제14조.
134) UCP 600 제14조.
135) UCP 600 제34조.

4가지 방식으로 분류할 수 있으나 그중 가장 많이 이용되고 있는 방식이 선박을 이용한 해상운송이다.

그러나 해상운송도 운송방법의 발달로 인하여 일반화물선(general cargo ship)에서 컨테이너 전용선, 유조선, 냉동선 등으로 세분되고 수송형태에 따라 화물의 안전도 각기 상이하므로 신용장 통일규칙은 각 운송방법 별로 다음과 같이 운송서류의 요건을 따로 정하고 있다.

① 해상운송서류(UCP 600 제20조, 21조, 22조)

- 해상선하증권(marine/ocean B/L)
- 비유통성 해상운송장(non-negotiable Sea Waybill)
- 용선계약 선하증권(Charter Party B/L)

② 특송배달서류(UCP 600 제25조)

- 우편영수증(post receipt)
- 우편증명서(certificate of posting)
- 특송배달영수증(courier receipt)

③ 일반운송서류(UCP 600 제19조, 23조, 24조)

- 복합운송서류(combined transport document)
- 항공운송서류(Air Waybill)
- 육상운송서류(consignment railroad receipt, consignment cargo receipt)

(1) 해상운송서류

가) 해상운송서류의 수리요건

① 자동적으로 수리되는 운송서류

다음의 조건을 모두 갖춘 운송서류는 은행에서 자동적으로 수리한다.

- 직접 운송을 담당하는 자(actual carrier) 또는 그의 대리인이 발행할 것

- 물품의 본선적재를 증명하는 문언이 있을 것
- 발행된 운송서류 원본 전통(full set)이 제시될 것
- 신용장에서 요구하는 조건을 충족할 것

② 수리가 거절되지 아니하는 운송서류

다음의 선하증권이 ①의 요건을 갖추고 있으면 신용장에서 명문으로 수리거절표시를 하지 않는 한 은행은 이를 수리한다.

- 복합운송 선하증권(combined transport B/L)
- 약식선하증권(short form B/L) : B/L 뒷면의 인쇄약관이 생략된 B/L
- 선적항과 다른 수탁지(place of receipt) 또는 하역항과 다른 최종목적지(final destination)를 표시하고 있는 B/L
- 컨테이너 등과 같은 수송용기에 적재된 화물을 대상으로 발급된 B/L (unitized cargo B/L)
- 본선적재 표시를 추가(on board notation)한 예정표시 선하증권(intended clause B/L)
- 부지약관 부착부 선하증권(unknown clause B/L)[136)]
- 제3자 발급 선하증권(third party B/L) : 신용장상의 송하인이 수익자가 아닌 제3자가 표시되는 B/L(중계무역방식 또는 양도신용장인 경우)
- 보험부보선하증권(red B/L) : 선박회사가 운송화물에 대하여 보험에 부보되어 있는 선하증권인 경우에 필요약관은 적색으로 표시한다.

---

136) Shipper's Load & Count; 컨테이너 화물(containerized cargo)에서 FCL(full container load, 만재화물)은 화주가 자신의 책임하에 적재하고 계산해서 컨테이너를 적입하게 되므로 일일이 봉인을 뜯어서 화물의 수량을 확인할 수는 없는 일이다. 따라서 선박회사는 화주가 신고한 대로 컨테이너를 인수해서 운송한다는 취지로 위와 같은 문언을 B/L 상에 기재하는데, 'Shipper's Load & Count' 또는 'Shipper's Load & Count said to contain'의 문언(unknown clause, 부지약관)을 표시한다. 위와 같은 문언은 "화주의 적입 및 계량"이라는 의미로 화주가 컨테이너에 적입하고 수량, 중량 등을 확인한 대로 화물을 인수해서 선적했다는 것을 의미한다. 이러한 표시를 하면 운송회사는 화물의 수량, 중량 차이로 인한 책임을 면할 수 있을 것이다. 그러나 운송인의 고의적인 행위로 인한 수량 등의 차이에 대해서는 당연히 운송회사가 화주에게 그에 대한 보상을 하여야 할 것이다.

- 통과선하증권(through B/L) : 해상과 육상을 교대로 이용하여 운송할 때 전구간의 운송에 대하여 최초의 운송인이 책임을 부담하는 증권이며 복합운송인 경우에 이 B/L을 사용한다.

③ 수리 거절되는 운송서류

다음의 선하증권은 신용장에서 명문으로 수리를 허용하고 있지 않는 한 은행이 수리거절 한다.

- 용선 선적 선하증권(charter-party B/L) : B/L 발급인이 임차인인 경우
- 돛단배 적재표시 선하증권(carrying vessel propelled by sail only B/L) : 선박이 돛만으로 운항하는 구식선박인 경우
- 예정표시 선하증권(intended clause B/L) : 본선에 적재될 예정인 경우. 다만, 본선적재를 마치고 난 후 선적완료 표시를 추가하면 수리된다.
- 운송중개인 발급 선하증권(forwarder's B/L) : B/L의 발행인이 선박회사가 아니고 화물운송중개업자인 경우. 다만, 선박회사의 대리인 자격이 있음을 표시(as agent for)한 경우에는 예외로 취급하여 수리한다.
- 하자사항 표시 선하증권(foul B/L, dirty B/L)[137] : B/L의 비고란에 수량부족이나 포장의 불량상태가 표시된 경우
- B/L 발급일로부터 21일이 경과되어 은행에 제시되는 지체선하증권(stale B/L)

④ 수취선하증권(received B/L)의 취급

신용장에 본선적재(on board)를 요구하는 명문규정이 있는 경우 단순한 수취선하증권(on board notation[138])이 추가되지 않은 것)은 수리할 수 없지

---

137) foul B/L을 clean B/L로 변경하기 위하여 수출자가 선박회사에 제출하는 일종의 각서를 파손화물 보상장(Letter of Indemnity; L/I)라고 한다. 그 내용은 파손된 화물로 인하여 야기되는 모든 책임을 송하인이 부담한다는 취지로 작성되어 있는데, L/I를 제출하면 선박회사는 foul B/L을 회수하고 clean B/L을 발급해 준다.

138) 본선적재부기요건에 관련하여 종전의 통일규칙에서 요구하였던 운송인 또는 그 대리인의 정식 또는 약식서명이라는 요건이 삭제되었기 때문에 상품이 본선에 적재되었다는 뜻과

만, 신용장상에 본선적재와 관련한 언급이 없거나 복합운송을 허용한 경우에는 수취선하증권도 수리할 수 있다.

컨테이너 운송이나, 항공운송의 경우에는 수출업자가 선적을 위하여 화물을 운송인에게 맡기는 시점에서 운송인이 B/L 또는 AWB을 발급해주는 관례를 존중하기 위하여 취한 조치이다.

나) 신용장에서 요구하고 있는 선하증권의 요건

① Full Set일 것

일반적으로 해상선하증권은 3통을 원본으로 발급하고 있는데 도착지에서 화물을 찾을 때는 이중 하나만 선박회사에 제시하면 된다.

그런데 수입업자가 신용장 대금을 개설은행에 완납하기까지 개설은행은 수출업자나 매입은행에 대하여 대금지급의 위험 부담을 안고 있는 상태이기 때문에 B/L을 담보로 취급하게 되며, 이와 같은 취지에서 개설은행은 3통 전통(Full Set)이 자신에게 귀속 될 수 있는 안전조치를 취하게 되는 것이다.

그러나 운송방법이 항공인 경우에는 비록 신용장에서 全通(Full set)을 요구하더라도 1통의 AWB(shipper용)만 제시해도 상관없는데 그 이유는 원본인 3통의 AWB에는 각각 그 용도가 표시되어 있어 수출업자가 이를 부당하게 사용할 위험이 없을 뿐만 아니라 선적시 항공회사(항공화물취급대리점)에서 수출업자에게 전통 IATA[139] AWB 3통[140]을 교부하지 않기 때문이다.[141](carrier

---

본선적재일자를 표시하면 본선적재부기요건은 충족된다.

139) IATA(국제항공운송협회; 이아타) : "International Air Transport Association"의 약어이다. IATA는 본부를 캐나다의 Montreal 및 스위스의 Geneva에 둔 순수 민간 조직체이고, 그 설립 목적은 국제간의 운임, 운항, 정비, 정산(精算)업무 등 상업적, 기술적 활동을 하는데 있다. ICAO와는 밀접한 관계를 맺고 있다. IATA의 가맹회원이 되는 자격은 ICAO 가맹국의 정기항공사업에 종사하고 있는 민간항공회사이고, 국제선을 갖고 있는 회사는 정회원(active member), 국내선만 갖고 있는 회사는 준회원(Associate Member)이 될 수 있다.

140) original 1(for issuing carrier) : 운송인용으로 항공사에서 운송계약의 증거로 사용, original 2(for consignee) : 수하인용으로 화물의 도착지에 송부되어 항공사가 수하인에게 교부하는 것, original 3(for shipper) : 송하인용으로 송하인이 화물을 처분할 때 사용하는 것

141) 참고적으로 후진국과 거래할 경우 항공운송장의 원본 전통을 요구하는 신용장(full set

용 AWB은 항공화물 취급대리점이 항공회사로 송부하여 항공회사가 보관하고, consignee용 AWB 화물을 운송하는 항공기의 기장이 직접 휴대하고 도착지까지 운송하게 되며, 수출업자에게는 shipper용 1부만 교부하게 됨)

② clean일 것

선적을 위해 화물을 수령할 때 선박회사는 파손 등으로 야기되는 사후책임을 면하기 위하여 물품의 포장상태를 면밀히 검사하는 바 만일 포장상태 등에 조금이라도 불완전한 곳이 있으면 (예 : 화물의 수량 부족 또는 포장상태의 불량) 선장은 이 사실을 B/L상의 remark란에 기재하게 되는데 이러한 B/L을 foul B/L 또는 dirty B/L이라 하며 은행이 수리를 거절한다. 그러나 컨테이너운송(FCL 화물일 경우)에서 선박회사가 화물의 상태를 알지 못한다(shipper's load and count)고 부지약관을 붙인 B/L(unknown clause B/L)은 은행이 수리한다.

③ on board일 것

수출화물이 운송선박에 적재되지 않은 상태에서 발급된 B/L을 수취선하증권(received B/L)[142] 또는 예정부선하증권(intended clause B/L)이라 하는 바 만일 해상운송에서 on board를 확인하지 않으면 부두사정으로 인하여 선적이 지연될 경우 신용장에서 정한 선적기일 자체가 무의미해 질 수 있기

---

of clean Air Waybill)을 수취한 경우에는 가능한 한 조건변경(송하인용 항공운송장만 제출하도록)을 요청하여 변경시킨 후 선적하는 것이 안전한 조치일 것이다.

142) on board B/L은 본선적재 선화증권으로 운송화물이 목적지까지 운송할 본선에 적재되었음을 증명하는 선화증권으로 법률적 효력은 선적선화증권과 동일하지만 발행형식이 상이하다. on board B/L은 B/L상에 화물을 선적했다는 표시와 선적일자가 나와 있는 B/L이다. 선적표시가 없는 B/L을 received B/L(수취선화증권)이라고 한다. 선적선화증권(shipped B/L)은 선박회사가 보유하고 있는 선적선화증권 양식에 의거하여 발행되지만, 본선적재선화증권은 그 양식은 수취선화증권 양식을 사용하고 본선적재부기가 표시되어 있어서 운송화물이 본선에 적재되었음을 증명하게 된다. 본선적재에 대한 표시를 본선적재부기(on board notation)라고 하며 'loaded on board dated October 28, 2004'로 기재된다. 신용장에서 요구하는 운송서류가 해상 선화증권인 경우에는 은행에서 수리할 수 있는 선화증권은 선적선화증권이어야 하며 수취선화증권일 경우에는 본선적재를 완료한 후에 본선적재부기를 첨가한 본선적재 선화증권(on board B/L)이어야 한다.

때문에 대부분의 신용장은 "본선적재"를 명문으로 요구하고 있다.

그러나 운송방법이 복합운송이나 컨테이너 내장운송인 경우에는 on board 조건을 상당히 완화하여 received B/L도 수리를 허용하는 경우가 많다.

④ order일 것

유가증권인 B/L의 유통성을 확실하게 보장하자면 배서에 의해서 양도가 가능한 지시식 B/L이 가장 무난한 방법이므로 대부분의 신용장은 이 조건을 요구하고 있는 것이다.

□ 기명식선화증권(straight B/L)은 운송화물의 수령인인 수입업자의 상호와 주소를 선화증권의 수하인(consignee) 란에 확실하게 명기한 선화증권으로 화물의 소유권은 특정인에게 귀속하게 된다. 하수인란에 "consigned to xxx" 또는 "consignee xxx"로 표시되며 발행자가 배서를 금지한다는 것을 증권면에 명기하면 타인에게 양도할 수 없기 때문에 일반적으로 무역거래에서는 사용되지 않으며 송금환방식이나 선수금을 수취하는 선대신용장(red clause credit)과 위탁판매의 상품수송시에 의한 거래에서 활용된다. 기명식선화증권은 이삿짐이나 개인의 물품을 발송하는 경우에 많이 이용하고 있으며 유통이 되지 않으므로 송화인의 배서는 필요가 없다. 만약에 선화증권의 수하인란에 'Mr. James Dean'으로 기재되어 있다면 그 사람에게 양도하여야 한다.

□ 지시식선화증권(order B/L)은 수하인란에 특정인을 기재하지 않고 "to order" 등과 같은 단순지시식 또는 "to the order of shipper" 등과 같은 기명지시식, "to the order of xxx bank or to order of xxx company" 등과 같은 선택지시식으로 지시인이 표시된 지시식으로 발행되는 선화증권을 말한다. 수출업자는 백지배서(blank endorsement)를 하여 은행으로 상품의 소유권을 인도하게 되며 은행은 화물의 담보권을 취득하게 된다. 무역거래에서 일반적으로 이용되고 있는 선화증권은 이러한 지시식선화증권이다. 그리고 "to the order of" 다음에 개설은행 또는 수입업자와 같이 특정인을 표시하는 기명지시식으로 많이 발행되고 있다. 지시식으로

표기된 경우에는, "to the order = to the order of = to the order of shipper"로 해석하므로 선하증권의 일차적 권리자는 선적자(수출자)가 되며 수출자가 양도해주어야만 권리가 이동된다. "to the order of 개설은행.."으로 표기된 경우에는 개설은행이 권리자이므로 개설은행만이 양도권을 갖게 된다.

지시식 B/L의 경우에는 송하인으로부터 적법한 배서[143]를 받은 사람도 B/L의 권리자가 되는데 비하여 기명식 B/L의 경우에는 화물이 기명된 수하인에게 이르기까지 중간에 선화증권을 취득한 사람은 정당하게 B/L의 권리를 취득한 것으로 인정되지 않는다. 즉, 지시식 선화증권은 배서양도가 가능하지만 기명식 선화증권은 양도가 불가능하다. 다만, 우리나라나 일본의 경우 B/L상에 배서양도 금지문구가 없으면, 기명식도 배서 양도할 수 있다.[144]

일반적으로 수입업자의 이름과 주소는 수하인(consignee)란이 아니고 착화통지처(notify party) 란에 기재된다. 수입업자가 화물 혹은 화물인도지시서(delivery order)를 선박 대리점에서 수취하기 위해서는 이와 상환으로 정당하게 배서된 선하증권 원본 1통을 제출하여야 한다. 따라서 송화인의 지시인 앞으로 되어 있으면 송화인은 원본 전부에 백지(in blank) 배서 또는 특정의 수하인 혹은 그 지시인(named consignee or order)

143) 선하증권의 배서(endorsement) 종류; ① 정식배서(full endorsement, 기명식배서) - 배서의 의무자가 양도인으로서 양도인(배서인)이 자신의 명칭뿐만 아니라 양수인(피배서인)의 명칭까지 증서의 이면에 기재하는 방식의 배서를 의미하는 바 증권의 양도가 여러번 일어나는 경우에는 매번 이러한 방식의 배서를 하여야 한다. 따라서 이러한 배서를 하였을 경우 선박회사는 이 B/L이 어떠한 경로를 거쳐 여기까지 왔는지 배서를 통하여 유통경로를 알 수 있도록 되어 있다. ② 백지배서(blank endorsement, 무기명식배서) - L/C에서 "endorsed in blank" 또는 "blank endorsed"로 표시한 경우에는 어음, B/L 또는 보험서류에 피배서인을 지정함이 없이 배서하게 된다. 백지배서인 경우 배서의 의무자는 최초의 양도인과 최종 양수인 두 사람으로 국한되며 중간단계에 있는 사람의 배서는 생략된다. 따라서 백지배서를 한 경우 증서만 보고서는 그 증권의 유통경로를 알 수 없게 된다. 그러나 백지배서는 신용장이나 계약서에 백지배서를 하라는 지시가 있는 경우에 국한하여 할 수 있으며 이러한 지시가 없는 경우에는 반드시 정식배서를 하여야 한다.

144) 상법 130조.

앞으로 배서(endorse)하여야 한다. 수입업자로는 order B/L이어야만 선화증권을 양도하여 매매할 수 있고, B/L의 소지자가 곧 화주가 된다. 지시식 선화증권의 형식은 다음과 같다.

① to order 또는 to order of shipper : 실무상 가장 많이 사용되고 있는 방법이고, 매수인(수입업자)이 하역지에서 화물을 인수하기 위해서는 매도인(수출업자)이 배서한 선화증권이 있어야 한다. 은행으로서도 매도인의 배서가 있는 선화증권이면 담보로서 확보할 수 있으므로 매입(negotiation)에 응한다.

② to order of (negotiating bank) : 어음의 매입은행(negotiating bank)에 의해서 배서가 될 수 있어 은행으로서는 담보물건이 되므로 매입에 응한다. 그리고 화물은 매입은행의 지시인에게 발송된다. 그러나 수출업자로서는 배서를 할 수 없어 화물의 지배권을 잃는다.

③ to order of (collecting bank) : 어음의 추심은행(collecting bank)에 의해서 배서가 되며 화물은 추심은행의 지시인에게 발송된다. 따라서 수출업자나 수출지의 은행도 화물에 대한 지배력을 잃고 배서도 할 수 없다. 수출지의 은행은 담보물건으로 볼 수 없으므로 추심은행이 자기은행과 본·지점관계가 아니면 매입에 응하지 않는다.

(2) 기타 운송서류

가) 항공운송장(Air Waybill)

항공운송장은 화물을 비행기로 운송할 때 항공회사에서 화물을 인수하는 시점에서 발급하는 운송서류이며, 단순한 탁송증거로서의 역할만 할 뿐 B/L과는 달리 유가증권으로서의 성질을 가지지 못하기 때문에 기명식, 수취식으로만 발행되어 유통불능의 성격을 지닌다. 항공운송장의 종류에는 house AWB과 master AWB이 있으며, 전자는 소량의 화물을 여러 선적인으로부터 수집하여 항공사에 운송을 의뢰하는 운송중개인(Consolidator, 혼재업자)이 송하인(여러 화주)에게 발행하는 것이고, 후자는 항공사 또는 항공화물운송대리점(air cargo agent)이 운송중개인에게 발행하는 것이다. 항공회사의 대리점표시가 없는 단순한 house AWB은 은행이 수리거절함을 유의해야 한다.

또한 항공운송에서는 IATA규칙상 최종목적지에 도착할 때까지 중간기착지에서 화물의 환적이 일반화되어 있기 때문에 설사 신용장에서 환적을 명문으로 금지하고 있더라도 전체 운송이 하나의 운송서류로 포괄되어 있으면 운송장상의 환적유보문언 여하에도 불구하고 은행은 이러한 운송서류를 수리한다.

나) 복합운송서류(combined transport document)

복합운송이란 육로, 해로, 내지 수로 등 각각 다른 경로를 거쳐서, 즉 둘 이상의 상이한 운송수단에 의해 화물이 목적지까지 운송되는 것을 말하며, 한 사람의 운송인이 운송전구간에 대한 운송책임을 지고 단일운송증권을 발행한다는 특징이 있다.

이와 같은 운송의 특성 때문에 신용장통일규칙에서도 해상운송과는 별도로 이의 적격조건을 규정하고 있다. 즉, 해상운송에서는 원칙적으로 수리거절 대상이 되는 intended B/L, forwarder's B/L 등이 복합운송에서는 수리를 허용하는 경우가 많고, received B/L을 당연한 것으로 여기며 환적(transhipment)에서도 특례를 인정하고 있다.[145]

복합운송이 신용장통일규칙에서 해상운송과 다른 취급을 받는 점은 다음과 같이 정리할 수 있다.

① 운송서류는 수출업자가 복합운송인에게 화물을 수탁[146]한 시점(taking in charge)에서 발급되며 신용장에서 명문으로 요구하지 않는 한 on board notation을 받지 않아도 된다.

② 최초에 화물을 수령한 복합운송인이 전체 운송구간의 운송에 단일책임(uniform liability)을 진다.

③ 선박, 선적항 또는 하역항과 관련하여 "intended"표시가 있더라도 수리된다. 그러나 신용장에서 "intended"표시를 금지하거나, 신용장에 선박명, 선적항, 하역항을 명시하고 있는 경우에는 추후에 on board notation을

145) UCP 600 제19조 참조.
146) 수탁이란 물품을 운송하기 위하여 운송인 또는 운송주선인이 물품을 받아두는 것을 의미한다.

받지 못하면 수리되지 않는다.

④ 신용장에서 환적을 명문으로 금지하고 있더라도 이에 상관없이 수리된다. 왜냐하면 복합운송은 성질상 환적을 전제로 하는 것이므로 신용장에 복합운송을 허용하면서 환적을 금지하는 것은 자체모순이 되기 때문이다.

다) 비유통성해상화물운송장(non-negotiable Sea Waybill)

해상운송의 전통적인 증거서류인 B/L은 배서에 의하여 권리승계가 가능한 유통증권임에 반하여 Sea Waybill은 유통성이 부인된 해상운송 증거서류이다.[147)]

이 서류는 유통성이 배제되었기 때문에 그 기능은 단순한 화물의 탁송 및 수취의 증거서류이다. 다만 우리나라에서는 아직 Sea Waybill을 이용한 무역운송의 실례가 별로 많지 않으며 운송기간이 비교적 짧은 유럽지역에서 그 사용이 보편화되었으며 주로 해외에서 국내로 이주하는 사람들의 이삿짐 운송에서 그 예가 많이 발견된다.

Sea waybill의 수리요건은 다음과 같다.

① 운송인, 선장 또는 이들의 대리인 자격으로 발행된 것일 것

② 운송장에 명시된 선박의 본선에 적재되었다는 표시가 되어 있을 것

③ 운송장상의 선박, 항구, 본선적재일 란에 "intended" 표시가 있을 경우에는 on board notation으로 이를 보완한 것일 것

④ 발급된 원본 전통(full set)이 제시될 것

⑤ 운송장에 용선표시 및 범선표시가 없을 것

---

147) 해상화물운송장은 유가증권이 아니라는 점 이외에는 그 성질이 해상선화증권과 동일하다. 따라서 UCP 600에서 규정하고 있는 수리 또는 거절의 요건도 해상선화증권과 동일하다. 다만 신용장에서 해상화물운송장을 요구할 때는 수하인(consignee)을 지시식(to order of xxx)이 아닌 기명식(to xxx)으로 요구한다. 즉 기명식으로 발행되어 증권의 수하인 란에 수입자의 성명 또는 상호가 확실하게 명기되어 있어서 배서나 교부에 의하여 수하인의 권리가 양도될 수가 없다.

라) 도로, 철도 또는 내수로 운송서류
(road, rail or inland waterway transport document)

수입지가 내륙의 한가운데 위치하고 있어 해상운송이 불가능할 경우에는 화물을 육상 또는 하천을 이용하여 운송할 수밖에 없다.

이 서류의 구비요건은 다음과 같다.

① 운송인 또는 그 대리인 자격으로 발행한 것일 것

② 운송증에 화물의 수취일자가 표시되어 있을 경우 이 날짜를 화물의 적재일로 간주

③ 운송서류에 원본표시가 없더라도 이를 원본으로 간주하여 수리

④ 신용장에 환적금지표시가 있더라도 동일한 운송서류로 전운송구간을 포괄하는 한 환적금지의 예외를 인정하여 수리

마) 특송배달영수증, 우편영수증 또는 우편증명서
(courier receipt, post receipt or certificate of posting)

특송배달업체, 우체국(직원)의 이름이 표기된 영수증에 신용장에 명기된 물품의 선적장소에서 기명된 특송배달업체가 스탬프를 찍거나 서명한 것을 수리요건으로 한다. 집배 또는 수령일자 또는 이와 비슷한 문구는 선적일자로 본다.

운임이 후지급이라도 그것을 특송업체가 증명하면, 수리될 것이다.

바) 적어도 두 개 이상의 다른 운송방법을 포괄하는 운송서류
(transport document covering at least two different modes of transport)

복합운송서류가 수리되기 위해서는 운송인(그 대리인), 선장(그 대리인)의 서명여부가 확인되고 운송서류가 스탬프나 부기로 발송된 적재일자를 표시하고 있으면 수리가능하다. 신용장 상에 명기된 장소에서 수취/발송되어야 하고, 선적지와 도착지가 명기되어 있어야 하며, 운송서류에 표기된 전통의 서류를 제시해야 한다.

4) 보험서류

보험이란 우연히 발생하는 손해에 대하여 보험자(insurer, assurer, underwriter)[148]가 피보험자(insured, assured)[149]에게 그 손해를 보전해 주는 제도이다.

따라서 보험에서 가장 중요한 것은 보험자에게 손해보전을 감당할 만한 충분한 재력과 신용이 있느냐의 문제이며, 비록 보험에 가입했다 하더라도 보험금 지급의 법적 책임이 보험회사에 귀속되지 않는 종류의 보험서류는 아무 효과가 없는 것이므로 신용장통일규칙은 은행이 수리할 수 있는 보험서류의 요건을 명문으로 정하고 있다.[150]

보험증권, 보험증서 또는 포괄보험에서의 확인서와 같은 보험서류는 보험회사, 보험인수인 또는 그들의 대리인이나 수탁인(proxies)들이 발행하고 서명한 것으로 보여야 한다. 대리인 또는 수탁인의 서명은 보험회사 또는 보험중개인을 대리하여 서명했는지 여부를 표시하여야 한다. 단, 보험인수증(cover note)은 수리되지 않는다.

(1) 보험조건

가) 보험서류의 발급일자

은행은 원칙적으로 운송서류에 표시된 날짜(선적일자)보다 더 늦게 발급된 보험서류는 수리를 거절한다.[151] 단, 신용장에 별도 명시가 있거나 보험서류에 선

---

148) 보험자(insurer, assurer, underwriter)는 보험계약자(policy holder)로부터 보험료(insurance premium)를 대가로 하여 보험기간 중 발생하는 보험사고로 인한 손실을 보상하기 위하여 보험금(claim amount)을 지급할 것을 약속한 자를 말한다. 즉, 보험업을 전문으로 하는 보험계약의 당사자로 보험 계약을 인수하고 보험료를 수취한 후 담보위험으로 보험사고가 발생하면 그 손해를 보상할 것을 약속한 자를 보험자라고 한다.

149) 손해보험계약에 있어서 피보험자(insured, assured)는 보험계약의 당사자는 아니지만 피보험이익의 주체로서 보험계약에 의해서 보호되는 자를 말한다. 즉, 보험사고가 발생한 경우에 보험금을 청구할 수 있는 자로 보험자로부터 손해의 보상을 받는 자를 말한다.

150) UCP 600 제28조.

151) 왜냐하면 화물의 운송이 이미 시작되었음에도 보험담보가 개시되지 아니한 보험서류는 신용장의 조건에 불일치한 것으로서 이는 수리되지 않기 때문이다.

적일자로 소급하여 유효하다는 표시가 있는 보험서류는 은행이 수리한다.(ex. "warehouse to warehouse clause"[152] or "lost or not lost clause"[153])

그러나 포괄예정보험을 근거로 발행한 보험증명서 또는 보험확인서(declaration)가 제시된 경우 및 보험증권에 소급 보상의 특약이 기재되어 있는 경우에는 발급일자에 관계없이 수리한다[154].

나) 보험금지급 통화와 신용장상의 통화 일치

환율변동 발생시의 불편제거를 위하여 신용장상의 표시통화와 동일한 화폐가 아니면 수리를 거절한다.

다) 신용장금액의 110% 이상 부보

최저보험금액이 CIF 또는 CIP금액에서 10% 이상을 증액한 조건으로 부보되어 있어야 하며[155] 만일 CIF 또는 CIP금액을 산정하기 어려운 경우에는 신용장 매입금액(어음금액)과 상업송장 표시금액 중 더 큰 것을 기준으로 삼아야 한다.[156]

---

152) 창고간 약관(warehouse to warehouse clause)조건의 특약을 체결한 경우에는 화물이 창고에서 적재될 때부터 부보된다는 것을 표시하고 있는 것이기 때문에 부보일자가 선적일자보다 늦어도 수리가 가능하다.

153) 증권의 약관 중에 '소급약관'(lost or not lost : 멸실여부를 불문하고)이 있는 경우에는 부보일자가 선적일자보다 늦더라도 부보효력이 선적일자로부터 발효한다는 조항이기 때문에 수리가 가능하다.

154) 보험증명서 또는 보험확인서(declaration)는 포괄예정보험증권에 의하여 발행된 것이기 때문에 포괄예정보험증권이 선적일자 이전에 발급된 것이라면 보험증명서가 늦은 일자에 발급되었다 하더라도 수리가 가능하다. 이 경우에는 보험증명서상에 그 근거가 되는 포괄예정보험증권의 번호와 일자 등의 기재가 있어야 한다.

155) 신용장에 별도 규정이 없으면, 부보금액은 CIF, CIP 가액의 110%로 부보하면 된다. 10%는 상행위에서 발생하는 기대이익(희망이익 : expected profit)이다.

156) INCOTERMS(2000)의 CIF, CIP, A-3(b)에서도 매도인의 보험계약의무에 대하여 "The minimum insurance shall cover the price provided in the contract plus ten percent(i.e. 110%) and shall be provided in the currency of the contract(최저보험금액은 당해 계약에서 규정된 금액에 10%를 더한 금액(즉 110%)으로 부보되어야 하며, 그리고 계약상의 통화로 부보되어야 한다)"라고 규정하여 UCP와 동일한 취지를 나타내고 있다.

라) 부보되는 위험의 범위

보상의 대상이 되는 사고의 범위를 확실하고 명백하게 신용장상에 규정하여야 한다. 신용장에서 요구하는 보험의 종류와 부보를 요하는 추가 위험이 있을 경우 이를 명시하여야 한다. "통상의 위험(usual risks)" "관례적 위험(customary risks)" 등으로 막연한 표현을 쓰지 말아야 한다. 이러한 용어가 사용된 경우에는, 은행은 담보되지 아니한 어떤 위험에 대해서도 아무런 책임 없이 제시된 그대로의 보험서류를 수리하여야 한다.

마) 보험서류의 발행자

보험서류는 문면상 반드시 보험회사(insurance companies) 또는 보험 인수업자(underwriters) 또는 그들의 대리인에 의하여 발행되고 서명된 것이어야 한다. 보험서류가 2부 이상의 원본으로 발행되었음을 표시한 경우 신용장에서 달리 수권되지 않는 한 원본이 제시되어야 한다.

5) 상업송장

상업송장은 수익자가 물품을 제대로 제공하였다는 사실을 선언하는 서류이므로 물품에 대한 명칭이나 상태가 기재되어야 한다. 매도인은 자신이 제공하는 상품의 상태에 대하여 가장 잘알고 있기 때문에 개설의뢰인은 수익자가 작성한 서류에 의거하여 물품의 상태를 파악할 수 밖에 없다. 따라서 상업송장의명세가 신용장의 명세와 동일할 때 신용장조건을 만족시키는 것으로 판단하게 된다.

상업송장은 환어음과 마찬가지로 수출자가 직접 작성하는 서류로서 B/L이나 보험증권과 같이 어떤 권리를 나타내는 것은 아니나 상품의 출하 안내서, 가격 계산서, 수입통관시의 과세자료, 당해 거래상황의 조견표로서의 역할을 담당하므로 신용장거래시 필수 구비서류로 취급된다.

일반적으로 포함되는 내용은 다음과 같다.

① 당사자에 관한 사항 : 송하인(수출자명), 수하인, 통지선

② 날짜에 관한 사항 : 선적예정일, 송장작성일, 신용장개설일

③ 관련서류에 관한 사항 : 신용장 번호

④ 지명에 관한 사항 : 선적지, 도착지, 어음지급지

⑤ 상품에 관한 사항 : 화인(shipping mark), 품명, 규격, 단가, 수량, 금액

⑥ 기타사항 : 선박명, 가격조건

상업송장을 작성시 유의사항[157]은, 수익자가 발행한 것이어야 하고, 개설의뢰인의 명의로 작성되어야 하며, 신용장과 동일한 통화로 앞으로 작성되어야 한다.

상업송장상의 물품, 서비스 또는 의무이행의 명세는 신용장에 보이는 그것과 일치하여야 한다.

6) 기타서류

개설의뢰인이 신용장상에 영사송장, 원산지 증명서, 포장명세서 등의 보충서류를 요구하는 것은 첫째, 수입국의 외환 및 무역관련 법규에서 그러한 서류의 구비를 요구하기 때문이며 둘째, 서류를 통하여 자신의 요구조건과 이익을 보다 확실히 보장받기 위해서이다.

그러나 이러한 서류는 거래의 내용에 따라 천차만별로 달라질 수 있으므로 서류의 조건이나 형식 등을 신용장통일규칙에 규정하기도 어렵고 또 그럴 필요도 없으므로 신용장통일규칙에서는 이에 관한 언급을 하지 않고 있다.

다만, 신용장은 서류상의 거래이므로 서류상호간의 연관 관계를 검토할 필요가 있고 따라서 신용장에서 요구하는 서류상호간의 기재사항이 불일치되거나 모순되면 이는 은행의 수리거절 사유가 된다.

(1) 영사송장(consular invoice)

수입시 관세 등을 포탈 또는 경감하기 위하여 고의로 부정한 송장을 작성할 우려 때문에 몇몇 국가에서는 수출국에 소재하는 자국 영사의 확인을 받은

157) UCP 600 第18조.

송장을 통관서류로 제출토록 하고 있다.

이때의 송장서식은 대부분 해당국가에서 지정하고 있으며, 기재내용은 상업송장상의 그것과 비슷하다.

만일 신용장상의 영사송장요구 문언중에 "visaed" "legalized" "notarized" document를 요구하고 있다면 다음과 같이 처리해야 한다.

① visaed : 일반송장에 영사가 서명

② legalized : 송장 및 B/L에 영사가 서명

③ notarized : 송장에 상공회의소 및 영사의 서명

(2) 세관송장(customs invoice)

영사송장과 같은 목적으로 징구하고 있으며 반드시 지정된 양식을 사용하여야 하지만 이와 다른 점은 영사의 서명은 받을 필요가 없고, 양식 뒷면에 있는 원산지란에 수출국의 국명이 기재되어 있어야 한다는 것이다.(세관송장 요구국 : 미국, 캐나다, 호주, 뉴질랜드, 아프리카국가)

(3) 원산지증명서(Certificate of Origin; C/O)

외환관리 및 덤핑방지등 수입정책상의 목적을 위하여 수입통관시 원산지증명을 요구할 경우, 해당상품의 생산지(또는 국가)를 증명하는 서류를 구비하여야 하는바 해당서류는 수출국에 주재하는 수입국의 영사 또는 상공회의소에서 발급한다.

포장명세서(packing list), 검사증명서(certificate of inspection), 중량증명서(certificate of weight) 등은 신용장에서 요구하는 조건에 맞추어 그대로 작성하면 된다.

작성시 유의할 사항은 너무 자세한 내용을 기재하느라고 기본서류(환어음, B/L, 보험증권, 송장)와 상호 모순되는 사항을 노출시키지 말아야 한다는 것이다.

4.3 Forfaiting방식

Forfaiting이란 중장기 외상매출채권을 현재시점에서 제3자(forfaiter)에게 매각하는 것으로서 수출자는 매각시 외상채권의 권리를 완전 양도하게 되며 forfaiter는 비소구(without recourse)방식으로 매입하는 특수한 국제 금융기법이다.

피상적으로 보면 Forfaiting은 전 절에 기술한 Factoring거래와 비슷한 점이 많지만 취급금액, 기간, 소구권 행사, 금리, 지급근거 등에서 양자사이에 현격한 차이가 있는 거래이다.

Forfaiting거래는 1950년에 스위스에 있는 Credit Suiss사가 서유럽 각 국의 회사들을 상대로 영업을 시작하면서 국제무대에 소개되었고 1980년대까지는 유럽시장에서만 유행하던 것이, 90년대 이후부터는 아시아지역에서도 소개되어 자리를 잡아가고 있다.

우리나라에서는 현재 중남미국가, 유럽, 동아시아 및 중동지역국가들과 플랜트·선박·중공업제품의 연불수출(1~5년) 및 단기수출거래(30일~360일)에 사용하고 있다.

1. Forfaiting거래의 필요성

기계류, 플랜트, 선박 등 거액의 수출은 발주처에서 자금 부담 때문에 일정기간 후 일시불 또는 연불로 지급하기를 원하는 데, 이때 구매처 또는 구매처의 국가, 혹은 신용장 발행의 신용도가 좋지 않다면 공급자는 미지급의 위험에 처하게 된다. 이에 더불어 공급자 입장에서는 자국통화와 지급통화가 환율 차이 때문에 환위험(foreign exchange)도 부담하게 된다.

이러한 위험에도 불구하고 forfaiter는 각종 위험을 지고 외상채권을 매입해주는 결제방식이다.

2. Forfaiting 거래의 절차

Forfaiting은 중장기외상채권(보통 1년~5년, 간혹 10년까지도 감)을 소구권을 행사하지 않는 조건으로 할인 매입하기 때문에 forfaiter는 수입업자 자체의 신용도, 신용장 개설은행의 신용도, 그리고 국가의 신인도 등을 고려하여 할인 요율을 결정한다. 수입자의 신용이 미덥지 않을 때, forfaiter는 수입자의 거래 은행 또는 제3은행의 "Aval"을 통상 요구한다. "Aval"이란 "approval"의 약자이며 은행이 최종지급을 보증하는 것으로서 "Aval"은행이 공급자의 환어음 또는 수입자의 약속어음 전면부에 "Aval"이란 표시를 하고 서명·날인행위를 한다.

forfaiter는 HSBC 등 국제적인 Net Work과 Risk 분석이 잘 갖추어진 외국 은행이 그 역할을 하고 있다.

[그림 4-7] Forfaiting 거래 취급절차

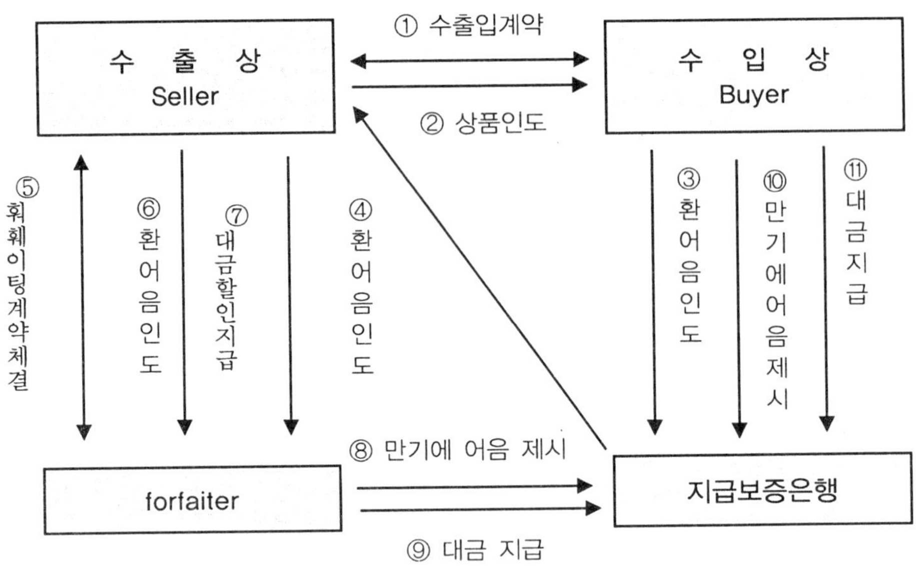

① 수출업자와 수입업자가 Forfaiting 거래 내용에 합의하고 이를 근거로 수출입계약을 체결한다.

② 계약조건에 따라서 수출업자가 수입업자 앞으로 상품을 선적하여 인도한다.

③ 수입업자는 수출업자가 자신 앞으로 발행한 환어음 또는 수입업자가 발행한 약속어음을 거래은행으로 제출하여 보증해 줄 것을 요구한다.

④ 수입업자의 거래은행(지급보증은행)은 어음의 뒷면에 "Aval"[158]을 하거나, 별도의 지급보증서를 작성하여 어음 또는 지급보증서를 수출업자에게 송부한다.

⑤ 수출업자는 forfaiter와 Forfaiting 계약을 체결한다.[159]

⑥ 계약체결시에 수출업자는 보증은행에서 받은 지급보증서 또는 "Aval"을 forfaiter에게 넘겨준다.

⑦ forfaiter는 환어음 등을 인도받는 즉시 할인 대금을 수출업자에게 지급한다.

⑧ 어음기간의 만기가 되면 forfaiter가 수출업자에게 받은 "Aval" 또는 지급보증은행이 발행한 지급보증서를 보증은행에 제시한다.

⑨ 보증은행이 어음상의 금액을 forfaiter에게 지급하면 거래가 종료된다.

3. Forfaiting거래의 특징

① forfaiter는 소구권을 행사하지 않음으로서 수입자(또는 신용장 개설은행)가 만기시 지급불능 또는 지연상태에 빠지더라도 수출자는 대금을 반환할 책임을 지지 않는다. 따라서 수출신용장 매입은행에 요구하는 담보제공이나 여신한도가 필요없다.

---

158) "Aval"은 수입업자거래은행이 은행지급보증서 대신에 사용하는 간단한 형식의 보증을 가리킨다. 보증인이 약속어음 또는 환어음에 보증한다는 뜻을 기입하여 채무를 성실히 이행할 것을 보증하는 취소불능의 무조건 보증을 말한다. "Aval"은 수출업자가 발행한 환어음이나 수입업자가 발행한 약속어음 뒷면에 수입업자 거래은행이 지급을 보증한다는 문구를 기입한 문서로서, 수입업자거래은행이 forfaiter에게 별도로 지급보증서를 발행하는 것보다 절차가 간편하여 Forfaiting 거래에 많이 사용된다.

159) 이 단계에서 각종 수수료 및 이자(할인료, 약정수수료, option fee, grace period에 따르는 비용)가 결정되며, 계약을 체결하기 전에 수출업자는 forfaiter 앞으로 미리 preliminary offer를 제시하여 비용 등에 관한 문의를 하고, 이에 따라서 forfaiter가 수출업자에게 firm offer를 제시하고 수출업자가 이에 동의하면 계약이 성립된다. 특히 forfaiting 계약에서는 할인대금에 대한 소구권부인(without recourse) 조항이 삽입되어야 한다.

② 수출자는 외환지불유예선언(moratorium) 및 대금지불정지(default) 등의 country risk에서 벗어난다.

③ 선적 후 즉시 대금을 지급 받으므로 환율 및 이자율 변동에 따른 risk를 피할 수 있다.

④ Forfaiting시 고정이자율을 사용함으로서 거래 margin을 확정할 수 있다.

⑤ Forfaiting 대상금액은 수출금액의 100%까지 Forfaiting이 가능하므로 수출입은행의 연불수출금융지원 조건에 부담되지 않는 중계무역 등에도 financing이 가능하다.

⑥ Forfaiting과 비교할 수 있는 수출보증보험의 경우 손실액의 95%까지만 보상하며 제출서류 및 부보조건이 까다롭고 복잡하며, 사고 후 보상까지 최소한 2개월이 소요된다.

⑦ Forfaiting의 대상은 환어음 또는 약속어음[160]이다. 단순외상매출채권, 또는 다른 연불지급 약속수단도 Forfaiting의 대상이 될 수는 있으나 취득에 있어서 복잡한 문제가 발생하기 때문에 일반적으로 국제적 관행 및 법적 지위가 확립되어 있는 환어음과 약속어음만이 대상이 된다. 그러나 신용장이 개입될 때는 환어음이 없더라도(deferred payment L/C) 신용장 개설은행의 신용을 믿고 진행이 가능하다.

⑧ 신용공여기간은 1~10년까지 다양하다. 이를 지역별로 보면 대체로 아시아 지역국가들은 1~7년의 신용을, 유럽은 1~10년, 남미지역은 1~7년까지 신용을 공여하고 있다. 이밖에 동유럽 및 독립국가 연합지역은 1~5년, 중동 및 아프리카는 1~5년까지이다.

---

160) Forfaiting에서는 약속어음과 환어음이 이용되고 있다. 약속어음(promissory note)은 어음발행인이 소지인 또는 특정인에게 일정한 금액을 일정한 시점에서 지급하겠다고 하는 약속인데 반하여 환어음은 어음의 작성자인 어음발행인이 제3자인 지급인에 대하여 어음상에 기재된 금액을 일정일에 어음상의 권리자(수취인 또는 그 지시인)에게 지급할 것을 무조건으로 위탁하는 것이다. 거래에 있어서 약속어음은 수입자가 발행하는데 반하여 환어음은 수출자가 발행한다. 그러므로 환어음은 채권자가 채무자에게 대금을 청구하는 역할을 한다. 약속어음이나 환어음의 양식은 나라마다 상이하다.

4. Forfaiting 거래의 위험요인

① 상업적 리스크(commercial risk)를 부담한다. 어음의 보증 또는 지급보증없이 포피팅을 취급하였을 때 어음지급인이 어음의 만기에 지급을 하지 못하는 경우 손실을 부담하게 되는 바 이러한 리스크를 상업적 리스크라고 한다. 이러한 리스크를 커버하기 위하여 forfaiter는 지급보증이나 Aval을 요구하게 된다.

② 국별 리스크(country risk)를 부담한다. 포피팅은 국가간 여신행위이므로 국내대출과는 달리 forfaiter가 국별위험을 부담하게 된다.

③ 통화 리스크(currency risk)를 부담한다. forfaiter가 자국통화가 아닌 외국통화로 포피팅을 취급하므로 통화리스크를 부담하게 된다.

④ 금리 리스크(interest risk)를 부담한다. 변동금리로 연불수출어음을 포피팅한 경우에는 금리 리스크를 부담하게 된다. 왜냐하면 포피팅은 고정금리만 취급하기 때문이다. 위에서 살펴본 바와 같은 리스크 중 통화 리스크와 금리 리스크를 헤지하기 위하여 swap거래가 이용되고 있다.

5. 거래비용과 수수료

1) 수출업자의 부담

(1) 할인료(discount rate)

forfaiter의 현금제공 시점부터 외상채권 만기일까지의 이자를 말하며 이 금액을 채권총액에서 공제한 나머지 금액을 forfaiter가 수출업자에게 지급하게 된다. (단, 수수료와 option Fee는 별도 계산)

- 어음액면금액×만기일까지의 일수/360×할인율(%)
- 할인율은 libor rate에 일정율을 가산한 금액으로 정해지는데 가산금액은 국가별 위험도(country risk), 수입자 혹은 신용장 개설은행의 신용도, Aval 은행의 신용도 그리고 외상기간에 따라 달라진다.
- 할인금리는 고정금리이다.

(2) **약정수수료(commitment fee)**

계약체결 시점에서 매출채권 할인시까지의 Forfaiter가 지는 책임에 대한 수수료이다.

(3) option fee

수출업자가 forfaiter에게 forfaiting 거래를 신청하여 수입업자가 수락할 때까지의 위험수당 성질의 수수료를 의미한다. 수입업자가 forfaiting 거래를 승낙하지 않으면 forfaiting 거래가 성립되지 않기 때문에 이 기간동안 forfaiter가 부담하는 위험에 대한 보상금이다. option fee는 option period가 48시간을 초과하는 경우에 한하여 부과되며 최장 1개월 이내이어야 하며 한번만 지급하면 된다. option fee는 통상적으로 어음금액의 0.125% 정도이다.

2) 수입업자의 부담

forfaiting거래에서 수입업자가 직접 부담하는 경비는 보증료뿐이다.(D/A 등 무신용장 방식하에서). 그러나 만약 수입업자가 이를 거절한다면 수출자가 이를 부담할 수 있다. 한편 신용장을 열어 주었다면 추가적 경비는 없다.

〈표 4-4〉 수입거래수수료

구분	수수료율	산 식	비 고
수입신용장 발행	개설수수료 (term charge)	발행금액x적용요율x기간(월단위)/3 ○적용요율 =기본수수료율+영업마진	○최저 : 10,000원 ○기간 - 개설수수료:월단위 - term chg : 일단위가능
	지체료 (term charge) 납부지연)	term chgarge 금액x징수당시 원화연체이율x 기징수 만료일 익일~ 징수일/365	
조건변경	증액수수료 (term charge)	- 증액금액X적용요율(기 개설수수료율)X 기간/3	- 최저 : 10,000원 - 기 징수기간까지는 월단위로 절상하여 징수하고 그 이후는 신용장 전체금액에 대하여 징수
조건변경	기한연장수수료 (term charge)	- 연장후 기한이 수수료 기징수기간을 초과하지 않는 경우 : 최저요금 징수 - 연장후 기한이 수수료 기징수기간을 초과하는 경우 : 수수료 기징수 익일~연장일까지 징수	
	기타조건변경 수수료	건당 10,000원	
인수	인수수수료	인수금액X적용요율X기간(월단위)/3 ○적용요율 =기본수수료율+영업마진	최저 10,000원
내국수입 어음인수	내국수입 유산스 이자	인수금액X적용요율X기간/360 ○적용요율 =기본수수료율+영업마진	기간: 인수일~만기일전일
수입어음 결제	환가료	어음금액X환가료X표준우편일수/360	결제조건이 송금방식인 경우 제외
	수입어음 결제유예이자	어음금액X4영업일째 일람지급환가료율 (or 대출실행이율) X 4영업일~결제일/360	
수입물품 선취 보증서 발급	수입물품선취보증서 발급수수료	건당 10,000원	수입물품선취보증료를 징수하는 경우 면제
	수입물품 선취보증료	L/G발급액X연3%X보증기간/360	- 수입물품선취보증금 적립 면제시 징구 - 최저요금 : 건당 10,000원
대지급 처리후 결제	수입어음 결제유예이자	어음금액X4영업일째 일람지급환가료율X 4영업일~대지급 전일/360	
	대지급금 이자	어음금액X원화여신연체이율X 대지급일~상환일/365	
D/P, D/A	추심수수료	추심금액 X 0.1%	최고 : 30,000원 최저 : 10,000원
기타 외화표시 지급보증	지급보증료	발행금액X적용요율X 징수기간/360 ○적용요율 =기본수수료율+영업마진	- 최저 : 30,000원 - 징수기간 : 발행일~보증 만기일

출처: 한국무역협회 무역아카데미 『무역결제와 네고실무』, 2007, p. 202

〈표 4-5〉 환전수수료

구분	수수료율	비고
외화현금매매	기준환율 X 1.90% 단, 중국위엔화(CNY)는 매입 : 기준환율 X 8.00% 매도 : 기준환율 X 4.00%	미화 30만불 상당액 이상 거래 시에는 은행 외화자금팀의 승인을 받은 시장연동환율을 적용함
여행자수표매도	기준환율 X 1.20%	
전신환	전신환 기준환율 X 0.99%	

출처: 한국무역협회 무역아카데미 『무역결제와 네고실무』, 2007, p. 202

〈표 4-6〉 수출거래수수료

구분	수수료율	산 식	비 고
신용장 통지	통지수수료 (조건변경포함)	건당 20,000원 (EDI:건당 10,000원)	
	양도수수료	– 국내양도 : 건당 20,000원(건당 10,000원) – 국외양도 : 건당 30,000원(건당 20,000원)	( )내는 조건변경시
	신용장분실 통지수수료	건당 30,000원	
수출환 어음 매입	수출환어음 매입수수료	건당 20,000원	
	일람지급 환가료	매입금액X적용요율X표준추심일수/360	하자분 : 1.5% 추가
	기한부 환가료	매입금액X적용요율X기간/360	
	우편료	지역별 특사배달료	
입금 지연	신용장방식 (하자매입분) 입금지연이자	매입금액X받을 당시 하자환가료율 X 경과일수/360	
	무신용장방식(D/P) 입금지연이자	매입금액X(받을 당시 환가료율+1.5%) X경과일수/360	
	무신용장방식(D/A) 입금지연이자	매입금액X받을 당시 외화여신연체이율 X경과일수/360	만기일 해당일은 받을 당시 환가료율 적용
	재매입, 국외양도은행앞 매입	매입금액X받을 당시 환가료율X경과일수/360	하자부 매입인 경우에는 하자환가료율
기한 연장	기한연장 환가료 (만기일 이전 연장시)	연장금액X적용요율X연장기간/360	
	기한연장 환가료 지연배상금 (만기일 경과후 장시)	기한연장환가료X외화여신연체이율 X연장기간/360	
less charge	원금	Less ChargeX대고객 전신환매도율	
	환가료	Less 금액X징수당시 환가료율 X선차기일 ~ 대기통지서 접수후 3일/360	
	지체료	(원금+환가료) X징수당시 원화연체이율X대기통지서 접수후 4일째~징수일/365	
추심후 지급	추심수수료	추심금액X0.1%	– 최고 : 30,000원 – 최저 : 10,000원
	우편료	지역별 특사배달료	
수출환 어음 부도	부도이자	부도금액X외화여신연체이율X 징수일수/360	○징수일수 · 환가료징수기간 이후 부도시 : 환가료징수 익일~환입일 · 환가료징수기간 이전 부도시 : 부도일~환입일(부도일부터 기징수한 환가료 환급)
수출 실적 확인 및 증명	수출실적 확인 및 증명서 발급수수료	건당 2,000원	

출처: 한국무역협회 무역아카데미 『무역결제와 네고실무』, 2007, p. 203

〈표 4-7〉 무역외 거래 수수료(환전, 송금, 수표매입, 추심 등)

구분	수수료율	산 식	비 고
통화매매 (원화대가로 교환하지 않는 외화대체 거래시)	외화현찰(현금) 수수료	매매금액X외화현금수수료율	○지폐 - USD, JPY, EUR : 1.5% - 기타통화 : 3% ○주화 - 매입: 50% - 매도:지폐와 동일
여행자수표 판매 (원화대가 수반 없는 외화대체 거래시)	여행자수표 판매 수수료	판매금액X여행자수표판매 수수료율	- USD, JPY,EUR : 0.7% - 기타통화 : 0.9%
당발송금	당발송금 수수료	송금금액X요율(0.1%)	- 최고 : 20,000원 - 최저 : 5,000원
	전신료	건당 8,000원	
타발송금	타발송금 수수료	건당 10,000원	○면제기준 - 미화 300불 상당액미만인 경우 - 원화대가로 매매되는 금액이 미화 2만불상당액 초과하는경우
당 · 타발 추심	추심수수료	추심금액X요율(0.1%)	- 최고 : 30,000원 - 최저 : 10,000원
외화수표 매입	환가료	매입금액 X 환가요율X 표준추심일수/360(GBP는 365)	- 환가료 : 개인수표인 경우 1.5% 가산
	매입수수료	매입금액X요율(0.1%)	- 최저요금 : 10,000원 - 최고요금 : 30,000원 단, USD 100 상당액 이하는 5,000원
	우편료	- 미화500불 이하:건당 1,500원 - 미화500불 초과 1,000불 이하 : 건당 3,000원 - 미화1000불 초과:건당5,000원	지급지가 미국이고 지급통화가 미화인 경우 면제 가능
외화수표 부도처리	부도이자	부도금액X외화여신연체이율 X징수일수/360	○징수일수 · 환가료징수기간 이후 부도시 : 환가료징수 익일~환입일 · 환가료징수기간 이전 부도시 : 부도일~환입일(부도일부터 기 징수한 환가료 환급)
대체료	대고객 대체료 은행간 대체료	대체금액X0.1% 대체금액X0.05%	
외화자금 국내이체	국내이체 수수료	송금금액X0.05%	- 최저요금 : 5,000원 - 최고요금 : 10,000원
외국환 매입증명서 발급수수료	외국환매입증명서 발급수수료	건당 1,000원	

출처: 한국무역협회 무역아카데미 『무역결제와 네고실무』, 2007, p. 204

제5장

전자결제

5.1 전자무역과 전자결제

1. 전자무역

1) 전자무역의 개요

전자무역은 물품 또는 서비스의 국가간 거래인 무역행위의 본질적 업무를 인터넷을 포함한 IT수단을 활용하여 전자적으로 처리하는 무역활동이다.[1] 즉, 해외마케팅에서 대금결제까지의 무역업무를 인터넷 등의 정보통신 수단을 이용하여 처리함으로써 보다 편리하고 신속하며 획기적인 비용절감 효과를 얻을 수 있는 무역방식이다. 최근 들어 전자무역인프라의 급속한 신장세를 반영하여 단순히 무역거래방식을 전자적으로 전환하는 것뿐만 아니라, 무역의 구조와 방식 및 프로세스를 획기적 혁신하는 것을 의미하는 것으로 전자무역에 대한 정의를 확대해석하고 있다.

국제무역거래는 매매당사자의 계약을 시작으로 계약의 이행 단계에서 다양한 관련 당사자들(은행, 운송업자, 보험업자, 관계정부기관 등)이 무역거래절

1) 대외무역법 제2조 6호에서는 "전자무역"이라 함은 무역의 전부 또는 일부가 컴퓨터 등 정보처리능력을 가진 장치와 정보통신망을 이용하여 이루어지는 거래라고 정의하고 있다.

차에 따라 개입하게 된다.

전자무역은 무역프로세스에서 발생하는 모든 정보를 전자적 방식으로 처리함으로써 무역거래의 효율성과 신뢰성을 개선하게 된다. 전자무역은 기존의 무역거래방식을 인터넷으로 전환하는 것은 물론, 더 나아가 새로운 기술에 기초하여 기존의 프로세스와 방식을 개선할 뿐만 아니라 국제무역거래 매매계약 당사자인 수출입업자의 내부인트라넷 연계를 전제로 단절없는 무역환경을 제공할 수 있다.

2) 전자무역의 절차

국제무역거래는 매매계약의 체결이전과 그 이후인 체결된 계약의 이행으로 구분될 수 있다.

[그림 5-1] 전통무역과 전자무역의 비교

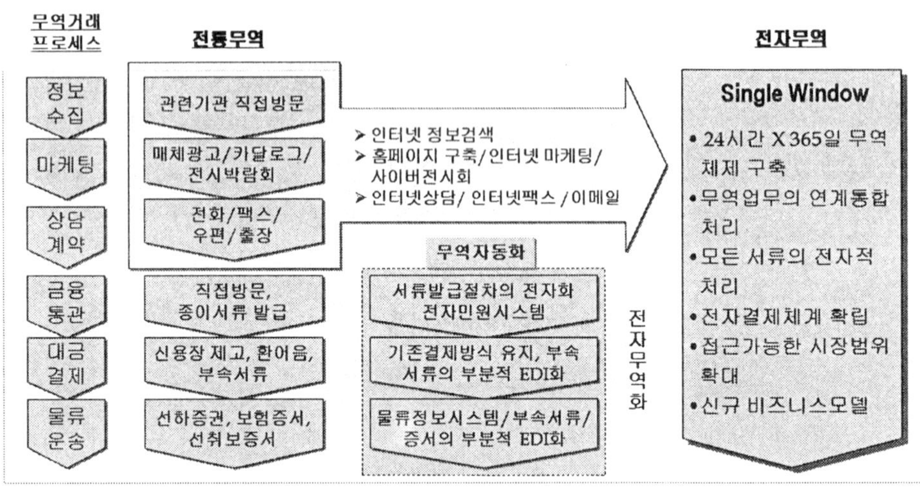

출처: 한국무역협회 무역아카데미 『전자무역』, 2006, p. 22

국제무역거래 당사자는 매매계약을 체결하기 위하여 거래상대방을 탐색, 확정한 뒤 협상을 통하여 거래대상품목 및 명세, 가격, 대금결제조건, 운송조건, 보험조건 등 계약을 이행하기 위한 거래당사자의 의무에 대한 조건을 합의한다. 그 결과 체결된 계약은 법적구속력을 갖게 되고, 계약의 내용을 이행하는 법적근거가 된다. 체결된 계약이행의 핵심은 대금결제와 운송이다. 대금결제와 운송에는 매우 다양한 방식이 있는데, 이 과정에서 외국환은행, 운송업자, 보험업자 그리고 세관 등이 관계하게 된다. 신용장 결제조건의 전통적인 무역에서는 은행이 신용장을 개설하여 대금결제와 관련된 단계가 시작되지만, 전자무역에서는 신용장을 전자적으로 대체하는 방식이 이용된다. 그리고 오프라인 상에서 제품의 선적, 수송, 하역, 검사, 통관 등의 일련의 물류과정이 온라인상에서 전자문서의 신청 및 발급으로 동시에 진행된다.

3) 전자무역의 현황

우리나라는 1991년 "무역업무자동화촉진에관한법률"2)을 제정하고 무역자동화시스템을 개발하는 등 전자무역 도입을 위하여 많은 노력과 투자를 해왔다. 전통무역 프로세스를 표준화된 EDI방식으로 전환한 무역자동화시스템은 무역부대비용을 절감하였을 뿐만 아니라 국가전자무역인프라의 기반이 되고 있다.

[그림 5-2] 우리나라 전자무역의 발전과정

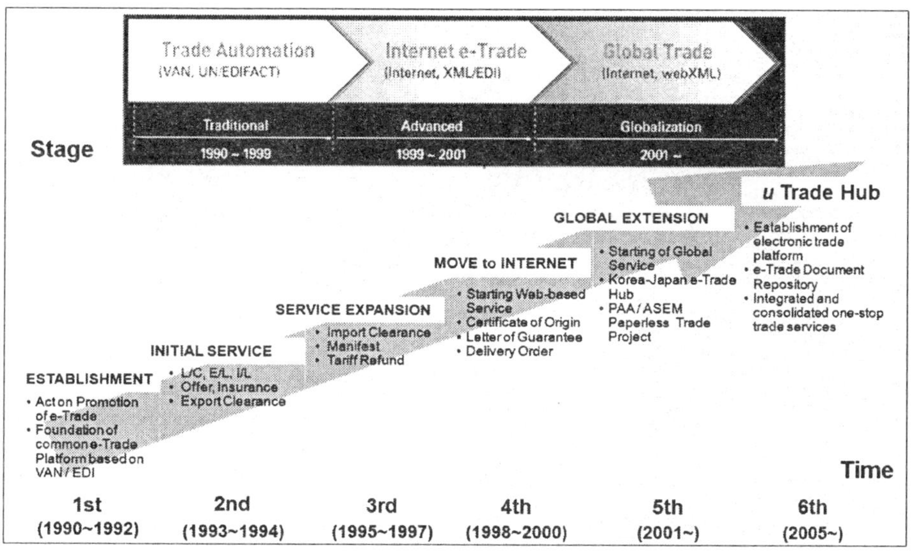

출처: 한국무역협회 전자무역추진센터, "국가전자무역플랫폼", 2007.

---

2) "전자무역촉진에 관한 법률"로 법률 명칭과 목적을 전문 개정한 바 있다.(2006. 6월 발효)

무역자동화시스템은 VAN/EDI방식에 의해 구축되어 왔다. 이 방식은 보안성 등의 측면에서 장점이 있는 반면, 구축 및 유지비용이 많이 소요될 뿐만 아니라 네트워크의 폐쇄성 때문에 전자무역의 다양한 기능을 충분히 활용할 수 있는 인프라를 제공하는데 한계가 있다.

VAN/EDI방식에서는 전통적 거래방식에서 발생하는 각종 정보수요를 전자문서 및 관련시스템을 통해 신속하고 정확하게 교환하는 수준이었으나, 인터넷 기반의 개방형 전자무역인프라는 언제 어디서나 인터넷을 통하여 시장조사에서 계약, 통관, 결제까지 모든 무역업무프로세스를 단절 없이 일괄처리(one-stop)할 수 있는 단일창구(single window)를 제공하고, 무역프로세스에 관련된 기업 간에 협업적 상거래(collaboration commerce)를 가능케 한다. 즉, 기업의 ERP시스템과 전자무역인프라 내지는 전자무역 대상기업의 시스템과의 연동을 하여, 외부의 개방형 e-마켓플레이스나 무역포탈 또는 대기업이 개설한 판매 및 구매포탈 등을 통해 무역거래가 가능하게 된다.

전자무역인프라가 국제무역활동을 지원하기 위해서는 국가간 혹은 기업간 전자무역인프라를 연계시켜야 한다. 글로벌 전자무역인프라를 구현하기 위한

[그림 5-3] 무역자동화와 전자무역인프라의 비교

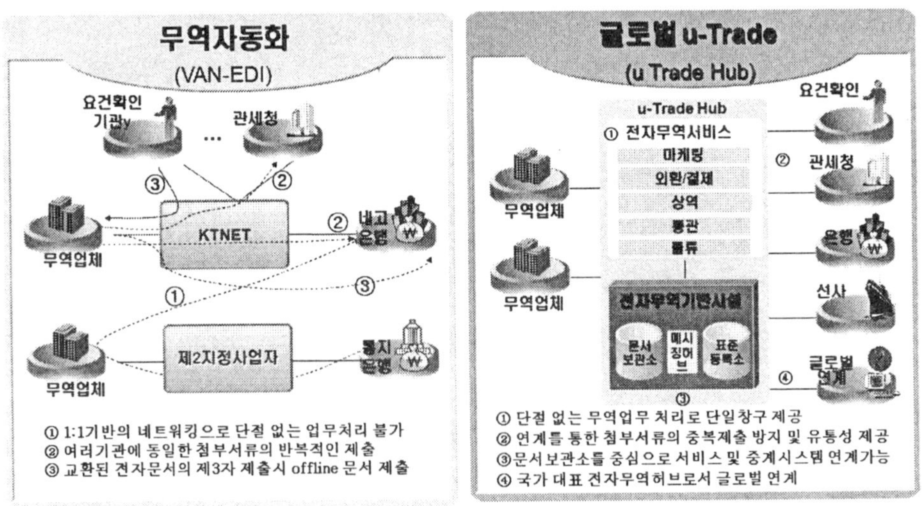

출처: 한국무역협회 전자무역추진센터, "국가전자무역플랫폼", 2007.

방법은 크게 두 가지로 구분된다. 첫째, 전통적인 방식으로서 각 국가별로 독자적인 전자무역인프라를 구축한 뒤 이를 국가간 표준설정 및 시스템간 연계를 통하여 전자무역 네트워크를 구축하는 방법, 둘째, 글로벌 차원의 단일 서비스체계를 구축하고 이에 기업이 개별적으로 가입토록 함으로써 회원기업들간에 전자무역을 구현할 수 있도록 하는 방법이 있다. 전자의 경우 각국 정부 및 국가 인프라 사업자간의 국제협약 등을 통해 진행되는 반면, 후자는 순수하게 기업간 서비스차원에서 이루어진다.

현재 진행되고 있는 글로벌 전자인프라는 다음과 같다.

(1) 범아시아 전자무역네트워크(Pan Asia e-Trade Alliance; PAA)

PAA는 서류 없는 무역실현이라는 공동 목표하에 2000년 7월 한국의 KTNET, 중국의 Kofortune, 홍콩 TradeLink, 대만 Trade-Van, 싱가포르 Crimson Logic, 일본의 TEDI, 말레이시아의 DagangNet이 주축이 되어 구축하고자 하는 국가간 전자문서교환 네트워크라고 할 수 있다. 2001년 본격적으로 회원국간 CEO가 참석하는 의사결정 협의체인 Steering Committee 회의와 실무자간 협의체인 Working Group회의에 의해 활발한 전자무역 플랫폼의 구성을 위한 논의가 진행되어 왔다.

아시아 주요국가의 전자무역 네트워크 연동을 통하여 역내 무역 커뮤니티간에 무역거래시 교환이 요구되는 문서 및 정보를 교환케 하는 범아시아 전자무역 네트워크를 구축하여 서비스하고, 역내 모든 기업들이 한 곳에서 언제든지 필요로 하는 정보를 얻을 수 있도록 하는 포털사이트를 구현하며, 궁극적으로 전자무역 네트워크서비스와 포털 서비스 및 무역 e-Marketplace 기능을 통합하는 Pan Asian Mega Portal의 구현 및 서비스 추구를 목적으로 하고 있다.

PAA 프로젝트는 역내 서류 없는 전자무역의 구현을 위하여, 주로 무역자동화와 관련된 시범사업을 진행하고 있으며 4개 부문의 working group을 구성하여 운영 중에 있다. 이러한 노력의 일환으로 현재 추진 중인 주요 업무는 글로벌 전자무역 서비스의 기반구축에 있다. 즉 인터넷을 기반으로 하는 해외 전자무역 네트워크와의 연동으로 국내의 전자무역인프라 구현에 머무르고 있는 서비스를 전 국제 무역 절차를 지원하는 국제간 전자무역 토대를 확립함으로서 무역 커뮤니티인 전자문서교환(EDI)서비스, Pan-Asia Mega Potal 서비스 등의 전자무역 서비스를 제공할 것이다.

〈PAA 서비스 현황〉

- ❑ 2004년 : 13개 업체 (국내 5개, 해외 8개), 약 3,900 건 문서 송수신
- ❑ 2005년(1~9월) : 21개 업체 (한국, 해외 13개), 약 16,000건 이상 송수신
- ❑ 주요고객
  - 국내 : 현대자동차, 하이스코, 두산, 부진전자, 하나로 TNS, 한국델파이 등
  - 해외 : 미쓰비시 상사, 스미토모 상사, 이토추마루베니 상사(이상 일본), 코치나 (홍콩), 사이노트랜스(중국), 바오텍(대만), 프리스케일(홍콩,미국 등)
- ❑ 대상서류 : 구매요청서, 포장명세서, 선하증권통지서, 항공화물운송장

(2) ASEM 전자무역 네트워크

한·유럽간 서류 없는 전자무역 네트워크는 지난 2001년 10월 서울에서 개최된 제1차 ASEM TFAP(Trade Facilitation Action Plan) 전자상거래 회의에서 ASEM 회원국간 전자무역 시범사업 추진을 제안하면서 시작되었다. 이에 영국, 독일 등 주요 EU회원국내 전자무역 서비스 파트너를 선정하였다. 독일의 DAKOSY사, 영국의 SITPRO, MCP(Maritime Cargo Process) 등이 공동 Pilot Project 진행에 합의를 통하여 한국과 독일간 자동차 업종을 우선 업종으로 지정하고, 현대자동차와 보쉬사간 자동차부품 구매업무를 시범사업으로 결정하여 invoice, packing List, dispatch notice 등 전자문서 실거래에 시범적용 하였다.

한·유럽 전자무역 네트워크 구축사업은 유럽과 한국기업간 무역업무의 전자적 처리 및 국제대금결제 업무의 구현을 위한 비즈니스 프로세스 표준, 업무 모델링, 표준체계, 인프라 구축에 초점을 두고, 비즈니스 파트너간 기존의 서류진행 방식을 전자적인 절차와 형식으로 구현하는 것이다.

한·유럽간 전자무역 네트워크 사업은 우리나라와 프랑스, 독일, 영국 등 유럽의 기업들 간에 서류 없는 온라인상의 전자무역거래 시스템을 구축하는

것으로서 산업자원부와 KTNET은 기업간 실거래에 앞서 정부간 협력을 본격화하고, 국제기구와 다자간 협력을 통하여 EU집행위 정보사회국(IST) 추진 프로그램 참여와 Pilot Project 확산을 위해 민간기업의 참여를 확대하고, e-Health, e-Learning 등 전자상거래 분야 협력을 위한 민관합동 협력 채널 설치 및 연구를 지속적으로 추진해야 할 것이다.

(3) 한 · 일 전자무역 네트워크

한·일간 무역거래를 효과적이고 낮은 비용으로 처리토록 하는 한·일간 전자무역네트워크를 구현하기 위하여, 시범사업을 기반으로 양국간 무역자동화 관련 인프라를 공유하기 위해 전략적 제휴의 차원에서 2000년 9월 한·일 정상회담에서 제안되었으며, 한국의 무역자동화시스템(KTNET)과 일본의 무역기반시스템(TEDI)간 상호 연동을 추진 중에 있다.

한·일 전자무역망 연동 추진사업의 일환으로 3개문서 표준화 및 전자적 교환의 1단계 시범사업을 완료하였다. 동 사업에는 KTNET과 TEDI, 외국환은행, 물류업체, 종합상사, e-MP 등이 참여하고 있는데, 1단계 사업으로는 현대자동차와 미쓰비시상사간의 자동차강판 수입을 시범사업으로 지정하여 선적정보안내(B/L information advice), 포장명세서(packing list), 상업송장(invoice) 등 3개 문서에 대한 표준화 및 전자적 교환 테스트를 완료하였고, 추가적으로 주문서(Purchase Order), 선하증권(B/L) 등을 포함하는 사업을 검토 중에 있다.

이와는 별도로 한국과 일본 각각에 수평적성격의 e-Trade Hub 마켓플레이스를 구축하고 상호 연동하여 이를 통해 양국의 업종별/산업별 수직적 마켓플레이스들의 회원 기업간에 상품이나 서비스를 신속하고 안전하게 전자적으로 거래할 수 있도록 하는 것을 목표로 하는 한·일 e-Trade Hub(e-Asia Marketplace)구축사업도 병행 추진하고 있다. 즉, 한국과 일본간의 전자무역 인프라 구축 사업은 추진 추체 및 목표 서비스 모델에 따라 2개의 프로젝트로 나눌 수 있는데 그 하나는, 한·일 전자무역 네트워크 구축사업이고, 다른 하나는 한·일 e-Trade Hub(e-Asia Marketplace)이라 할 수 있다.

한편, 한국전자거래협회(CALS/EC)와 일본전자상거래추진협의회(ECOM)를 중심으로 한·일 양국의 업종별 B2B 마켓플레이스를 연동하기 위한 모델로서

e-AMP가 추진되고 있다.[3] 우선적으로 기계, 전자, 전기부품업종을 대상으로 하여 상대국 기업 및 상품 검색, 수·발주업무, 입찰업무 등을 시행하고 있으며, 한·일 양국의 hub를 구축하고 각국 hub를 연동해 나갈 것으로 보인다. 또한, 한·일 양국은 전자무역 추진시에 문제시될 수 있는 언어 및 상관습의 차이 등 Asia 고유의 문제를 해결하기 위해 ebXML Asia 구축을 추진하고 있다.

[그림 5-4] uTrade Hub(Ubiquitous Trade Hub)

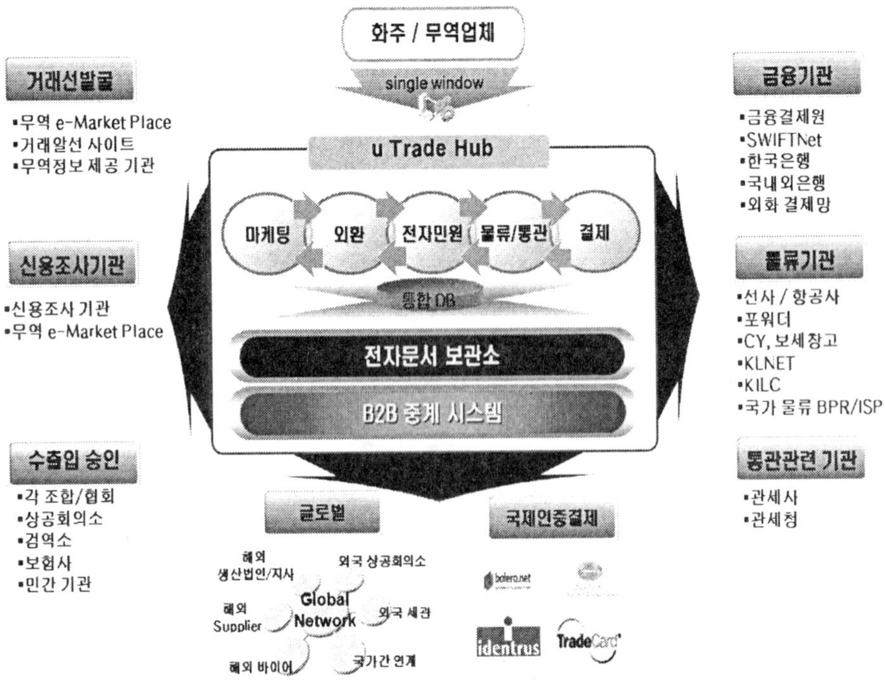

출처 : 한국무역협회 전자무역추진센터, "전자무역플랫폼", 2007.

3) 한일 e-AMP란 중소기업들이 인터넷을 이용해서 시장정보의 탐색, 거래선의 발굴, 신용조사 및 상담, 계약, 산업간 정보교류 및 협력증진 등 무역프로세스상의 계약 이전 단계에서의 무역활동을 용이하게 할 수 있도록 구축하고 있는 전자장터를 말한다. 우리나라에서는 CALS/EC 협회, KTNET, 외환은행, 대우정보, 일렉트로피아 등이, 일본에서는 ECOM, TEDI, 미쓰비시 종합연구소 등이 참여하고 있다.

2. 전자결제

전자무역의 비중이 커지게 되면 결제방식에 대한 변화가 필수적이다. 이에 따라 오프라인 상에서 이용되는 주요 결제수단의 전자화가 각국마다 추진되고 있다. 전자무역에 있어 결제방식의 변화를 추구할 수밖에 없는 이유는 기존 결제방식이 서류에 기반을 두고 있기 때문에 전자메시지를 연동시키는데 적지 않은 어려움이 있고, 이를 대체할 수 있는 새로운 방식이 출현하지 않으면 전자무역의 전체흐름이 종결되지 않기 때문이다.

국제전자무역이 활성화되기 위해서는 신뢰성 있는 국제 전자결제시스템 개발이 필수적이다. 전자결제시스템은 거래당사자에게 대금지급의 확실성과 거래의 안정성 및 신속성 보장되어야 한다. 무역결제방식의 전자화는 최근의 정보통신기술의 발달을 반영하여 기존의 결제방법인 신용장, 추심, 송금 등의 결제방법을 전자화하거나, 새로운 기술과 아이디어를 도입한 전자자금이체(electronic fund transfer), 신용카드(credit card), 전자화폐, 전자수표, 그리고 SWIFT 신용장 등이 결제 수단을 대신하는 방안 등 여러 가지가 있을 수 있다. 이러한 전자결제시스템들은 현재로는 다양한 기업들과 컨소시엄 형태로 특정국 또는 은행들이 이용하고 있으나 상관습을 달리하는 지구촌 전체의 국제상거래 당사자간에 안정성과 신뢰성을 가지고 선택할 수 있는 보편적인 글로벌 전자결제시스템은 아직 초기단계에 머물고 있다고 할 수 있다. 전자결제수단이 전 세계적으로 안전하고도 확실한 대금결제방법으로 인식된다면 소액거래까지도 포괄하는 전자무역의 활성화를 기대할 수 있다.

5.2 전자결제의 유형

1. 국내수출입 EDI서비스

1) 수출신용장 통지 업무

신용장은 우편, 텔렉스, SWIFT 등을 통해 통지되고 있는데, 현재 국제은행간 통신망인 SWIFT가 보편적으로 사용되고 있다. 현재 KTNET은 SWIFT에 의한 신용장 통지 업무를 EDI 방식으로 서비스하고 있다.

국내 통지은행이 해외 개설은행으로부터 수신한 SWIFT 전문을 전자문서로 변환하여 국내 수출업자에게 송신하고, L/C 개설수수료처럼 통지수수료도 자동이체 되거나 또는 다음 달에 일괄 납부하게 된다. 기존 방식과는 달리 통지은행을 방문하지 않고도 L/C 접수가 가능하고, 업체가 출력한 전자문서 L/C를 원본으로 사용 가능하며, 기존의 서류나 FAX와는 달리 정형화된 L/C를 수신하기 때문에 내부관리시스템과 연계도 가능하다.

[그림 5-5] 수출신용장 통지 업무

2) 수입신용장 개설 업무

수입신용장의 개설은 개설의뢰인, 즉 수입자의 요청과 지시에 따라서 개설은행이 신용장을 개설하는 것을 말하는데, 지급보증 행위의 일종이므로 개설은행은 개설의뢰인의 신용상태 및 담보능력을 고려하여 개설해 준다. KTNET은 수입신용장 개설 업무를 EDI 방식으로 서비스 하고 있다.

먼저 개설의뢰인이 개설신청서라는 전자문서를 개설은행에 보내면 개설은행은 국내 개설의뢰인에게 개설통지를 전자문서로, 해외통지은행에게는 SWIFT 전문으로 전송한다. 개설의뢰인이 개설은행을 방문하지 않고도 L/C를 개설할 수 있고, 이에 필요한 첨부서류를 따로 제출할 필요가 없기 때문에 시간 및 비용이 절감된다. 개설은행의 서류처리를 위해 여러 정보를 이중 입력할 필요가 거의 없기 때문에 해외 수익자까지의 통지기일이 통상 2일 내지 3일로 단축된다.

[그림 5-6] 수입신용장 개설 업무

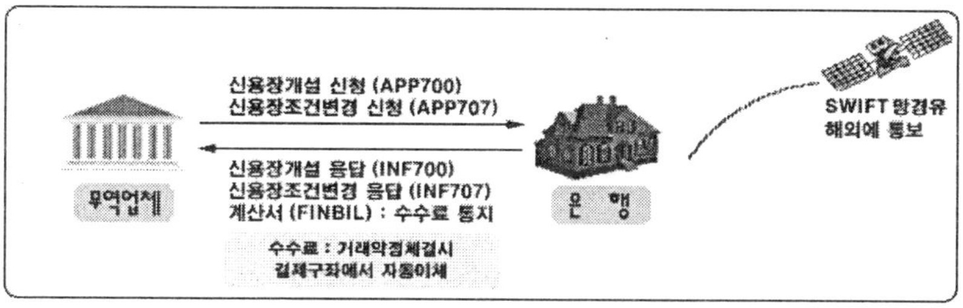

3) 내국신용장 개설/통지 업무

국내 수출업자가 수출용 원자재 또는 완제품을 조달할 때 외국환은행이 그 물품대금의 지급을 보장하는 지급보증서인 내국신용장(local L/C)은 물품공급자를 수혜자로 공급받는 자를 개설의뢰인으로 하여 발행한다.

내국신용장 수혜업체는 공급하고자 하는 물품의 오퍼를 개설업체에 전송하고, 개설의뢰인은 내국신용장 개설(변경)신청 전자문서를 개설은행에 송신하면, 이를 수신한 은행은 개설의뢰인과 수혜업체에 내국신용장 개설(변경)내역을 전자문서로 송신한다. 개설시 첨부서류 중 물품매도 확약서는 제출이 생략되며 입력항목 중 공급물품은 개설하고자 하는 물품의 대표상품명만을 입력하게 된다. 수혜업체는 물품을 공급하고 전자세금계산서를 개설업체에 전송하고, 개설업체는 전자인수증을 수혜업체에 전송한다. 수혜업체는 내국신용장

[그림 5-7] 내국신용장 개설/통지 업무

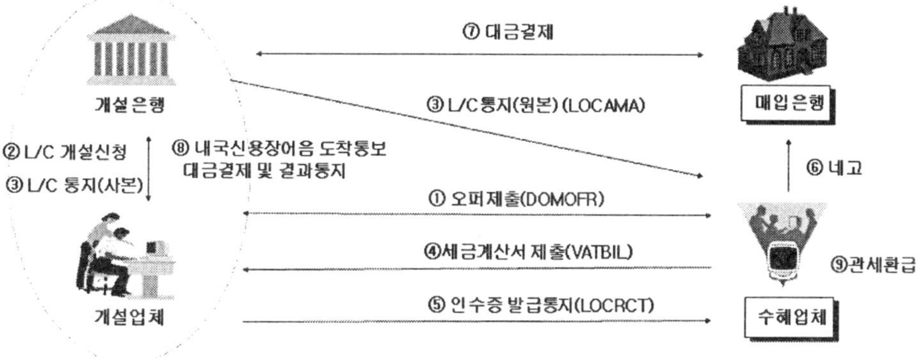

환어음매입(추심)신청을 하고, 매입은행은 매입/추심에 대한 전자매입계산서를 전송한다. 개설업체는 개설은행으로부터 어음 및 서류의 도착 통보를 받으면 지급지시서 등을 이용하여 결제한다.

4) 외화획득용 원료(물품)구매확인서 업무

국내에서 외화획득용 원료 등을 구매시 무역금융 한도의 부족 또는 단순송금방식 수출의 경우로 내국신용장 개설이 불가능 할 경우 물품공급자에게 구매확인서를 발급하여 수출 실적을 인정받을 수 있다.

구매확인서 방식에 의해 외화획득용 원료 등을 공급하는 자는 공급하고자 하는 물품의 오퍼를 구매자에게 전송하고, 구매자는 외화획득용 원료(물품) 구매확인신청 전자문서를 은행에 송신하며 이를 수신한 은행은 공급자와 구매자에게 외화획득용 원료(물품)구매확인서를 전자문서로 송신한다. 공급자는 물품을 공급하고 세금계산서 전자문서를 구매자에게 전송한다. 구매자는 공급자에게 대금지급을 지급지시전자문서로 은행에 지급지시하고, 은행은 지급지시 결과를 구매자에게는 출금통지를 하며 공급자에게는 입금통지를 전송한다.

구매확인서 발급신청시 부대서류를 따로 제출할 필요가 없어 신속한 업무처리, 비용 절감 등이 가능하다. 또한 외화획득용 물품공급 계약서, 외화매입증명서, 소요량증명서, 수출신용장, 수출계약서 등 발급 근거서류 등은 징구가 생략되며, 관련업무 서류 전달을 위한 방문횟수가 감소하는 효과도 기대된다.

[그림 5-8] 외화획득용 원료(물품)구매확인서

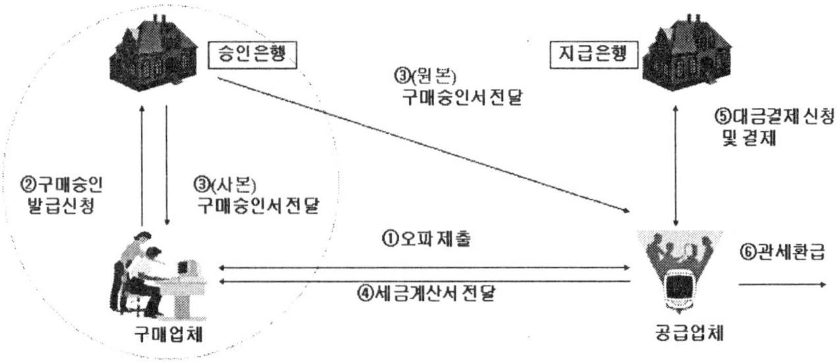

5) 계산서 업무

무역업체가 신용장 또는 내국신용장을 EDI 방식으로 처리하면서 통지(개설)수수료, 네고 영수증을 받으러 재차 은행을 방문해야 했던 불편함을 해소하기 위해 은행이 계산서 및 출금통지서를 EDI방식으로 직접 전송할 수 있다.

무역업체가 수출물품을 선적한 후 nego 서류를 구비하여 매입은행에 수출환어음 매입신청을 하여, 환가료 등 수수료를 공제한 후 nego 대금을 수령한다. 매입은행은 nego 상세내역을 당일 또는 익일에 수출환어음매입 계산서를 이용하여 무역업체에 전송한다. 상기업무 이외에 내국신용장어음 매입(추심), 수입신용장 어음 결제/개설/변경, 내국신용장어음 결제/개설/변경 등의 업무에도 적용가능하다. 자체 입력정보의 80% 이상을 재입력할 필요가 없어지며, 회계 결산 기일을 1주일 단축하고, 비용분석능력 제고로 불필요한 금융비용의 발생을 방지하는 효과도 있다.

[그림 5-9] EDI 세금계산서

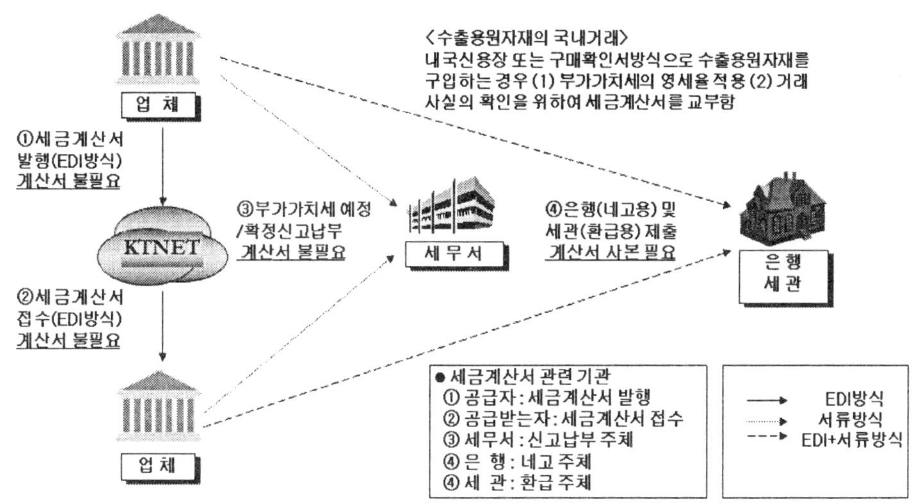

6) 입출금통지서 업무

수출대금이 해외은행으로부터 매입(추심 포함)은행에 입금되면 매입은행은 수출대금의 입금사실을 무역업체에게 통지한다. 수출대금이 입금되면 매입

(추심)은행은 입금일자, 입금금액 등을 통지하고, 외국환 수수료, 대금결제금액 등 지정계좌로부터의 출금내역을 무역업체에 통지한다. 이를 통해 네고입금확인이 불필요하여 관리인력 절감, 수출건의 종결여부를 자동으로 확인이 가능하고, 미결건의 조기 확인으로 인한 입금 지연이자 등의 절감 가능하며, 이체결과를 자동으로 확인할 수 있다.

[그림 5-10] 입출금통지서 업무

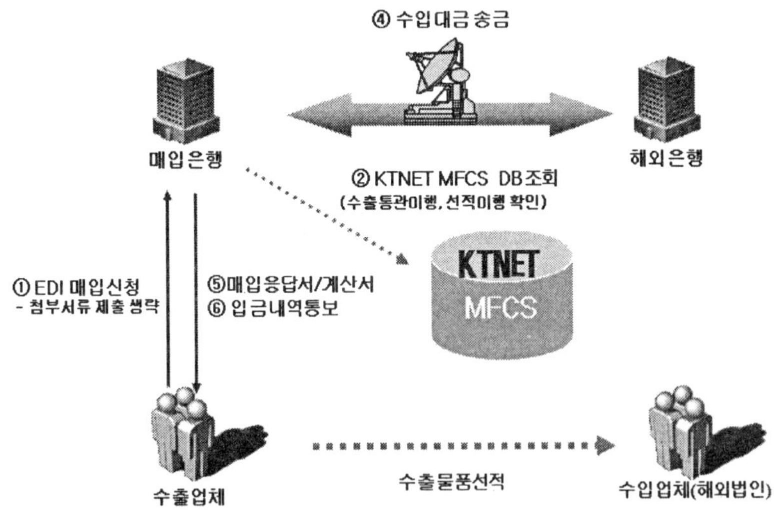

출처: 한국무역정보통신, "전자무역 「e-Trade」 추진현황 및 성과", 2007.

7) 지급지시서 업무

수입자는 개설은행을 통해 개설한 수입신용장에 대한 환어음이 해외의 매입은행으로부터 내도하면 이를 검토하여 결제한다. 수입자는 지급지시서를 통해 해당건의 결제를 개설은행에 지시하고, 개설은행은 수입자의 지시에 의해 수입대금을 수입자의 계좌로부터 결제하고 그 결과를 출금통지서를 통해 수입자에게 통보한다.

이 방식을 통해 가능한 결제업무는 sight L/C(자기자금, 무역금융, 일반대출), D/P(자기자금, 무역금융, 일반대출), usance L/C, D/A(자기자금), local L/C(무역금융, 자기자금), 내국수입 usance, 외국환 수수료 등이다. 이 경우 수입대금 결제를 위해 은행을 방문하지 않아도 되므로 시간 및 교통비 등이 절감된다.

[그림 5-11] 지급지시서 업무

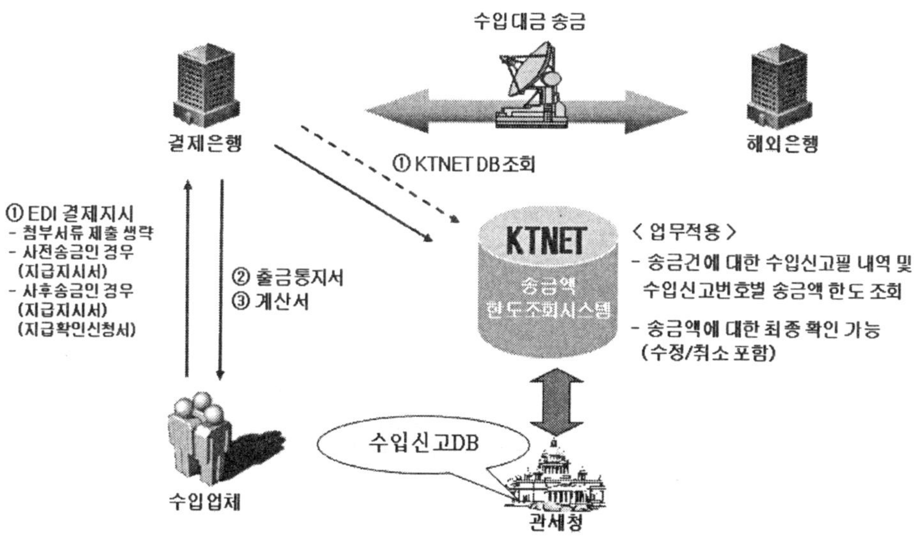

출처: 한국무역정보통신, "전자무역 「e-Trade」 추진현황 및 성과", 2007.

8) 수입화물 선취보증 업무

수입화물이 수입지에 도착하였으나 선적서류 원본이 도착되지 않아 수입업자의 수입화물인수가 불가능할 경우 수입업체는 수입화물선취보증서(Letter of Guarantee; L/G)를 은행에 신청하고, 은행이 보증한 수입화물선취보증서를 운송인 앞에 제출하여 수입서류 결제전에 수입화물이 수입업자에게 인도되도록 하는 업무를 말한다.

수입업체는 수입화물선취보증신청서를 개설은행에 EDI로 전송하고, EDI로 처리가 불가능한 B/L 사본 등은 FAX로 송부한다. 관련 수수료 및 수입보증금 등은 외국환수수료 납부를 위한 지급지시서 전자문서를 사용한다. 또한 L/G 신청시는 선박회사(또는 항공회사)의 EDI 수·발신 식별자를 명시하여 신청한다. 개설은행은 수입화물선취보증서를 신청인 및 운송인 앞으로 EDI로 전송한다. 이러한 절차를 통해 개설은행을 방문하지 않고도 L/G발급이 가능하고, 수입업체는 L/G를 운송인에게 직접 제출하는 절차가 생략된다.

[그림 5-12] 항공수입화물 선취보증 업무

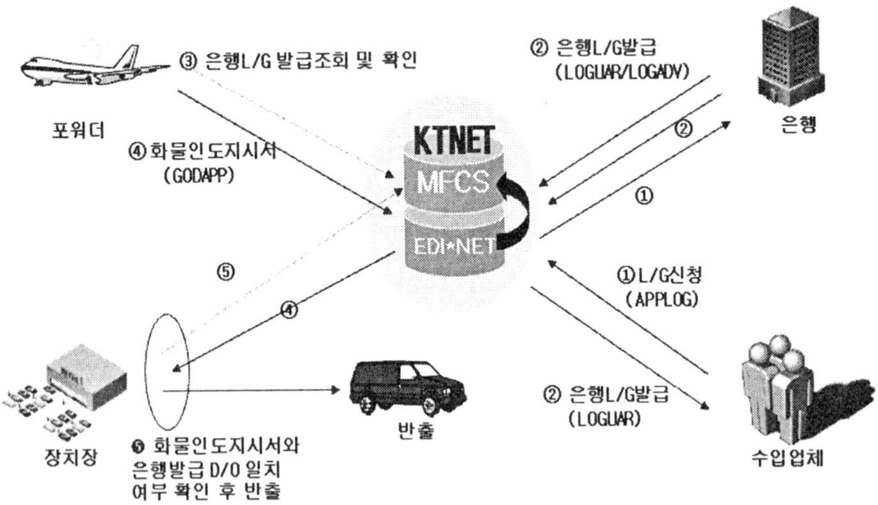

출처: 한국무역정보통신, "전자무역 「e-Trade」 추진현황 및 성과", 2007.

[그림 5-13] 해상수입화물 선취보증 업무

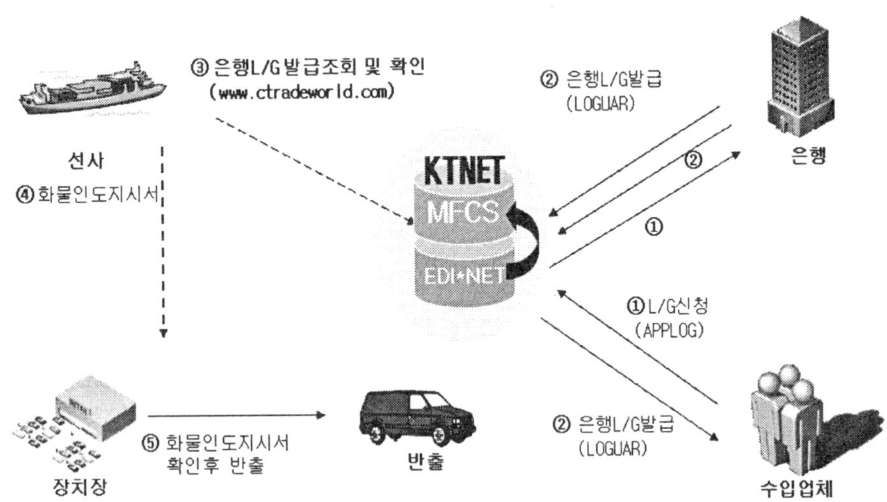

출처: 한국무역정보통신, "전자무역 「e-Trade」 추진현황 및 성과", 2007.

2. 세계적 전자무역결제시스템

세계 전자무역시장의 선점을 위하여 전자무역결제시스템 개발경쟁이 격화되고 있다. 인터넷을 기반으로 한 개방형 네트워크 형태로서 국제간 은행 및 기업이 연계된 글로벌 모델구축이 각 국의 은행이 중심이 되어 진행되고 있다.

현재 전자무역 결제시스템의 큰 축으로는 국제결제망인 스위프트(SWIFT)의 개방형 모델인 SWIFTNet[4]의 결제시스템인 "epaymentPlus", 선하증권의 온라인화를 시작으로 구축된 스위프트의 자회사인 볼레로(Bolero)의 "볼레로시스템", 기업신용카드 모델을 활용해서 신용장의 전자화 등 국제무역을 지원하는 "TradeCard" 그리고 Identrus의 "Eleanor" 등이 있다.

1) epaymentPlus

epaymentPlus는 SWIFTNet이 제공하는 글로벌 B2B 대금결제 솔루션으로서 전자무역의 대금결제와 관련된 업무처리를 은행과 연동하여 자동처리하는 점을 특징으로 하고 있다. 아이덴트러스의 "eleanor payment"와 유사하게 payment order를 결제수단으로 사용하고 있으며, 지급의 보호는 condition option 및 은행의 보증으로 이루어지며 선적서류확인은 epaymentplus가 조건이행을 확인하도록 하고 있다.

주요 제공서비스로는 secure messaging, 인증서비스(trustact), 표준화된

---

4) 현재 스위프트는 은행간의 금융데이터 전산망이어서 대고객과 직접 연결되지는 아니한다. 따라서 은행이외 증권, 보험, 카드, 일반기업 등은 은행에 외환 메시지를 보낼 때 오프라인 종이로 된 문서를 보내야 한다. 까다로운 문서작성규칙과 형식을 엄격히 지켜야 하는 것도 문제다. SWIFTNet은 개방성과 저비용 통신수단으로 떠오르는 인터넷 등의 신기술을 도입, 기존 SWIFT의 FIN서비스에서 사용하고 있는 은행간 폐쇄형 전용선방식(X.25 프로토콜)의 자금결제 네트워크(clearing system)를 확대하여 은행뿐만 아니라 기업고객이 직접 인터넷을 통해 접속할 수 있도록 웹(Internet Protocol; IP) 기반의 보안성과 신뢰성이 뛰어난 차세대 네트워크인 SIPN(Secure Internet Protocol Network)으로 교체함으로써 store & foward 및 실시간 상호교환방식의 통신 서비스를 제공할 수 있도록 하는 메시지 처리 솔루션이다. SWIFT가 SWIFTNet으로 전환하면 은행 이외 금융기관(증권 보험 카드사 등)과 기업들도 은행과 온라인으로 외환 메시지를 처리할 수 있게 된다. 온라인 외환 메시지 사용자의 범위가 은행 이외 금융기관과 일반기업들로까지 확대되는 것이다.

통신망 제공, message 및 상거래 정보의 안전한 저장 등이다.

epaymentPlus는 기존 오프라인 상의 스위프트망이 있기 때문에 기존의 대금결제시스템과의 연계가 용이하며 실제적으로 후술하는 아이덴트러스의 "4-코너 모델"에 비해 SWIFT에 한 번 더 접속과정을 거치는 "5-코너 프로세스" 흐름을 따르고 있다. 그러나 이러한 프로세싱을 따르면 모든 거래가 SWIFTNet이라는 허브를 거쳐 처리되기 때문에 각 은행이 인증기관은 될 수 없는 단점이 있다.

여기서 TrustAct는 아이덴트러스를 기반으로 하여 epaymentPlus를 가능하게 해주는 서류 전달 체계로서, 은행과 고객 사이의 각종 결제 및 Trust에 관련된 디지털 메시지의 안전한 전달을 목적으로 하고 있다. SWIFT는 전자자료 교환에 대한 국제적인 공신력을 기반으로, epaymentPlus에 인증서비스인 TrustAct를 부가하여 고도의 보안과 공증이 필요한 무역관련 서류의 전자적 교환업무에 적용하고 있다.

[그림 5-14] epaymentPlus Process

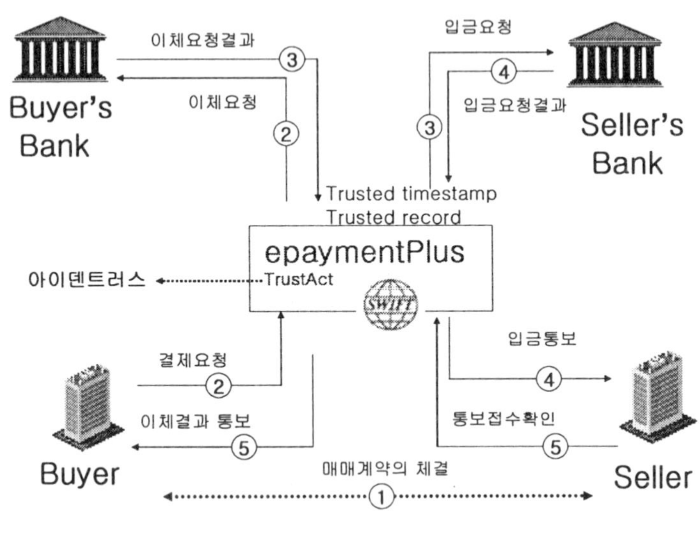

[그림 5-15] TrustAct Process

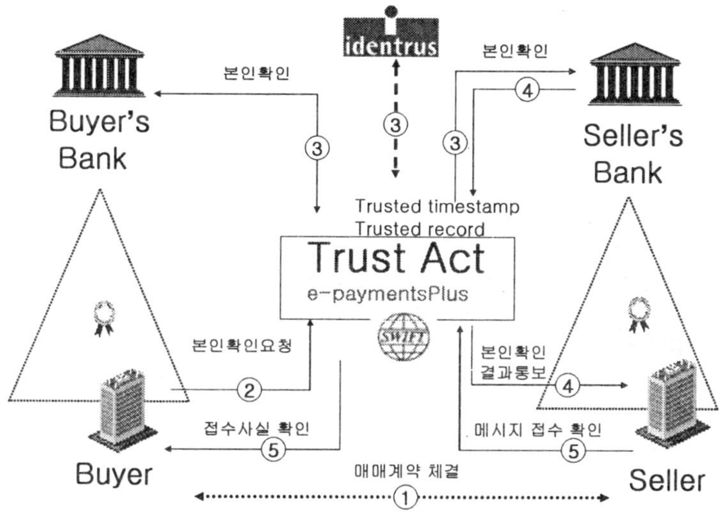

2) Eleanor Payment

Identrus는 세계굴지의 은행들이 설립한 국제간 결제시스템으로 표면적으로는 전자서명의 인증기관으로 알려져 있으나 거래 및 대금의 지급을 보증함으로써 회원간의 국제무역거래에서 결제가 신속하고 원활하게 이루어질 수 있도록 서비스하는 조직이다. Identrus는 Identity와 Trust의 합성어로 "신원에 대한 신뢰를 보증하는 시스템"이란 의미를 내포하고 있다.

Identrus의 특징은 철저한 신용조사를 거쳐 거래한도를 부여받은 기업들간에 한도 이내의 거래에 대하여 불필요한 절차를 생략하고 전자적 방법을 이용하여 빠른 속도로 대금결제를 해주며, 문제가 발생할 경우 이를 배상해주는 시스템이다.

(1) Identrus 전자인증 기반 지불 프레임웍

Eleanor payment는 Identrus를 설립한 세계 주요 은행들이 글로벌 B2B payment를 위해 고안한 것으로 Identrus가 제공하는 전자인증 기반에서 레벨1 은행(CA 회원)에 공급할 수 있는 지불 프레임웍(payment frame work)이다. 각각의 은행 결제시스템을 연결하는 뱅크투뱅크(bank to bank) 모델로써 전자수표(e-check), 전자결제(e-payment)같은 결제수단을 포함하고 있다. XML기반과 Bank to Bank 모델인 Eleanor payment시스템이 구현되면 스위프트(SWIFT)와 같이 기업간 국제 결제시 사용되던 표준전문을 사용할 필요없이 기업간(buyer와 seller)에 온라인 구매 또는 무역거래에 따른 온라인 결제가 가능해진다. 이 경우 결제여부를 은행이 아닌 기업이 따지게 되고 은행은 결제 인프라를 제공하는 역할에 충실하게 된다. Eleanor payment는 기존 은행의 결제시스템을 글로벌 payment시스템으로 연계, 확장시킬 수 있는 기반을 제공하며 기본적으로 Identrus 4-코너(Corner)모델의 프로세스 흐름에 따른다. 결제방법은 payment order를 사용하며 condition 이행조건부 결제방법에 해당한다. 지급의 보호는 payment condition option 및 은행의 보증을 통해서 하며, 선적서류의 확인은 당사자가 Eleanor시스템에서 확인하도록 되어 있다.

[그림 5-16] Eleanor Payment Process

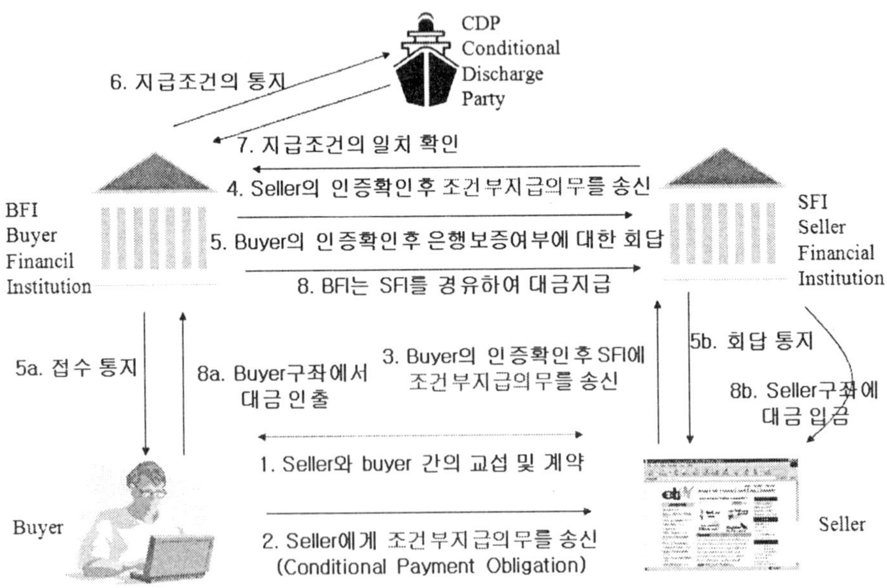

(2) Eleanor Payment와 epaymentPlus간 결제기반 선정 문제

국내은행과 외국은행들간 제휴사업이 활성화되고 국제 B2B거래가 증가하면 어떤 결제수단을 사용하는가가 은행들의 비즈니스 모델 및 상품 개발에 중요한 기준으로 작용하게 된다. 각 나라마다 공통된 형식의 지불 결제시스템을 갖고 있는 은행들은 보다 원활하게 공동 프로젝트를 진행할 수 있기 때문이다. 현재 은행간 국제 B2B(전자무역) 결제시스템으로는 Identrus의 Eleanor Payment와 SWIFTNet의 epaymentPlus가 상호 경쟁을 하고 있는 상황이다. XML과 웹의 개방적 특성으로 무장한 Identrus가 전세계 금융관련 외환메시지를 독점적으로 처리해 온 스위프트에 맞서 가장 큰 위협을 주는 경쟁자 관계로 부상하고 있다. SWIFT는 Identrus에 맞서 SWIFTNet으로의 전환을 재촉하고 있으며 결제기반으로 epaymentPlus를 개발하고 있다. 그러나 Eleanor payment가 보다 먼저 개발되었으며, Identrus 인증을 사용하는 세계적인 금융기관들이 Eleanor payment를 선호하고 있는 상황이다.

3) Bolero SURF

(1) Bolero의 개념

Bolero(Bill of Lading for Electronic Organization)는 1990년에 제정된 CMI 규칙[5]이 운송인과 은행으로부터 적극적인 지지를 받지 못하자 1999년 SWIFT와 TT Club[6]이 공동출자하여 Bolero International Ltd.를 설립하게

---

5) 국제해사위원회(CMI; Committee Maritime International)는 1990년에 컴퓨터 통신기술의 발달과 도입 따른 EDI 방식의 무역시대에 전자식 선화증권의 유통성을 보장하기 위하여 "전자식 선화증권에 관한 CMI 규칙"을 채택한 바 있다.

6) TT(Transport Through) Club은 1968년 5월 영국의 3개 P&I Club(UK, West of England 및 Standard P&I Club)의 합작으로 설립된 상호보험조합으로서 설립 당시의 정식 명칭은 Through Transit Marine Mutual Assurance Association Ltd. 였으나, 1977년 1월부터 Through Transport Mutual Insurance Association으로 개칭하여 오늘날까지 사용하고 있다. TT Club은 설립 당시 세계 해운업계에 컨테이너화물운송을 중심으로 한 국제복합운송이 출현하자 복합운송인의 책임을 담보할 목적으로 설립되었다. 주요 담보위험은 복합운송인이 책임을 부담하는 운송구간에서 발생한 화물의 손해에 대한 책임, 컨테이너를 포함한 각종 장비의 물리적 손해 및 컨테이너 및 장비의 사용에 따른 인명피해 또는 제3자의 재산손해에

된다. 볼레로넷 서비스는 선하증권을 포함한 무역관련 서류를 전자결제로 대체하는 것을 목표로 무역서류의 전자화를 통해 무역거래 당사자뿐만 아니라, 은행, 운송사 등을 지원하는 인터넷 기반의 무역결제 네트워크이다. 볼레로넷의 서비스는 국제물품매매, 운송, 보험 및 결제 등 무역거래에서 전통적으로 사용해온 종이서류를 표준화된 전자문서로 대체하여 인터넷을 통해 관계당사자에게 전송함으로써 거래하는 방식을 사용하고 있다.

볼레로시스템의 대금결제는 거래은행간 SWIFT를 통해 이뤄진다. 기존의 모든 절차를 유지하면서 종이서류를 전자서류로 대체하는 것이지만 국제적으로 표준화된 서류를 인터넷으로 전송한다는 점이 다르다.

볼레로의 주업무는 권리등록업무와 인증업무이며, 이 시스템의 기능은 Bolero Bill of Lading(BBL)을 통하여 달성된다. Bolero Rulebook[7]의 권리이전의 메카니즘은 경개(novation)와 양도승계(attornment)의 법리에 따른다. 볼레로는 중립적인 제3자로서 전자 선하증권 배서의 연속성을 보장하며 거래의 보안성과 인증된 정보교환, 서류교환 제공이 핵심을 이루고 있으며, 법적기반인 시스템의 이용자에 대한 모든 권리와 의무는 Bolero Rulebook의 규정에 따른다.

대한 책임 등이다. TT Club의 회원 또는 피보험자는 컨테이너선 운항업자, 운송주선업자, 컨테이너 터미널 운영업자 및 항만당국을 포함하고, 현재 컨테이너선단의 2/3, 1,725개의 항만시설 및 5,890개 운송업자에 대하여 책임상호보험을 제공하고 있다.

7) 볼레로는 1995년에 법적, 기술적 타당성 검토를 위한 테스트를 거친 뒤, 1999년 전 세계 18개 국가의 무역 관할권에 대하여 법률 분석과 타당성 조사를 통해 Rule Book을 개발, 시범서비스 기간을 거쳐 현재 상용서비스를 추진하고 있다. 볼레로의 법률적 기반은 상품계약, 운송계약, 보험계약 등 자산에 대한 소유권에 관련된 문서의 전자적 교환에 필요한 규정을 Rule Book에 두고 있다. Rule Book은 참여자들의 계약관계를 규정한 다자간 계약체계이며 볼레로 서비스에 참가하기 위해서는 의무적으로 서명해야 한다. Rule Book에 한번 서명하는 것으로 모든 Bolero 가입자와 자동적으로 다자간 거래 약정을 체결하는 효과가 부여된다. Bolero는 이를 통해 어떤 분쟁도 해결이 가능한 분쟁해결체계를 갖추었는데 각 국의 다양한 관련 법률의 조정·개선 없이도 당사자간 계약에 의하여 무역거래에 대한 법적 효력 부여가 가능해진 것이다.

(2) SURF의 개념

SURF(Settlement Utility for managing Risk & Finance)는 bolero.net의 코어 메시징 플렛폼에서 제공되는 서비스를 이용하여, 수출업자와 수입업자간 약정서에 포함된 선적서류의 일치성 여부를 확인하므로 자동화된 결제과정을 수행하려는 서비스이다. 즉, SURF는 볼레로넷 시스템을 기반으로 하여 수출자와 수입자간 지급확약이 포함된 선적서류(상업송장, 포장명세서, 선화증권 등)의 교환을 관리함으로써 자동화된 무역결제과정을 수행하는 서비스이다.

SURF는 무역서류의 자동일치를 보장하고 서류결제와 관련된 일련의 흐름을 관리하는 시스템이다. 수출자가 선화증권을 포함한 무역서류를 전송하면 이 시스템은 서류일치를 체크하고 이상이 없으면 보증은행 또는 구매자에게 결제를 요구한다. 결제가 이뤄지면 선화증권을 포함한 무역서류가 이를 통해 구매자에게 전송된다. 은행과 기업간 또는 은행과 은행간의 자금이체는 기존의 방식대로 이뤄진다. 전자무역에는 전자서류의 확인과 전송이 무엇보다 중요한 만큼 이를 각 은행에 맡기기보다 SURF가 대신해 주는 것이다.

SURF가 지원하는 결제방식에는 open account, advance payment, documentary collections, documentary credits, Standby L/C 등이 있다.

(3) Bolero SURF 결제절차

① 당사자간에 매매계약체결을 체결한다.

② 수입업자는 SURF에 SURF proposal(접속 및 청약)을 제출한다. SURF proposal 양식에는 purchase order에 있는 정보들은 이전될 수 있다.

③ SURF는 수출업자에게 proposal에 대해 승낙할 것인지를 확인하고, 수출업자가 proposal에 승낙하면 SURF agreement가 성립하게 된다. SURF는 SURF agreement와 대조해서 선적서류들의 내용을 점검하게 된다.

④ SURF는 수입업자의 거래은행에 지급확약을 할 것을 요청하고, 수입업자의 거래은행은 조건부지급확약을 한다. SURF는 수입업자의 거래은행 지급확약을 했음을 수출업자에게 통지한다.

⑤ 수출업자는 선적 후 SURF에 선적서류제시를 제시한다.

⑥ SURF는 수입업자에게 선적서류가 제시되었음을 근거로 대금지급청구를 한다.

⑦ 수입업자는 거래은행에 대금결제지시를 내린다.

⑧ 수입업자의 거래은행은 SURF에게 대금지급 할 것을 확약한다.

⑨ SURF는 수입업자에게 선적서류를 전달한다.

⑩ 수입업자의 거래은행은 수출업자의 거래은행에 대금을 이체한다.

⑪ 수출업자의 거래은행은 수출업자에게 대금이 입금되었음을 통지한다.

[그림 5-17] SURF에 의한 결제절차

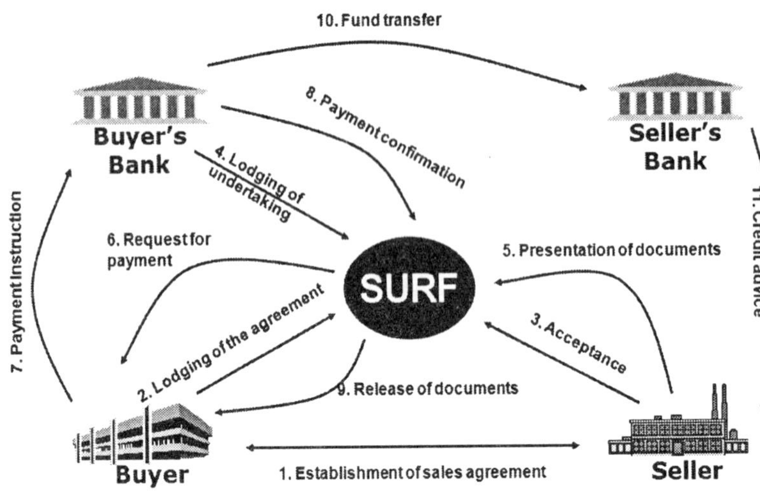

볼레로시스템은 무역거래를 전자서류로 바꿀 수 있다는 장점 때문에 무역거래 당사자의 많은 관심을 끌고 있다. Bolero는 다년간 국제은행간 메시지 전송을 담당하고 있는 SWIFT의 금융 표준화 기술이나 노하우의 지원을 받고 있어 더욱 신뢰감을 더하고 있다. 또한 EDIFACT 표준을 사용하고 있기 때문에 서비스 개선을 위한 비용도 줄일 수 있다.

한편, 볼레로는 기존 무역절차를 전자 문서화하여 결제부분은 은행에 맡김으로써 기존 조직의 호응도를 제고하고, 기존 무역관련 조직의 저항이 적어 빠르게 상용화할 수 있다.

그러나 볼레로 시스템의 연회비(5천~25만 US$) 및 수수료는 중소기업에게 큰 부담으로 작용하여 고객은 주로 대기업으로 한정된다. 더구나 기업, 은행, 선박회사, 보험사 등이 모두 회원으로 가입돼 있어야 서비스가 가능하고, 거래 당사자들이 볼레로를 전면 채택하지 않는 한 당분간 서류작업과 병행해야 하는 약점이 있다.

4) TradeCard

(1) TradeCard의 개념

TradeCard는 신용장결제제도의 서류심사 문제점에 착안하여 고안된 시스템으로서, 이러한 결함을 제거함과 동시에 정보통신분야의 발전된 기술을 무역거래에 수용한 새로운 결제방법이다. 수출입서류의 전송과 대금결제방법을 전자화하고 무역서류의 전자화 및 서류 점검절차의 자동화를 구현하였다.

[그림 5-18] TradeCard의 역할

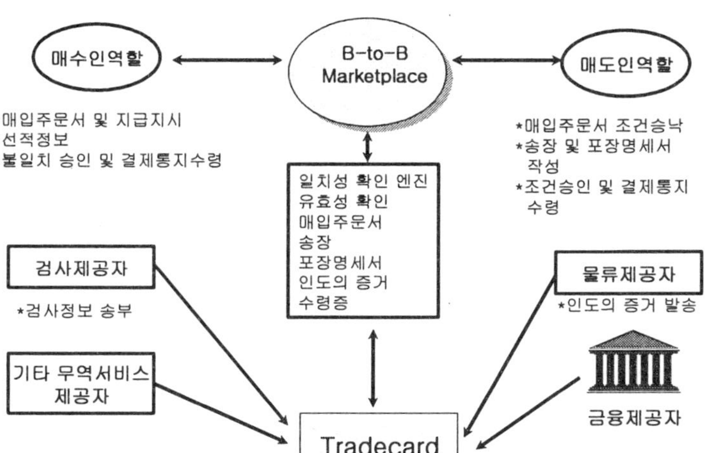

* Tradecard사 역할 : 일치성 대조, 국제결제제공자에게 결제명세 발송

(2) TradeCard의 거래절차

TradeCard의 국제간 금융결제는 은행간 전자결제시스템인 ACH(Automatic Clearing House)와 여행자수표로 유명한 미국의 토머스쿡이라는 국제결제회사를 결합하는 방식으로 결제문제를 해결하고 있다. 토머스쿡은 구매자의 계좌에서 출금하여 판매자의 계좌에 입금함으로써 TradeCard시스템의 핵심 결제기능을 제공한다. Trade Card시스템은 계약이 준수되거나 불일치 사항이 해결되는 대로 토머스쿡에게 지불지시를 보낸다. 토머스쿡은 이 지시를 받는 즉시 구매자에게는 출금처리를, 판매자에게는 입금처리를 지시한다. 토머스쿡의 국제지급네트워크는 전 세계 어느 은행과도 업무가 연계돼 있으며 외환업무도 취급한다.

지급의 확약은 프랑스의 신용보험회사인 Coface가 담당하고 있다. Coface는 "@rating서비스"를 통하여 구매자를 평가하며, 계약준수가 이루어지는 대로 구매자의 "@rating" 사용한도까지의 송장금액에 대한 지급보장을 판매자에게 한다. 구매자가 지급을 이행하지 않는 경우 Coface는 선적물의 부보된 금액한도까지 판매자에게 변제해준다.

무역카드 시스템은 은행의 신용보증기능을 활용하면서도 전 거래과정이 보험으로 처리돼 수출입대금을 떼일 염려가 전혀 없다. 거래방법도 수출입 오퍼 및 인콰이어리만을 웹상에서 교환하고 나머지 과정은 기존 무역방식을 사용하는데 반해 신용장 개설 등의 과정을 없앴다. 수입업체는 수입신용장을 개설하지 않고 거래은행으로부터 신용한도만 받으면 된다. 그 다음 물품 구매서를 트레이드카드 운용회사로 보내면 운용회사는 은행으로부터 신용을 확인한 다음 수출업체에 전달한다. 수출업체의 경우 은행을 거치지 않고 트레이드카드 운용회사로 관련 서류를 전송하면 운용회사는 전송된 서류를 심사, 수입업체 거래은행에 대금지급을 요청하면 결제가 이뤄진다. 이후 수출업자는 자신의 거래은행으로부터 대금을 지급 받으며, 수입업자는 운송(주선)인으로부터 물품을 인도 받는다. 만일 수입업자의 거래은행에 자금이 입금되지 않는 경우 지급보증기관은 수입업자를 대신하여 대금을 입금한다.

[그림 5-19] TradeCard의 무역거래절차

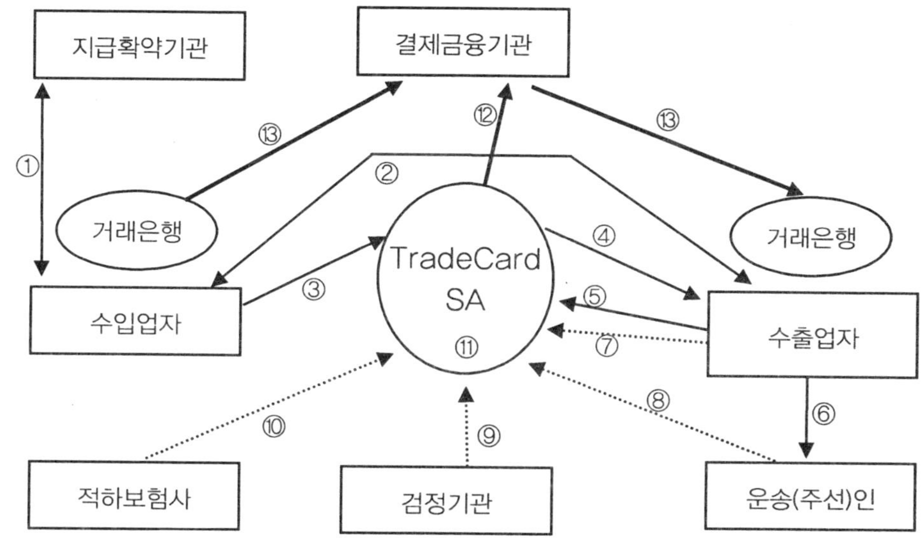

① 수입업자는 지급확약기관(Coface)에 신용평가를 신청하고, 신용한도를 배정받음

② 수입업자와 수출업자는 무역거래조건을 협상 및 합의

③ 수입업자는 주문서(Purchase Order)를 작성해서 디지털서명을 첨부하여 TradeCard의 중앙정보처리장치(System Administration : SA)로 전송

④ TradeCard SA는 P/O의 기재내용과 수입업자의 신용한도를 검토한 후 이를 수출업자에게 전송

⑤ 수출업자는 이를 확인하여 전자서명 후 TradeCard SA로 전송함으로써 무역계약체결

⑥ 수출업자는 운송(주선)인에게 화물을 인도하고 선적지시를 한다.

⑦ 수출업자는 상업송장 및 포장명세서 등의 서류를 TradeCard로 전송

⑧ 운송(주선)인은 화물을 선적한 후 선적관련정보를 TradeCard SA에 전송

⑨ 검정회사는 화물을 검정한 내용을 TradeCard SA에 전송

⑩ 보험회사는 적하보험의 부보내용을 TradeCard SA에 전송

⑪ TradeCard SA는 운송서류를 비롯한 기타 전자식 서류를 전자계약서와 대조 및 점검
→ TradeCard가 개발한 자동화시스템에 의하여 수행

⑫ TradeCard SA는 서류가 일치하는 경우, 결제금융기관(Thomas Cook)에게 대금지급을 수권

⑬ 결제금융기관은 수입업자의 거래은행에서 수입업자가 사전에 입금한 자금을 차기(debit)하여 수출업자의 거래은행에 대기(credit)함

이후 수출업자는 자신의 거래은행으로부터 대금을 수령하고, 수입업자는 운송(주선)인으로부터 물품을 인도받는다. 만일 수입업자의 거래은행에 자금이 입금되지 않는 경우 지급보증기관은 수입업자를 대신하여 대금을 입금한다.

TradeCard 시스템에서는 종전 무역 업무에서 은행의 역할을 배제하게 됨으로써 전통적인 주도세력의 견제를 받고 있는 것은 시장진입의 적지 않은 장벽으로 작용하고 있다. 또한 전통적으로 발전되어온 신용장에 의한 결제는 은행의 지급확약에 따라 결제에 대한 확신을 보장받고 있으나 무역카드시스템은 특정 보증보험회사의 보증에 기반을 두고 있기 때문에 신뢰성에 취약점을 가지고 있다. 더구나 선화증권이 가지는 법률적인 성격인 물권적 효력과 채권적 효력을 가질 수 있는 법제적인 장치와 제도가 구축되어야 발전할 수 있을 것이다.

제6장

신용장통일규칙 2007

(Uniform Customs and Practice for Documentary Credit, ICC Publication No.600)
각 조문별 해석 및 해설

6.1 신용장통일규칙의 연혁과 특징

1. 신용장통일규칙의 제정과 연혁

신용장의 기원은 18C 서구사회를 중심으로 은행이 발행한 여행자신용장[1]이라고 볼 수 있다. "Letter of Credit"이라는 용어는 은행이 해외의 본·지점이나 환거래은행을 수신인(addressee)으로 하여 그들에게 "Credit"을 공여하면서 발행한 "Letter"를 여행자에게 교부하면서 유래되었다. 오늘날의 화환신용장은 1840년대 런던의 은행간에 국제물품교역의 대금결제수단으로 발행되기 시작하였다.

19C말, 국가 간 무역거래가 급증하면서 영국의 파운드화 신용장이 활성화되자 영국의 은행들은 영국의 판례법을 중심으로 상업신용장의 성질, 관계당

1) 여행자신용장은 해외여행자의 현금휴대의 위험과 불편을 제거하여 주고 여행자가 여행지에서 필요한 금액을 쓸 수 있도록 하기 위하여 여행자의 의뢰에 의하여, 개설은행이 국외의 본·지점 또는 환거래은행에 대하여 그 여행자가 발행하는 일람지급어음의 매입을 의뢰하는 신용장이다. 여행자 신용장은 신용장발행의뢰시 신용장금액을 전액납입하여야 한다. 상업신용장과 다른 점은 상업신용장의 경우에는 수입업자가 개설의뢰인, 수출업자가 수익자가 되지만, 여행자신용장의 경우에는 여행자 자신이 개설의뢰인과 수익자가 된다. 개설은행은 여행자에게 신용장 외에도 서명감(letter of indication)을 함께 교부하여 준다. 최근에는 여행자수표(Traveller's Check; T/C)의 형태로 사용되고 있다.; 강원진, 『신용장론』, 박영사, 2004, p. 103.

사자간의 권리와 의무 등을 규정하여 적용하기 시작하였는데, 20C 세계대전 당시 미국의 유럽에 대한 수출증가로 인하여 실무의 관행, 상관습 등의 차이[2)] 때문에 신용장거래에 대한 법률상의 분쟁이 급격히 증가하게 된다.

신용장은 일국 내에서 사용되는 것이 아니고 국가 대 국가의 거래에 사용되는 것이므로 국가마다 규칙이 다르면 원활한 거래가 이루어질 수가 없다. 따라서 동 시기에 교역당사자들은 분쟁이 일어날 때마다 큰 불편을 발생되어 미국 및 서구에서 신용장의 효력에 대한 국제적인 통일운동이 시작되었다.

이에 따라 국제상업회의소는 1926년부터 신용장거래에서 용어해석기준의 국제적 통일을 위하여 노력한 결과 1933년 5월 오스트리아 빈의 ICC 제7차 회의에 상정되고 동년 6월 안건이 정식으로 채택되어 "상업화환신용장에 관한 통일관습 및 관행(Uniform Customs and Practice for Commercial Documentary Credits, ICC Brochure No.82.)"을 제정하게 되었다. 이 통일관행은 미국과 영국의 관행이 제대로 수용되지 않았기 때문에 독일이나 프랑스 등의 10여개 유럽국가들을 제외하고는 채택을 거부하거나 자국의 신용장 관습을 참조하는 조건으로 채택하여, 실질적으로는 통일관행의 기능을 다하지 못했다.

세계대전 이후 무역거래의 증대와 신용장 기능의 발전에 따른 새로운 관행을 반영하기 위하여 1949년 2월 파리에서 개최된 ICC회의에서 통일관행의 개정이 제안되었고, 이러한 제안에 따라 ICC의 은행기술실무위원회는 3년에 걸친 개정과정을 거쳐 1951년 리스본 제13차 ICC총회에서 개정안을 채택하고, 1952년 1월 1일부터 ICC Brochure No.151로 적용하도록 권고하게 되었다. 동 관행은 변화된 신용장 관습을 구범화하고 유럽과 미국의 관행을 조화시킨 것과, 다수의 국가(28개국, 44개국 일부은행, 공산권 5개 국가 일부은행의 묵시적인 채택)들로부터 채택되게 되어 국제적인 통일기준으로 인정받게된 것

---

2) 1920년, 뉴욕의 은행들은 뉴욕은행상업신용장회의를 개최하여 "수출업자업신용장에 관한 규칙(Regulations Affecting Export Commercial Credit)"을 제정하고, 1922년, American Acceptance Council은 "상업신용장양식(Commercial Credit Conference Form)"을 제정하였으며, 1926년, 미국은행들은 "Regulations Affecting Export Commercial Credit"을 개정하여 "뉴욕은행상업신용장회의가 채택한 규정(Provision Adopted by the New York Banker's Commercial Credit Conference)"을 제정하였다. 동 시기에 독일, 프랑스, 이태리, 스웨덴, 오스트리아 등 유럽의 각 열강들은 자국의 실정에 유리하게 각각의 규칙을 만들어 사용하였다.

에 의의가 있다.[3)]

이 후, 변화하는 환경에 대응하기 위하여 그간 거의 10년 주기로 개정[4)]을 충실히 덕분에 대다수의 국가들로부터 채택되어, ICC가 제정한 무역에 관한 가장 성공한 사적 규칙으로 널리 사용되어오고 있다.

1993년 신용장통일관행(UCP 500)이 개정된 이후 13년이 경과한 현재 비로소 제6차 개정 신용장통일규칙(UCP 600)의 최종 초안이 작성되고, 2006년 10월 25일 91대 0의 만장일치의 표결에 의하여 ICC 은행위원회의 승인을 받았다. UCP 600은 2007년 7월 1일자로 실시되었다.

그간 무역업계의 학자, 실무가, 은행업계를 비롯한 많은 관계 당사자들의 주목을 받아 온 UCP 600은 현행의 UCP 500과 비교해 볼 때 구조상으로 많은 변화를 보이고 있다. UCP 500이 49개 조항이었던 것을 UCP 600에서는 39개 조항으로 10개 조항이 대폭 축소되었다. 또한 내용 면에서도 서류심사기간을 제7은행영업일에서 제5은행영업일로 단축하고, 연지급 신용장의 할인을 공식적으로 허용하며, 불명확한 용어를 제거하는 등 많은 변화가 있었다.

2. UCP 600의 개정배경

신용장통일규칙은 1933년에 최초로 공표된 이후 그간 개정을 거듭하여 왔다. 개정의 주된 이유를 살펴보면, 1970년대에는 컨테이너화와 NVOCC의 출현을 포함한 운송업에서의 변화를 실무 관행에 적합화하기 위해서 개정이 이루어졌다. 1980년대와 1990년대에는 SWIFT의 시작 및 일반적인 컴퓨터 화와 더불어 기술적인 변화를 반영하기 위함이었다.[5)]

UCP 500이 1994년에 시행된 이후 운송 및 전자상거래 분야에서의 새로운 발전이 UCP 600 개정의 주요한 원인이었다.[6)]

---

3) 전순환, 전게서, p. 4.

4) 신용장 통일 규칙의 개정연혁 ① 제정 : 1933년, ② 제1차 개정 : 1951년, ③ 제2차 개정 : 1962년, ④ 제3차 개정 : 1974년, ⑤ 제4차 개정 : 1983년, ⑥ 제5차 개정 : 1994년.

5) L.A.J. Bacon, "Who speaks for the exporter?", *DCINSIGHT, ICC, Vol.12, No.3*, 2006. 7/9, p.6.

6) Anonymous, "Revised ICC rules on documentary credits make progress",

2003년 5월 국제상업회의소는 ICC 은행기술 및 실무위원회(은행위원회)에게 현행의 신용장 통일규칙인 UCP 500의 개정에 착수하도록 수권하였다. 다른 개정에서와 마찬가지로 일반적인 목표는 은행업, 운송업 및 보험업에서의 발전을 수용하기 위함이었다. 부가적으로 일관성이 없는 적용과 해석을 이끌 수 있는 애매한 표현을 제거하기 위하여 UCP에서 사용되고 있는 표현 및 스타일을 조사할 필요성이 있었다. 개정작업이 시작되었을 때 한 세계적인 조사[7]에 의하면 신용장하에서 제시된 서류들 중 대략 70%가 첫 번째 제시 시 불일치 때문에 거절되고 있음을 발표하였다. 이러한 현상은 명백하게 지급 수단으로서 간주되고 있는 신용장에 관하여 부정적인 효과를 가지게 될 것이며, 만일 이러한 현상을 저지하지 않는다면 국제무역거래에서 주요한 결제 수단으로서 인정되고 있는 신용장의 시장점유율의 유지 또는 증대에 심각한 타격을 받을 수 있다.[8]

운송업, 보험업, 은행업 및 전자상거래 분야에서의 새로운 발전을 수용하고, 애매한 표현의 제거를 통한 불일치 건수를 감소시킴으로써 결제수단으로서의 신용장의 신뢰성을 회복하고자 한 것이 이번 개정의 주된 배경이라고 할 수 있다.[9]

3. UCP 600의 특징

1) UCP 600에서 폐지된 조항들

다음의 조항들은 UCP 500에서 존재하였으나 신 규칙인 UCP 600에서는 제외되었다.

(1) 신용장의 개설/변경 지시(UCP 500 제5조)

「a. 신용장 개설의 지시, 신용장 그 자체, 이에 대한 변경의 지시 및 변경 그

---

http://www.iccwbo.org/icceide/index.html, 2005. 10. 26.

7) R. J. Mann, "Ronald J. Mann wonders why, in view of high discrepancy rates, business continues to use letters of credit", *Documentary Credits Insight, ICC, Vol.7, No.1*, Winter 2001, p.3.

8) ICC, *The final draft of UCP 600*, 2006. 11의 Introduction 참조.

9) 박석재, 전게논문, p. 65.

자체는 완전하고 정확하여야 한다. 혼란과 오해를 방지하기 위하여, 은행은 다음과 같은 여하한 시도도 이를 제지하여야 한다:

i. 신용장 또는 이에 대한 모든 변경에 있어서 과도한 명세를 포함하려는 것;

ii. 이전에 개설된 신용장에 어떠한 변경이 이루어졌는가의 여부에 상관없이 그 이전에 개설된 신용장을 참조하는 방법으로 신용장(유사 신용장)을 개설, 통지 또는 확인하도록 지시하려는 것.

b. 신용장 개설의 모든 지시와 신용장 그 자체, 그리고 적용가능한 경우에는 이에 대한 변경의 모든 지시와 변경 그 자체는 이와 상환으로 지급, 인수 또는 매입을 행할 서류를 정확히 명시하여야 한다.」

동 조항은 신용장의 개설 및 변경 지시에 관하여 은행원의 주의를 환기시키기 위한 규정이다. UCP 500이 시행된 1994년 1월 1일부터 동 조항은 은행원들의 업무 지침으로서 활용되어 10년 이상이 경과한 현재는 이러한 지침이 은행 내에서 이미 확립이 되었다고 생각된다. 따라서 동 규정을 UCP 600에 추가하는 것은 실무상 큰 의미가 없다고 판단되어 동 규정이 UCP 600에서 제외된 것으로 보인다.

(2) 취소가능한(UCP 500 제6조의 내용 중 일부)

「a. 신용장은

i. 취소가능한 것이거나, 또는

ii. 취소불능한 것일 수 있다.

b. 따라서 신용장은 그것이 취소가능한 것인지 또는 취소불능한 것인지를 명백히 표시하여야 한다.

c. 그러한 명시가 없는 경우에는 신용장은 취소불능한 것으로 보아야 한다.」[10)]

신용장통일규칙의 제5차 개정인 UCP 500에서 취소불능 신용장을 원칙으로

---

10) 동 조항에서의 표현을 제거하고 UCP 600 제3조 해석 조항에서 "A credit is irrevocable even if there is no indication to that effect"를 추가하였다.

규정한 이후 실무계에서는 취소가능 신용장이 거의 사용되지 않고 있다. 따라서 신용장의 취소가능성에 관하여 규정하는 것은 실무상 전혀 의의가 없기 때문에 UCP 600에서는 취소가능 신용장에 관하여 규정하는 동 조항의 일부 내용을 삭제하기로 결정하였다. 그리고 UCP 600 제2조의 정의 부분에서 "신용장이란 그 명칭과 상관없이 개설은행이 일치하는 제시에 대하여 최종 지급(honour)하겠다는 확약으로서 취소가 불가능한 모든 약정을 의미한다."라고 규정함으로써 신용장의 취소불능성을 명확히 하고 있다.

(3) 취소(UCP 500 제8조)

「a. 취소가능 신용장은 수익자에게 사전의 통고없이 언제라도 개설은행에 의하여 변경 또는 취소될 수 있다.

b. 그러나, 개설은행은 반드시 다음과 같은 의무를 진다:

ⅰ. 취소가능 신용장에 의하여 일람출급, 인수 또는 매입을 행하도록 수권된 타 은행에게는, 그러한 은행이 변경 또는 취소의 통고를 수령하기 이전에 신용장의 제조건과 문면상 일치하게 표시된 서류와 상환으로 행한 모든 지급, 인수 또는 매입에 대하여 이를 보상하여야 하고;

ⅱ. 취소가능 신용장에 의하여 연지급을 행하도록 수권된 타 은행에게는, 그러한 은행이 변경 또는 취소의 통고를 수령하기 이전에 신용장의 제조건과 문면상 일치하게 표시된 서류를 수리하였다면 이를 보상하여야 한다.」

동 조항은 UCP 500 제6조의 폐지 이유와 동일하다. 즉, 신용장통일규칙의 제5차 개정인 UCP 500에서 취소불능 신용장을 원칙으로 규정한 이후 실무계에서는 취소가능 신용장이 거의 사용되지 않고 있다. 따라서 신용장의 취소가능성에 관하여 규정하는 것은 실무상 전혀 의의가 없기 때문에 이러한 취지를 고려하여 UCP 600에서는 취소가능 신용장에 관하여 규정하는 동 조항을 삭제하기로 결정하였다.[11] 또한 UCP 600 제2조 정의 부분에서 "신용장이란 그

---

11) 飯田勝人, "動き出した信用状統一規則の改訂作業と改訂の方向性", 金融法務事情, No.1693, 2003 p.4.

명칭과 상관없이 개설은행이 일치하는 제시에 대하여 최종 지급(honour)하겠다는 확약으로서 취소가 불가능한 모든 약정을 의미한다."라고 규정함으로써 신용장의 취소불능성을 명확히 하고 있으므로, 취소가능 신용장에 관한 본 규정은 삭제가 불가피하였다.

(4) 불완전 또는 불명료한 지시(UCP 500 제12조)

「신용장을 통지, 확인 또는 변경하는 데 있어서 불완전 또는 불명료한 지시가 접수된 경우에는, 그러한 지시에 따라 행동하도록 요청받은 은행은 아무런 책임없이 단순한 정보로서 수익자에게 예비적 통고를 제공할 수 있다. 이러한 예비적 통고에는 통지은행이 아무런 책임없이 단순한 정보로서 제공한다는 것을 명백히 표시하여야 한다. 여하한 경우에도, 통지은행은 개설은행에 대하여 그가 취한 행위를 반드시 통보하고 또 필요한 정보를 제공해 줄 것을 요청하여야 한다.

개설은행은 지체없이 필요한 정보를 반드시 제공하여야 한다. 신용장은 완전하고 명료한 지시가 접수되고 이에 통지은행이 그 지시에 따라 행동할 용의가 있는 경우에만 통지, 확인 또는 변경되어진다.」

동 규정은 불완전 또는 불명료한 지시에 관하여 은행의 주의를 환기시키기 위한 규정이다. UCP 500이 시행된 이후부터 동 조항은 개설은행, 통지은행의 업무 지침으로서 활용되어 10년 이상이 경과한 현재는 이러한 지침이 은행 내에서 이미 확립이 되었다고 생각된다. 따라서 동 규정을 UCP 600에 추가하는 것은 실무상 큰 의미가 없다고 판단되어 동 규정이 UCP 600에서 제외된 것으로 보인다. 또한 동 규정의 일부 내용은 UCP 600 제9조 신용장 및 조건변경의 통지 속에 반영되어 있다.

(5) 다른 서류들(UCP 500 제38조)

「해상운송 이외의 운송에 있어서 신용장이 중량인증 또는 중량증명을 요구한 경우에는, 은행은 신용장에서 중량인증 또는 중량증명이 별도의 서류에 의하여야 한다고 특별히 규정하고 있지 아니하는 한, 운송서류상에 운송인이나 그 대리인에 의하여 부기된 것으로 표시된 중량타인 또는 중량신고를 수리하여야 한다.」

일반적으로 신용장에서 물품의 중량인증 또는 중량증명이 요구될 때, 해상운송의 경우에는 선하증권이나 해상운송장 상에 직접 운송품의 중량이 틀림없이 표기되기 때문에 이는 충분한 중량증명으로 인정되며 별도로 중량증명서가 첨부되지 않는다. 또한 해상운송이 아닌 운송의 경우에도 신용장이 물품의 중량증명 또는 중량인증을 요구할 때 별도의 중량증명서를 첨부하도록 하지 않는 한, 은행은 운송서류상에 화물의 중량이 부기되어 있는 경우에는 이를 중량증명으로 수리하여야 한다."[12] 따라서 동 규정은 실무상 확립이 되어 있으므로 굳이 UCP 600에 추가할 필요가 없다고 판단되어 UCP 600에서 제외된 것으로 보인다.

(6) 기타

UCP 500 제2조 신용장의 정의, 제6조 취소가능 또는 취소불능 신용장, 제9조 개설은행과 확인은행의 의무, 제10조 신용장의 제 유형, 제20조 서류 발행인에 관한 불명확성, 제21조 서류발행인 또는 내용의 불확정, 제22조 서류 발행일과 신용장 개설일, 제30조 운송주선인 발행 운송서류, 제31조 갑판적/부지조항/수탁인명, 제33조 운임선지급 운송서류, 제35조 보험담보의 형태, 제36조 전위험보험의 담보, 제46조 선적일에 관한 일반표현 및 제47조 선적기간에 관한 용어의 내용이 UCP 600 원문 내에 포함 또는 통합되어 있다.

2) UCP 600에서 신설된 조항들

(1) 정의(UCP 600 제2조)

동 조항은 UCP 600에 새로이 도입되었다.[13] UCP 600은 가급적 간결하고

12) 양영환·오원석·서정두, 전게서, p.571.

13) 이 간행물이 왜 어떤 조항이 그러한 방식으로 표현되었는지 또는 본 규칙 속으로의 삽입이 의도하는 것이 무엇인지에 관한 설명을 제공하는 것은 적절하지 않다. UCP 600 조항들의 이론적 근거 및 해석을 이해하는데 관심이 있는 사람들을 위하여, 이러한 정보는 초안작성그룹의 견해

정확한 표현의 사용 방식을 채택하였다. 이러한 연유로 은행들이 맡은 역할의 정의 및 특수한 용어와 사건의 의미를 규정함에 있어서 UCP 600은 원문을 반복적으로 사용하지 않기로 결정하였다. 따라서 동 조항은 UCP 500의 여러 조항들에서 분산, 반복하여 언급되던 것을 한 곳으로 통합하여 정의를 내리고 있다. 이러한 정의 방식은 UCP 500의 49개 조항을 UCP 600의 39개 조항으로 줄이고, 간결한 표현방식으로 변경하는 데 큰 역할을 하였다.

이 중 주목할 점은 결제(honour)이라는 용어를 UCP 600에서 처음으로 사용하여 일람출급 신용장의 경우 일람출급, 연지급 신용장의 경우 연지급 확약 이후 만기일에 지급, 인수 신용장의 경우 환어음을 인수한 후 만기일에 지급하는 것을 포괄하는 개념으로 정의하고 있다는 점이다.

(2) 해석(UCP 600 제3조)

동 조항은 UCP 600 제2조와 함께 새로이 도입되었다. 도입 배경은 UCP 600 제2조에서의 상황과 유사하다. 즉, 동 조항은 신용장에서 나타나는 애매한 또는 불명확한 표현으로부터 모호함을 제거하고, UCP 또는 신용장의 다른 특성에 대한 명확한 설명을 제공하는 것을 목표로 하였다. 이를 위하여 각 조문마다 반복되어 사용되는 표현을 동 조항에 집중하고 반복을 회피하는 방식을 취하였다. 여기에서 언급되는 내용은 대부분 새로운 내용이 아니라 UCP 500의 여러 조항들에서 분산, 반복하여 언급되던 것을 한 곳으로 통합하여 해석을 하고 있다. 이러한 방식은 UCP 500의 49개 조항을 UCP 600의 39개 조항으로 줄이고 간결한 표현방식으로 변경하는 데 큰 역할을 하였다.

상술하면 용어의 단수 및 복수에 대한 해석이나 은행에 대한 해석 기준은 UCP 600에 신설하고 있으나, 나머지는 UCP 500의 E장 잡칙(miscellaneous provisions) 관련 규정의 제46조 선적일자에 관한 일반적 표현 및 제47조 선적기간에 관한 일자용어 등에 규정된 내용들을 동 조항에 일괄적으로 구성하여 설명하고 있는 것이다.[14]

를 나타내는 ICC 간행물 번호 601번인 본 규칙에 관한 주석(commentary)에서 발견될 것이다.

14) 강원진, "전게논문, p.8.

(3) 신용장의 통지 및 변경(UCP 600 제9조)

동 조항은 UCP 500 제7조 통지은행의 의무 부분을 일부 수정하여 작성하였으며 신용장 외에 조건변경을 추가하여 규정한 것이 특징이라 할 수 있다. 동 조항을 UCP 500의 조항과 비교하여 보면 확인은행이 아닌 통지은행은 인수, 지급 또는 매입확약 없이 신용장 및 모든 조건변경을 통지하도록 하는 내용을 반영한 점(a항), 통지은행은 수익자에게 신용장 및 모든 조건변경을 통지함에 있어서 다른 은행, 즉 제2통지은행(second advising bank)[15]의 서비스를 이용할 수 있도록 하여 제2 통지은행에 관한 새로운 개념의 도입과 제2 통지은행도 통지은행과 같이 외관상의 진정성 점검의무, 불확신 사항의 통지의무 등을 부담한다는 것(c항) 등이 주요한 개정내용이라 할 수 있다.[16]

(4) 지정(UCP 600 제12조)

동 조항은 UCP 500 제10조 c항 신용장의 제유형 부분의 내용을 일부 수정하거나 내용을 추가하여 지정은행의 면책 및 개설은행의 의무를 강조하고 있다. 특히 동 조항은 확인은행이 아닌 지정은행의 지급 또는 매입에 대한 수권의 효력에 대한 조항을 신설하고 있는 점이 주요한 개정 내용이다.

(5) 일치하는 제시(UCP 600 제15조)

동 조항은 UCP 500 제9조 개설은행과 확인은행의 의무 부분을 요약하여 다시 작성한 것이다. 특히 은행의 의무 부분에서 결제(honour)라는 새로운 개념을 도입하고 있는 점에 주목하여야 한다.

(6) 원본서류 및 사본(UCP 600 제17조)

UCP 500 제20조 b항과 c항에서 서류의 원본과 서명방법에 대해서 규정하고 있었으나 서류에 원본의 표시가 있어야 하는지, 또한 모든 서류에 서명이

---

15) 이와 같은 제 2 통지은행은 현재 신용장 통지 관행에서 필요에 따라 사용되고 있는 현실을 감안하여 이번 개정에서 새로 반영된 것이다.

16) 강원진, 상게논문, pp. 9~10.

있어야 하는지에 대해서 많은 분쟁이 발생하였고 의문이 제기되어 왔다. 이러한 문제를 해결하기 위하여 UCP 600에서는 ICC 은행위원회의 결정사항[17]을 반영하여 동 조항을 신설하였다.[18]

UCP 600에서는 서류가 한 통을 요구한 경우 반드시 원본을 제시하여야 함을 신설하고, 서류 작성자가 자신의 미리 인쇄된 원본 용지 위에 기재된 것도 원본으로 간주된다는 점, 신용장에서 서류의 사본 제시를 요구하는 경우에도 원본을 제시할 수 있음을 규정하여 UCP 500 및 ISBP에서의 원본, 사본 서류의 제시와 인정범위를 구체화하여 보완하고 있는 점에 주목하여야 한다.

3) 내용상의 변화

(1) 서류심사기간의 단축

UCP 500에서는 서류심사기간을 "서류를 수령한 다음 날로부터 제7은행영업일을 초과하지 않는 범위 내에서 상당한 기간을 갖는다."라고 규정하였지만,[19] UCP 600 제14조 b항에서는 "지정에 따라 행동하는 지정은행, 확인은행이 존재하는 경우 확인은행 그리고 개설은행에게는 제시가 일치하는지 여부를 결정하기 위하여 제시일의 다음 날로부터 기산하여 최장 제5은행영업일이 각각 주어진다. 이 기간은 제시일에 또는 그 후에 유효기간이나 제시기간의 최종일이 도래한다는 이유로 단축되거나 달리 영향을 받지 아니한다."라고 규정하고 있다.[20]

동 조항의 개정 배경은 UCP 500에서의 "reasonable time"을 제7은행영업일이라 해석하여 불필요하게 서류심사과정을 지체함으로써 신용장의 처리 과정에 많은 시간이 소요되는 문제가 발생하였기 때문이다. 따라서 "reasonable

---

17) ICC Commission on Banking Technique and Practice, "The determination of an 'Original' document in the context of UCP 500 sub-Article 20(b)", *Banking Commission Decisions*, 1999. 7. 2 참조.

18) 김종칠, "UCP 600의 주요내용과 문제점에 관한 연구", 「국제상학」 제21권 제2호, 2006, p.34.

19) UCP 500 제13조 b항. "… shall each have a reasonable time, not to exceed seven banking days…".

20) UCP 600 제14조 b항.

time"이란 자동적으로 제7은행영업일을 의미하지 않고 상황에 따라 제7일은 "최대기간"이며, 서류의 수령 익일부터 제1일과 제7일 사이의 어느 기간이 reasonable이라고 고려될 수 있음을 확정적으로 확립하기 위하여 몇 몇 법정의 사건들을 취하였다.[21] 국제상업회의소 37개 국내위원회 중 36개국이 상당한 기간이라는 용어를 UCP 600의 본문에서 제거하는 데 찬성표를 던졌다. 대부분의 국가들은 새로운 최대 기간으로서 5일에 찬성표를 던졌다. 이것이 UCP 600에 반영되어 있다.[22]

UCP 600에서 서류의 심사를 위한 "reasonable time, not to exceed seven banking days"의 제거 및 제5은행영업일에 의한 대체는 서류 심사 과정을 빠르게 할 것이며, 신용장을 시장에서 보다 매력적으로 만들어줄 것으로 기대된다.[23]

(2) 연지급 신용장의 할인 허용

현재까지 인수 및 연지급에 의하여 발행된 신용장들 간에 차이가 있어 왔다. 이러한 차이는 영국에서의 유명한 Banco Santander SA v. Banque Paribas 사건[24]에 의하여 확인되었는데, 동 사건에서 서류들이 적절하다고 발견되었지만 연지급 신용장의 만료일 이전에 사기가 발견되었다. 동 사건에서 법정은 만일 확인은행이 자기 자신의 연지급 확약을 할인한다면 동행은 자기 자신의 위험으로 그렇게 행한 것이며, 만일 사기가 만료일 이전에 입증된다면 개설은행은 확인은행에게 상환할 의무가 없다고 판결하였다.

이 판결은 한국, 중동을 비롯한 여러 나라의 은행업자들을 깜짝 놀라게 하였는데, 동 국가들은 연지급 신용장을 기한부 환어음 대신 연지급 확약서가 사용되는 유사한 유형의 신용장으로 간주하여 연지급 신용장을 인수 또는 매입하는 것을 관행으로 하였다.[25] 게다가, 현재 지정이란 또한 그 지정된 은행에

---

21) P. Taneja, "UCP 600 : 'A document restoring the credibility of L/Cs'", *DCINSIGHT, ICC, Vol.12, No.4*, 2006. 10/12, p.3.

22) ICC, *The first complete draft of UCP 600*, 2005. 11의 comments to draft articles 참조.

23) 박석재, 전게논문, p. 80.

24) 동 사건의 상세에 관해서는 K.T. Fung, *Leading Court Cases on Letters of Credit*, ICC Publication No.658, 2004, pp. 38~44 참조.

의하여 인수된 환어음 또는 그 지정된 은행에 의하여 초래된 연지급 확약을 선지급 또는 매입하기 위한 수권을 의미한다. 따라서 현재 중동 및 다른 지역에 있는 많은 은행업자들이 안도의 한 숨을 쉴 것이며, 이제는 그들의 인수 또는 연지급 확약을 선지급하는 데 주저하지 않을 것으로 확신한다. 이것은 동시에 수출업자들에게도 큰 이익이 될 것이다.

UCP 600은 연지급 신용장이 인수신용장과 유사한 효력을 가지는 것을 명확히 하고 있다. 즉, 동 규칙 제7조 c항에서 "… 인수신용장 또는 연지급 신용장의 경우 일치하는 제시에 대응하는 대금의 상환은 지정은행이 만기 이전에 대금을 먼저 지급하였는지 혹은 매입하였는지의 여부와 관계없이 만기에 이루어져야 한다. …"[26]라고 규정하여 연지급 확약의 할인(선지급 또는 매입) 가능성을 수용하고 있다. 이에 대해 각 국내위원회는 37개국중 27개국이 연지급 확약의 할인을 허용하는 조항에 찬성표를 던졌다.

한편 Laurence씨는 동 조항이 수입업자들에게는 대단히 불리할 것이라고 지적하고 있다. "수입업자들의 관점에서 보면 연지급 신용장은 지급이 단지 만료일에 행해져야 한다는 점에서, 그들에게 그 사이에 사기에 대하여 조사할 기회를 주며, 만일 필요하다면 만료일에 지급 이전에 법적인 조치를 추구할 기회를 준다는 점에 있어서 사기에 대하여 어느 정도의 편안함을 주는 유일한 유형의 신용장이었다. 그렇지만 UCP 600은 그 보호를 제거할 것이며, 따라서 은행업자들은 법적인 배상의 두려움 없이 이러한 돈벌이 되는 관행을 계속할 수 있다."라고 그는 지적하고 있다.[27]

(3) 불명확한 용어의 제거

UCP 600의 두드러진 업적 중 하나는 불명확한 용어들을 제거했다는 것이다. UCP 600 초안 작성자들은 UCP 500에서 사용된 지나치게 전문적이며 이해하기 어려운 표현을 이해하기 쉬운 용어들을 포함하여 이해하기 쉽고 단순하며 정확하고 간결한 표현으로 변경하였다. 예를 들면 "reasonable care",

25) 채동헌, 『국제거래와 법』, 청림출판, 2004, pp. 37~111 참조.
26) UCP 600 제7조.
27) L.A.J. Bacon, op. cit., pp.7-8.

"reasonable time" 및 "on its face"(한 조항에서를 제외하고)와 같은 표현의 제거이다. 이것은 "reasonable" 또는 "on its face"가 무엇을 의미하는가를 증명 또는 반론하기 위하여 무역업계 및 은행계가 변호사 등에게 지급하여야 하는 비싼 보수를 줄여줄 수 있으며, 또한 많은 비용과 장시간을 요하는 소송 건수를 줄이는 데도 큰 도움이 될 것이다.

문면상(On its Face)이라는 용어를 UCP 600의 본문에서 제거하는 안건에 관하여 12개국이 반대표를 던지고, 25개국이 찬성표를 던졌다. 초안작성그룹은 제14조 서류의 심사 표준(standard for examination of documents)의 한 조항을 제외하고는 모든 부분에서 문면상에 대한 언급을 삭제하였다. 이는 서류심사 과정에서 문면상이라는 표현이 오랫동안 혼란의 원인이 되어 왔기 때문이다. 예를 들면 문면상이라는 의미가 서류 뒷면에 반대되는 서류의 전면을 의미하는 것으로 취급될 수 있기 때문에 삭제하기로 한 것이다.[28] 또한 상당한 주의(reasonable care)는 구체적으로 어느 수준을 의미하는가에 관하여 그 해석상의 어려움이 있기 때문에 이 표현도 제거되었다. 마지막으로 상당한 기간(reasonable time)은 제7은행영업일로 오해될 소지가 있기 때문에 보다 명확히 하기 위하여 동 표현을 제거하고 제5은행영업일이란 표현으로 대체한 것이다.

(4) 기타

UCP 600 제14조 d항에서 "신용장, 서류 그 자체 그리고 국제표준은행관행의 문맥에 따라 읽을 때의 서류상의 정보는 그 서류나 다른 적시된 서류 또는 신용장상의 정보와 반드시 일치될 필요는 없으나, 그들과 저촉되어서는 안 된다."라고 명시함으로써 그 정보에서의 불일치 문제의 해결은 분명히 서류 심사 과정에서 불일치의 감소를 이끌 것이다.

UCP 600 제14조 g항에서 "제시되었으나 신용장에서 요구되지 아니한 서류는 무시될 것이고 제시자에게 반환될 수 있다."라는 규정은 과거의 UCP 500과 비교해 보면, 만일 수익자들이 UCP 500에 따라 개설은행에게 그러한 서류들

---

28) R. Kreitman, "UCP 600: The end in sight?", http://www.mantissa.co.uk/support/nextucp2.htm.

을 전달하여야 한다고 주장할 경우 서류 심사자들이 일치 요구조건을 충족시키기 위한 의무 때문에 달리 소비되었을 시간과 노력을 많은 서류 심사자들로부터 덜어줄 것이다.

UCP 600 제14조 j항에서 "수익자와 개설의뢰인의 주소가 어떤 요구조건에 나타날 때, 그것은 신용장 또는 다른 요구서류상에 기재된 것과 동일할 필요는 없으나 신용장에 기재된 각각의 주소와 동일한 국가 내에 있어야 한다."라는 규정은 아무런 관련이 없는 차이에 입각한 많은 신용장 분쟁을 근절할 것이다.[29)]

6.2 신용장통일규칙 2007의 해설

1. 총칙(general provisions) : 제1조~제5조

Article 1] Application of UCP

The *Uniform Customs and Practice for Documentary Credits, 2007 Revision*, ICC Publication no. 600("UCP") are rules that apply to any documentary credit("credit")(including, to the extent to which they may be appliCable, any standby letter of credit) when the text of the credit expressly indicates that it is subject to these rules. They are binding on all parties thereto unless expressly modified or excluded by the credit.

제1조 신용장통일규칙의 적용

제6차 개정 신용장통일규칙(*2007년도 개정, 국제상업회의소 간행물 번호 제600호, "신용장통일규칙"*)은 신용장의 본문에서 위 규칙이 적용한다는 것을 명시적으로 표시하는 경우 모든 화환신용장(위 규칙들이 적용될 수 있는 한도까지 모든 보증신용장을 포함한다. 이하 "신용장"이라 한다)에 적용되는 규칙이다. 이 규칙은 신용장에서 명시적으로 수정되거나 그 적용이 배제되지 않는 한 모든 당사자를 구속한다.

---

29) P. Taneja, op. cit., p.4.

▸ **주의사항**

1. UCP 600은 "The Uniform Customs and Practice for Documentary Credits"을 "Rules"이라고 명시하고 있다. 즉, "화환신용장에 대한 통일관습 및 관행"에서 당사자간의 합의에 의하여 그 적용, 변경 또는 배재가 가능하게 되는 규칙으로 위상을 정립하고 있다. 당사자간의 합의에 의하여 신용장통일규칙의 일부를 배제하거나 이와 다른 내용을 신용장상에 특약으로 규정한다면 그러한 내용이 신용장통일규칙 보다 우선 적용된다.[30)]
2. UCP 600이 적용되기 위하여는 동 규칙이 적용됨을 명시하여야 한다.
※ "UCP LATEST VERSION" 또는,
"THE DOCUMENTARY CREDIT IS SUBJECT TO THE VERSION OF THE ICC UNIFORM CUSTOMS AND PRACTICE DOCUMENTARY CREDITS, INTERNATIONAL CHAMBER OF COMMERCE, PARIS, FRANCE, WHICH IS EFFECT ON THE DATE OF ISSUE" 또는,
"THE DOCUMENTARY CREDIT IS SUBJECT TO THE VERSION OF THE ICC UNIFORM CUSTOMS AND PRACTICE DOCUMENTARY CREDITS, 2007 REVISION, ICC PUBLICATION NO. 600" 또는,
"SUBJECT TO UNIFORM CUSTOMS AND PRACTICE DOCUMENTARY CREDITS, 2007 REVISION, ICC PUBLICATION NO. 600"의 표현을 사용한다.
3. 신용장통일규칙이 적용되는 대상은 화환신용장이며, 적용가능한 모든 범위 내에서 보증신용장에서도 적용된다. 보증신용장에 적용되는 국제규칙에는 본 규칙 외에도 '보증신용장통일규칙 ICC Pub. No. 590'(약칭 'ISP 98')이 가장 일반적으로 사용된다. UCP 600은 단순한 보증신용장에는 적용될 수 있으나 복잡한 보증신용장조건의 경우[31)]는 더 구체적인 규칙이 필요하므로 ISP 98을 적용하는 것이 바람직하다.

---

30) 신용장통일규칙의 규정이 매매당사자국의 국내법(강행규정)이나 신용장상의 내용과 상충되는 경우 신용장해석과 관련된 규정적용의 우선순위는 매매계약의 일반원칙인 "계약자유의 원칙", "사적자치의 원칙"에 따라 ① 매매당사자 국가의 국내강행법규(어음법, 섭외사법 등), ② 당사자간의 특약, ③ 신용장통일규칙의 순서에 따라 해석된다.

31) 예를 들어, 장기간 또는 자동연장조건이나, 법률의 적용에 의한 양도 등의 경우

Article 2] Definitions

For the purpose of these rules:

Advising bank means the bank that advises the credit at the request of the issuing bank.

Applicant means the party on whose request the credit is issued.

Banking day means a day on which a bank is regularly open at the place at which an act subject to these rules is to be performed.

Beneficiary means the party in whose favour a credit is issued.

Complying presentation means a presentation that is in accordance with the terms and conditions of the credit, the applicable provisions of these rules and international standard banking practice.

Confirmation means a definite undertaking of the confirming bank, in addition to that of the issuing bank, to honour or negotiate a complying presentation.

Confirming bank means the bank that adds its confirmation to a credit upon the issuing bank's authorization or request.

Credit means any arrangement, however named or described, that is irrevocable and thereby constitutes a definite undertaking of the issuing bank to honour a complying presentation.

Honour means:

a. to pay at sight if the credit is available by sight payment.

b. to incur a deferred payment undertaking and pay at maturity if the credit is available by deferred payment.

c. to accept a bill of exchange("draft") drawn by the beneficiary and pay at maturity if the credit is available by acceptance.

Issuing bank means the bank that issues a credit at the request of an applicant or on its own behalf.

Negotiation means the purchase by the nominated bank of drafts (drawn on a bank other than the nominated bank) and/or documents under a complying presentation, by advancing or agreeing to advance funds to the beneficiary on or before the banking day on which re-imbursement is due to the nominated bank.

Nominated bank means the bank with which the credit is available or any bank in the case of a credit available with any bank.

Presentation means either the delivery of documents under a credit to the issuing bank or nominated bank or the documents so delivered.

Presenter means a beneficiary, bank or other party that makes a presentation.

제2조] 정의

본 규칙의 목적상 다음과 같이 정의한다 :

통지은행이란 개설은행의 요청으로 신용장을 통지하는 은행을 의미한다.

개설의뢰인은 신용장 개설을 신청한 당사자를 의미한다.

은행영업일은 규칙이 적용되는 행위가 이루어지는 장소에서 은행이 통상적으로 영업하는 날을 의미한다.

수익자란 신용장개설을 통하여 이익을 받는 당사자를 의미한다.

일치하는 제시란 신용장의 조건 및 적용가능한 범위 내에서의 이 규칙의 규정, 그리고 국제표준은행관행에 따른 제시를 의미한다.

확인이란 일치하는 제시에 대하여 결제(Honour) 또는 매입하겠다는 개설은행의 확약에 추가하여 확인은행이 하는 확약을 의미한다.

확인은행이란 개설은행의 수권이나 요청에 따라 신용장에 확인을 한 은행을 의미한다.

신용장이란, 그 명칭이나 과 상관없이 개설은행이 일치하는 제시에 대하여 결제(Honour)하계다는 확약으로서 취소가 불가능한 모든 약정을 의미한다.

결제(Honour)[32)]란

a. 신용장이 일람지급으로 사용가능한 경우 일람으로 지급하는 것
b. 신용장이 연지급으로 사용가능한 경우 연지급을 확약하고 만기에 지급하는 것
c. 신용장이 인수로 사용가능한 경우 수익자가 발행한 환어음을 인수하고 만기에 지급하는 것

개설은행이란 개설의뢰인의 신청 또는 자신을 위하여 신용장을 개설한 은행을 의미한다.

매입이란 일치하는 제시를 받은 지정은행이 지정은행에 상환하여야 하는 은행영업일 또는 그 이전에 자금을 선급하거나 선급하기로 동의함으로서 환어음 및/또는 서류를 매수("purchase")하는 것을 의미한다.

지정은행이란 신용장이 이용가능한 은행을 의미하고, 어느 은행에서나 이용가능한 경우에는 모든 은행을 의미한다.

제시란 신용장에 의하여 이루어지는 개설은행 또는 지정은행에 대한 서류의 인도 또는 그렇게 인도된 그 서류 자체를 의미한다.

제시인이란 제시를 하는 수익자, 은행 또는 기타 당사자를 의미한다.

▸ 주의사항

본 조문은 UCP의 여러 조항에서 반복적으로 사용되는 것을 통합정리함으로써 이러한 용어들이 일관성 있게 사용되고, 여타조항의 문장을 간결하게 하기 위하여 신설된 규정이다.

1. 일반적으로 통지은행은 개설은행의 해외지점이나 환거래은행(correspondent bank)으로서, 개설은행의 위탁을 받아 수익자에게 신용장의 발행사실과 그 내용을 단순히 통지해주는 은행을 말한다.[33] 통지은행이 수익자에게 통지하는 신용장은 외형상의 진정성을 만족하였다는 의미이다.
2. 은행영업일은 동 규칙에 따라 업무가 이행되는 장소에서 은행이 정상적

---

32) 대한상공회의소에서 발간한 "UCP 600 공식 번역 및 해설서"에서 언급한 바에 따라 "Honour"를 "결제"로 해석한다.

33) UCP 600 제9조. 개설은행의 요청을 받은 통지은행은 수익자에게 직접통지하지 않고 다른 은행(제2통지은행)을 경유할 수 있다.

으로 영업하는 일자를 의미한다. 은행영업일은 은행휴일이 아니라 은행이 정상적으로 영업 중이어야 하고, 동 규칙에서 요구되는 신용장개설, 조건변경, 지급, 매입 등의 기능을 수행할 수 있는 상태를 의미한다.[34)]

3. 일치하는 제시란 신용장조건과 동 규칙에 적용이 가능한 국제표준은행관행에 따른 제시를 의미한다. UCP 600에서는 국제표준은행관행을 'international standard banking practice'라고 소문자로 표현하여 구체적인 ISBP 간행물을 특정하지 않았다. 따라서 국제표준은행관행은 ISBP 645 또는 ISBP 681을 통칭하는 개념이다.
   한편, 국제상업회의소 산하 은행위원회에서 제시하는 공식의견서인 'Official Opinion'도 국제표준은행관행으로 볼 수 있다.
4. 신용장은 그 명칭이나 기술에 관계없이, 취소불능(Irrevocable)의 약정으로 개설은행이 일치하는 제시에 대하여 결제(Honour)하겠다는 확약이므로, 취소가 불가능한 모든 약정을 확약하는 증서를 의미한다. 신용장은 취소불능신용장과 동의어로 규정되고 있다.[35)]
5. 결제(Honour)라는 용어는 기존의 UCP에는 없었으나 UCP 600에서 새로이 도입하여 사용하는 개념이다. 매입(Negotiation)을 제외한 지급(Payment), 연지급(Deffered Payment), 인수(Acceptance)를 포괄하는 개념이다.
6. 제시란 개설은행 또는 지정은행에 서류를 인도하는 행위 또는 그렇게 인도된 서류를 의미한다. 인도하는 행위는 서류를 개설은행이나 지정은행에 대한 발송기준이 아니라 접수기준이므로 서류의 검토를 시작하지 않았더라도 인도된 서류가 있다면 제시로 정의된다.

---

34) '정상적인 영업(regularly open)'과 '이 규칙에 따라(subject to these rule)' 영업을 하는 것은 구분하여야 한다. 일부국가에서는 토요일에 정상적으로 은행영업을 하지만 동 규칙에 따른 신용장업무는 수행하지 않는 경우가 있다.

35) UCP 600 제3조. 최근 들어 취소가능신용장이 실제 사용되지 않는다는 관행을 반영하여 취소가능신용장을 인정하지 않고, 취소가능여부의 언급과 상관없이 취소불능신용장으로 간주하게 되었다.

Article 3] Interpretations

For the purpose of these rules:

Where applicable, words in the singular include the plural and in the plural include the singular.

A credit is irrevocable even if there is no indication to that effect.

A document may be signed by handwriting, facsimile signature, perforated signature, stamp, symbol or any other mechanical or electronic method of authentication.

A requirement for a document to be legalized, visaed, certified or similar will be satisfied by any signature, mark, stamp or label on the document which appears to satisfy that requirement.

Branches of a bank in different countries are considered to be separate banks.

Terms such as "first class", "well known", "qualified", "independent", "official", "competent" or "local" used to describe the issuer of a document allow any issuer except the beneficiary to issue that document.

Unless required to be used in a document, words such as "prompt", "immediately" or "as soon as possible" will be disregarded.

The expression "on or about" or similar will be interpreted as a stipulation that an event is to occur during a period of five calendar days before until five calendar days after the specified date, both start and end dates included.

The words "to", "until", "till", "from" and "between" when used to determine a period of shipment include the date or dates mentioned, and the words "before" and "after" exclude the date mentioned.

The words "from" and "after" when used to determine a maturity date exclude the date mentioned.

The terms "first half" and "second half" of a month shall be construed respectively as the 1st to the 15th and the 16th to the last day of the month, all dates inclusive.

The terms "beginning", "middle" and "end" of a month shall be construed respectively as the 1st to the 10th, the 11th to the 20th and the 21st to the last day of the month, all dates inclusive.

제3조] 해석

이 규칙의 목적상 다음과 같이 해석한다 :

적용이 가능한 경우, 단수의 용어는 복수를 포함하고 복수의 용어는 단수를 포함한다.

신용장은 취소불능이라는 표시가 없어도 취소불능이다.

서류는 수기, 팩스서명, 천공서명, 스탬프, 상징물 또는 모든 기타의 기계식 또는 전자식 인증수단으로 서명될 수 있다.

공인, 사증, 증명 등이 되어야 한다는 요구는 그러한 요구를 충족하는 것으로 보이는 서류상의 모든 서명, 마크, 스탬프 또는 라벨로서 충족된다.

다른 국가에 소재하는 어느 은행의 지점들은 별개의 은행들로 간주된다.

서류의 발행인을 지칭하면서 사용된 "first class(일류의)", "well known(유명한)", "qualified(자격있는)", "independent(독립된)", "official(공적인)", "competent(유능한)" 또는 "local(현지의)"와 같은 용어들은 수익자를 제외한 모든 발행인을 허용한다.

서류에서 사용되도록 요구하지 않는 한, "immediately(즉시)", "prompt(빨리)", "as soon as possible(가급적 빨리)"의 용어들은 무시된다.

"on or about(그시경)" 또는 유사한 표현은 어떠한 일이 시기와 종기를 포함하여 특정 일자의 전 5일부터 후 5일까지의 기간 중에 발생해야 하는 것으로 해석된다.

선적기간을 결정하기 위하여 사용된 "to(까지)", "until(까지)", "till(까지)", "from(부터)", "between(사이)"의 용어들은 언급된 일자를 포함하고 "before(전)", "after(후)"의 용어들에서는 명시된 일자를 제외한다.

만기일을 결정하기 위하여 사용된 "from(부터)" 및 "after(후)"의 용어들은 명시된 일자를 제외한다.

어느 달의 "first half(전반기)" 및 "second half(후반기)"라는 용어는 각각 그 달의 1일에서 15일 및 16일에서 해당 월의 마지막 날까지로 해석되며, 그 기간 중의 모든 날짜를 포함한다.

어느 달의 "beginning(초순)", "middle(중순)" 및 "end(하순)"라는 용어는 각각 그 달의 1일에서 10일, 11일에서 20일 및 21일에서 해당월의 마지막 날까지로 해석되며, 그 기간 중의 모든 날짜를 포함한다.

▸ **주의사항**

1. 러시아, 오만, 볼리비아의 경우, 신용장의 취소가능성에 대한 언급이 없으면 취소가능신용장으로 간주하고 있다. 따라서 이에 대한 분쟁이 발생하여 소송이 이루어진다면 신용장통일규칙 보다 현지 법률이 우선하므로 주의해야 한다.
2. 신용장에서 수기를 명시적으로 요구하지 않는 이상, 서명은 자필, 팩시밀리서명, 천공서명, 스템프, 상징 또는 그 밖의 기계식이나 전자식 확인방법(인증수단)으로 서명할 수 있다. 팩시밀리서명은 수기서명을 스캔하여 저장한 뒤 전자적으로 출력한 것 또는 인쇄기에 의해 미리 인쇄된 서명을 의미하고, 천공서명은 일정한 형태의 구멍을 뚫어 행하는 서명을 말하며, 상징은 아시아 국가에서 사용되고 있는 관인(chop marks) 등을 의미한다. 전자식 확인방법이란 어떤 메시지가 발신자로부터 온 것임을 그 메시지의 수신자에게 확신시키게 하는 물리적, 전자적, 기타의 방법에 의하여 메시지에 표시하는 것을 의미한다.

Article 4] Credits v. Contracts

a. A credit by its nature is a separate transaction from the sale or other contract on which it may be based. Banks are in no way concerned with or bound by such contract, even if any reference whatsoever to it is included in the credit. Consequently, the undertaking of a bank to honour, to negotiate or to fulfil any other obligation under the credit is not subject to claims or defences by the applicant resulting from its relationships with the issuing bank or the beneficiary.

A beneficiary can in no case avail itself of the contractual relationships existing between banks or between the applicant and the issuing bank.

b. An issuing bank should discourage any attempt by the applicant to include, as an integral part of the credit, copies of the underlying contract, proforma invoice and the like.

제4조] 신용장과 계약

a. 신용장은 본질적으로 그것이 근거를 두고 있을 수 있는 매매 또는 기타의 계약과는 별개의 거래이다. 신용장에 그러한 계약에 대한 언급이 있더라도 은행은 그 계약과 아무런 관련이 없고, 또한 그 계약 내용에 구속되지 않는다. 따라서 신용장에서의 결제(Honour), 매입 또는 모든 기타 의무를 이행하기 위한 은행의 확약은 개설은행 또는 수익자와 자신의 관계를 근거로 하는 개설의뢰인의 주장이나 항변에 따르지 않는다. 수익자는 은행들 간에 또는 개설의뢰인과 개설은행 간에 존재하는 계약관계를 원용할 수 없다.

b. 개설은행은 개설의뢰인이 원인계약이나 견적송장 등의 부본을 신용장의 일부분으로 포함시키려는 어떠한 시도도 하지 못하게 하여야 한다.

▸ 주의사항

1. 본 조는 신용장의 독립성에 대한 관한 내용으로서, 신용장거래가 매매계약이나 다른 계약을 근거로 성립되지만, 신용장 거래 자체는 그 계약에 의하여 제약을 받지 않는다는 것이다. 이는 신용장에 의한 은행의 확약은 매매계약 또는 기타계약과 독립된 것이므로 매매계약을 참조하여 해석하여서는 안되고, 수익자 입장에서도 은행상호간에 존재하는 계약이나

개설의뢰인과 개설은행간의 신용장개설에 관한 계약을 원용할 수 없도록 하여 신용장거래에서 요구되는 서류가 신용장조건에 일치하였을 경우에는 은행은 매매계약에 관계없이 대금을 지급하도록 하고 있다.

2. 이러한 맥락에서 신용장거래와 관련된 근거계약의 사본, 견적송장 등의 서류를 근거로, 신용장상에 과도한 문구의 삽입하려는 개설의뢰인의 의도를 제한하고 있다. 즉, 개설의뢰인이 신용장과 일치하는 서류를 입수하더라도 주문과 일치한 물품을 입수할 수 있다는 보장이 없기 때문에, 또는 수익자의 조건이행을 어렵게 하거나, 서류의 불일치에 의한 지급거절의 근거자료를 만들기 위하여 과도한 명세를 삽입하게 되면 신용장의 기능이 훼손되므로 이를 방지하고자 신설한 조항이다.

Article 5] Documents v. Goods, Services or Performance

Banks deal with documents and not with goods, services or performance to which the documents may relate.

제5조] 서류와 물품/서비스/이행

은행들 서류로 거래하는 것이며 그 서류가 관계된 물품, 서비스 도는 의무이행으로 거래하는 것은 아니다.

2. 은행의 책임과 의무(obligations or liabilities of banks) : 제6조~제13조

Article 6] Availability, Expiry Date and Place for Presentation

a. A credit must state the bank with which it is available or whether it is available with any bank. A credit available with a nominated bank is also available with the issuing bank.
b. A credit must state whether it is available by sight payment, deferred payment, acceptance or negotiation.
c. A credit must not be issued available by a draft drawn on the

applicant.

d. i. A credit must state an expiry date for presentation. An expiry date stated for honour or negotiation will be deemed to be an expiry date for presentation.

ii. The place of the bank with which the credit is available is the place for presentation. The place for presentation under a credit available with any bank is that of any bank. A place for presentation other than that of the issuing bank is in addition to the place of the issuing bank.

e. Except as provided in sub-article 29(a), a presentation by or on behalf of the beneficiary must be made on or before the expiry date.

제6조] 이용가능성, 유효기일 그리고 제시장소

a. 신용장은 사용가능한 은행 또는 모든 은행에서 사용가능한지 여부를 명기하여야 한다. 어느 지정은행에서 사용가능한 신용장은 개설은행에서도 사용가능하다.

b. 신용장은 일람지급, 연지급, 인수 또는 매입 중에서 어느 방법으로 사용이 가능한 지 명기하여야 한다.

c. 신용장은 개설의뢰인을 지급인으로 하는 환어음에 의하여 이용가능하도록 개설되어서는 안된다.

d. i. 신용장은 제시를 위한 유효기일을 명기하여야 한다. 결제(Honour) 또는 매입을 위하여 명기된 유효기일은 제시를 위한 유효기일로 간주된다.

ii. 신용장을 사용할 수 있는 은행의 장소는 제시를 위한 장소이다. 모든 은행에서 사용이 가능한 신용장의 제시장소는 모든 은행의 소재지가 된다. 개설은행이 소재지가 아닌 제시장소는 개설은행의 소재지에 그 장소를 추가한 것이다.

e. 제29조 a항에서의 경우를 제외하고, 수익자 또는 수익자를 위한 제시는 유효기일 또는 그 이전에 이행되어야 한다.

▸ **주의사항**

1. 신용장에는 이용 가능한 지정은행 또는 지정되지 않은 은행에서 자유롭게 사용될 수 있는지를 명시하여야 한다. 전자의 지정은행은 지급, 연지급, 인수, 매입은행을 의미하는 것이고, 후자의 지정되지 않은 은행은 올바른 형식과 내용의 서류를 받았다면 지급, 인수, 연지급, 매입으로 신용장을 이용할 수 있다.
2. 신용장개설은행의 지급확약의 이행의무는 1차적이고 최종적이기 때문에 개설의뢰인을 지급인으로 하는 환어음이 사용되도록 하는 신용장개설을 금지하고 있다. 즉, 개설의뢰인을 지급인으로 하는 어음이 개설의뢰인으로부터 지급, 인수 등을 받지 못한 경우에 2차적으로 개설은행이 책임을 부담하므로 개설은행의 최종적인 지급의 대상으로 되지 않기 때문에 개설되어서는 안된다.
3. 신용장에 명시된 결제 또는 매입을 위한 유효기일은, 은행이 수익자로부터 그것을 하기 위하여 서류를 제시받기 위한 유효기일이다. 즉, 은행이 결제 또는 매입을 위하여 제시된 서류를 심사하는 기간까지 포함하는 것이 아니고, 단지 그것을 하기 위하여 필요한 서류를 최종적으로 제출해야 되는 기간이다.
4. ISBP 681 제20조는 "운송서류의 부본은 UCP 600 제14조 c항 목적의 운송서류가 아니다. UCP 600 운송조항은 원본 운송서류가 서류되는 경우에만 적용된다."라고 명시하고 있다. 즉, 운송서류의 원본제시가 요구되지 않았다면 수익자가 운송서류의 원본을 신용장개설은행에게 직송하는 것으로 볼 수 있으므로 선적일 후 일정기간 이내에 서류를 은행에 제시될 것이 요구되지 않는다.

Article 7] Issuing Bank Undertaking

a. Provided that the stipulated documents are presented to the nominated bank or to the issuing bank and that they constitute a complying presentation, the issuing bank must honour if the credit is available by:

i. sight payment, deferred payment or acceptance with the issuing bank;

ii. sight payment with a nominated bank and that nominated bank does not pay;

iii. deferred payment with a nominated bank and that nominated bank does not incur its deferred payment undertaking or, having incurred its deferred payment undertaking, does not pay at maturity;

iv. acceptance with a nominated bank and that nominated bank does not accept a draft drawn on it or, having accepted a draft drawn on it, does not pay at maturity;

v. negotiation with a nominated bank and that nominated bank does not negotiate.

b. An issuing bank is irrevocably bound to honour as of the time it issues the credit.

c. An issuing bank undertakes to reimburse a nominated bank that has honoured or negotiated a complying presentation and forwarded the documents to the issuing bank. Reimbursement for the amount of a complying presentation under a credit available by acceptance or deferred payment is due at maturity, whether or not the nominated bank prepaid or purchased before maturity. An issuing bank's undertaking to reimburse a nominated bank is independent of the issuing bank's undertaking to the beneficiary.

제7조] 개설은행의 확약

a. 신용장에서 규정된 서류들이 지정은행이나 개설은행에 제시되고 그것이 일치하는 제시를 구성하는 한, 개설은행은 결제(Honour)의 의무를 부담하여야 한다.

i. 신용장이 개설은행에서 일람지급, 연지급 또는 인수로 이용될 수 있

는 경우,

ii. 신용장이 지정은행에서 일람지급으로 사용가능하지만 그 은행이 지급하지 않는 경우,

iii. 신용장이 지정은행에서 연지급에 의하여 이용될 수 있는데, 지정은행이 연지급의 의무를 부담하지 않는 경우, 또는 그와 같은 연지급의 의무를 부담하였으나 만기에 대금을 지급하지 않은 경우

iv. 신용장이 지정은행에서 인수로 사용가능하지만 그 은행이 자기 앞으로 발행된 환어음을 인수하지 않거나, 이를 인수하였더라도 만기일에 지급하지 않는 경우,

v. 신용장이 지정은행에서 매입으로 사용가능하지만 그 은행이 매입하지 않는 경우.

b. 개설은행은 신용장의 개설시점부터 취소불능으로 결제(Honour)할 의무가 있다.

c. 개설은행은 일치하는 제시를 결제(Honour) 또는 매입하고 서류를 개설은행으로 송부한 지정은행에 대하여 신용장 대금을 상환하기로 확약한다. 인수 또는 연지급으로 사용가능한 신용장에서 일치하는 제시의 금액에 대한 상환금은 그 지정은행이 만기일 전의 선급 또는 구매여부에 상관없이 만기일에 지급된다. 개설은행의 지정은행에 대한 상환의무는 개설은행의 수익자에 대한 의무로부터 독립적이다.

▸ **주의사항**

1. 신용장개설은행은 수익자가 일치하는 제시를 동 은행에 할 경우 일람지급, 연지급약정 또는 환어음을 인수할 수 있고, 지정은행에 할 경우 일람지급, 연지급약정 및 연지급약정 후 만기일 지급, 환어음의 인수 및 환어음의 인수 후 만기일 지급, 매입 등의 대금을 상환할 의무가 있으며, 만일 지정은행이 이를 이행하지 않았다면 개설은행은 지급이행할 의무가 있다.
2. 연지급신용장은 통상적으로 연지급은행이 개설은행의 예치환거래은행일 때 사용되고, 무어음신용장에서만 사용되는 특징이 있다. 인수신용장

과 다른 점은 환어음이 발행되지 않기 때문에 이를 할인받아 즉시 수출대금을 할인받을 수 없다. 그러나 은행이 연지급약정서(deferred payment undertakings)를 담보로 신용장대금을 선지급 할 수도 있다.

3. 매입신용장은 신용장에서 개설은행 이외의 은행이 추심 전 매입할 수 있다고 규정한 신용장으로 개설은행은 수익자가 서류나 환어음을 제시하면 수익자 또는 선의의 소지인에게 상환청구권을 행사하지 않는다는 조건으로 지급해야 한다.

   어음이나 서류에 대하여 개설은행이 지급을 확약하고 있으므로 어음없이 서류의 매입도 가능하다. 극단적인 경우 보증신용장에 따라 제세된 채무불이행을 주장하는 수익자의 확약서로도 매입이 가능하다.

   여기서 상환청구권이 없다는 것은 개설은행은 최종 지급의무자이기 때문에 자신이 지급한 것에 대하여 상환청구권을 행사할 수 없다는 것을 의미한다. 즉, 개설은행이 지급하였으나 개설의뢰인이 지급을 거절할 경우 이미 수익자에게 지급한 신용장대금은 반환청구가 불가능하다. 한편, 확인은행이 아닌 단순한 매입은행은 상환청구권을 행사할 수 있다. 매입은행은 매입한 환어음이 부도 반환된 경우 매입의뢰인, 환어음발행인 등에게 지급한 매입대금을 반환청구 할 수 있다. 확인은행은 개설은행과 같은 입장이므로 매입은행이나 수익자에게 상환청구권을 행사할 수 없다.

Article 8] Confirming Bank Undertaking

a. Provided that the stipulated documents are presented to the confirming bank or to any other nominated bank and that they constitute a complying presentation, the confirming bank must:
   i. honour, if the credit is available by
      a) sight payment, deferred payment or acceptance with the confirming bank;
      b) sight payment with another nominated bank and that nominated bank does not pay;
      c) deferred payment with another nominated bank and that

nominated bank does not incur its deferred payment undertaking or, having incurred its deferred payment undertaking, does not pay at maturity;

d) acceptance with another nominated bank and that nominated bank does not accept a draft drawn on it or, having accepted a draft drawn on it, does not pay at maturity;

e) negotiation with another nominated bank and that nominated bank does not negotiate.

ii. negotiate, without recourse, if the credit is available by negotiation with the confirming bank.

b. A confirming bank is irrevocably bound to honour or negotiate as of the time it adds its confirmation to the credit.

c. A confirming bank undertakes to reimburse another nominated bank that has honoured or negotiated a complying presentation and forwarded the documents to the confirming bank. Reimbursement for the amount of a complying presentation under a credit available by acceptance or deferred payment is due at maturity, whether or not another nominated bank prepaid or purchased before maturity. A confirming bank's undertaking to reimburse another nominated bank is independent of the confirming bank's undertaking to the beneficiary.

d. If a bank is authorized or requested by the issuing bank to confirm a credit but is not prepared to do so, it must inform the issuing bank without delay and may advise the credit without confirmation.

제8조] 확인은행의 의무

a. 신용장에서 규정된 서류들이 확인은행이나 지정은행에 제시되고, 그것이 신용장 조건에 일치하는 제시인 경우

i. 확인은행은 다음과 같은 경우 결제(Honour)하여야 한다.

a) 신용장이 확인은행에서 일람지급, 연지급 또는 인수로 사용가능한 경우,

b) 신용장이 다른 지정은행에서 일람지급으로 사용가능하지만 그 은행이 대금을 지급하지 않는 경우,

c) 신용장이 다른 지정은행에서 연지급으로 사용가능하지만 그 은행이 연지급의 의무를 부담하지 않은 경우나, 연지급 의무를 부담하였으나 만기일에 대금을 지급하지 않는 경우,

d) 신용장이 다른 지정은행에서 인수로 사용가능하지만 그 은행이 자기 앞으로 발행된 환어음을 인수하지 않거나, 이를 인수하였다가 만기일에 대금을 지급하지 않는 경우,

e) 신용장이 다른 지정은행에서 매입으로 사용가능하지만 그 은행이 매입하지 않는 경우.

ii. 신용장이 확인은행에서 매입으로 사용가능한 경우 무소구의 조건(without recourse)으로 매입하여야 한다.

b. 확인은행은 신용장에 확인을 추가하는 시점부터 취소불능으로 결제(Honour) 또는 매입할 의무가 있다.

c. 확인은행은 일치하는 제시를 결제(Honour) 또는 매입하고 서류를 확인은행으로 송부한 다른 지정은행에게 상환하는 의무를 부담한다. 인수 또는 연지급으로 사용가능한 신용장에서 일치하는 제시의 금액에 대한 상환금은 그 다른 지정은행이 만기 전에 선급 또는 구매여부에 상관없이 만기일에 지급된다. 다른 지정은행에게 상환하기로 하는 확인은행의 확약은 수익자에 대한 확인은행의 의무와는 독립적이다.

d. 개설은행으로부터 신용장을 확인하도록 요청이나 수권을 받은 은행이 그렇게 할 준비가 안 된 경우, 개설은행에 그 사실을 알리고 신용장에 대한 확인없이 통지할 수 있다.

▸ **주의사항**

1. 확인은행은 신용장에 확인을 추가한 때로부터 지급, 연지급, 인수 또는

매입할 취소불능의 의무를 가진다. 개설은행으로부터 확인을 요청받은 은행이 확인을 실행하면 신용장대금에 대한 독립적인 채무를 지게 되는 것이므로 확인은행이 개설은행에 대하여 여신을 제공하는 것과 동일한 효과를 나타낸다. 그러므로 확인은행은 요청받은 신용장에 대한 여신여부를 검토한 후 확인에 임하여야 한다.

2. 확인은행은 개설은행과 달리 일치된 서류에 대한 일람지급, 연지급, 인수뿐만 아니라 상환청구권이 없이 매입할 의무가 있고, 지정은행에서 불이행한 일람지급, 연지급, 인수, 매입에 대하여 상환할 의무가 있다.

Article 9] Advising of Credits and Amendments

a. A credit and any amendment may be advised to a beneficiary through an advising bank. An advising bank that is not a confirming bank advises the credit and any amendment without any undertaking to honour or negotiate.

b. By advising the credit or amendment, the advising bank signifies that it has satisfied itself as to the apparent authenticity of the credit or amendment and that the advice accurately reflects the terms and conditions of the credit or amendment received.

c. An advising bank may utilize the services of another bank("second advising bank") to advise the credit and any amendment to the beneficiary. By advising the credit or amendment, the second advising bank signifies that it has satisfied itself as to the apparent authenticity of the advice it has received and that the advice accurately reflects the terms and conditions of the credit or amendment received.

d. A bank utilizing the services of an advising bank or second advising bank to advise a credit must use the same bank to advise any amendment thereto.

e. If a bank is requested to advise a credit or amendment but elects not to do so, it must so inform, without delay, the bank from which the credit, amendment or advice has been received.

f. If a bank is requested to advise a credit or amendment but cannot satisfy itself as to the apparent authenticity of the credit, the amendment or the advice, it must so inform, without delay, the bank from which the instructions appear to have been received. If the advising bank or second advising bank elects nonetheless to advise the credit or amendment, it must inform the beneficiary or second advising bank that it has not been able to satisfy itself as to the apparent authenticity of the credit, the amendment or the advice.

제9조] 신용장과 조건변경의 통지

a. 신용장과 모든 조건변경은 통지은행을 경유하여 통지될 수 있다. 확인은행이 아닌 통지은행은 결제(Honour) 또는 매입에 대한 의무의 부담없이 신용장과 이에 대한 조건변경 통지할 수 있다.

b. 통지은행은 신용장이나 조건변경을 통지함으로서, 자신이 통지한 신용장이나 조건변경에 대한 외형상 진정성이 충족된다는 점과 그 통지는 접수한 조건을 정확하게 반영하고 있다는 점을 표명한다.

c. 통지은행은 신용장과 모든 조건변경을 통지하기 위하여 다른 은행(제2통지은행)을 이용할 수 있다. 제2통지은행은 신용장이나 조건변경을 통지함으로서, 자신이 통지한 신용장이나 조건변경에 대한 외형상 진정성이 충족된다는 점과 그 통지는 접수한 조건을 정확하게 반영하고 있다는 점을 표명한다.

d. 신용장의 통지에 통지은행 또는 제2통지은행의 편의를 이용하는 은행은 그 신용장의 모든 조건변경통지에도 동일한 은행을 이용하여야 한다.

e. 신용장이나 조건변경의 통지를 요청받은 은행이 통지를 하지 않기로 결정했으면 그러한 사실을 신용장이나 조건변경을 보내 온 은행에게 지체없이 알려야 한다.

f. 신용장이나 조건변경의 통지를 요청받았지만 그 신용장이나 조건변경 또는 통지서의 진정성에 대한 요건을 충족하지 못한다고 판단한 경우, 그러한 사실을 그것들을 보내 온 것으로 보이는 은행에게 지체없이 알려야 한다. 그럼에도 불구하고, 통지은행 또는 제2통지은행이 그 신용장이나 조건변경을 통지하기로 결정한다면, 그 은행은 수익자 또는 제2통지은행에게 그 신용장, 조건변경 또는 통지서의 외형상 진정성에 대한 요건을 충족하지 못한다는 점을 알려야 한다.

▸ **주의사항**

1. 통지은행은 신용장의 외견상 진정성을 확인할 의무가 있다. 외견상의 진정성을 확인하는 기준은 "satisfied itself"이다. 실무적으로 은행이 외견상의 진정성을 확인하는 방법은 우편신용장의 경우 개설은행이 배포한 CD 또는 책자의 서명감(Specimen Signature Booklet)을 대조하거나 개설은행에게 전신으로 신용장개설여부 및 진위여부를 확인하기도 하고, 전신신용장의 경우는 은행간 상호교환 암호숫자의 해독(BKE) 또는 전신암호(Test key)를 통하며, SWIFT신용장은 인증키(Authenticity key)를 활용한다.
2. 신용장통지 및 조건변경은 통지은행으로부터 제2통지은행을 경유하여 수익자에게 통지될 수 있다. 만일, 진정성이 충족되지 않은 신용장 또는 조건변경이 제2통지은행을 경유하여 통지되었을 경우, 그 책임은 이러한 통지를 행한 제2통지은행이 부담한다.

Article 10] Amendments

a. Except as otherwise provided by article 38, a credit can neither be amended nor cancelled without the agreement of the issuing bank, the confirming bank, if any, and the beneficiary.
b. An issuing bank is irrevocably bound by an amendment as of the time it issues the amendment. A confirming bank may extend its confirmation to an amendment and will be irrevocably bound as

of the time it advises the amendment. A confirming bank may, however, choose to advise an amendment without extending its confirmation and, if so, it must inform the issuing bank without delay and inform the beneficiary in its advice.

c. The terms and conditions of the original credit(or a credit incorporating previously accepted amendments) will remain in force for the beneficiary until the beneficiary communicates its acceptance of the amendment to the bank that advised such amendment. The beneficiary should give notification of acceptance or rejection of an amendment. If the beneficiary fails to give such notification, a presentation that complies with the credit and to any not yet accepted amendment will be deemed to be notification of acceptance by the beneficiary of such amendment. As of that moment the credit will be amended.

d. A bank that advises an amendment should inform the bank from which it received the amendment of any notification of acceptance or rejection.

e. Partial acceptance of an amendment is not allowed and will be deemed to be notification of rejection of the amendment.

f. A provision in an amendment to the effect that the amendment shall enter into force unless rejected by the beneficiary within a certain time shall be disregarded.

제10조] 조건변경

a. 제38조에 규정된 경우를 제외하고, 신용장은 개설은행, 확인은행이 있는 경우 확인은행 및 수익자의 동의가 없으면 조건변경이나 취소가 될 수 없다.

b. 개설은행은 조건변경을 발행하는 순간부터 조건변경이 취소불가능하게 구속된다. 확인은행은 조건변경에 대한 확인을 연장할 수 있으며 그 조건

변경을 통지하는 시점으로부터 취소불가능하게 그 내용에 구속된다. 그러나 확인은행은 자신의 확인을 연장하지 않고 통지만을 할 수 있는데 그러한 경우 그러한 사실을 지체없이 개설은행에 알리고 수익자에게도 그 사실을 알려야 한다.

c. 원신용장(또는 이전에 수락된 조건변경이 포함된 신용장)의 조건은 수익자가 그 조건변경을 통지한 은행에게 그 조건변경의 수락을 통보할 때까지 계속해서 수익자에게 유효하다. 수익자는 조건변경의 수락 또는 거절의 통보를 하여야 한다. 수익자가 그러한 통보를 하지 아니한 경우, 신용장 및 아직 수락되지 아니한 조건변경에 일치하는 제시는 수익자에 의한 그 조건변경의 수락통보로 간주된다. 이 경우 그 순간부터 그 신용장은 조건변경이 된다.

d. 조건변경을 통지하는 은행은 그 조건변경을 보내 온 은행에게 수락이나 거절의 모든 통보를 알려야 한다.

e. 조건변경에 대하여 일부만을 수락하는 것은 허용되지 않으며, 이는 그 조건변경의 거절통지로 간주된다.

f. 수익자가 특정기간 이내에 조건변경을 거절하지 않으면 효력을 발생한다는 규정이 조건변경 내용이 있는 경우 이 조항은 무시된다.

▸ **주의사항**

1. 신용장조건변경에 대한 관계당사자는 개설은행, 수익자, 확인신용장의 경우 확인은행이다. 개설의뢰인은 신용장조건변경을 개설은행에게 요청할 뿐이지 수익자에게 대금지급의 확약을 하는 대외적인 채무자가 아니므로 제외된다.
2. 조건변경에 대한 효력발생시기는 수익자에게 통지되었을 경우에 이를 발급한 시점부터 이지만, 수익자가 이에 대한 수락의사를 밝히지 않을 경우에는 원신용장 조건이 유지된다. 그러나 수익자가 제시한 서류가 조건변경에 따른 서류일 경우에는 그 시점부터 신용장건변경에 동의한 것으로 간주한다.
3. 조건변경을 통지하면서 특정 기간내에 거절의 의사표시가 없으면 조건변

경을 수락한 것으로 간주한다는 묵시적인 동의문언36)이 삽입되어 있어도 무시되며 아무런 효력이 없다.

Article 11] Teletransmitted and Pre-Advised Credits and Amendments

a. An authenticated teletransmission of a credit or amendment will be deemed to be the operative credit or amendment, and any subsequent mail confirmation shall be disregarded.
If a teletransmission states "full details to follow"(or words of similar effect), or states that the mail confirmation is to be the operative credit or amendment, then the teletransmission will not be deemed to be the operative credit or amendment. The issuing bank must then issue the operative credit or amendment without delay in terms not inconsistent with the teletransmission.

b. A preliminary advice of the issuance of a credit or amendment("pre-advice") shall only be sent if the issuing bank is prepared to issue the operative credit or amendment. An issuing bank that sends a pre-advice is irrevocably committed to issue the operative credit or amendment, without delay, in terms not inconsistent with the pre-advice.

제11조] 전신통지신용장 및 사전통지신용장과 조건변경

a. 진정성이 확인된 신용장이나 조건변경의 전신은 유효한 신용장 또는 조건변경으로 간주되며, 모든 후속우편확인서는 무시된다. 만일 "상세한 세부사항이 후속됨."(또는 유사한 효력의 문언)이라고 명기하거나, 우편확인서를 유효한 신용증서 또는 조건변경으로 한다고 명기하는 경우, 그 전신은 유효한 신용증서 또는 조건변경으로 간주되지 아니한다. 그 경우 개설은행은 그 전신과 불일치하지 않는 조건의 유효한 신용장 또는 조건

36) 묵시적 동의 문언 : "If we do not receive your rejection of this amendment within 15 days, we shall consider our amendment accepted."

변경을 하여야 한다.

b. 신용장이나 조건변경의 발행에 대한 예고적인 통지(사전통지)는 개설은행이 유효한 신용장이나 조건변경을 개설할 준비가 된 경우에만 송부되어질 수 있다. 사전통지를 보내는 개설은행은 그 사전통지와 불일치하지 않은 조건으로 지체없이 취소불가능하고 유효한 신용장을 개설하거나 조건변경을 하여야 한다.

Article 12] Nomination

a. Unless a nominated bank is the confirming bank, an authorization to honour or negotiate does not impose any obligation on that nominated bank to honour or negotiate, except when expressly agreed to by that nominated bank and so communicated to the beneficiary.

b. By nominating a bank to accept a draft or incur a deferred payment undertaking, an issuing bank authorizes that nominated bank to prepay or purchase a draft accepted or a deferred payment undertaking incurred by that nominated bank.

c. Receipt or examination and forwarding of documents by a nominated bank that is not a confirming bank does not make that nominated bank liable to honour or negotiate, nor does it constitute honour or negotiation.

제12조] 지정

a. 지정은행이 확인은행이 아닌 한, 결제(Honour) 또는 매입을 위한 수권은, 지정은행이 결제(Honour) 또는 매입에 대하여 명시적으로 동의하고 수익자에게 그렇게 전달한 경우를 제외하고, 지정은행에게 결제(Honour) 또는 매입하도록 의무를 부과하지 않는다.

b. 어느 은행에게 환어음을 인수 또는 연지급의 의무를 부담하도록 지정함으로서, 개설은행은 지정은행이 대금을 먼저 지급하거나 또는 인수된 환

어음을 매수(purchase)하거나, 또는 지정은행이 연지급의 의무를 부담하도록 권한을 부여한다.

c. 확인은행이 아닌 지정은행에 의한 서류의 접수 또는 심사 및 송부는, 그 지정은행에게 결제(Honour) 또는 매입의 의무를 지우는 것도 아니고 결제(Honour) 또는 매입을 성립시키는 것도 아니다.

▸ 주의시항

1. 개설은행이 지정은행으로 수권한 확인은행이 아닌 한, 지정은행은 지정의 승낙여부를 명시적으로 합의하고 이를 수익자에게 통보한 경우(확인에 따른 조건변경의 통지)에만 결제 또는 매입할 의무를 부담한다. 지정은행이 서류를 수취하거나 또는 서류심사 후 서류를 개설은행에게 송부했다는 것으로 결제 또는 매입할 의무를 부담하지 않는다.
2. 개설은행이 환어음의 인수은행 또는 연지급확약은행을 지정하였다는 것은 지정은행에게 연지급신용장 또는 인수신용장의 구매 또는 선지급 할 권한을 부여한 것을 의미한다. 이에 따라, 인수신용장과 연지급신용장의 경우에도 할인(선지급 또는 구매)가 가능하다.

Article 13] Bank-to-Bank Reimbursement Arrangements

a. If a credit states that reimbursement is to be obtained by a nominated bank("claiming bank") claiming on another party("reimbursing bank"), the credit must state if the reimbursement is subject to the ICC rules for bank-to-bank reimbursements in effect on the date of issuance of the credit.

b. If a credit does not state that reimbursement is subject to the ICC rules for bank-to-bank reimbursements, the following apply:

  i. An issuing bank must provide a reimbursing bank with a reimbursement authorization that conforms with the availability stated in the credit. The reimbursement authorization should not be subject to an expiry date.

ii. A claiming bank shall not be required to supply a reimbursing bank with a certificate of compliance with the terms and conditions of the credit.

iii. An issuing bank will be responsible for any loss of interest, together with any expenses incurred, if reimbursement is not provided on first demand by a reimbursing bank in accordance with the terms and conditions of the credit.

iv. A reimbursing bank's charges are for the account of the issuing bank. However, if the charges are for the account of the beneficiary, it is the responsibility of an issuing bank to so indicate in the credit and in the reimbursement authorization. If a reimbursing bank's charges are for the account of the beneficiary, they shall be deducted from the amount due to a claiming bank when reimbursement is made. If no reimbursement is made, the reimbursing bank's charges remain the obligation of the issuing bank.

c. An issuing bank is not relieved of any of its obligations to provide reimbursement if reimbursement is not made by a reimbursing bank on first demand.

제13조] 은행 간 상환약정

a. 신용장에서 상환은 제3자(상환은행)에게 청구하는 지정은행(청구은행)에 의하여 취득된다고 명기하는 경우, 그 신용장은 상환이 신용장의 개설일자에 유효한 은행 간 상환에 관한 국제상업회의소규칙을 적용받는지 여부를 명기해야 한다.

b. 신용장에서 상환이 은행 간 상환에 관한 국제상업의소규칙을 적용받다고 명기하지 않는 경우, 다음의 내용이 적용된다.

i. 개설은행은 신용장에서 명기된 사용가능성과 부합하는 상환권한을 상환은행에 수여하여야 한다. 상환권한은 유효기일을 적용을 받지

않는다.

ii. 청구은행은 신용장의 조건에 일치한다는 증명서를 상환은행에 제공하도록 요청되지 않아야 한다.

iii. 상환이 신용장조건에 따라 최초의 지급청구에 이행되지 않은 경우, 개설은행은 그로 인하여 발생한 모든 수수료와 함께 이자손실을 책임진다.

iv. 상환은행의 수수료는 개설은행의 부담이다. 그러나 그 수수료가 수익자의 부담인 경우, 이를 신용장 및 상환수권서에 표시하는 것은 개설은행의 책임이다. 만일 상환은행의 수수료가 수익자의 부담인 경우, 그 수수료는 상환이 이행될 때 청구은행에게 지급되는 대금에서 차감된다. 상환이 이행되지 않는 경우, 상환은행의 수수료는 개설은행이 부담하여야 한다.

c. 상환이 최초의 지급청구에 대하여 이행되지 않는 경우, 상환을 제공할 개설은행은 어떠한 의무로부터도 면제되지 아니한다.

▸ 주의사항

1. 개설은행이 다른 은행으로 하여금 결제 또는 매입은행에게 신용장대금을 상환하도록 하는 상환신용장의 경우는, 신용장발행 시 "은행 간 상환에 관한 ICC 규칙(ICC rules for bank-to-bank reimbursements)"(URR, 현재 URR 525)을 적용하고 있음을 표시하여야 한다.
2. 동시에, 개설은행은 상환신용장 발행 시 상환은행에게 상환수권을 하여야 한다. 상환수권이 없으면 수출지의 매입은행은 상환청구를 하더라도 상환이 거부된다. 이 때 매입은행은 개설은행에게 통지하여 상환은행에게 상환수권을 하도록 하여 실제 상환청구를 한 날로부터 대금을 지연하여 받게 되는데, 해당 지연이자는 개설은행의 과실로 인하여 발생된 것이므로 개설은행이 부담하도록 한다.
3. 매입은행이 상환신용장의 유효기일에 근접하여 매입한 후 상환청구를 할 경우, 상환수권서 유효기일의 경과로 대금상환불능에 빠질 위험이 있기 때문에 상환수권은 유효기일에 지배를 받지 않는다. URR 525 제7조

는 "상환은행은 신용장의 유효기일에 대해 책임을 지지 아니하며 만일 그러한 기일이 상환수권서에 주어진 경우 이는 무시된다"고 하고 있어 본 조 a항이 충족될 경우 b항 I호의 규정은 적용되지 않는다.

4. 수익자 등의 제3자로부터 상환은행이 상환비용을 징수할 수 있는 경우는 신용장이 사용되었을 때이며, 신용장이 사용되지 않을 경우에는 제3자로부터 상환은행이 상환비용을 징수할 수 없으므로 개설은행이 지급할 책임을 부담한다. 상환비용은 상환청구가 있을 때 징수하였으나 상환업무가 전선화되어 상환청구가 없을 때에도 상환준비를 위한 전산비용 등이 필요하므로 이를 규정한 것이다.

3. 서류의 심사와 거절(examination of documents and refusal) : 제14조~제17조

Article 14] Standard for Examination of Documents

a. A nominated bank acting on its nomination, a confirming bank, if any, and the issuing bank must examine a presentation to determine, on the basis of the documents alone, whether or not the documents appear on their face to constitute a complying presentation.

b. A nominated bank acting on its nomination, a confirming bank, if any, and the issuing bank shall each have a maximum of five banking days following the day of presentation to determine if a presentation is complying. This period is not curtailed or otherwise affected by the occurrence on or after the date of presentation of any expiry date or last day for presentation.

c. A presentation including one or more original transport documents subject to articles 19, 20, 21, 22, 23, 24 or 25 must be made by or on behalf of the beneficiary not later than 21 calendar days after the date of shipment as described in these rules, but in any event not later than the expiry date of the credit.

d. Data in a document, when read in context with the credit, the document itself and international standard banking practice, need not be identical to, but must not conflict with, data in that document, any other stipulated document or the credit.

e. In documents other than the commercial invoice, the description of the goods, services or performance, if stated, may be in general terms not conflicting with their description in the credit.

f. If a credit requires presentation of a document other than a transport document, insurance document or commercial invoice, without stipulating by whom the document is to be issued or its data content, banks will accept the document as presented if its content appears to fulfil the function of the required document and otherwise complies with sub-article 14(d).

g. A document presented but not required by the credit will be disregarded and may be returned to the presenter.

h. If a credit contains a condition without stipulating the document to indicate compliance with the condition, banks will deem such condition as not stated and will disregard it.

i. A document may be dated prior to the issuance date of the credit, but must not be dated later than its date of presentation.

j. When the addresses of the beneficiary and the applicant appear in any stipulated document, they need not be the same as those stated in the credit or in any other stipulated document, but must be within the same country as the respective addresses mentioned in the credit. Contact details(telefax, telephone, email and the like) stated as part of the beneficiary's and the applicant's address will be disregarded. However, when the address and contact details of the applicant appear as part of the consignee or notify party details on a transport document subject to articles 19, 20, 21, 22, 23, 24 or 25, they must be as stated in the credit.

k. The shipper or consignor of the goods indicated on any document need not be the beneficiary of the credit.

l. A transport document may be issued by any party other than a carrier, owner, master or charterer provided that the transport document meets the requirements of articles 19, 20, 21, 22, 23 or 24 of these rules.

제14조] 서류심사의 기준

a. 지정을 받고 행동하는 지정은행, 확인은행이 있는 경우 및 개설은행은 서류들에 대하여 문면상 일치하는 제시를 구성하는 것으로 보이는지 아닌지 여부를 결정하기 위하여 서류만을 근거로 심사하여야 한다.

b. 자신의 지정에 따라 행동하는 지정은행, 확인은행이 있는 경우 및 개설은행은 제시가 일치하는지 여부를 결정하기 위하여 제시된 다음날부터 기산하여 최대 5은행영업일이 각자 주어진다. 이 기간은 모든 유효기일 또는 제시를 위한 최종일자나 그 이후에 발생하였다는 이유로 단축되거나 어떠한 영향도 받지 아니한다.

c. 제19~25조에 적용되는 하나 이상의 원본운송서류를 포함하는 제시는, 이 규칙에서 기술된 선적일자 후 21일보다 늦지않게 수익자 또는 그를 대리하여 제시되어야 하고, 어떠한 경우에도 신용장의 유효기일보다 늦지 않아야 한다.

d. 서류 그 자체나 국제표준은행관행에 따라 문맥을 읽는 신용장의 데이터는 그 서류나 다른 적시된 서류 또는 신용장상의 정보와 반드시 일치될 필요는 없지만, 그들과 상충되지 않아야 한다.

e. 상업송장이 아닌 서류들에 물품, 서비스 또는 이행의 명세가 기재되어 있다면 그 명세는 신용장의 명세와 상충되지 않는 일반적인 용어로 기재될 수 있다.

f. 신용장에서 누가 서류를 발행하여야 하는지 여부 또는 그 정보의 내용을 명시함이 없이 운송서류, 보험서류 또는 상업송장 이외의 다른 어떠한

서류의 제시를 요구한다면, 그 서류의 내용이 요구되는 서류의 기능을 충족하는 것으로 보이고 또한 그밖에 제14조(d)항에 부합하는 한 은행은 제시된 대로 그 서류를 수리한다.

g. 제시되었지만 신용장에서 요구하지 않는 서류는 무시되고 반송될 수 있다.

h. 신용장이 어떠한 조건을 포함하고 있으면서 그 조건의 일치를 표시하는 서류를 요구하지 않는 경우, 은행은 그러한 조건을 기재하지 아니한 것으로 간주하고 그것을 무시할 것이다.

i. 서류는 신용장개설일자 이전에 작성될 수 있지만 제시일자보다 늦지 않아야 한다.

j. 수익자와 개설의뢰인의 주소가 모든 요구서류상에 보이는 경우, 신용장이나 다른 요구서류상에 기재된 그것과 같아야 할 필요는 없지만, 신용장에 언급된 해당 주소들과 같은 국가 이내이어야 한다. 수익자 및 개설의뢰인의 주소의 일부로서 기재된(팩스, 전화, 이메일 및 이와 유사한 것) 연락처 명세는 무시된다. 그러나 개설의뢰인의 주소나 연락처 가 제19~25조를 적용하는 운송서류상에 수하인이나 통지처 일부로서 나타날 때에는 신용장에 명시된 것과 같아야 한다.

k. 모든 서류상에 표시된 물품의 선적인이나 송하인은 신용장의 수익자와 같아야 할 필요가 없다.

l. 운송서류가 제19~24조의 요구사항을 충족하는 한, 그 운송서류는 운송인, 선주, 선장 또는 용선자 외에 어느 누구도 발행할 수 있다.

▸ **주의사항**

1. UCP 500까지의 서류심사기준은 엄격일치의 원칙과 상당일치의 원칙, 그리고 이를 바탕으로 ISBP 645를 서류심사기준으로 규정하였으나, 본 규칙에서는 서류들이 문면상[37] 일치하는 제시를 구성하는 것으로 보이

---

37) 문면상(on their face)이라는 용어는 매매계약이나 선화증권 등의 전문가가 아닌 은행원이 서류를 본다는 것"을 의미한다고 해석할 수 있다.; Charles del Busto, *Documentary Credit, UCP 500 & 400 Compared,* ICC Publication No. 511, ICC Publishing S.A., 1993, p. 39.

는지 아닌지 여부를 결정하기 위하여 서류만을 근거로 심사하여야 한다고 규정하고 있다. 일치하는 제시란 본 규칙 제2조에서 정의한 바에 따라 신용장의 조건 및 적용가능한 범위 내에서의 이 규칙의 규정, 그리고 국제표준은행관행에 따른 제시를 의미하는 것이다. 한편, 상업송장이 아닌 서류들에 물품, 서비스 또는 이행의 명세가 기재되어 있다면 그 명세는 신용장의 명세와 상충(not conflict with)[38]되지 않는 일반적인 용어로 기재될 수 있다.

2. 본 조항에 따라 은행의 서류검토기간은 서류제시일 다음날부터 제5은행영업일이다. 그렇다고 은행들이 항상 최장의 서류검토기간을 사용하라는 것은 아니고 본 규칙 제15조에 따라서 개설은행은 제시서류가 신용장 조건과 일치하면 즉시 결제 또는 지정은행에게 대금을 지급하여야 한다.
3. 신용장에서 운송서류, 보험서류, 상업송장과 같은 기본서류이외에 다른 서류를 요구하고 있었으나 이들 서류의 발행인 또는 자료내용을 명시하지 않은 경우, 그 서류의 명세와 내용이 신용장과 상충되지 않는다면 제시된 대로 수리하여야 한다. 그러나 신용장에서 요구된 서류가 아닌 경우에는 무시하고 되돌려 줄 수 있다.
4. 비서류조건(non-documentary condition)[39]은 신용장에서 제시되어야 하는 서류를 명시하지 않고 어떠한 행위를 하도록 요구하는 신용장조건을 의미하는데, 그러한 신용장조건은 기재하지 아니한 것으로 간주하고 무시하여야 한다. 예를 들어, 수익자가 입수할 수 없는 수입지의 검사증명서 요구나, 원산지증명서를 요구하지 않으면서 한국산일 것을 요구하는 경우이다.
5. 제시되는 서류는 신용장의 유효기일(본 규칙 제6조 d항)과 서류제시일

38) 기존의 UCP에서는 "모순되지 않는(not inconsistent with)"이라는 표현을 사용하였었다.
39) 비서류조건의 예로서 ① 수익자가 입수할 수 없는 서류를 요구하고 있는 조건, ② 개설은행이 알 수 없는 조건을 포함하는 서류를 요구하고 있는 조건, ③ 서류의 문면으로부터 그 조건이 충족되었는지 확인 할 수 없는 조건, ④ 기타의 서류로부터 판단할 수 있는 유효기일, 선적기일, 서류의 제시 기일 이외의 시간적 조건을 포함한 조건이 있다.; *Standard Documentary Credit,* ICC Publication No. 416, ICC Publishing S.A.

(본 조 c항)이 명시되어 있을 경우에는 그 기일 내에, 서류제시일이 명시되어있지 않았을 경우에는 선적일로부터 21일 이내에, 그 이전에 발행된 서류를 제시하여야 한다. 한편, 나이지리아에서는 신용장개설일자 이전에 발행된 제시서류를 하지로 간주하고 있다.

6. 신용장 및 신용장과 관련된 서류상에 기재되어 있는 수익자와 발행의뢰인의 주소는 동일할 필요는 없지만 같은 국가 내에 있어야 하고, 서류상의 팩스번호, 전화, 전자우편 등(기타연락처)은 명시되어있어도 무시된다. 단, 서류상의 개설의뢰인 주소와 기타 연락처가 운송서류상[40]의 수하인 또는 통지처일 경우에는 반드시 신용장과 일치시켜야 한다.
7. 제시된 모든 서류상의 선적인 또는 송하인(그 해당 란)이 신용장의 수익자와 동일할 필요는 없다. 예를 들어, 운송주선인이나 제3자 운송서류[41]의 송하인의 경우가 그러하다. 한편, 운송서류의 발행인에 대한 조건이 본 규칙에는 없으므로 모든 당사자가 발행인으로서 서명되어질 수 있다.

Article 15] Complying Presentation

a. When an issuing bank determines that a presentation is complying, it must honour.
b. When a confirming bank determines that a presentation is complying, it must honour or negotiate and forward the documents to the issuing bank.
c. When a nominated bank determines that a presentation is complying and honours or negotiates, it must forward the documents to the confirming bank or issuing bank.

---

40) 본 규칙 제19조 복합운송서류, 제20조 선하증권, 제21조 비유통성 해상화물운송장, 제22조 용선계약부선하증권, 제22조 항공운송서류, 제24조 도로, 철도 또는 내수로운송서류, 제25조 특송배달영수증, 우편영수증 또는 우편증명서.

41) 중계무역에 주로 이용되는 운송서류이다. 즉, 매매계약 당사자는 신용장 상에 언급되어 있으나 중계무역의 선적인은 제3국에 있는 자이므로 신용장상의 수익자와 운송서류의 선적인이 다르게 된다.

제15조] 일치하는 제시

a. 개설은행은 제시가 적격하다고 결정하는 경우, 결제(honour)하여야 한다.

b. 확인은행은 제시가 적격하다고 결정하는 경우, 결제(honour) 또는 매입하고 그 서류를 개설은행으로 송부하여야 한다.

c. 지정은행은 제시가 적격하다고 결정하고 결제(honour) 또는 매입하는 경우, 그 서류를 확인은행이나 개설은행으로 송부하여야 한다.

▸ 주의사항

1. 일치하는 제시가 송부되고 개설은행이 그 제시를 일치하는 것으로 결정한 경우에, 개설은행은 지급이행할 의무가 있다. 즉, 개설은행은 그 자신이 개설한 신용장에 의하여 타은행에게 일치하는 제시와 상환으로 지급, 연지급, 환어음의 인수, 매입을 수권한 경우 이들 지정은행이 수권된 대로 이행하고 일치하는 제시를 개설은행에게 송부하고 개설은행이 그 제시를 일치하는 것으로 결정하였다면 개설은행은 그 수권은행에게 지급이행 할 의무가 있다.
2. 은행에 제시된 서류가 신용장조건에 일치한다는 판단이 서면 개설은행은 결제를 하여야하고, 확인은행은 결제를 하거나 매입을 하고 서류를 개설은행에게 송부할 의무가 발생하며, 지정은행도 결제를 하거나 매입 후 개설은행 또는 확인은행에게 서류를 송부할 의무가 생긴다.

Article 16] Discrepant Documents, Waiver and Notice

a. When a nominated bank acting on its nomination, a confirming bank, if any, or the issuing bank determines that a presentation does not comply, it may refuse to honour or negotiate.

b. When an issuing bank determines that a presentation does not comply, it may in its sole judgement approach the applicant for a waiver of the discrepancies. This does not, however, extend the period mentioned in sub-article 14(b).

c. When a nominated bank acting on its nomination, a confirming bank, if any, or the issuing bank decides to refuse to honour or negotiate, it must give a single notice to that effect to the presenter.

The notice must state:

i. that the bank is refusing to honour or negotiate; and

ii. each discrepancy in respect of which the bank refuses to honour or negotiate; and

iii. a) that the bank is holding the documents pending further instructions from the presenter; or

b) that the issuing bank is holding the documents until it receives a waiver from the applicant and agrees to accept it, or receives further instructions from the presenter prior to agreeing to accept a waiver; or

c) that the bank is returning the documents; or

d) that the bank is acting in accordance with instructions previously received from the presenter.

d. The notice required in sub-article 16(c) must be given by telecommunication or, if that is not possible, by other expeditious means no later than the close of the fifth banking day following the day of presentation.

e. A nominated bank acting on its nomination, a confirming bank, if any, or the issuing bank may, after providing notice required by sub-article 16(c)(iii)(a) or(b), return the documents to the presenter at any time.

f. If an issuing bank or a confirming bank fails to act in accordance with the provisions of this article, it shall be precluded from claiming that the documents do not constitute a complying presentation.

g. When an issuing bank refuses to honour or a confirming bank refuses to honour or negotiate and has given notice to that effect in accordance with this article, it shall then be entitled to claim a refund, with interest, of any reimbursement made.

제16조] 하자있는 서류, 용인 및 통보

a. 자신의 지정에 따라 행동하는 지정은행, 있는 경우 확인은행 또는 개설은행이 제시가 부적격하다고 결정하는 경우 결제(honour) 또는 매입을 거절할 수 있다.

b. 개설은행은 제시가 부적격하다고 결정하는 경우, 자신의 판단으로 그 하자에 대한 권리포기(waiver)를 위하여 개설의뢰인에게 교섭할 수 있다. 그러나 이러한 교섭이 제14조 b항에서 언급된 기간을 연장시키지는 않는다.

c. 자신의 지정에 따라 행동하는 지정은행, 있는 경우 확인은행 또는 개설은행이 결제(honour) 또는 매입을 거절하는 경우, 그러한 결과를 제시인에게 한번에 통지하여야 한다.

그 통지에는 다음사항을 기재해야 한다.

i. 은행은 결제(honour) 또는 매입을 거절함, 그리고

ii. 은행이 결제(honour) 또는 매입을 거절하는 것과 관련된 각각의 하자, 그리고

iii. a) 제시인으로부터 추가지시가 있을 때까지 서류를 보관하고 있음, 또는

b) 개설은행은 개설의뢰인으로부터 권리포기를 받고 그것을 수락하기로 동의하거나, 또는 권리포기를 수락하기로 동의하기 전, 제시인으로부터 추가지시를 받을 때까지 서류를 보관할 것이라는 사실, 또는

c) 은행은 서류를 반송할 것이라는 것, 또는

d) 은행은 제시자로부터 받은 지시에 따라 행동할 것이라는 것.

d. 제16조 c항에서 요구되는 통지는 접수일 후 5은행영업일 이내에 전신 또는 그것이 불가능할 경우에는 기타 신속한 방법으로 이루어져야 한다.

e. 자신의 지정에 따라 행동하는 지정은행, 확인은행이 있는 경우 또는 개설

은행은 제16조 c항 iii-a호 또는 iii-b호에서 요구되는 통지를 한 후라도 제시자에게 언제든지 서류를 반송할 수 있다.

f. 개설은행이나 확인은행이 본 조의 규정에 따라 행동하지 못하는 경우, 서류가 일치하는 제시가 아니라는 주장을 할 수 없다.

g. 개설은행이 결제(honour)를 거절하거나 또는 확인은행이 결제(honour) 또는 매입을 거절하고 본 조항에 따른 그 결과의 통지를 하였다면, 이미 지급된 모든 상환대금을 이자와 함께 반환 청구할 권리를 갖는다.

▸ 주의사항

1. 은행에 제시된 서류만을 기초로 하여 신용장조건과 일치하지 않는다는 판단을 하게 되면 결제 또는 매입을 거절[42]할 수 있다. 거절의 통지는 서류 제시일 다음날로부터 제5영업일 이내에 최대한 신속한 수단을 통하여 한차례만 하여야 한다. 거절통지를 태만히 한 개설은행과 확인은행은 제시된 서류가 신용장과 일치하지 않는다는 취지의 항변을 할 수 없다. 그러나 확인은행이 아닌 단순한 지정은행은 수익자에 대하여 결제 또는 매입할 의무를 부담하지 않기 때문에 거절통지를 태만히 했다하더라도 제시된 서류가 신용장과 일치하지 않는다는 취지의 항변을 할 수 있다.
2. 개설은행 또는 확인은행이 신용장대금을 이미 상환했을 경우(상환은행을 통하여), 상환한 후에 서류의 불일치를 발견하게 되는데, 불일치서류에 대하여 상환이 행하여진 것은 은행이 법률상 원인없이 대금을 지급한 것이기 때문에 불일치서류에 대한 거절을 근거로 이미 지급이행된 상환원금 뿐만 아니라 상환실행일로부터 반환일까지의 이자도 추가하여 반환을 청구할 권리가 있다.

---

42) 거절통지 문언 : "We have contracted the applicant and are are holding the documents until we receive a waver from them and agree to accept it unless we receive further instructions. We are returning the documents. We are acting in accordance with instructions included in your cover schedule and accordingly will only release the documents to the applicant on full settlement of the value of documents presented."

Article 17] Original Documents and Copies

a. At least one original of each document stipulated in the credit must be presented.

b. A bank shall treat as an original any document bearing an apparently original signature, mark, stamp, or label of the issuer of the document, unless the document itself indicates that it is not an original.

c. Unless a document indicates otherwise, a bank will also accept a document as original if it:

 i. appears to be written, typed, perforated or stamped by the document issuer's hand; or

 ii. appears to be on the document issuer's original stationery; or

 iii. states that it is original, unless the statement appears not to apply to the document presented.

d. If a credit requires presentation of copies of documents, presentation of either originals or copies is permitted.

e. If a credit requires presentation of multiple documents by using terms such as "in duplicate", "in two fold" or "in two copies", this will be satisfied by the presentation of at least one original and the remaining number in copies, except when the document itself indicates otherwise.

제17조] 원본서류와 부본

a. 신용장에서 요구하고 있는 각 서류는 적어도 하나의 원본이 제시되어야 한다.

b. 은행은, 서류 자체에 이 서류는 원본이 아니라는 표시가 없는 한, 서류발행자의 외형상 실서명, 부호, 스탬프, 또는 라벨을 갖고 있는 모든 서류를 원본으로 취급한다.

c. 서류에 달리 표시가 없는 한, 은행은 다음 경우의 서류를 원본으로서 수락한다.
   i. 서류발행자의 손으로 작성, 타자, 천공 또는 스탬프가 찍힌 것으로 보이는 것, 또는
   ii. 서류발행자의 원본 서류용지 위에 작성된 것으로 보이는 것, 또는
   iii. 원본이라는 표시가 제시된 서류에는 적용되지 않는 것으로 보이지 않는 한, 이것은 원본이라고 표시하고 있는 서류.

d. 신용장이 서류의 부본을 요구하는 경우, 원본 또는 부본의 제시가 모두 허용된다.

e. 신용장이 "in duplicate(두 통으로)", "in two fold(두 겹으로)" 또는 "in two copies(두 부로)"와 같은 용어를 사용하여 복수의 서류를 제시하도록 요구하는 경우, 그 서류 자체에 달리 표시하고 있지 않는 한, 적어도 한 통의 원본과 나머지 부수의 부본을 제시하면 이를 충족한다.

▸ **주의사항**

1. 원본서류의 범위는 서류발행자의 서명(자필서명 뿐만 아니라 다양한 서명방법이 인정된다)이 있는 경우나 복사서류라도 발행자의 서명이 있는 경우, 서류 발행자의 상호가 미리 인쇄된 용지를 이용한 서류, 그리고 사본 서류에 원본(Original)[43]이라는 표시가 있는 서류이다.
2. 사본서류의 범위는 팩스로 송부된 서류나 발행자의 서명이 없는 일반용지 복사서류[44], 그리고 사본이나 원본이 한부만 발행된 원본이 아닌 서류이다.
3. ISBP 681 제30조에서는 신용장 문언이 원본을 요구하는지 부본을 요구

---

43) ISBP 681 제28조에서는 한 통 이상의 원본으로 발행된 서류에는 "Original", "Duplicate", "Triplicate", "First Original", "Second Original", "Third Original" 등으로 표시할 수 있고, 이러한 표시들이 원본 서류로서의 자격을 무효화하지 않는다고 명시하고 있다.

44) 1989년 국제상업회의소에서 발행한 'Case Studies on Documentary Credit, Case 68'을 보면 "carbon copy"로 서류를 요구하는 경우에 "photocopy"된 서류로는 수리가 불가능하다는 견해를 밝혔었다.

하는지, 그리고 그 요구사항이 원본으로 충족되는지 부본으로 충족되는지 결정하기 어려운 경우에 대한 예를 들고 있다. ① "Invoice", "One Invoice" 또는 "Invoice in 1 copy"를 요구하는 경우, 원본 송장 한통의 요구로 해석된다. ② "Invoice in 4 copies"를 요구하는 경우, 적어도 송장의 원본 한통과 나머지 수의 사본이 제시되면 충족된다. ③ "One copy of Invoice"를 요구하는 경우, 송장의 사본 또는 원본 한통이 제시되면 충족된다.

4. 신용장에서 복수의 서류제시를 요구할 때는 원본서류 한부와 사본의 잔여서류를 제시하도록 하고 있다. 여기서 "in duplicate", "in two fold" or "in two copies"의 의미는 2통, 2부, 2통을 의미하는 것이고, "Original", "Duplicate", "Triplicate"와 "First Original", "Second Original", "Third Original"은 원본과 제2본, 제3본을 의미하는 것으로 해석한다.

4. 제서류(specific documents) : 제18조~제28조

Article 18] Commercial Invoice

a. A commercial invoice:
   i. must appear to have been issued by the beneficiary(except as provided in article 38);
   ii. must be made out in the name of the applicant(except as provided in sub-article 38(g));
   iii. must be made out in the same currency as the credit; and
   iv. need not be signed.

b. A nominated bank acting on its nomination, a confirming bank, if any, or the issuing bank may accept a commercial invoice issued for an amount in excess of the amount permitted by the credit, and its decision will be binding upon all parties, provided the bank in question has not honoured or negotiated for an amount in excess of that permitted by the credit.

c. The description of the goods, services or performance in a commercial invoice must correspond with that appearing in the credit.

제18조] 상업송장

a. 상업송장은
   i. (제38조에서 규정하는 경우를 제외하고) 수익자가 발행한 것으로 보여야 하며,
   ii. (제38조 g항에서 규정하는 경우를 제외하고) 개설의뢰인 앞으로 발행되어야 하며,
   iii. 신용장과 동일한 통화로 작성되어야 하며, 그리고
   iv. 서명되어야 할 필요가 없다.

b. 자신의 지정에 따라 행동하는 지정은행, 확인은행이 있는 경우 또는 개설은행은 신용장에서 허용된 금액을 초과하는 금액으로 발행된 상업송장을 수리할 수 있으며, 해당 은행이 신용장에서 허용하는 금액을 초과하는 그 금액을 결제(Honour) 또는 매입하지 않는다면, 모든 당사자들을 구속한다.

c. 상업송장상의 물품, 서비스 또는 의무이행의 명세는 신용장에 보이는 그것과 일치하여야 한다.

▸ 주의사항

1. 본 조는 지정은행의 결제 또는 매입의 권한을 확대하여 주고 있다. 즉, 지정은행은 신용장에서 허용하는 금액이상을 결제하거나 매입하지 않는 한 그러한 상업송장을 수리할 수 있다. 일반적으로 신용장금액을 초과한 금액의 상업송장은 발행되지 않는다. 왜냐하면 환어음금액은 신용장의 금액이 되므로 상업송장의 금액과 일치되지 않는다면 환어음금액과 상업송장의 금액이 일치되지 않아 불일치가 되기 때문이다.[45] 이 경우, 서류

---

45) 예를 들면, 신용장상에 "…draft(s) at sight drawn on ABC Bank for full invoice cost…"와 같이 명시하여 상업송장금액의 전액에 대하여 발행되도록 요구된다.

불일치 뿐만 아니라 신용장금액을 초과하는 금액의 상업송장이 일부 개도국의 외국환 관련 법률에 의하여 인정받지 못할 수 도 있고, 수입승인 관련 물품이라면 수입통관 시 제출되는 상업송장의 금액과 수입승인서의 금액이 불일치하여 통관에 차질을 가져오게 된다.[46)]

2. 수익자가 개설의뢰인 앞으로 상업송장을 발행하는데 별도의 서명이 필요하지 않으나 수익자의 명칭이 기명된 명판을 송장상에 표시하던지 수익자의 영문명칭이 서류의 상단에 'full name'으로 표시되어 있으면 수익자가 발행한 서류로 인정된다. 한편 개설의뢰인은 상업송장이라고 해서 'Buyer'로 표기하지 말고 'Applicant'로 표기해야 한다. 신용장상의 개설의뢰인이 개설은행이 되고 수입업자가 운송서류상의 통지처(Notify Party)가 되는 경우에 대비해서이다.
3. 양도가능신용장의 경우에는 수익자와 개설의뢰인이 신용장이 개설될 때와 일치되지 않게 되므로 본 조의 예외가 된다. 양도가능신용장에서는 제1수익자의 명의가 개설의뢰인의 명의로 대체될 경우 제1수익자가 상업송장의 상대방이 된다. 즉, 제1수익자는 신용장을 제2수익자에게 양도할 때, 개설의뢰인의 명의를 자신의 명의로 대체한 후, 제2수익자가 송장을 발행해오면 제1수익자는 제2수익자가 발행한 송장을 자신이 원신용장개설의뢰인 앞으로 작성한 송장으로 대체하게 된다. 따라서 원신용장의 수익자와 양도된 신용장의 수익자가 불일치되므로 예외로 하고 있다.

Article 19] Transport Document Covering at Least Two Different Modes of Transport

a. A transport document covering at least two different modes of transport(multimodal or combined transport document), however named, must appear to:
   i. indicate the name of the carrier and be signed by:
      - the carrier or a named agent for or on behalf of the carrier, or

46) 이때는 ISBP 681 제60조에서 명시하고 있는 바와 같이 "송장상에 신용장에서 명시하고 있지 않은 선지급, 할인을 대상으로 하는 공제명세를 표시"하도록 한다.

- the master or a named agent for or on behalf of the master.

  Any signature by the carrier, master or agent must be identified as that of the carrier, master or agent.

  Any signature by an agent must indicate whether the agent has signed for or on behalf of the carrier or for or on behalf of the master.

ii. indicate that the goods have been dispatched, taken in charge or shipped on board at the place stated in the credit, by:

- pre-printed wording, or
- a stamp or notation indicating the date on which the goods have been dispatched, taken in charge or shipped on board.

  The date of issuance of the transport document will be deemed to be the date of dispatch, taking in charge or shipped on board, and the date of shipment. However, if the transport document indicates, by stamp or notation, a date of dispatch, taking in charge or shipped on board, this date will be deemed to be the date of shipment.

iii. indicate the place of dispatch, taking in charge or shipment and the place of final destination stated in the credit, even if:

a) the transport document states, in addition, a different place of dispatch, taking in charge or shipment or place of final destination, or

b) the transport document contains the indication "intended" or similar qualification in relation to the vessel, port of loading or port of discharge.

iv. be the sole original transport document or, if issued in more than one original, be the full set as indicated on the transport document.

v. contain terms and conditions of carriage or make reference to another source containing the terms and conditions of carriage(short form or blank back transport document). Contents of terms and conditions of carriage will not be examined.

vi. contain no indication that it is subject to a charter party.

b. For the purpose of this article, transhipment means unloading from one means of conveyance and reloading to another means of conveyance(whether or not in different modes of transport) during the carriage from the place of dispatch, taking in charge or shipment to the place of final destination stated in the credit.

c. i. A transport document may indicate that the goods will or may be transhipped provided that the entire carriage is covered by one and the same transport document.

ii. A transport document indicating that transhipment will or may take place is acceptable, even if the credit prohibits transhipment.

제19조] 적어도 두 개 이상의 다른 운송방법을 포괄하는 운송서류

a. 적어도 두 개 이상의 다른 운송방법을 포괄하는 운송서류(복합운송서류)는 그 명칭에 불문하고 다음과 같이 보여야 한다.

i. 운송인의 명의를 표시하고 다음의 자들이 서명한 것.

- 운송인 또는 그 운송인을 대리하는 기명대리인
- 선장 또는 그 선장을 대리하는 기명대리인

운송인, 선장 또는 대리인의 모든 서명은 그 운송인, 선장 또는 대리인의 서명으로서 밝혀져야 한다.

대리인의 모든 서명은 그 대리인이 그 운송인을 대리하여 또는 그 선장을 대리하여 서명했는지 여부를 표시하여야 한다.

ii. 물품이 신용장에 명기된 장소에서 발송, 수탁 또는 선적되었음을 다음의 방법으로 표시한 것.

- 기 인쇄된 문언, 또는

- 물품이 발송, 수취 또는 선적된 일자를 표시하는 스탬프 또는 부기. 운송서류의 발행일자는 발송일자, 수취일자 또는 적재일자 그리고 선적일로 간주된다.

  그러나 그 운송서류가 스탬프나 부기로 발송, 수취 또는 적재일자를 표시하고 있다면, 이 일자가 선적일자로 간주된다.

iii. 다음과 같을지라도, 신용장에 명기된 발송, 수취 또는 선적장소와 최종목적지를 표시한 것.

a) 그 운송서류가 추가로 다른 발송, 수취 또는 선적지 또는 최종목적지를 표시하고 있을지라도, 또는

b) 그 운송서류가 선박, 선적항 또는 하역항과 관련하여 "예정된" 등을 의미하는 표시를 갖고 있을지라도

iv. 한 통의 원본 운송서류 또는 한 통 이상의 원본이 발급되었으면 그 운송서류에 표시된 전통.

v. 운송조건을 포함 또는 운송조건의 출처에 대한 참조(약식 또는 백지이면 운송서류)를 포함한 것. 운송조건의 내용은 심사되지 않는다.

vi. 용선계약을 적용한다는 표시가 없는 것.

b. 본 조의 목적상, 환적이란 신용장에 명기된 발송, 수취 또는 선적장소로부터 최종목적지까지의 운송도중에 한 운송개체에서 양하되어 다른 운송개체로 재적재되는 것을 의미한다.

c. i. 운송서류에는, 전체 운송이 하나의 동일한 운송서류에 나타나는 한, 화물이 환적될 것 또는 될 수 있다고 표시될 수 있다.

ii. 신용장이 환적을 금지하고 있어도 환적이 될 것 또는 될 수도 있다고 표시하고 있는 운송서류는 수리된다.

▸ **주의사항**

1. 적어도 두 개 이상의 다른 운송방법을 포괄하는 운송서류(복합운송)의 명칭으로 "Multimodal transport document", "Combined transport document", "Intermodal transport document", "Multimodal trans-

port bill of lading", "Combined transport bill of lading", "Intermodal transport bill of lading"이 사용되지만, 'Ocean B/L', 'Marine B/L' 등이 제시되더라도 실제 서로 다른 두 개 이상의 방법으로 운송이 되었다면 복합운송서류로 수리될 수 있다.[47)]

2. 복합운송서류에서는 신용장에서 명시된 선적항과 다른 수탁장소 또는 도착항과 다른 최종도착지가 운송서류에 표시되어 있는 것을 수리하도록 하고 있다. 한편, 복합운송서류의 발행일자는 발송일, 수탁일 또는 본선적재일과 선적일로 간주된다.[48)]
3. 복합운송의 경우에는 운송서류에 "the goods will be transported" 또는 "the goods may be transported"라고 표시될 수 있으며, 신용장에서 환적이 금지되었더라도 운송서류상에 "transhipment will take place", "transhipment may take place"라고 명시된 복합운송서류를 수리할 수 있다. 즉, 복합운송서류에서는 환적이 필연적이기 때문에 은행은 신용장에 명시된 환적금지조건을 무시한다. 그러나 신용장에 "Transhipment is not allowed at Republic of Korea"라는 문구가 있으면, 우리나라에서는 환적이 되어서는 안된다.

---

47) ISBP 681 제68조, 제69조 참조.
48) ISBP 681 제73조, 제74조 참조.

〈표 6-1〉 UCP 600, UCP 500 복합운송서류 조항 비교

UCP 600 제19조	UCP 500 제26조
서로 다른 두 개 이상의 방법으로 이루어지는 운송방법을 커버하는 운송서류	복합운송서류
운송인의 명칭을 표시하여야 함	운송인 또는 목합운송인의명칭을 표시하여야 함
운송인, 선장 또는 기명대리인이 서명	운송인, 복합운송인, 선장 또는 기명대리인이 서명하거나 달리 확인함
대리인이 서명하는 경우 누구를 위하여 서명하는 것인지 명확히 하여야 함. 선장의 이름은 표시하지 않아도 됨	선장의 성명을 표시하여야 함
다음의 경우라 할지라도 신용장에 명시된 발송지, 수탁지 선적지 및 최종목적지를 복합운송서류에 표시하여야 함 - 운송서류가 추가적으로 여타 발송지, 수탁지, 선적지 또는 최종목적지를 표시하는 경우 - 운송서류가 선박, 선적항, 하역항과 관련하여 "예정" 또는 이와 유사한 표현을 사용한 경우	
용선계약이 적용된다는 표시를 하여서는 안됨	용선계약에 따른다거나 운송선적이 돛에 의해서만 추진된다고 표시하지 않아야 함
전체운송이 하나의 동일한 운송서류로 커버된다면 운송서류는 물품이 환적될 가능성이 있다는 표시를 할 수 있음	

Article 20] Bill of Lading

a. A bill of lading, however named, must appear to:

i. indicate the name of the carrier and be signed by:

- the carrier or a named agent for or on behalf of the carrier, or
- the master or a named agent for or on behalf of the master. Any signature by the carrier, master or agent must be identi-

fied as that of the carrier, master or agent.

Any signature by an agent must indicate whether the agent has signed for or on behalf of the carrier or for or on behalf of the master.

ii. indicate that the goods have been shipped on board a named vessel at the port of loading stated in the credit by:

- pre-printed wording, or
- an on board notation indicating the date on which the goods have been shipped on board.

  The date of issuance of the bill of lading will be deemed to be the date of shipment unless the bill of lading contains an on board notation indicating the date of shipment, in which case the date stated in the on board notation will be deemed to be the date of shipment.

  If the bill of lading contains the indication "intended vessel" or similar qualification in relation to the name of the vessel, an on board notation indicating the date of shipment and the name of the actual vessel is required.

iii. indicate shipment from the port of loading to the port of discharge stated in the credit.

If the bill of lading does not indicate the port of loading stated in the credit as the port of loading, or if it contains the indication "intended" or similar qualification in relation to the port of loading, an on board notation indicating the port of loading as stated in the credit, the date of shipment and the name of the vessel is required. This provision applies even when loading on board or shipment on a named vessel is indicated by pre-printed wording on the bill of lading.

iv. be the sole original bill of lading or, if issued in more than one original, be the full set as indicated on the bill of lading.

v. contain terms and conditions of carriage or make reference to another source containing the terms and conditions of carriage(short form or blank back bill of lading). Contents of terms and conditions of carriage will not be examined.

vi. contain no indication that it is subject to a charter party.

b. For the purpose of this article, transhipment means unloading from one vessel and reloading to another vessel during the carriage from the port of loading to the port of discharge stated in the credit.

c. i. A bill of lading may indicate that the goods will or may be transhipped provided that the entire carriage is covered by one and the same bill of lading.

ii. A bill of lading indicating that transhipment will or may take place is acceptable, even if the credit prohibits transhipment, if the goods have been shipped in a container, trailer or LASH barge as evidenced by the bill of lading.

d. Clauses in a bill of lading stating that the carrier reserves the right to tranship will be disregarded.

제20조] 선하증권

a. 선하증권은 그 명칭에 불문하고 다음과 같이 보여야 한다.

i. 운송인의 명칭을 표시하고 다음의 자들이 서명한 것.

- 운송인 또는 그 운송인을 대리하는 기명대리인
- 선장 또는 그 선장을 대리하는 기명대리인

운송인, 선장 또는 대리인의 모든 서명은 그 운송인, 선장 또는 대리인의 서명으로 밝혀져야 한다.

대리인의 모든 서명은 그 대리인이 그 운송인 또는 선장을 대리하여 서명했는지 여부를 표시하여야 한다.

ii. 물품이 신용장에 명기된 장소에서 기명 선박에 선적되었음을 다음의 방법으로 표시하는 것.

- 기 인쇄된 문언, 또는
- 화물이 선적된 일자를 표시하고 있는 본선적재표기.

선하증권이 선적일자를 표시하는 본선적재표기를 포함하지 않는 경우에는 선하증권 발행일을 선적일로 본다. 선하증권에 본선적재표기가 된 경우에는 본선적재표기에 기재된 일자를 선적일로 본다.

만일 선하증권이 선박명과 관련하여 "예정선박" 등의 의미표시를 포함하고 있으면, 선적일자와 실제 선박명을 표시하는 본선적재표기가 요구된다.

iii. 신용장에 명기된 선적항과 하역항을 표시하는 것.

만일 선하증권이 신용장에 명기된 선적항을 표시하지 않거나, 또는 선적항과 관련하여 "예정" 등의 의미표시를 포함하고 있으면, 신용장에 명기된 선적항, 선적일자 및 선박명을 표시하는 본선적재표시가 요구된다.

이 규정은 기명선박에의 적재 또는 선적이 그 선하증권에 기 인쇄문언으로 표시되어 있는 경우에도 적용된다.

iv. 유일의 원본 선하증권 또는 한 통 이상의 원본이 발급되었으면 그 선하증권에 표시된 전통일 것.

v. 운송조건을 포함 또는 운송조건의 출처에 대한 참조(약식 또는 백지이면 선하증권)를 포함하고 있는 것.

운송조건의 내용은 심사되지 않는다.

vi. 용선계약을 적용한다는 표시가 없는 것.

b. 본 조의 목적상, 환적이란 신용장에 명기된 선적항으로부터 하역항까지의 운송 중에 하나의 선박에서 양하되어 다른 운송수단으로 재적재되는 것을 의미한다.

c. i. 선하증권에는, 전 운송과정이 하나의 동일 선하증권으로 취급되는 한, 화물이 환적될 것 또는 될 수 있다고 표시될 수 있다.

ii. 선하증권에서 화물이 컨테이너, 트레일러 또는 래시바지선에 선적된 것으로 증빙된다면, 신용장에서 환적을 금지하여도 환적이 발생될 것 또는 발생될 수도 있다고 표시하고 있는 선하증권은 수리된다.

d. 운송인은 환적의 권리를 유보한다고 명기하고 있는 선하증권의 문구는 무시된다.

▸ 주의사항

1. 선하증권의 명칭은 "그 명칭에 상관없이(however named)"라는 UCP 600 제20조의 본문내용과 같이 제시된 서류의 표제 보다는 서류의 내용에 근거하여 본조의 충족여부에 따라 수리된다. 즉, "본선적재선하증권(On board Bill of Lading)"을 신용장에서 요구하였는데, "복합운송선하증권(Combined Transport Bill of Lading)"이라는 표제의 서류가 제시되더라도 본조의 규정이 적용되어 수리가 된다는 것이다.
2. 신용장에서 요구되는 선하증권은 화물을 본선에 선적한 후에 발행된 선적선하증권(Shipped Bill of Lading)이어야 한다.[49] 선적선하증권의 경우에는 지정선박에 적재되었음을 표시하는 조항을 사전 인쇄된 문언으로 표시할 수 있으며, 이 경우 선하증권의 발행일은 선적일로 본다. 수취선하증권에 본선적재표기가 되어 선적선하증권으로 간주되는 경우에는 선하증권의 발행일자와 상관없이 본선적재표기상의 명기된 일자가 선적일이 된다.
3. 선하증권의 선적항과 하역항 표기와 관련하여서 ISBP 681의 제98조~제100조의 내용을 참조하여야 한다.
4. 선하증권 뒷면이 백지인 약식선하증권(Short form B/L) 또는 백지선하증권(Blank back B/L)에 대하여 운송조건이 포함된 다른 출처를 참조하라는 표시가 되어있으면 은행은 운송조건의 심사없이 수리가 가능하다.
5. 전 운송구간을 하나의 동일한 운송서류에 의하여 커버되었다면, 신용장에 환적이 금지되었더라도 수리될 수 있다. 즉, "the goods will be

---

49) 헤이그규칙 제3조 제7항, 함부르크규칙 제15조 제2항, 상법 제813조 제2항 참조.

transhipped", "the goods may be transhipped", "transhipment will take place", "transhipment may take place"라는 표현이 있어도 환적금지부신용장에서 수리가 가능하다. 본 조항은 컨테이너, 트레일러, 래쉬바지[50]에 의하여 운송되는 운송업계의 관행을 반영한 조항이라 할 것이다.

Article 21] Non-Negotiable Sea Waybill

a. A non-negotiable sea waybill, however named, must appear to:
  i. indicate the name of the carrier and be signed by:
    - the carrier or a named agent for or on behalf of the carrier, or
    - the master or a named agent for or on behalf of the master.

      Any signature by the carrier, master or agent must be identified as that of the carrier, master or agent.

      Any signature by an agent must indicate whether the agent has signed for or on behalf of the carrier or for or on behalf of the master.
  ii. indicate that the goods have been shipped on board a named vessel at the port of loading stated in the credit by:
    - pre-printed wording, or
    - an on board notation indicating the date on which the goods have been shipped on board.

      The date of issuance of the non-negotiable sea waybill will be deemed to be the date of shipment unless the non-negotiable sea waybill contains an on board notation indicating the date of shipment, in which case the date stated in the on board notation will be deemed to be the date of shipment.

---

50) Lash barge는 Lash는 "Light Aboard Ship"을 의미하고 Barge는 바닥이 평평한 근거리 항해용 짐배를 의미한다. 주로 내륙운하가 발달된 유럽이나 큰하천을 가진 국가, 혹은 컨테이너 전용부두에 접안할 수 없을 때 사용된다.

If the non-negotiable sea waybill contains the indication "intended vessel" or similar qualification in relation to the name of the vessel, an on board notation indicating the date of shipment and the name of the actual vessel is required.

iii. indicate shipment from the port of loading to the port of discharge stated in the credit.

If the non-negotiable sea waybill does not indicate the port of loading stated in the credit as the port of loading, or if it contains the indication "intended" or similar qualification in relation to the port of loading, an on board notation indicating the port of loading as stated in the credit, the date of shipment and the name of the vessel is required. This provision applies even when loading on board or shipment on a named vessel is indicated by pre-printed wording on the non-negotiable sea waybill.

iv. be the sole original non-negotiable sea waybill or, if issued in more than one original, be the full set as indicated on the non-negotiable sea waybill.

v. contain terms and conditions of carriage or make reference to another source containing the terms and conditions of carriage(short form or blank back non-negotiable sea waybill). Contents of terms and conditions of carriage will not be examined.

vi. contain no indication that it is subject to a charter party.

b. For the purpose of this article, transhipment means unloading from one vessel and reloading to another vessel during the carriage from the port of loading to the port of discharge stated in the credit.

c. i. A non-negotiable sea waybill may indicate that the goods will or may be transhipped provided that the entire carriage is covered by one and the same non-negotiable sea waybill.

ii. A non-negotiable sea waybill indicating that transhipment will or may take place is acceptable, even if the credit prohibits transhipment, if the goods have been shipped in a container, trailer or LASH barge as evidenced by the non-negotiable sea waybill.

d. Clauses in a non-negotiable sea waybill stating that the carrier reserves the right to tranship will be disregarded.

제21조] 비유통성해상회물운송장

a. 선하증권은 그 명칭에 불문하고 다음과 같이 보여야 한다.

i. 운송인의 명의를 표시하고 다음의 자들이 서명한 것.

- 운송인 또는 그 운송인을 대리하는 기명대리인
- 선장 또는 그 선장을 대리하는 기명대리인

운송인, 선장 또는 대리인의 모든 서명은 그 운송인, 선장 또는 대리인의 서명으로 밝혀져야 한다.

대리인의 모든 서명은 그 대리인이 그 운송인 또는 선장을 대리하여 서명했는지 여부를 표시하여야 한다.

ii. 물품이 신용장에서 명기된 장소에서 기명 선박에 선적되었음을 다음의 방법으로 표시한 것.

- 기 인쇄된 문언, 또는
- 화물이 선적된 일자를 표시하고 있는 본선적재표시.

비유통성해상화물운송장의 발행일자는 선적일자로 간주된다.

그러나 비유통성해상화물운송장이 선적일자를 표시하고 있는 본선적재표시를 포함하고 있으면, 그 본선적재표시에 명기된 일자가 선적일자로 간주된다.

만일 비유통성해상화물운송장이 선박명과 관련하여 "예정선박" 등의 의미표시를 포함하고 있으면, 선적일자와 실제선박명을 표시하는 본선적재표시가 요구된다.

iii. 신용장에서 명기된 선적항과 하역항을 표시한 것.

만일 비유통성해상화물운송장이 신용장에 명기된 선적항을 표시하지 않거나, 또는 선적항과 관련하여 "예정" 등의 의미표시를 포함하고 있으면, 신용장에 명기된 선적항, 선적일자 및 선박명을 표시하는 본선적재표시가 요구된다.

이 규정은 기명선박에의 적재 또는 선적이 그 비유통성해상화물운송장에 기 인쇄문언으로 표시되어 있는 경우에도 적용된다.

iv. 유일의 원본 비유통성해상화물운송장 또는 한 통 이상의 원본이 발급되었으면 그 비유통성해상화물운송장에 표시된 전통일 것.

v. 운송조건을 포함 또는 운송조건의 출처에 대한 참조(약식 또는 백지이면 비유통성해상화물운송장)를 포함하고 있는 것.

운송조건의 내용은 심사되지 않는다.

vi. 용선계약을 적용한다는 표시가 없는 것.

b. 본 조의 목적상, 환적이란 신용장에 명기된 선적항으로부터 하역항까지의 운송 중에 하나의 선박에서 양하되어 다른 운송수단으로 재적재되는 것을 의미한다.

c. i. 비유통성해상화물운송장에는, 전 운송과정이 하나의 동일 비유통성해상화물운송장으로 취급되는 한, 화물이 환적될 것 또는 될 수 있다고 표시할 수 있다.

ii. 비유통성해상화물운송장에서 화물이 컨테이너, 트레일러 또는 래시바지선에 선적된 것으로 증빙된다면, 신용장에서 환적을 금지하여도 환적이 될 것 또는 될 수도 있다고 표시하고 있는 비유통성해상화물운송장은 수리된다.

d. 운송인은 환적의 권리를 유보한다고 명기하고 있는 비유통성해상화물운송장의 문구는 무시된다.

▸ **주의사항**

1. 해상화물운송장은 해상운송을 포함한 복합운송에 사용되는 비유통성선

하증권으로 기명식으로 발행된다. 본 서류는 수하인이 목적지의 선박회사대리점에서 자기의 신분만 입증하면 화물을 인도받는 항공화물운송장처럼 화물수취증의 기능을 한다. 따라서 신용장에서 수리될 수 있는 비유통성해상화물운송장은 수하인을 기명식으로 명기하여야 한다.

2. 선적선하증권을 요구하는 신용장조건에서 비유통성해상화물운송장을 제시할 수 없다. 선적선하증권은 유가증권이지만 비유통성해상화물운송장은 단순한 수취증이기 때문이다.
3. 본 조항은 본 규칙 제20조의 내용과 거의 동일하다. "선하증권"과 "비유통성해상화물운송장"의 단어만 다를 뿐이니, 제20조를 준용하면 된다.

Article 22] Charter Party Bill of Lading

a. A bill of lading, however named, containing an indication that it is subject to a charter party(charter party bill of lading), must appear to:
   i. be signed by:
      - the master or a named agent for or on behalf of the master, or
      - the owner or a named agent for or on behalf of the owner, or
      - the charterer or a named agent for or on behalf of the charterer.

      Any signature by the master, owner, charterer or agent must be identified as that of the master, owner, charterer or agent.

      Any signature by an agent must indicate whether the agent has signed for or on behalf of the master, owner or charterer.

      An agent signing for or on behalf of the owner or charterer must indicate the name of the owner or charterer.

ii. indicate that the goods have been shipped on board a named vessel at the port of loading stated in the credit by:

- pre-printed wording, or
- an on board notation indicating the date on which the goods have been shipped on board.

  The date of issuance of the charter party bill of lading will be deemed to be the date of shipment unless the charter party bill of lading contains an on board notation indicating the date of shipment, in which case the date stated in the on board notation will be deemed to be the date of shipment.

iii. indicate shipment from the port of loading to the port of discharge stated in the credit. The port of discharge may also be shown as a range of ports or a geographical area, as stated in the credit.

iv. be the sole original charter party bill of lading or, if issued in more than one original, be the full set as indicated on the charter party bill of lading.

b. A bank will not examine charter party contracts, even if they are required to be presented by the terms of the credit.

제22조] 용선계약부선하증권

a. 용선계약을 적용한다는 표시를 포함하고 있는 선하증권(용선계약부선하증권)은 그 명칭에 불문하고 다음과 같이 보여야 한다.

i. 다음의 자들이 서명한 것.

- 선장 또는 그 선장을 대리하는 기명대리인
- 선주 또는 그 선주를 대리하는 기명대리인
- 용선인 또는 그 용선인을 대리하는 기명대리인

  선장, 선주, 용선인 또는 대리인의 모든 서명은 그 선장, 선주, 용선인 또는 대리인의 서명으로 밝혀져야 한다.

대리인의 모든 서명은 그 대리인이 그 선장, 선주 또는 용선인을 대리하여 서명했는지 여부를 표시하여야 한다.

선주 또는 용선인을 대리하여 서명하는 대리인은 선주 또는 용선인의 명의를 표시하여야 한다.

ii. 물품이 신용장에 명기된 선적항에서 기명 선박에 선적되었음을 다음의 방법으로 표시한 것.

- 기 인쇄된 문언, 또는
- 물품이 본선적재된 일자를 표시하고 있는 본선적재표시.

그러나 용선계약부선하증권이 선적일자를 표시하고 있는 본선적재표기를 하고 있지 않은 경우, 그 용선계약부선하증권의 발행일자가 선적일자로 간주된다. 용선계약부선하증권에 본선적재표기가 된 경우에는 본선적재표기에 기재된 일자를 선적일로 본다.

iii. 신용장에서 명기된 선적항으로부터 하역항까지의 선적을 표시하여야 한다. 하역항은 또한 신용장에 기재된 바에 따라 일정범위의 항구들 또는 지리적으로 표시될 수 있다.

iv. 유일의 원본 용선계약부선하증권 또는 한 통 이상의 원본이 발급되었으면 그 용선계약부선하증권에 표시된 전통이어야 한다.

b. 신용장의 조건으로서 이를 제시하도록 요구하여도, 은행은 용선계약서를 심사하지 않는다.

▸ 주의사항

1. 용선계약부선하증권은 용선계약에 의하여 발행된 선하증권으로서 용선계약부서하증권에는 "pursuant and subject to all terms and conditions, liberties and exceptions as per voyage charterer party indicated hereunder", "the charter party dated Octaber, 31. 2007 are herewith incorporated"등을 기재한 선하증권에 용선계약서를 첨부하여 제시하면, 용선계약부선하증권을 요구하거나 허용한 신용장에서는 수리된다. 즉, 용선계약부선하증권 뿐만아니라 일반선적선하증권도 서류상에 용선계약에 따른다는 내용이 있으면 신용장의 용선계약부선하증

권 수리조건을 만족시킨다.

2. 은행에서 수리 가능한 선적선하증권에는 신용장상에 기재되어 있는 선적항으로부터 하역항까지의 선적을 표시하여야 되지만, 용선계약부선하증권상의 하역항은 특정항구를 기재하지 않고 신용장에 명시된 일정 범위의 항구 또는 지리적 지역으로 표시할 수 있다. 한편, "예정된"이라는 단어의 삽입에 대한 내용을 본 조항에서는 찾을 수 없는데, 이는 용선계약에 따라 지정된 특정선박에 적재해야 선적선하증권이 발급되기 때문이다.

Article 23] Air Transport Document

a. An air transport document, however named, must appear to:
   i. indicate the name of the carrier and be signed by:
      - the carrier, or
      - a named agent for or on behalf of the carrier.

      Any signature by the carrier or agent must be identified as that of the carrier or agent.

      Any signature by an agent must indicate that the agent has signed for or on behalf of the carrier.
   ii. indicate that the goods have been accepted for carriage.
   iii. indicate the date of issuance. This date will be deemed to be the date of shipment unless the air transport document contains a specific notation of the actual date of shipment, in which case the date stated in the notation will be deemed to be the date of shipment.

      Any other information appearing on the air transport document relative to the flight number and date will not be considered in determining the date of shipment.
   iv. indicate the airport of departure and the airport of destination stated in the credit.
   v. be the original for consignor or shipper, even if the credit

stipulates a full set of originals.

vi. contain terms and conditions of carriage or make reference to another source containing the terms and conditions of carriage. Contents of terms and conditions of carriage will not be examined.

b. For the purpose of this article, transhipment means unloading from one aircraft and reloading to another aircraft during the carriage from the airport of departure to the airport of destination stated in the credit.

c. i. An air transport document may indicate that the goods will or may be transhipped, provided that the entire carriage is covered by one and the same air transport document.

ii. An air transport document indicating that transhipment will or may take place is acceptable, even if the credit prohibits transhipment.

제23조] 항공운송서류

a. 항공운송서류는 그 명칭에 불문하고 다음과 같이 보여야 한다.

i. 운송인의 명칭을 표기하고 다음의 자들이 서명한 것이어야 한다.

- 운송인, 또는
- 그 운송인을 대리하는 기명대리인.

운송인 또는 대리인의 모든 서명은 그 운송인 또는 대리인의 서명으로 특정되야 한다.

대리인의 모든 서명은 그 대리인이 그 운송인을 위하여 또는 운송인을 대리하여 서명한 것인지를 표시하여야 한다.

ii. 물품이 운송을 위하여 인수되었음을 표시하는 것이어야 한다.

iii. 발행일자를 표시하여야 한다. 항공운송서류가 실제 선적일에 대한 특정한 부기를 포함하지 않은 경우에는 이 일자를 선적일로 본다. 항공운송서류가 실제 선적일에 대한 특정한 부기를 포함하고 있는 경우에는 부기에 기재된 일자를 선적일로 본다.

항공편번호 및 일자와 관련되어 항공운송서류에 보이는 모든 기타 정보사항은 선적일자의 결정에 고려되지 아니한다.

iv. 신용장에 기재된 출발공항과 도착공항을 표시하여야 한다.

v. 신용장에서 원본 전통을 요구하고 있어도, 송하인 또는 선적인용 원본이어야 한다.

vi. 운송조건을 포함하거나 또는 운송조건을 포함하는 다른 출처를 안급하여야 한다. 운송조건의 내용은 심사되지 않는다.

b. 본 조의 목적상, 환적이란 신용장에 기재된 출발공항으로부터 도착공항까지의 운송 중에 하나의 항공기에서 양하되어 다른 항공기로로 재적재되는 것을 의미한다.

c. i. 항공운송서류에는, 전 운송과정이 하나의 동일 항공운송서류에 의하여 포괄된다면 물품이 환적될 것 또는 될 수 있다고 표시될 수 있다.

ii. 환적이 될 것 또는 될 수도 있다고 표시하고 있는 항공운송서류는 비록 신용장에서 환적을 금지하여도 수리될 수 있다.

▸ **주의사항**

1. 신용장에서 항공화물운송장을 요구하는 경우, 수리가능한 서류는 표제와 상관없이 본 조항에서 규정하는 조건을 만족하는 항공운송장이면 된다. 항공화물운송장을 요구하는 신용장에서 House Air Waybill 또한 운송주선업자가 운송인 또는 운송인의 대리인으로 서명하였다면 수리가 된다.[51)]
2. 항공화물운송장은 일반적으로 수취식으로 발행된다. 항공화물은 적재사실을 명확하기 표시될 수 없어 신용장에서 이를 요구하는 경우, 적하목록의 사본이나 항공화물운송장에 운항일자와 운항번호가 기재된 것을 제시하는 것이 합리적이지만 적재사실을 명확하게 표시한 것으로 볼 수 없으므로 항공화물운송장에 화물을 수탁하였다는 사실을 표기하거나 탑재증

51) 단, "House Air Waybill not acceptable"이라는 문구를 삽입하게 되면, 수리가 불가능해진다.

명서가 필요하다는 특별조건을 명기하도록 한다.[52)]

3. 항공운송장상의 일자표기는 발행일자, 선적부기(on board date), 항공회사 예약을 위해 표시하는 "freight date"로 이루어져 있다. 원칙적으로는 발행일자가 선적이로 간주되지만 실제 선적일에 관한 특정표기가 있는 경우에는 그 일자가 선적일이 됨을 유의하도록 한다. 위에서 언급했던 운항일자와 운항번호는 선적일의 결정에 고려되지 않는다.
4. 항공화물운송장에서는 신용장상의 명기된 그 지역이나 범위내의 실제 출발공항과 도착공항을 표시하여야 수리가능하다. 이 때 공항명은 IATA 코드를 사용하여도 된다.[53)]
5. 항공화물운송장은 운송인용 제1원본(녹색), 수화인용 제2원본(적색), 송화인용 제3원본(청색)과 6통의 백색 사본이 관행적으로 발행되는데 수출업자가 은행에 네고하기 위하여 은행에 제출하는 서류는 제3원본이므로 신용장에서 항공화물운송장 원본의 전부를 요구하더라도 송화인용 원본 1통만 제시하면 전통을 제시한 것으로 간주된다.

Article 24] Road, Rail or Inland Waterway Transport Documents

a. A road, rail or inland waterway transport document, however named, must appear to:

   i. indicate the name of the carrier and:

      - be signed by the carrier or a named agent for or on behalf of the carrier, or
      - indicate receipt of the goods by signature, stamp or notation by the carrier or a named agent for or on behalf of the carrier.

      Any signature, stamp or notation of receipt of the goods by the carrier or agent must be identified as that of the carrier

52) 항공화물운송장상에 "the goods have been accepted for carriage"를 표기하거나, "Certificate of Shipment on Board the Aircraft"를 첨부하도록 한다.
53) ISBP 681 제141조, 제142조 참조.

or agent.

Any signature, stamp or notation of receipt of the goods by the agent must indicate that the agent has signed or acted for or on behalf of the carrier.

If a rail transport document does not identify the carrier, any signature or stamp of the railway company will be accepted as evidence of the document being signed by the carrier.

ii. indicate the date of shipment or the date the goods have been received for shipment, dispatch or carriage at the place stated in the credit. Unless the transport document contains a dated reception stamp, an indication of the date of receipt or a date of shipment, the date of issuance of the transport document will be deemed to be the date of shipment.

iii. indicate the place of shipment and the place of destination stated in the credit.

b. i. A road transport document must appear to be the original for consignor or shipper or bear no marking indicating for whom the document has been prepared.

ii. A rail transport document marked "duplicate" will be accepted as an original.

iii. A rail or inland waterway transport document will be accepted as an original whether marked as an original or not.

c. In the absence of an indication on the transport document as to the number of originals issued, the number presented will be deemed to constitute a full set.

d. For the purpose of this article, transhipment means unloading from one means of conveyance and reloading to another means of conveyance, within the same mode of transport, during the carriage from the place of shipment, dispatch or carriage to the place of destination stated in the credit.

e. i. A road, rail or inland waterway transport document may indicate that the goods will or may be transhipped provided that the entire carriage is covered by one and the same transport document.

ii. A road, rail or inland waterway transport document indicating that transhipment will or may take place is acceptable, even if the credit prohibits transhipment.

제24조] 도로, 철도 또는 내수로운송서류

a. 도로, 철도 또는 내수로운송서류는 그 명칭에 불문하고 다음과 같이 보여야 한다.

I. 운송인의 명칭을 표시하고,

- 운송인 또는 그 운송인을 대리하는 기명대리인이 서명한 것, 또는
- 운송인 또는 그 운송인을 대리하는 기명대리인이 서명, 스탬프 또는 부기로서 물품의 수령을 표시하여야 한다.

운송인 또는 대리인에 의한 모든 서명, 스탬프 또는 물품수령의 부기는 그 운송인 또는 대리인의 서명으로 특정되어야 한다.

대리인에 의한 모든 서명, 스탬프 또는 물품수령의 부기는 그 대리인이 그 운송인을 대리하여 서명했거나 행위한 것을 표시하여야 한다.

만일 철도운송서류가 운송인을 특정하지 않았다면, 철도회사의 서명이나 스탬프는 그 서류가 운송인에 의하여 서명된 증거로서 승인된다.

ii. 신용장에 기재된 장소에서 서적일 또는 물품이 선적, 발송, 운송을 위하여 수령된 일자를 표시하여야 한다. 운송서류에 일자가 표시된 수령스템프, 수령일 또는 선적일의 표시가 없다면 운송서류의 발행일을 선적일로 본다.

iii. 신용장에 기재된 선적지 및 목적지를 표시하고 있어야 한다.

b. i. 도로운송서류는 송하인이나 선적인용 원본으로 보이거나 또는 그 서류가 누구를 위하여 작성되었는지에 대한 표시가 없어야 한다.
  ii. "duplicate(제2본)"라고 표시된 철도운송서류는 원본으로서 수리된다.
  iii. 철도 또는 내수로운송서류는 원본이라는 표시의 유무에 불문하고 원본으로서 수리된다.

c. 운송서류에 발행된 원본통수의 표시가 없는 경우, 제시된 부수가 전통을 구성하는 것으로 간주된다.

d. 본 조의 목적상, 환적이란 신용장에 기재된 선적, 발송 또는 운송지로부터 목적지까지의 운송 중에, 동일한 운송방법 내에서, 어떤 하나의 운송수단으로부터 양하되어 다른 운송수단으로 재적재되는 것을 의미한다.

e. i. 도로, 철도 또는 내수로운송서류는, 전 운송과정이 하나의 동일 운송서류에 의하여 포괄된다면, 물품이 환적될 것이라거나 환적될 수 있다고 표시할 수 있다.
  ii. 신용장에서 환적을 금지하더라도 환적이 될 것 또는 될 수도 있다고 표시하고 있는 도로, 철도 또는 내수로운송서류는 수리된다.

Article 25] Courier Receipt, Post Receipt or Certificate of Posting

a. A courier receipt, however named, evidencing receipt of goods for transport, must appear to:
  i. indicate the name of the courier service and be stamped or signed by the named courier service at the place from which the credit states the goods are to be shipped; and
  ii. indicate a date of pick-up or of receipt or wording to this effect. This date will be deemed to be the date of shipment.

b. A requirement that courier charges are to be paid or prepaid may be satisfied by a transport document issued by a courier service evidencing that courier charges are for the account of a party other than the consignee.

c. A post receipt or certificate of posting, however named, evidencing receipt of goods for transport, must appear to be stamped or signed and dated at the place from which the credit states the goods are to be shipped. This date will be deemed to be the date of shipment.

제25조] 특송배달영수증, 우편영수증 또는 우편증명서

a. 운송을 위한 물품의 접수를 증빙하는 특송배달영수증은 그 명칭에 불문하고 다음과 같이 보여야 한다.
   i. 특송배달업체의 명의를 표시하고 신용장에 명기된 물품의 선적장소에서 기명된 특송배달업체가 스탬프를 찍거나 서명한 것.
   ii. 집하 또는 수령일자 또는 이러한 취지의 문구를 표시하여야 한다. 이 일자를 선적일자로 본다.
b. 특송배달료가 지급 또는 선급되어야 한다는 요구사항은 특송배달료가 수하인이 아닌 자의 부담임을 증빙하는 특송업체가 발행한 운송서류로서 충족된다.
c. 운송을 위한 물품의 접수를 증빙하는 우편영수증 또는 우편증명서는 그 명칭에 불문하고 신용장에 명기된 물품의 선적장소에서 스탬프가 찍히거나 또는 서명되고 일자가 기재된 것으로 보여야 한다. 이 일자가 선적일자로 간주된다.

▸ 주의사항

1. 특송배달영수증은 물품의 특송배달에 대한 영수증으로서, 집하인이 수출업자로부터 집하하거나 특송업체가 수출업자로부터 수령하는 일자가 선적일로 간주되고, 요금은 지급되거나 선지급되어야[54] 은행에서 수리가 가능하다.
2. 우편영수증은 신용장에서 물품이 선적되어야 한다고 명기하고 있는 장소

---

54) 요금은 수하인 이외의 당사자가 부담한다고 명기되면 된다. 특송요금은 송하인이 월별로 정산하는 것이 일반적이기 때문이다.

에서 스템프 또는 서명되고 일자가 기재되면 수리가능하게 된다. 일부 국가에서는 발송인이 우편증명서를 발행하고 이를 우체국이 인증하는 경우가 있는데, 이러한 서류도 하자가 되지 않는다.

Article 26] "On Deck", "Shipper's Load and Count", "Said by Shipper to Contain" and Charges Additional to Freight

a. A transport document must not indicate that the goods are or will be loaded on deck. A clause on a transport document stating that the goods may be loaded on deck is acceptable.
b. A transport document bearing a clause such as "shipper's load and count" and "said by shipper to contain" is acceptable.
c. A transport document may bear a reference, by stamp or otherwise, to charges additional to the freight.

제26조] 갑판적, 부지약관 및 운임추가수수료

a. 운송서류는 물품이 갑판에 적재되거나 또는 될 것이라고 표시를 하여서는 안 된다. 물품이 갑판에 적재될 수도 있다고 기술하는 운송서류는 수리될 수 있다.
b. "선적인이 적재하고 검수하였음"(shipper's load and count) 그리고 "선적인의 내용신고에 따름"(said by shipper to contain)과 같은 문구가 있는 운송서류는 수리된다.
c. 운송서류는 스탬프 또는 다른 방법으로 운임에 추가되는 요금을 언급할 수 있다.

▸ 주의사항

1. 운송서류상에 갑판에 적재될 것이거나 적재되었다고 표시한 문언이 있는 경우, 은행에서는 수리거절되지만, 갑판에 적재 될 수도 있다는 표시의 문언이 명기된 서류는 수리가능하다.[55]
2. 신용장에서 운임에 추가된 비용에 대한 참조를 금지하지 않는다면 운임

에 추가되는 비용을 운송서류에 표시하더라도 은행에서 수리가 가능하다. 그러나 추가운송비용 중에서 신용장에서 금지하더라도 허용되는 경우가 있는데, 물품의 양하지연에 기인[56]하거나 또는 물품이 양하된 이후[57]에 부과될 수 있는 비용(Costs which may be levied as a result of a delay in unloading the goods or after the goods have been unloaded), 컨테이너 반환 지연비용(Costs covering the late return of container), 적재비면책(FI), 양하비면책(FO), 적재비와 양하비면책(FIO), 적재비와 적입양하비면책(FIOS) 비용이 해당된다.[58]

Article 27] Clean Transport Document

A bank will only accept a clean transport document. A clean transport document is one bearing no clause or notation expressly declaring a defective condition of the goods or their packaging. The word "clean" need not appear on a transport document, even if a credit has a requirement for that transport document to be "clean on board".

제27조] 무고장 운송서류

은행은 무고장 운송서류만 수리한다. 무고장 운송서류란 물품 또는 포장에 관한 결함상태를 명시적으로 표시하는 조항이나 부기가 없는 서류이다. 신용장이 "무고장"(clean)이라는 단어는 비록 신용장이 운송서류가 "무고장 본선적재"(clean on board)일 것 이라는 요건을 포함하더라도 운송서류상에 나타날 필요는 없다.

---

55) 컨테이너 선하증권의 표면약관에는 "운송인은 선창적(under deck) 또는 갑판적(on deck)으로 운송할 권리를 가진다"는 규정이 있는데 이를 반영한 것이다. 재래선화물인 경우에는 해당되지 않는다.

56) 체선료(Vessel demurrage charge); 선적 또는 하역일수가 약정된 정박기간을 초과하는 경우 용선자에게 비줄하는 비용.

57) 체화료(Cargo demurrage charge); 화주가 허용된 시간을 초과하여 컨테이너를 CY에서 반출해가지 않을 경우 선박회사에 지불해야 하는 비용.

58) ISBP 981. 제113조.

▸ 주의사항

1. 무고장(clean) 운송서류는 고장부 운송서류를 나타내는 부가조건이 없으면 무고장 운송서류로 간주한다. 즉 신용장상에 무고장 본선적재(clean on board)를 요구하더라도 그와 같은 표현이 될 필요는 없다.
2. 운송서류가 고장부(foul)로 간주되는 표현은 "Goods chafed/torn/deformed", "Goods damaged/scratched", "Contents leaking", "Packaging contaminated", "Packaging soiled by contents", "Packaging damage-contents exposed", "Insufficient packaging", "Packaging broken/holed/torn/damage/badly dented", "Packaging is not sufficient for the sea journey" 등의 표현이 비고(Remarks)란에 기재되어 있는 경우이고, "repair/mended/renewed/repacked/coopered", "unprotected/unboxed/partly protected", "Second-hand packaging materials used", "Old packaging materials used", "Reconditioned packaging materials", "Packaging may not be sufficient for the sea journey"의 표현이 사용된 경우는 고장부로 보지 않는다.
3. 만일 "clean"이라는 단어가 선하증권에 표시되었다가 삭제된 경우, 선하증권이 물품 또는 포장에 결함이 있다고 표시하는 문구나 부기를 특별히 포함하고 있지 않으면 그 선하증권은 유보(clause) 또는 고장부(foul)로 간주되지 않는다.[59)]
4. 파손화물보상장(Letter of Indemnity)은 선적시에 물품에 하자가 발견되었으나 이를 대체하거나 재포장할 여유가 없을 때 송하인이 운송인에게 이를 제공하고 무고장선하증권을 발행받는 관행이 있다. 이는 해당 하자로 기인하여 운송인이 수하인에게 변상하였을 경우 송하인이 책임지고 운송인에게 배상액을 보상하겠다는 것을 약정하는 내용이다.

Article 28] Insurance Document and Coverage

a. An insurance document, such as an insurance policy, an insurance

59) ISBP 681 제107조.

certificate or a declaration under an open cover, must appear to be issued and signed by an insurance company, an underwriter or their agents or their proxies.

Any signature by an agent or proxy must indicate whether the agent or proxy has signed for or on behalf of the insurance company or underwriter.

b. When the insurance document indicates that it has been issued in more than one original, all originals must be presented.

c. Cover notes will not be accepted.

d. An insurance policy is acceptable in lieu of an insurance certificate or a declaration under an open cover.

e. The date of the insurance document must be no later than the date of shipment, unless it appears from the insurance document that the cover is effective from a date not later than the date of shipment.

f. i. The insurance document must indicate the amount of insurance coverage and be in the same currency as the credit.

ii. A requirement in the credit for insurance coverage to be for a percentage of the value of the goods, of the invoice value or similar is deemed to be the minimum amount of coverage required.

If there is no indication in the credit of the insurance coverage required, the amount of insurance coverage must be at least 110% of the CIF or CIP value of the goods.

When the CIF or CIP value cannot be determined from the documents, the amount of insurance coverage must be calculated on the basis of the amount for which honour or negotiation is requested or the gross value of the goods as shown on the invoice, whichever is greater.

iii. The insurance document must indicate that risks are covered at least between the place of taking in charge or shipment and the place of discharge or final destination as stated in the credit.

g. A credit should state the type of insurance required and, if any, the additional risks to be covered. An insurance document will be accepted without regard to any risks that are not covered if the credit uses imprecise terms such as "usual risks" or "customary risks".

h. When a credit requires insurance against "all risks" and an insurance document is presented containing any "all risks" notation or clause, whether or not bearing the heading "all risks", the insurance document will be accepted without regard to any risks stated to be excluded.

i. An insurance document may contain reference to any exclusion clause.

j. An insurance document may indicate that the cover is subject to a franchise or excess(deductible).

제28조] 보험서류 및 부보

a. 보험증권, 보험증서 또는 포괄보험에서의 확인서와 같은 보험서류는 보험회사, 보험인수인 또는 그들의 대리인이나 수임자(proxy)[60]들이 발행하고 서명한 것으로 보여야 한다. 대리인 또는 수탁인의 서명은 보험회사 또는 보험중개인을 대리하여 서명했는지 여부를 표시하여야 한다.

b. 보험서류에 한 통 이상의 원본으로 발행되었다고 표시되어 있는 경우, 모든 원본이 제시되어야 한다.

c. 보험인수증(cover note)은 수리되지 않는다.

---

60) 수임자(proxy)는 대리인과 비슷한 개념으로 변호사와 같이 특정사항에 대하여만 대리인으로서의 역할을 하는 자를 말한다.

d. 보험증권은 보험증서나 포괄보험의 확인서를 대신하여 수리가 가능하다.
e. 보험서류상의 일자는 선적일보다 늦어서는 안된다. 다만 보험서류에서 부보가 최소한 선적일자 이전에 효력이 발생함을 나타내고 있는 경우에는 그러하지 아니하다.
f. i. 보험서류는 부보금액을 표시하고 신용장과 같은 통화이어야 한다.
 ii. 신용장에 부보금액이 물품의 가액, 송장가액 또는 그와 유사한 가액에 대한 백분율로 표시되어야 한다는 요구가 있는 경우, 이는 요구되는 부보금액의 최소한으로 본다. 신용장에 부보금액에 대한 표시가 없는 경우, 부보금액은 적어도 CIF 또는 CIP 물품가격의 110%이어야 한다. 서류상으로 CIF 또는 CIP가격을 결정할 수 없는 경우, 부보금액은 결제(Honour) 또는 매입금액 또는 상업송장에 표시된 총 물품가격 중에서 보다 큰 것을 근거로 계산하여야 한다.
 iii. 보험서류는 최소한 신용장에 명시된 수탁지 또는 선적지로부터 하역지 또는 최종 목적지 사이에 발생하는 위험에 대하여 부보가 되는 것이어야 한다.
g. 신용장은 요구되는 보험의 종류를 명시하여야 하고, 부보되어야 할 추가 위험이 있다면 그것도 명시하여야 한다. 만일 신용장이 "통상의 위험" 또는 "관습적인 위험"과 같이 부정확한 용어를 사용하는 경우 보험서류는 특정위험을 부보하지 않는지 여부와 관계없이 수리된다.
h. 신용장이 전위험(all risks)에 대한 보험을 요구하고, 전위험(all risks)라는 표시 또는 문구를 포함하는 보험서류가 제시되는 때에는, 표제에 전위험(all risks)가 포함되는가에 관계없이, 또한 어떤 위험들은 제외된다고 기재하는 것에 상관없이 수리된다.
i. 보험서류는 어떠한 면책조항(exclusion clause)에 대한 언급을 포함할 수 있다.
j. 보험서류는 소손해면책 또는 초과공제면책에 적용받고 있음을 표시하여도 무방하다.

▸ 주의사항

1. 보험서류는 보험회사 또는 보험업자 또는 그들의 대리인이나 수임자(proxy)들에 의하여 발행되고 서명된 것으로 보여야 한다. 만일 보험서류 또는 신용장 조건에서 원본이 요구되면, 전통의 서류에 원본의 확인과 정당한 서명이 있어야 한다.[61)]
2. 보험중개인이 발행한 보험인수증은 수리되지 않는다. 보험인수증은 보험중개인이 피보험자로부터 보험료를 징수하는 경우 보험료를 받았다는 사실을 증명하고 보험자와 보험계약을 체결하겠다는 각서로서 발급하는 서류이므로 보험계약이 체결된 시점을 입증하지 못할 뿐만 아니라 보험중개인이 보험자와 보험계약을 체결하기 이전에 보험사고가 발생되면 피보험자는 손해보상을 받을 수가 없는 문제가 발생될 수 있다. 한편, 보험서류가 보험중개인의 표제가 인쇄된 용지(stationary)에 발행되는 경우에 그 보험서류가 보험회사 또는 그 대리인(or proxy), 또는 보험업자 또는 그 대리인(or proxy)에 의하여 서명되었다면 수리될 수 있다. 보험중개인은 지정된 보험회사 또는 지정된 보험인수업자의 대리인으로서 서명할 수 있다.[62)]
3. 신용장에서 보험증서 또는 포괄보험확인서를 요구한 경우에는 보험증권으로 수리될 수 있으나, 보험증권을 요구한 경우에는 보험증서나 보험확인서로 대체될 수 없다.
4. 포괄예정보험[63)]의 보험증서나 확인서에 보험서류상에 선적일자 이전까지 소급적용된다는 문구가 있으면 보험서류 발행일자가 선적일자보다 늦을 수 있다.

---

61) ISBP 681 제171조 참조.

62) ISBP 681 제172조 참조.

63) 포괄예정보험은 하나의 보험증권(Open Policy)이 발급된 후 추후 보험목적물과 송장가액 등이 확정되면 이를 보험계약자가 보험자에게 통지함으로써 계약 내용이 구체적으로 확정되는 보험으로, 정기적으로 화물을 수출하거나 수입하는 경우 화물에 대해 포괄보험을 체결함으로써 확정통지의 의도적인 지연이나 누락이 아닌 이상 보험의 보호를 받을 수 있고 보험료도 5% 할인받는다. 전년도 1년(1월 1일부터 12월 31일까지)간 적하보험 수입보험료가 2천만원 이상이 되는 보험계약자에 대하여 포괄보험계약을 체결할 수 있도록 하고 있다.

5. 보험서류는 반드시 신용장의 통화단위와 최소한의 신용장에 의하여 요구된 금액으로 발행되어야 하고, 최종송장금액은(예를 들어, 할인, 선지급 등으로 인하여, 또는 물품가액의 일부가 나중에 지급되기 때문에) 단지 그 물품 총액의 일부를 나타내고 있다는 것이 신용장이나 서류로 보아 명백하다면, 보험담보의 계산은 그 물품의 완전한 총액을 기준으로 한다.64)
6. 신용장이 면책비율적용을 금지하고 있다면, 보험서류는 결코 보험담보가 소손해면책률 또는 초과공제면책률65)에 따른다고 기재하는 문구를 포함하여서는 안된다.66)

5. 기타의 규정(miscellaneous provisions) : 제29조~제33조

Article 29] Extension of Expiry Date or Last Day for Presentation

a. If the expiry date of a credit or the last day for presentation falls on a day when the bank to which presentation is to be made is closed for reasons other than those referred to in article 36, the expiry date or the last day for presentation, as the case may be, will be extended to the first following banking day.
b. If presentation is made on the first following banking day, a nominated bank must provide the issuing bank or confirming bank with a statement on its covering schedule that the presentation

---

64) ISBP 681 제176조, 제178조 참조.
65) 소손해면책률(franchise)은 일정비율 미만의 소손해는 면책되지만 이를 초과하면 전체손해를 담보하는 조건을 말하고, 초과공제면책률(excess deductible)은 일정비율 미만의 소손해뿐만 아니라 이를 초과하여도 면책비율만큼 공제하고 초과손해만을 담보하는 조건을 말한다. 예를 들어 면책비율 5% 품목에서 7%의 손해가 나면 면책에 속하는 5%를 공제하지 않고 7%를 전체를 보상해주는 것이 소손해면책률의 적용이고, 초과공제면책률에서는 면책에 속하는 5%를 공제하고 2%만 보상해준다. 신협회적하약관에서는 면책률 조항이 없어졌다. ICC(WA)조건이 ICC(B)조건으로 변경되면서 ICC(WA)에 원칙적으로 적용되었던 소손해면책률이 필요없게 되었다.
66) ISBP 681 제177조.

was made within the time limits extended in accordance with sub-article 29(a).

c. The latest date for shipment will not be extended as a result of sub-article 29(a).

제29조] 유효기일 또는 제시를 위한 최종일의 연장

a. 신용장의 유효기일 또는 제시를 위한 최종일이 제36조에서 언급하는 사유 이외의 사유로 영업을 하지 않는 날인 경우, 각 경우에 따라 유효기일 또는 최종제시일은 그 다음 최초 은행영업일까지 연장된다.

b. 제시가 그 최초 은행영업일에 이행된다면, 지정은행은 개설은행 또는 확인은행에게 그 제시가 제29조 a항에 따라 연장된 기한 내에 이행되었음을 기재한 표지서류를 제공해야 한다.

c. 최종선적일은 제29조 a항에 의하여 연장되지 않는다.

▸ 주의사항

1. 신용장의 유효기일(expiry date of a credit)은 신용장에 명기된 서류가 결제 또는 매입을 위하여 제시되어야 하는 최종일을 말하고, 서류제시기일(date for presentation of document)은 운송서류를 요구하는 신용장에서 무품이 선적된 후 신용장에 명시된 서류가 은행에 제시되어야 하는 최종일을 말하며, 선적기일(date for shipment)은 수출업자가 물품을 선적하여야 하는 최종일을 말한다.
2. 신용장의 유효기일 또는 서류의 제시기일이 지정은행의 휴업일에 해당하는 경우에는 해당은행의 최초 다음 영업일까지 자동 연장된다. 은행의 휴업일은 동 규칙 제36조에서 언급하고 있는 불가항력적인 사유 이외의 공휴일과 통상적인 휴일을 의미한다.
3. 은행의 휴업일로 인해 신용장의 유효기일 또는 서류의 제시기일이 자동 연장되었다면, 그러한 연장된 기일의 적용을 받은 서류를 개설은행에게 발송할 때, 제시된 서류가 본 조의 a항에 따라 연장된 기간내에 제시되었다[67]는 설명을 "Covering Letter"에 기재하여야 한다.

4. 선적을 위한 최종기일이 은행휴업일에 해당되는 경우에는 자동 연장되지 않는다. 운송인은 공휴일이나 국경일에도 관행적으로 하역업무를 이행하고 있다.

Article 30] Tolerance in Credit Amount, Quantity and Unit Prices

a. The words "about" or "approximately" used in connection with the amount of the credit or the quantity or the unit price stated in the credit are to be construed as allowing a tolerance not to exceed 10% more or 10% less than the amount, the quantity or the unit price to which they refer.

b. A tolerance not to exceed 5% more or 5% less than the quantity of the goods is allowed, provided the credit does not state the quantity in terms of a stipulated number of packing units or individual items and the total amount of the drawings does not exceed the amount of the credit.

c. Even when partial shipments are not allowed, a tolerance not to exceed 5% less than the amount of the credit is allowed, provided that the quantity of the goods, if stated in the credit, is shipped in full and a unit price, if stated in the credit, is not reduced or that sub-article 30(b) is not applicable. This tolerance does not apply when the credit stipulates a specific tolerance or uses the expressions referred to in sub-article 30(a).

제30조] 신용장금액, 수량 및 단가의 편차

a. 신용장에 명기된 신용장금액, 수량 또는 단가와 관련하여 사용된 "about(약)" 또는 "approximately(개략)"이라는 용어들은 그것들이 관련되는

---

67) 자동연장을 설명하는 문언; "We certify that the documents were presented within the limits extended in accordance with sub-Article 29(a) of the Uniform Customs and Practice for Documentary Credits, 2007 Revision, ICC Publication No.600."

금액, 수량 또는 단가에서 10% 이내의 초과 또는 부족한 편차를 허용하는 것으로 해석한다.

b. 신용장에서 수량을 포장단위 또는 개별단위의 특정수량으로 기재하지 않고 청구금액총액이 신용장금액을 초과하지 않는 경우에는, 물품의 수량에서 5%를 초과하지 않는 범위내에서 많거나 부족한 편차가 허용된다.

c. 신용장에 명기되어 있는 경우, 물품의 수량이 전부 선적되고 단가가 감액되지 않은 때, 제30조 b항이 적용되지 않은 때, 분할선적이 허용되지 않더라도 신용장금액보다 5% 이내의 편차는 허용된다. 이러한 편차는 신용장이 특정편차를 명시하거나 또는 제30조 a항에서 언급된 표현들을 사용하는 때에는 적용되지 않는다.

▸ **주의사항**

1. "about", "approximately" 등의 표현은 뒤에 이어 나오는 항목에만 적용되는 것이다.
2. 곡물이나 원유, 석탄의 경우에는 표시된 수량(중량, 용적, 길이단위에만 적용)을 정확하게 인도하기가 용이하지 않으므로 상관행상 일정한 범위내에서 편차를 인정하고 있다. 이 때에 유의할 점은 환어음의 발행금액 또는 청구금액이 신용장 금액을 초과해서는 않된다.
3. 신용장이 분할선적을 금지한 경우에도 신용장상의 물품의 수량과 선적된 물품의 수량이 일치하고 신용장상의 물품의 단가와 선적된 물품의 가격이 일치하는 경우, 본 조의 b항이 적용될 수 없는 경우, 신용장이 특정과부족을 명시하지 않은 경우에는 환어음금액을 신용장금액 보다 5% 범위 내에서 부족하게 발행할 수 있다. 이는 운임, 보험료 등이 확정되지 않은 상태에서 매매계약을 체결하고 신용장이 발행된 경우 선적 후 운임, 보험료가 예상보다 적게 들어서 신용장 금액과 송장금액이 불일치되는 문제를 해소하기 위하여 도입되었다.

Article 31] Partial Drawings or Shipments

a. Partial drawings or shipments are allowed.

b. A presentation consisting of more than one set of transport documents evidencing shipment commencing on the same means of conveyance and for the same journey, provided they indicate the same destination, will not be regarded as covering a partial shipment, even if they indicate different dates of shipment or different ports of loading, places of taking in charge or dispatch. If the presentation consists of more than one set of transport documents, the latest date of shipment as evidenced on any of the sets of transport documents will be regarded as the date of shipment. A presentation consisting of one or more sets of transport documents evidencing shipment on more than one means of conveyance within the same mode of transport will be regarded as covering a partial shipment, even if the means of conveyance leave on the same day for the same destination.

c. A presentation consisting of more than one courier receipt, post receipt or certificate of posting will not be regarded as a partial shipment if the courier receipts, post receipts or certificates of posting appear to have been stamped or signed by the same courier or postal service at the same place and date and for the same destination.

제31조] 분할청구 또는 분할선적

a. 분할청구 또는 분할선적은 허용된다.

b. 같은 운송수단에서 개시되고 같은 운송구간을 위한 선적을 증명하는 두 세트 이상의 운송서류로 이루어진 제시는, 그 운송서류가 같은 목적지를 표시하고 있는 한 비록 다른 선적일자 또는 다른 선적항, 수탁지 또는 발송지를 표시하더라도 분할선적으로 보지 않는다. 제시가 두세트 이상의 운송서류로 구성된 경우, 모든 운송서류 중 가장 늦은 선적일을 선적일자로 본다. 동일한 운송형태 내에서 하나 또는 둘 이상의 운송수단의 선적을 증빙하는 하나 또는 그 이상의 운송서류로 구성된 제시는, 비록

운송수단들이 동일목적지를 향하여 동일일자에 출발하여도 분할선적이 일어난 것으로 간주된다.

c. 하나 이상의 특송배달영수증, 우편영수증 또는 우편증명서로 이루어진 제시는 만일 특송배달영수증, 우편영수증 또는 우송확인서가 같은 특송배달 또는 우편서비스에 의하여 같은 장소, 같은 날짜 그리고 같은 목적지로 스탬프가 찍히거나 서명된 것으로 보이는 경우에는 분할선적으로 보지 않는다.

▸ 주의사항

1. 동일한 항로상의 동일한 목적지를 행하는 동일한 운송수단으로의 선적임이 확이된 복수의 선적서류가 제시된 경우 선적일, 선적항, 수탁지 및 발송지가 상이하더라도 분할선적으로 간주되지 않는다. 하나 이상의 선박에 의한 선적은 그 선박들이 동일일자에 동일한 목적지를 향하여 출항하였더라도 분할선적이다.
2. 서로 상이한 선적일이 표시된 복수의 선적서류가 제시된 경우 이들 선적일자들 중 마지막 일자를 선적일자로 간주하고, 최종일자는 신용장에서 규정하고 있는 선적기일 이전이어야 한다.[68]

Article 32] Instalment Drawings or Shipments

If a drawing or shipment by instalments within given periods is stipulated in the credit and any instalment is not drawn or shipped within the period allowed for that instalment, the credit ceases to be available for that and any subsequent instalment.

제32조] 할부청구 또는 할부선적

신용장에서 할부청구 또는 할부선적이 일정한 기간동안 이루어지도록 명시된 경우 동 할부거래를 위하여 기간내에 할부청구나 할부선적이 이루어지지 않으

68) ISBP 681 제105조 참조.

면 동 신용장은 해당 할부분과 향후 할부분에 대하여 더 이상 이용될 수 없다.

Article 33] Hours of Presentation

A bank has no obligation to accept a presentation outside of its banking hours.

제33조] 제시시간

은행은 영업시간 이외의 제시를 수리할 의무가 없다.

6. 면책(disclaimers) : 제34조~제37조

Article 34] Disclaimer on Effectiveness of Documents

A bank assumes no liability or responsibility for the form, sufficiency, accuracy, genuineness, falsification or legal effect of any document, or for the general or particular conditions stipulated in a document or superimposed thereon; nor does it assume any liability or responsibility for the description, quantity, weight, quality, condition, packing, delivery, value or existence of the goods, services or other performance represented by any document, or for the good faith or acts or omissions, solvency, performance or standing of the consignor, the carrier, the forwarder, the consignee or the insurer of the goods or any other person.

제34조] 서류의 유효성에 관한 면책

은행은 모든 서류의 형식, 충분성, 정확성, 진정성[69], 위조[70] 또는 법적인

69) 진정성이란 서류의 내용에 허위기재가 없이 진실한 상태를 기재하고 있어 서류가 있는 그대로 표기하고 있다는 것을 의미한다.

70) 위조(변조)란 정당한 권한 없는 자가 서류를 작성하거나 유효한 것으로 외관을 가장하여 서류를 작성하는 행위를 말한다.

효력[71]에 대하여, 또는 그 서류에 기술된 일반 또는 특정조건이나 부기사항에 대하여 의무나 책임을 지지 않으며, 또한 모든 서류에 표시되어 있는 명세, 수량, 중량, 품질, 상태, 포장, 인도, 가치 또는 실존의 여부에 대하여 의무나 책임을 지지 않으며, 또는 물품의 송화인, 운송인, 운송주선인, 수하인 또는 보험자 또는 기타 모든 당사자의 성실성 또는 작위 또는 부작위, 지불능력, 의무이행 또는 신용상태(standing)에 관하여 어떠한 책임도 부담하지 아니한다.

▸ 주의사항

1. 신용장에서 서류의 형식에 대하여 특별히 요구하지 않는 한, 은행은 제시된 서류의 형식을 상세하게 심사할 의무가 없다.
2. 신용장이 구체적으로 요구하지 않는 한, 제공된 서류의 종류, 통수 및 서류의 기재사항이상거래상 불충분하더라도 은행은 면책된다.
3. 서류의 기재내용이 사실관계를 정확하게 표현하는가, 계산을 정확하게 하고 있는가에 대하여 은행은 책임지지 않는다.
4. 은행은 제시된 서류상에 인쇄된 일반적 조건 및 약정과 부전 등에 의해서 부가(삽입)되어진 일반적 조건 또는 특수조건에 대하여 어떠한 책임도 지지 않는다. 선하증권을 포함한 운송서류 또는 보험서류에 인쇄된 보통약관 및 따로 부가된 특수약관의 내용에 대하여도, 전문지식의 습득이 용이하지 않은 점과 업무흐름을 원활히 하기 위하여 은행의 면책을 규정하고 있다.
5. 은행은 서류에 기재된 물품에 대한 정확한 표시, 수량이나 중량 및 품질 상태, 물품의 현상과 포장실태, 물품이 현실적으로 존재하거나 가치가 해당되는지에 대한 책임을 지지 않는다.
6. 은행은 물품의 거래와 관련되어 있지 않으므로 물품거래관계의 당사자인 송하인, 운송인, 보험자의 성실성이나 지급능력, 이행능력, 평판, 작위 또는 부작위에 대하여 어떠한 의무나 책임을 부담하지 않는다.

71) 법적 효력이란 제시된 환어음 및 서류가 각각의 관계법규에서 요구하고 있는 형식을 완전히 갖추고 있으며 그 내용도 유효하다는 것을 의미한다.

7. 그렇다고 전혀 책임이 없는 것은 아니고, 환어음, 선하증권, 보험증권 등에 대해서는 법정기재사항을 외관상 충족되는가 정도는 은행에서 심사해야 될 서류의 형식 요건이다. 즉, 일반적으로 은행원이 갖고 있는 지식과 경험으로 판별할 수 있는 정도까지는 외견상의 형식을 조사하여야 한다. 조사를 하였음에도 불구하고 서류가 법정형식을 갖추지 못하여 무효가 되었다면 은행은 면책된다.

Article 35] Disclaimer on Transmission and Translation

A bank assumes no liability or responsibility for the consequences arising out of delay, loss in transit, mutilation or other errors arising in the transmission of any messages or delivery of letters or documents, when such messages, letters or documents are transmitted or sent according to the requirements stated in the credit, or when the bank may have taken the initiative in the choice of the delivery service in the absence of such instructions in the credit.

If a nominated bank determines that a presentation is complying and forwards the documents to the issuing bank or confirming bank, whether or not the nominated bank has honoured or negotiated, an issuing bank or confirming bank must honour or negotiate, or reimburse that nominated bank, even when the documents have been lost in transit between the nominated bank and the issuing bank or confirming bank, or between the confirming bank and the issuing bank.

A bank assumes no liability or responsibility for errors in translation or interpretation of technical terms and may transmit credit terms without translating them.

제35조] 송달 및 번역에 관한 면책

신용장에 기재된 방법에 따라서 고지, 서신 또는 서류가 전송 또는 송부되는 때, 또는 신용장에 송달서비스 선택에 대한 지시사항이 없어서 은행이 자신의 판단 하에 송부방법을 선정한 경우, 고지의 전송 또는 서신이나 서류의 송부과정에서 일어나는 지연, 전달도중의 분실, 훼손 또는 다른 실수로 발생하는 결과에 대하여 은행은 어떠한 책임도 지지 않는다.

지정은행이 제시가 신용장 조건에 일치한다고 판단한 후 개설은행 도는 확인은행에 송부한 경우, 지정은행의 결제(Honour) 또는 매입여부에 불문하고, 비록 서류가 지정은행과 개설은행 또는 확인은행 사이 또는 확인은행과 개설은행 사이의 송부도중 분실된 경우에도 개설은행 또는 확인은행은 결제(Honour) 또는 매입을 하거나, 그 지정은행에게 상환하여야 한다.

은행은 기술적인 용어의 번역 또는 해석에서의 오류에 대하여 의무나 책임을 지지 않으며 그러한 용어를 번역하지 않고 신용장의 조건을 전송할 수 있다.

Article 36] Force Majeure

A bank assumes no liability or responsibility for the consequences arising out of the interruption of its business by Acts of God, riots, civil commotions, insurrections, wars, acts of terrorism, or by any strikes or lockouts or any other causes beyond its control.

A bank will not, upon resumption of its business, honour or negotiate under a credit that expired during such interruption of its business.

제36조] 불가항력

은행은 천재지변, 폭동, 소요, 내란, 전쟁, 테러행위, 또는 모든 파업이나 직장폐쇄 또는 모든 불가항력적인 원인에 의한 영업의 중단으로부터 발생하는 결과에 대해서 어떠한 책임도 지지 않는다. 은행은 이러한 업무중단 기간 중에 유효기일이 만료된 신용장에 대하여는 결제(Honour) 또는 매입을 하지 않는다.

Article 37] Disclaimer for Acts of an Instructed Party

a. A bank utilizing the services of another bank for the purpose of giving effect to the instructions of the applicant does so for the account and at the risk of the applicant.

b. An issuing bank or advising bank assumes no liability or responsibility should the instructions it transmits to another bank not be carried out, even if it has taken the initiative in the choice of that other bank.

c. A bank instructing another bank to perform services is liable for any commissions, fees, costs or expenses("charges") incurred by that bank in connection with its instructions.

If a credit states that charges are for the account of the beneficiary and charges cannot be collected or deducted from proceeds, the issuing bank remains liable for payment of charges.

A credit or amendment should not stipulate that the advising to a beneficiary is conditional upon the receipt by the advising bank or second advising bank of its charges.

d. The applicant shall be bound by and liable to indemnify a bank against all obligations and responsibilities imposed by foreign laws and usages.

제37조] 피지시인의 행위에 대한 면책

a. 개설의뢰인의 지시를 이행할 목적으로 다른 은행의 서비스를 이용하는 은행은 개설의뢰인의 비용과 위험부담으로 그렇게 이용한다.

b. 개설은행 또는 통지은행은, 비록 자신이 주도적으로 그 다른 은행을 선정했을지라도, 다른 은행에게 전달한 지시가 수행되지 않는 경우 의무나 책임을 지지 않는다.

c. 서비스를 수행하도록 다른 은행에게 지시하는 은행은 자신의 지시와 관련하여 그 은행에서 발생한 모든 수수료, 보수, 비용이나 지출금("요금")에 대한 책임을 진다. 만일 신용장에서 요금은 수익자의 부담이라고 기술하고 있는데 요금이 대금에서 징수되거나 공제될 수 없다면, 개설은행은 수수료의 지급에 대한 책임을 진다. 신용장이나 조건변경은 수익자에게

의 통지가 통지은행 또는 제2통지은행이 자신의 수수료를 수령하는 것을 조건으로 하여서는 안 된다.

d. 개설의뢰인은 외국의 법률 및 관행에 의하여 부과되는 모든 의무와 책임에 대하여 은행에 보상할 의무와 책임이 있다.

7. 이전과 양도(transfer and assignment) : 제38조~제39조

Article 38] Transferable Credits

a. A bank is under no obligation to transfer a credit except to the extent and in the manner expressly consented to by that bank.

b. For the purpose of this article:
Transferable credit means a credit that specifically states it is "transferable". A transferable credit may be made available in whole or in part to another beneficiary("second beneficiary") at the request of the beneficiary("first beneficiary").
Transferring bank means a nominated bank that transfers the credit or, in a credit available with any bank, a bank that is specifically authorized by the issuing bank to transfer and that transfers the credit. An issuing bank may be a transferring bank.
Transferred credit means a credit that has been made available by the transferring bank to a second beneficiary.

c. Unless otherwise agreed at the time of transfer, all charges(such as commissions, fees, costs or expenses) incurred in respect of a transfer must be paid by the first beneficiary.

d. A credit may be transferred in part to more than one second beneficiary provided partial drawings or shipments are allowed.
A transferred credit cannot be transferred at the request of a second beneficiary to any subsequent beneficiary. The first beneficiary is not considered to be a subsequent beneficiary.

e. Any request for transfer must indicate if and under what conditions amendments may be advised to the second beneficiary. The transferred credit must clearly indicate those conditions.

f. If a credit is transferred to more than one second beneficiary, rejection of an amendment by one or more second beneficiary does not invalidate the acceptance by any other second beneficiary, with respect to which the transferred credit will be amended accordingly. For any second beneficiary that rejected the amendment, the transferred credit will remain unamended.

g. The transferred credit must accurately reflect the terms and conditions of the credit, including confirmation, if any, with the exception of:

- the amount of the credit,
- any unit price stated therein,
- the expiry date,
- the period for presentation, or
- the latest shipment date or given period for shipment, any or all of which may be reduced or curtailed.

The percentage for which insurance cover must be effected may be increased to provide the amount of cover stipulated in the credit or these articles.

The name of the first beneficiary may be substituted for that of the applicant in the credit.

If the name of the applicant is specifically required by the credit to appear in any document other than the invoice, such requirement must be reflected in the transferred credit.

h. The first beneficiary has the right to substitute its own invoice and draft, if any, for those of a second beneficiary for an amount not in excess of that stipulated in the credit, and upon such substitution the first beneficiary can draw under the credit for the difference, if any, between its invoice and the invoice of a second beneficiary.

i. If the first beneficiary is to present its own invoice and draft, if any, but fails to do so on first demand, or if the invoices presented by the first beneficiary create discrepancies that did not exist in the presentation made by the second beneficiary and the first beneficiary fails to correct them on first demand, the transferring bank has the right to present the documents as received from the second beneficiary to the issuing bank, without further responsibility to the first beneficiary.

j. The first beneficiary may, in its request for transfer, indicate that honour or negotiation is to be effected to a second beneficiary at the place to which the credit has been transferred, up to and including the expiry date of the credit. This is without prejudice to the right of the first beneficiary in accordance with sub-article 38(h).

k. Presentation of documents by or on behalf of a second beneficiary must be made to the transferring bank.

제38조] 양도가능신용장

a. 은행은 그 은행이 명시적으로 승낙하는 범위와 방법에 의한 경우를 제외하고는 신용장을 양도할 의무가 없다.

b. 이 조항에서는 다음과 같이 해석한다.; 양도가능신용장이란 특별히 "transferable(양도가능)"이라고 특정하여 기재하고 있는 신용장을 의미한다. 양도가능신용장은 수익자("제1수익자")의 요청으로 전부 또는 일부를 부분적으로 다른 수익자("제2수익자")가 이용하도록 할 수 있다. 양도은행이란 신용장을 양도하는 지정은행 또는, 모든 은행에서 사용가능한 신용장의 경우 개설은행으로부터 양도하도록 특별히 수권되어 신용

장을 양도하는 은행이다. 개설은행도 양도은행이 될 수 있다. 양도된신용장이란 양도은행에 의하여 제2수익자가 사용할 수 있도록 한 신용장을 의미한다.

c. 양도시에 달리 합의하지 않는 한, 양도와 관련하여 발생하는(수수료, 보수, 비용이나 지출금 같은) 모든 요금은 제1수익자가 지급해야 한다.

d. 분할청구 또는 분할선적이 허용되는 경우 두사람 이상의 제2수익자에게 분할양도될 수 있다. 양도된 신용장은 제2수익자의 요청으로 그다음 수익자에게 양도될 수 없다. 제1수익자는 그다음 수익자로 간주되지 않는다.

e. 모든 양도 요청은 제2수익자에게 조건변경을 통지하여야 하는지 여부와 그리고 어떠한 조건 하에서 조건변경을 통지하여야 하는지 여부를 표시하여야 한다. 양도된 신용장은 그러한 조건을 명확하게 표시하여야 한다.

f. 신용장이 두사람 이상의 제2수익자에게 양도된 경우, 하나 또는 그 이상의 수익자가 조건변경을 거부하더라도 다른 제2수익자의수락은 무효가 되지 않으며, 양도된 신용장은 그에 따라 변경된다. 조건변경을 거부한 제2수익자에 대하여는 양도된 신용장은 변경되지 않은 상태로 남는다.

g. 양도된신용장은 다음과 같은 것들을 제외하고, 만일 있는 경우 확인을 포함하여 신용장조건을 정확하게 반영하여야 한다.

- 신용장금액
- 신용장에 명기된 모든 단가
- 유효기일
- 제시기간 또는
- 최종선적일자 또는 부여된 선적기간

위의 내용은 일부 또는 전부가 감액 또는 단축될 수 있다.

부보되어야 하는 담보율은 신용장 또는 본 조항들에 명기된 담보금액을 제공하기 위하여 높일 수 있다.

제1수익자의 명의는 신용장에 있는 개설의뢰인의 명의와 대체될 수 있다. 개설의뢰인의 명의가 송장 이외의 어떠한 서류에 보이도록 신용장에서 특별히 요구된 경우, 그러한 요건은 양도된신용장에도 반영되어야 한다.

h. 제1수익자는 신용장에서 명시한 금액을 초과하지 않는 한, 자신의 송장

과 환어음을 제2수익자의 그것과 대체할 권리를 가지고, 그러한 대체를 하는 경우 제1수익자는 만일 있다면 자신의 송장과 제2수익자의 송장의 차액에 대하여 신용장상에서 청구할 수 있다.

i. 제1수익자가 자신의 송장과 환어음을 제시하기로 예정되어 있었지만, 첫 요구에 제시하지 못한 경우, 또는 제1수익자가 제시한 송장들이 제2수익자의 제시에는 없었던 하자를 만들고 제1수익자가 첫 요구에 그것들을 정정하지 못한다면, 양도은행은 제1수익자에 대한 추가적인 책임을 지지 않고 제2수익자에게서 받은 서류들을 개설은행에 제시할 권리를 보유한다.

j. 제1수익자는 자신의 양도요청에서 결제(Honour) 또는 매입이 신용장이 양도된 장소에서 신용장의 유효기일 이전에 제2수익자에게 이행되어야 한다고 표시할 수 있다. 이는 제38조 h항에 의거한 제1수익자의 권리를 침해하지 아니한다.

k. 제2수익자에 의한 또는 그를 위한 제시는 양도은행에 대하여 이행되어야 한다.

▸ 주의사항

1. 양도가능신용장이라 하더라도 반드시 제1수익자가 제2수익자에게 양도를 해야 되는 것은 아니다. 양도은행으로 지정된 은행도 양도를 거부할 수 있다. 양도은행이 양도를 취급하기로 동의하였다면 양도은행은 양도의 범위와 방법 등을 결정할 수 있는 권한을 갖는다.
2. 양도가능신용장 하에서는 부보비율의 조정이 가능하다. 매매계약서에서 계약당사자가 부보비율에 대한 약정을 하지 않았다면 본 규칙과 Incoterms에서는 물품가격의 110%를 부보하도록 하고 있다. 그런데 신용장이 양도되면서 신용장금액이 줄어들면 부보율이 110%를 상회하게 되므로 부보비율을 증가할 수 있도록 허용한 것이다.[72)]
3. 제1수익자는 원신용장 금액을 초과하지 않는 범위 내에서 제2수익자의

---

72) 보험계약 체결 시 통상 송장가액의 110%를 보험금액으로 하는 경우가 많으나 송장가액의 150%까지 보험에 가입할 수 있다.

상업송장과 환어음을 본인이 작성한 것으로 대체할 권리를 갖는다. 이는 제1수익자의 거래처 정보를 보호하기 위함이다. 이 권한은 제1수익자가 거부하거나, 제2수익자에게 매입을 지시하거나 혹은 기일의 경과로 소멸되어 제2수익자의 것으로 대체될 수 있다.

Article 39] Assignment of Proceeds

The fact that a credit is not stated to be transferable shall not affect the right of the beneficiary to assign any proceeds to which it may be or may become entitled under the credit, in accordance with the provisions of applicable law. This article relates only to the assignment of proceeds and not to the assignment of the right to perform under the credit.

제39조] 대금의 양도

신용장이 양도될 수 있다고 기재되어있지 않다는 사실은, 수익자가 신용장 하에서 받거나 받을 수 있는 어떤 대금을 준거법의 규정에 따라 양도할 수 있는 권리에 영향을 미치지 않는다. 이 조항은 오직 대금의 양도에 관한 것이고 신용장 하에서 이행할 수 있는 권리를 양도하는 것에 관한 것은 아니다.

▸ 주의사항

1. 수익자는 신용장상 대금을 받을 권리를 제3자에게 양도할 수 있다. 신용장에 양도가능의문구가 없더라도 가능하다. 제3자에게 신용장 대금을 양도하는 방법은 그 대금을 포피팅(forfeiting)하거나 Back-to-back L/C 개설시 담보로 은행에 양도하는 것이다.
2. 신용장상 대금청구권을 양도하였다고 신용장 자체의 양도를 한 것은 아니다. 신용장의 서류작성 및 제시의 의무는 제1수익자에게 그대로 남아있게 된다.

APPENDIX

부 록

1. International Standard Banking Practice for the Examination of Documents under Documentary Credits, ICC Publication No.681 본문 및 해석

PRELIMINARY CONSIDERATIONS

The application and issuance of the credit

1. The terms of a credit are independent of the underlying transaction even if a credit expressly refers to that transaction. To avoid unnecessary costs, delays, and disputes in the examination of documents, however, the applicant and beneficiary should carefully consider which documents should be required, by whom they should be produced and the time frame for presentation.
2. The applicant bears the risk of any ambiguity in its instructions to issue or amend a credit. Unless expressly stated otherwise, a request to issue or amend a credit authorizes an issuing bank to supplement or develop the terms in a manner necessary or desirable to permit the use of the credit.
3. The applicant should be aware that UCP 600 contains articles such as Articles 3, 14, 19, 20, 21, 23, 24, 28(i), 30 and 31 that define terms in a manner that may produce unexpected results unless the applicant fully acquaints itself with these provisions. For example, a credit requiring presentation of a bill of lading and containing a prohibition against

transhipment will, in most cases, have to exclude UCP 600 sub-article 20(c) to make the prohibition against transhipment effective.

4. A credit should not require presentation of documents that are to be issued or countersigned by the applicant. If a credit is issued including such terms, the beneficiary must either seek amendment or comply with them and bear the risk of failure to do so.
5. Many of the problems that arise at the examination stage could be avoided or resolved by careful attention to detail in the underlying transaction, the credit application, and issuance of the credit as discussed.

사전고려사항/신용장의 신청 및 개설

1. 신용장의 조건은 신용장이 관련 거래를 명시적으로 언급하고 있어도 그 거래와 독립된 것이다. 그러나 서류의 심사에서 불필요한 비용과 지연 및 분쟁을 피하기 위하여 개설의뢰인과 수익자는 요구되는 서류들과 작성자, 제시기간을 신중하게 고려하여야 한다.
2. 개설의뢰인은 신용장의 개설 또는 조건변경을 위한 지시에서 모든 불명료함에 대한 위험을 부담한다. 달리 명시적으로 언급하지 않았다면, 개설이나 조건변경을 위한 요청은 개설자에게 신용장이 사용되도록 허용하는데 필요하거나 바람직한 방식으로 조건을 보충하거나 개발하도록 수권하는 것이다.
3. 개설의뢰인은 UCP에 본인이 그러한 조항들을 잘 알지 못하면 예상하지 못한 결과를 초래할 수 있는 형태로 정의하고 있는, UCP 제3조, 제14조, 제19조, 제21조, 제23조, 제24조, 제28(i)조, 제30조와 제31조와 같은 조항들이 포함되어 있다는 것을 알아야 한다. 예를 들어 선하증권을 요구하면서 환적금지를 포함하고 있는 신용장은 대부분의 경우 환적금지의 효과를 나타내려면 UCP 600 제20조 c항을 배제시켜야 한다.
4. 신용장은 개설의뢰인이 발행 또는 부서한 서류의 제시를 요구하지 않아야 한다. 만일 신용장이 그러한 조건을 포함하고 있다면 수익자는 조건변경을 요구하든지 아니면 그 조건에 일치시키고 그렇게 일치시키지 못하는 위험을 부담하여야 한다.
5. 심사단계에서 발생하는 문제 중 많은 것들은 관련거래명세, 신용장개설신청, 그리고 신용장개설에 신중한 주의를 기울임으로써 회피하거나 해결될 수 있다.

GENERAL PRINCIPLES

Abbreviations

6. The use of generally accepted abbreviations, for example "Ltd." instead of "Limited", "Int'l" instead of "International", "Co." instead of "Company", "kgs" or "kos." instead of "kilos", "Ind" instead of "Industry", "mfr" instead of "manufacturer" or "mt" instead of "metric tons"-or vice versa-does not make a document discrepant.
7. Virgules(slash marks "/") may have different meanings, and unless apparent in the context used, should not be used as a substitute for a word.

일반원칙/약어

6. 일반적으로 인정되는 약자, 예를 들어 "Limited"대신에 "Ltd.", "Company" 대신에 "Co.", "kilos"대신에 "kgs" 또는 "kos", "Industry" 대신에 "Ind.", "manufacturer" 대신에 "mfr" 또는 "metric tons"대신에 "mt" 또는 반대의 경우가 서류를 하자있는 것으로 만들지 않는다.
7. 사선(슬래시 마크 "/") 은 다른 의미를 가질 수 있으므로, 사용되는 상황에서 명백하지 않으면, 단어로 대체하여 사용되지 않아야 한다.

Certifications and declarations

8. A certification, declaration or the like may either be a separate document or contained within another document as required by the credit. If the certification or declaration appears in another document which is signed and dated, any certification or declaration appearing on that document does not require a separate signature or date if the certification or declaration appears to have been given by the same entity that issued and signed the document.

증명과 선언

8. 증명, 선언 등은 신용장의 요구에 따라 별개의 서류일 수도 있고 다른 서류 안에 포함될 수도 있다. 만일 그 증명이나 선언이 서명되거나 일자가 표시된 다른 서류 안에 보인다면, 그 증명이나 선언이 그 서류를 발행하고 서명한 동일인에 의하여 기술된 것으로 보이는 한, 그 서류상에 보이는 모든 증명이나 선언은 별도의 서명이나 일자를 요구하지 않는다.

Corrections and alterations

9. Corrections and alterations of information or data in documents, other than documents created by the beneficiary, must appear to be authenticated by the party who issued the document or by a party authorized by the issuer to do so. Corrections and alterations in documents which have been legalized, visaed, certified or similar, must appear to be authenticated by the party who legalized, visaed, certified etc., the document. The authentication must show by whom the authentication has been made and include the signature or initials of that party. If the authentication appears to have been made by a party other than the issuer of the document, the authentication must clearly show in which capacity that party has authenticated the correction or alteration.
10. Corrections and alterations in documents issued by the beneficiary itself, except drafts, which have not been legalized, visaed, certified or similar, need not be authenticated. See also "Drafts and calculation of maturity date".
11. The use of multiple type styles or font sizes or handwriting in the same document does not, by itself, signify a correction or alteration.
12. Where a document contains more than one correction or alteration, either each correction must be authenticated separately or one authentication must be linked to all corrections in an appropriate way. For example, if the document shows three corrections numbered 1, 2 and 3, one statement such as "Correction numbers 1, 2 and 3 above authorized by XXX" or similar, will satisfy the requirement for authentication.

수정과 변경

9. 수익자가 발행한 서류가 아닌 서류상의 정보사항이나 자료에 대한 수정과 변경은 그 서류를 발행한 자 또는 그 발행인으로부터 그렇게 하도록 수권 받은 자에 의하여 인증된 것으로 보여야 한다.
   공증, 사증, 확인 등이 된 서류상의 수정과 변경은 그 서류를 공증, 사증, 확인 등을 행한 자에 의하여 인증된 것으로 보여야 한다.
   그 인증은 인증을 행한 자 및 그의 서명 또는 이니셜을 보여야 한다. 만일 그 인증이 그 서류의 발행인이 아닌 자가 행한 것으로 보이는 경우, 그 인증은 그 자가 어떠한 자격으로 그 수정이나 변경을 인증하였는지 명확하게 표시하여야 한다.

10. 환어음을 제외하고, 공증, 사증, 확인 등이 되지 않은 수익자 자신이 발행한 서류에서의 수정과 정정은 인증될 필요 없다. "환어음과 만기일 계산 참조."
11. 동일한 서류에서 여러 가지 형태의 문자체 또는 문자크기 또는 수기 자체가 수정이나 변경을 의미하지 않는다.
12. 한 서류에 하나 이상의 수정 또는 변경이 표시된 경우, 각 수정이 별도로 인증되어야 하거나 하나의 인증이 적절한 방법으로 모든 수정과 연계되어야 한다. 예를 들어, 서류가 1, 2, 3으로 번호가 매겨진 3개의 수정을 보이고 있으면, "상기 1, 2, 3번의 수정은 xxx가 인증하였음" 등으로 된 하나의 진술문이 인증의 요건을 충족시킨다.

Dates

13. Drafts, transport documents and insurance documents must be dated even if a credit does not expressly so require. A requirement that a document, other than those mentioned above, be dated, may be satisfied by reference in the document to the date of another document forming part of the same presentation(e.g., where a shipping certificate is issued which states "date as per bill of lading number xxx" or similar terms). Although it is expected that a required certificate or declaration in a separate document be dated, its compliance will depend on the type of certification or declaration that has been requested, its required wording and the wording that appears within it. Whether other documents require dating will depend on the nature and content of the document in question.
14. Any document, including a certificate of analysis, inspection certificate and pre-shipment inspection certificate, may be dated after the date of shipment. However, if a credit requires a document evidencing a pre-shipment event(e.g., pre-shipment inspection certificate), the document must, either by its title or content, indicate that the event(e.g., inspection) took place prior to or on the date of shipment. A requirement for an "inspection certificate" does not constitute a requirement to evidence a pre-shipment event. Documents must not indicate that they were issued after the date they are presented.
15. A document indicating a date of preparation and a later date of signing is deemed to be issued on the date of signing.

16. Phrases often used to signify time on either side of a date or event:
   a) "within 2 days after" indicates a period from the date of the event until 2 days after the event.
   b) "not later than 2 days after" does not indicate a period, only a latest date. If an advice must not be dated prior to a specific date, the credit must so state.
   c) "at least 2 days before" indicates that something must take place not later than 2 days before an event. There is no limit as to how early it may take place.
   d) "within 2 days of" indicates a period 2 days prior to the event until 2 days after the event.
17. The term "within" when used in connection with a date excludes that date in the calculation of the period.
18. Dates may be expressed in different formats, e.g., the 12th of November 2007 could be expressed as 12 Nov 07, 12Nov07, 12.11.2007, 12.11.07, 2007.11.12, 11.12.07, 121107, etc. Provided that the date intended can be determined from the document or from other documents included in the presentation, any of these formats are acceptable. To avoid confusion it is recommended that the name of the month should be used instead of the number.

일자

13. 환어음, 운송서류 및 보험서류는 신용장에서 요구하지 않더라도 일자가 표시되어야 한다. 전술한 서류들 이외의 서류에 일자를 표시하라는 요구사항은, 동일한 제시의 일부인 다른 서류의 일자를 그 서류상에 언급하는 것으로 충족시킬 수 있다(예를 들어, "date as per bill of lading number xxx" 등으로 언급하면서 발행된 선적증명서). 별도의 서류로 요구된 증명이나 선언은 일자의 표시가 기대되지만, 그것의 준수여부는 요구된 증명이나 선언의 유형, 요구된 문언, 그리고 그 서류상에 보이는 문언에 달려있다. 다른 서류들이 일자를 필요로 하는 지 여부는 당해 서류의 성질과 내용에 달려있다.
14. 분석증명서, 검사증명서 그리고 선적전검사증명서를 포함한 모든 서류는 선적일자 후의 일자를 표시하여도 무방하다. 그러나 신용장이 선적전 이벤트를 증빙하는 서류,(예를 들어, 선적전검사증명서)를 요구한다면, 그 서류는 그 이벤트(예를 들어, 검사)가 선적일자나 그 이전에 이행되었음을 표제나 내용으로서

표시하여야 한다. 단순히 "검사증명서"를 요구하는 것은 선적 전 이벤트를 증빙하도록 요구하는 것이 아니다. 서류들은 제시일자 후에 발행되었다는 표시를 하고 있으면 안 된다.

15. 작성일자와 그 후의 서명일자를 표시하고 있는 서류는 서명일자에 발행된 것으로 간주한다.
16. 어떤 일자 또는 이벤트 시간을 나타내기 위하여 가끔 사용되는 문구는 다음과 같다.
    a) "within 2 days after"는 이벤트 일자로부터 이벤트 후 2일의 기간을 표시한다.
    b) "not later than 2 days after"는 기간은 표시하는 것이 아니고 최종일을 표시한다. 만일 통지가 특정일자 이전의 일자로 되지 않아야 한다면, 신용장은 그렇게 명시하여야 한다.
    c) "at least 2 days before"는 어떠한 것이 이벤트보다 늦어도 2일전에 일어나야 한다는 것을 표시한다. 보다 빨리 일어나는 것에 대한 제한은 없다.
    d) "within 2 days of"는 이벤트 이전 2일과 이벤트 이후 2일의 기간을 의미한다.
17. 일자와 관련하여 "within"이라는 용어가 사용되면 기간 계산에서 그 일자를 제외한다.
18. 일자는 여러 가지 형태로 표시할 수 있다. 예를 들어, 2007년 11월 12일은 12 Nov 07, 12Nov07, 12.11.2007, 12.11.07, 2007.11.12, 11.12.07, 121107 등으로 표현할 수 있다. 의도하는 일자가 그 서류 또는 그 제시에 포함된 다른 서류로부터 결정될 수 있다면 이러한 모든 형태가 수리된다.
    혼란을 피하기 위하여 숫자대신에 그 달의 이름을 사용하도록 권장한다.

Documents for which the UCP 600 transport articles do not apply

19. Some documents commonly used in relation to the transportation of goods, e.g., Delivery Order, Forwarder's Certificate of Receipt, Forwarder's Certificate of Shipment, Forwarder's Certificate of Transport, Forwarder's Cargo Receipt and Mate's Receipt do not reflect a contract of carriage and are not transport documents as defined in UCP 600 articles 19-25. As such, UCP 600 sub-article 14(c) would not apply to these documents. Therefore, these documents will be examined in the same manner as other documents for which there are no specific provisions in UCP 600, i.e., under sub-article 14(f). In any event, documents must be presented not later than the expiry date for presentation as stated in the credit.

20. Copies of transport documents are not transport documents for the purpose of UCP 600 articles 19-25 and sub-article 14(c). The UCP 600 transport articles apply where there are original transport documents presented. Where a credit allows for the presentation of a copy transport document rather than an original, the credit must explicitly state the details to be shown. Where copies(non-negotiable) are presented, they need not evidence signature, dates, etc.

UCP 600 운송조항들이 적용되지 않는 서류

19. 물품운송과 관련하여 사용되는 어떤 서류들, 예를 들어 인도지시서, 운송주선인 수취증명서, 운송주선인선적증명서, 운송주선인운송증명서, 운송주선인화물 수취증 및 선장수취증은 운송계약을 반영하는 것이 아니며 UCP 600 제19-25조에서 정의된 운송서류들이 아니다. 따라서 UCP 600 제14조 c항은 이러한 서류들에 적용되지 않는다.
그러므로 이들 서류는 UCP 600에 특별한 규정이 없는 기타 서류들과 같은 방법, 즉 UCP 제14조 f항에서 심사되어야 한다. 어떤 경우에도 서류들은 신용장의 유효기일보다 늦지 않게 제시되어야 한다.

20. 운송서류의 부본은 UCP 600 제19-25조와 제14조 c항 목적의 운송서류가 아니다. UCP 600 운송조항은 원본 운송서류가 서류되는 경우에만 적용된다. 신용장이 원본이 아닌 부본의 제시를 요구한다면 신용장은 표시되어야 하는 명세를 분명하게 명시하여야 한다. (비양도성)부본이 제시되는 경우 서명이나 일자 등을 증빙할 필요 없다.

Expressions not defined in UCP 600

21. Expressions such as "shipping documents", "stale documents acceptable", "third party documents acceptable", and "exporting country" should not be used as they are not defined in UCP 600 If used in a credit, their meaning should be made apparent. If not, they have the following meaning under international standard banking practice:

a) "shipping documents" - all documents(not only transport documents), except drafts, required by the credit.

b) "stale documents acceptable" - documents presented later than 21 calendar days after the date of shipment are acceptable as long as they are presented no later than the expiry date for presentation as stated in the credit.

c) "third party documents acceptable" - all documents, excluding drafts but including invoices, may be issued by a party other than the beneficiary. If it is the intention of the issuing bank that the transport or other documents may show a shipper other than the beneficiary, the clause is not necessary because it is already permitted by sub-article 14(k).

d) "exporting country" - the country where the beneficiary is domiciled, or the country of origin of the goods, or the country of receipt by the carrier or the country from which shipment or dispatch is made.

UCP에 정의가 없는 문언들

21. "shipping documents", "stale documents acceptable", "third party documents acceptable" 및 "exporting country"와 같은 표현은 UCP에서 정의하고 있지 않으므로 사용되지 않아야 한다. 신용장에서 사용되었다면, 그것들의 의미가 분명하도록 하여야 한다. 그렇지 않으면, 그것들은 ISBP에서 다음의 의미를 갖는다.

a) "shipping documents" - 신용장에서 요구하는(운송서류뿐만 아니라) 환어음을 제외한 모든 서류들.

b) "stale documents acceptable" - 신용장에 명기된 제시를 위한 유효기일보다 늦지 않게 제시되는 한 선적일자 후 21 달력일이 경과하여 제시된 서류들이 수리될 수 있다.

c) "third party documents acceptable" - 환어음을 제외하고 송장을 포함하여 모든 서류는 수익자가 아닌 자에 의하여 발행될 수 있다. 만일 그 운송서류 또는 다른 서류들에 수익자가 아닌 선적인을 표시할 수 있다는 것이 개설은행의 의도라면, 그것은 이미 UCP 제14조 k항에서 허용되고 있기 때문에 그 문구는 필요 없다.

d) "exporting country" - 수익자가 거주하고 있는 국가 또는 물품의 원산지 국가 또는 운송인이 수취한 국가 또는 선적이나 발송이 이루어진 국가.

Issuer of documents

22. If a credit indicates that a document is to be issued by a named person or entity, this condition is satisfied if the document appears to be issued by the named person or entity. It may appear to be issued by a named

person or entity by use of its letterhead, or, if there is no letterhead, the document appears to have been completed or signed by, or on behalf of, the named person or entity.

서류의 발행인

22. 만일 신용장에서 서류가 기명개인이나 법인체에 의하여 발행되어야 한다고 명시하고 있으면, 이 조건은 그 서류가 그 기명개인이나 법인체에 의하여 발행된 것으로 보이면 충족된 것이다. 그것은 그들의 Letterhead를 사용하여 기명개인이나 법인체에 의하여 발행된 것으로 보일 수도 있으며, 또는 Letterhead가 없는 경우 그 기명개인이나 법인체에 의하여 또는 대신하여 완성 및/또는 서명된 것으로 보일수도 있다.

Language

23. Under international standard banking practice, it is expected that documents issued by the beneficiary will be in the language of the credit. When a credit states that documents in two or more languages are acceptable, a nominated bank may, in its advice of the credit, limit the number of acceptable languages as a condition of its engagement in the credit.

언어

23. ISBP에서는, 수익자에 의하여 발행되는 서류는 신용장 언어를 사용하는 것으로 예상한다.
신용장이 두 가지 이상의 언어로 된 서류들도 수리가능하다고 명시하는 경우, 지정은행은 자신의 신용장통지서에 신용장에서 자신의 약정조건으로서 수리할 수 있는 언어의 수를 제한할 수 있다.

Mathematical calculations

24. Detailed mathematical calculations in documents will not be checked by banks. Banks are only obliged to check total values against the credit and other required documents.

산술적 계산

24. 은행은 서류의 상세한 수학적 계산을 검토하지 않는다. 은행에게는 신용장과

다른 요구 서류에 대하여 총액을 대조 검토할 의무만 있다.

Misspellings or typing errors

25. A misspelling or typing error that does not affect the meaning of a word or the sentence in which it occurs, does not make a document discrepant. For example, a description of the merchandise as "mashine" instead of "machine", "fountan pen" instead of "fountain pen" or "modle" instead of "model" would not make the document discrepant. However, a description as "model 123" instead of "model 321" would not be regarded as a typing error and would constitute a discrepancy.

철자 또는 타자실수

25. 그것이 발생된 단어나 문장의 의미에 영향을 주지 않는 철자오류 또는 오타는 서류를 하자있는 것으로 만들지 않는다. 예를 들어, 물품명세로 "machine"대신에 "mashine", "fountain pen"대신에 "fountan pen", "model"대신에 "modal"이라고 된 물품명세는 서류를 하자있는 것으로 만들지 않을 것이다.
그러나 "model 321"대신에 "model 123"이라고 된 명세는 오타로 간주되지 않고 하자가 될 수 있다.

Multiple pages and attachments or riders

26. Unless the credit or a document provides otherwise, pages which are physically bound together, sequentially numbered or contain internal cross references, however named or entitled, are to be examined as one document, even if some of the pages are regarded as an attachment. Where a document consists of more than one page, it must be possible to determine that the pages are part of the same document.
27. If a signature or endorsement is required to be on a document consisting of more than one page, the signature is normally placed on the first or last page of the document, but unless the credit or the document itself indicates where a signature or endorsement is to appear, the signature or endorsement may appear anywhere on the document.

여러쪽수와 첨부서류

26. 만일 신용장 또는 서류에 달리 규정하지 않으면, 물리적 합철, 일련번호 부여

또는 내부의 크로스 참조번호가 있는 면들은, 어떤 명의나 제목이 붙어있든지 관계없이, 비록 일부 면들이 첨부물로서 간주된다 할지라도, 하나의 서류로서 심사되어져야 한다. 서류가 한 면 이상으로 구성되어 있으면, 그 면들이 동일한 서류의 일부라는 것을 결정할 수 있어야 한다.

27. 만일 서명 또는 배서가 한 면 이상으로 구성된 서류에 요구되면, 그 서명은 통상 서류의 첫 면 또는 마지막 면에 있어야 하지만, 그러나 신용장 또는 그 서류 자체가 서명 또는 배서가 보여야 하는 곳을 지시하지 않으면, 그 서명이나 배서는 서류의 어느 곳에 보여도 무방하다.

Originals and copies

28. Documents issued in more than one original may be marked "Original", "Duplicate", "Triplicate", "First Original", "Second Original", etc. None of these markings will disqualify a document as an original.
29. The number of originals to be presented must be at least the number required by the credit, the UCP 600, or, where the document itself states how many originals have been issued, the number stated on the document.
30. It can sometimes be difficult to determine from the wording of a credit whether it requires an original or a copy, and to determine whether that requirement is satisfied by an original or a copy. For example, where the credit requires:
    a) "Invoice", "One Invoice" or "Invoice in 1 copy", it will be understood to be a requirement for an original invoice.
    b) "Invoice in 4 copies", it will be satisfied by the presentation of at least one original and the remaining number as copies of an invoice.
    c) "One copy of Invoice", it will be satisfied by presentation of either a copy or an original of an invoice.
31. Where an original would not be accepted in lieu of a copy, the credit must prohibit an original, e.g., "photocopy of invoice - original document not acceptable in lieu of photocopy", or the like. Where a credit calls for a copy of a transport document and indicates the disposal instructions for the original of that transport document, an original transport document will not be acceptable.
32. Copies of documents need not be signed.
33. In addition to UCP 600 article 17, the ICC Banking Commission Policy

Statement, document 470/871(Rev), titled "The determination of an "Original" document in the context of UCP 500 sub-Article 20(b)" is recommended for further guidance on originals and copies and remains valid under UCP 600 The content of the Policy Statement appears in the Appendix of this publication, for reference purposes.

원본과 부본

28. 한 통 이상의 원본으로 발행된 서류에는 "Original", "Duplicate", "Triplicate", "First Original", "Second Original", "Third Original" 등으로 표시할 수 있다. 이러한 표시들이 원본 서류로서의 자격을 무효화하지 않는다.
29. 제시되어야 하는 원본의 부수는 적어도 신용장, UCP 600에서 요구되거나, 또는 서류 자체가 원본이 몇 부 발행되었다고 명시한 경우에는 그 서류에 표시된 부수를 제시하여야 한다.
30. 가끔 신용장 문언이 원본을 요구하는지 부본을 요구하는지, 그리고 그 요구사항이 원본으로 충족되는지 사본으로 충족되는지 결정하기 어려울 수가 있다. 예를 들어, 신용장이,
    a) "Invoice", "One Invoice" 또는 "Invoice in 1 copy"를 요구하는 경우, 원본 송장 한통의 요구로 해석된다.
    b) "Invoice in 4 copies"를 요구하는 경우, 적어도 송장의 원본 한통과 나머지 수의 사본이 제시되면 충족된다.
    c) "One copy of Invoice"를 요구하는 경우, 송장의 사본 또는 원본 한통이 제시되면 충족된다.
31. 부본 대신에 원본은 수리되지 않는 경우, 신용장은 원본을 금지하여야 한다. 예를 들어, 송장의 사본 - 사본 대신에 원본 서류는 수리 안 된다, 등. 신용장이 운송서류의 부본을 요구하면서 그 운송서류의 원본에 대한 처분지시를 표시하는 경우 원본운송서류는 수리되지 아니한다.
32. 서류의 부본에는 서명되어야 할 필요 없다.
33. UCP 600 제17조에 추가하여, "UCP 500 제20조 b항 관련 원본서류의 결정"이라는 제목의 ICC 은행위원회 정책성명서, 문서번호 470/871 (Rev)을 원본과 부본에 관한 추가지침으로 권하며 그것은 UCP 600에서도 계속 유효하다. 그 정책성명서의 내용은 참조목적상 본 간행물의 부록으로 제공되고 있다.

Shipping marks

34. The purpose of a shipping mark is to enable identification of a box, bag

or package. If a credit specifies the details of a shipping mark, the documents mentioning the marks must show these details, but additional information is acceptable provided it is not in conflict with the credit terms.

35. Shipping marks contained in some documents often include information in excess of what would normally be considered "shipping marks", and could include information such as the type of goods, warnings as to the handling of fragile goods, net and/or gross weight of the goods, etc. The fact that some documents show such additional information, while others do not, is not a discrepancy.

36. Transport documents covering containerized goods will sometimes only show a container number under the heading "Shipping marks". Other documents that show a detailed marking will not be considered to be in conflict for that reason.

화인

34. 화인의 목적은 상자, 자루 또는 포장용기의 실체 확인을 위한 것이다. 만일 신용장이 화인의 명세를 특정하고 있으면, 그 화인을 표시하는 서류(들)는 그러한 명세를 보여야 하지만, 추가정보는 그것이 신용장 조건과 어긋나지 않는 한 수리할 수 있다.

35. 화인은 가끔 "화인"으로 정상적으로 간주할 수 있는 것을 초과한 정보를 포함하고 있으며, 물품형태, 파손되기 쉬운 물품 취급에 대한 경고문, 물품의 순중량 및/또는 총중량 등과 같은 정보를 포함하고 있을 수 있다. 어떤 서류가 그러한 추가정보를 표시하고 있는 데 다른 서류에는 없다는 사실은 하자가 아니다.

36. 컨테이너 적재화물을 취급하는 운송서류들은 가끔 "화인"이라는 제목 아래에 컨테이너 번호만 표시하고 있다. 상세한 화인을 표시하고 있는 다른 서류들이 그것을 이유로 어긋나는 것으로 간주되지 않는다.

Signatures

37. Even if not stated in the credit, drafts, certificates and declarations by their nature require a signature. Transport documents and insurance documents must be signed in accordance with the provisions of UCP 600

38. The fact that a document has a box or space for a signature does not necessarily mean that such box or space must be completed with a

signature. For example, banks do not require a signature in the area titled "Signature of shipper or their agent" or similar phrases, commonly found on transport documents such as air waybills or road transport documents. If the content of a document indicates that it requires a signature to establish its validity(e.g., "This document is not valid unless signed" or similar terms), it must be signed.

39. A signature need not be handwritten. Facsimile signatures, perforated signatures, stamps, symbols(such as chops) or any electronic or mechanical means of authentication are sufficient. However, a photocopy of a signed document does not qualify as a signed original document, nor does a signed document transmitted through a fax machine, absent an original signature. A requirement for a document to be "signed and stamped", or a similar requirement, is also fulfilled by a signature and the name of the party typed, or stamped, or handwritten, etc.

40. A signature on a company letterhead paper will be taken to be the signature of that company, unless otherwise stated. The company name need not be repeated next to the signature.

서명

37. 신용장에서 명시하지 않더라도 환어음, 증명서 및 선언서는 그들 서류의 특성상 서명이 요구된다. 운송서류와 보험서류는 UCP 600의 규정에 따라 서명되어야 한다.

38. 서류에 서명을 위한 박스나 공란이 있다는 사실이 그러한 박스나 공란이 서명으로 채워져야 한다는 필수적 의미는 아니다. 예를 들어, 은행은 항공운송장이나 도로운송서류와 같은 운송서류에 일반적으로 보이는 "Signature of shipper or their agent" 또는 유사한 문구의 제목을 가진 영역에 서명을 요구하지 않는다. 만일 어느 서류의 내용이 그 서류의 유효성을 위한 서명을 요구하는 것으로 표시하고 있으면, (예를 들어, "This document is not valid unless signed" 또는 이와 유사한 문구), 반드시 서명되어야 한다.

39. 서명을 자필로 해야 할 필요는 없다. 팩시밀 서명, 천공서명, 스탬프,(도장과 같은) 상징물 또는 인증의 모든 전자적 또는 기계적 수단은 충분하다. 그러나 서명된 서류의 사본은 서명된 원본서류로 적격하지 않으며, 팩스기계로 송부된 서명된 서류도 원 서명에 없으면 원본서류로 적격하지 않다. "signed and stamped"된 서류의 요구 또는 이와 유사한 요구는 서명과 함께 타자, 스탬프

또는 자필 등으로 된 당사자 명의가 있으면 또한 충족된다.

40. 회사의 레터헤드 용지에 있는 서명은 다른 표시가 없으면 그 회사의 서명으로 간주된다. 서명한 다음에 그 회사의 이름을 다시 반복할 필요 없다.

Title of documents and combined documents

41. Documents may be titled as called for in the credit, bear a similar title, or be untitled. For example, a credit requirement for a "Packing List" may also be satisfied by a document containing packing details whether titled "Packing Note", "Packing and Weight List", etc., or an untitled document. The content of a document must appear to fulfil the function of the required document.

42. Documents listed in a credit should be presented as separate documents. If a credit requires a packing list and a weight list, such requirement will be satisfied by presentation of two separate documents, or by presentation of two original copies of a combined packing and weight list, provided such document states both packing and weight details.

서류의 표제 및 복합서류

41. 서류는 신용장에서 요구한 타이틀이거나, 유사한 타이틀을 가지고 있거나, 타이틀이 없어도 무방하다. 예를 들어, "Packing List"라는 신용장 요구사항은 "Packing Note", "Packing and Weight List" 등 또는 타이틀이 없는 서류로서 충족될 수 있다. 어떤 서류의 내용은 요구된 서류의 기능을 충족시키는 것으로 보여야 한다.

42. 신용장에 열거된 서류는 별도의 서류로 제시되어야 한다. 만일 신용장이 포장명세서와 중량명세서를 요구한다면, 그 요구사항은 두 개의 별도 서류를 제시하거나, 또는 하나의 복합된 포장 및 중량명세서가 포장과 중량을 함께 표시하고 있는 한, 그러한 서류를 제시하는 것으로도 충족된다.

DRAFTS AND CALCULATION OF MATURITY DATE

Tenor

43. The tenor must be in accordance with the terms of the credit.

a) If a draft is drawn at a tenor other than sight, or other than a certain period after sight, it must be possible to establish the maturity date from the data in the draft itself.

b) As an example of where it is possible to establish a maturity date from the data in the draft, if a credit calls for drafts at a tenor 60 days after the bill of lading date, where the date of the bill of lading is 12 July 2007, the tenor could be indicated on the draft in one of the following ways:

i. "60 days after bill of lading date 12 July 2007", or

ii. "60 days after 12 July 2007", or

iii. "60 days after bill of lading date" and elsewhere on the face of the draft state "bill of lading date 12 July 2007", or

iv. "60 days date" on a draft dated the same day as the date of the bill of lading, or

v. "10 September 2007", i.e. 60 days after the bill of lading date.

c) If the tenor refers to xxx days after the bill of lading date, the on board date is deemed to be the bill of lading date even if the on board date is prior to or later than the date of issuance of the bill of lading.

d) UCP 600 article 3 provides guidance that where the words "from" and "after" are used to determine maturity dates of drafts, the calculation of the maturity commences the day following the date of the document, shipment, or other event, i.e., 10 days after or from March 1 is March 11.

e) If a bill of lading showing more than one on board notation is presented under a credit which requires drafts to be drawn, for example, at 60 days after or from bill of lading date, and the goods according to both or all on board notations were shipped from ports within a permitted geographical area or region, the earliest of these on board dates will be used for calculation of the maturity date. Example: the credit requires shipment from European port, and the bill of lading evidences on board vessel "A" from Dublin August 16 and on board vessel "B" from Rotterdam August 18. The draft should reflect 60 days from the earliest on board date in a European port, i.e., August 16.

f) If a credit requires drafts to be drawn, for example, at 60 days after or from bill of lading date, and more than one set of bills of lading is presented under one draft, the date of the last bill of lading will be used for the calculation of the maturity date.

44. While the examples refer to bill of lading dates, the same principles apply to all transport documents.

환어음 및 만기일 산정/기한

43. 기한은 신용장 조건에 따라야 한다.

a) 만일 환어음이 일람출급 또는 일람 후 정기출급이 아닌 기한부로 발행된다면, 환어음 자체의 자료로부터 만기일을 산정할 수 있어야 한다.

b) 환어음의 자료로부터 만기일을 산정할 수 있는 경우의 예로서, 만일 신용장이 선하증권일자 후 60일의 기한으로 된 환어음을 요구하는데, 선하증권의 일자가 2007년 7월 12일이라면, 그 기한은 다음의 방법들 중 하나로 환어음에 표시될 수 있다.

i. "60 days after bill of lading date 12 July 2007", 또는

ii. "60 days after 12 July 2007", 또는

iii. "60 days after bill of lading date" 그리고 그 환어음의 문면 어딘가에 "bill of lading date 12 July 2007"이라고 명시하거나, 또는

iv. 선하증권의 일자와 같은 일자의 환어음에 "60 days date", 또는

v. "11 September 2007", 즉, 선하증권 일자 후 60일.

c) 만일 기한을 선하증권 일자 후 xxx일로 언급하고 있다면, 본선적재일자가 선하증권의 발행일자보다 빠르거나 늦거나 상관없이 그 본선적재일자가 선하증권 일자로 간주된다.

d) UCP 600 제3조에서는 "from"과 "after"라는 단어가 환어음의 만기일을 결정하기 위하여 사용되는 경우에 대한 지침을 규정하고 있는데, 만기일의 계산은 서류, 선적 또는 기타 사안의 일자 다음 날에 시작된다. 즉 10 days after 또는 10 days from 3월 1일은 3월 11일이다.

e) 예를 들어, 선하증권일자로부터 60일 기한부로 발행된 환어음을 요구하는 신용장에서 하나 이상의 본선본선적재표시를 표시하고 있는 선하증권이 제시되고 양쪽 또는 모든 본선본선적재표시들에 따라 물품이 허용된 지역 내 항구들에서 선적되었다면, 이러한 본선적재표시일자들 중 가장 빠른 날자가 만기일의 계산에 사용된다. 예: 신용장이 유럽항구에서의 선적을 요구하고 선하증권

은 8/16일 더블린항구에서 "A"선박에 적재되고, 8/18일 로테르담항구에서 "B" 선박에 적재를 증빙하고 있다. 그 환어음은 유럽항구에서의 가장 빠른 적제일자인 8/16일로부터 60일을 반영하여야 한다.

f) 예를 들어, 만일 신용장이 선하증권일자로부터 60일 기한부로 발행된 환어음을 요구하고, 한 개의 환어음 하에서 한 세트 이상의 선하증권이 제시된다면, 가장 늦은 선하증권의 일자가 만기일 계산에 사용된다.

44. 사례들은 선하증권일자에 대하여 언급하고 있지만 같은 원칙이 모든 운송서류에 적용된다.

Maturity date

45. If a draft states a maturity date by using an actual date, the date must have been calculated in accordance with the requirements of the credit.

46. For drafts drawn "at XXX days sight", the maturity date is established as follows:

a) in the case of complying documents, or in the case of non- complying documents where the drawee bank has not provided a notice of re-fusal, the maturity date will be XXX days after the date of receipt of documents by the drawee bank.

b) in the case of non-complying documents where the drawee bank has provided a notice of refusal and subsequent approval, at the latest XXX days after the date of acceptance of the draft by the drawee bank. The date of acceptance of the draft must be no later than the date the issuing bank accepts the waiver of the applicant.

47. In all cases the drawee bank must advise the maturity date to the presenter. The calculation of tenor and maturity dates, as shown above, would also apply to credits designated as being available by deferred payment, i.e., where there is no requirement for a draft to be presented by the beneficiary.

만기일

45. 만일 환어음이 실제 일자를 사용하여 만기일을 명시한다면, 그 일자는 신용장의 요구조건에 따라 계산되어야 한다.

46. "at xxx days sight"로 발행된 환어음에서, 만기일은 다음과 같이 산정된다.

a) 조건일치 서류의 경우, 또는 부적격 서류에서 지급은행이 서류를 거절하지

않은 경우, 만기일은 지급은행에 의한 서류의 접수일자 후 xxx 일이다.

b) 조건불일치 서류에서 지급은행이 서류의 거절통지와 차후의 승인을 제공하는 경우, 늦어도 그 지급은행에 의한 환어음의 인수일자 후 xxx 일이다. 그 환어음의 인수일자는 개설은행이 개설의뢰인의 용인을 수락한 일자보다 늦지 않아야 한다.

47. 모든 경우에 지급은행은 제시인에게 만기일을 통보하여야 한다. 위에서 보여준 기한과 만기일의 계산은 연지급, 즉 환어음이 수익자에 의하여 제시되도록 요구하지 않는 경우의 신용장에도 또한 적용된다.

Banking days, grace days, delays in remittance

48. Payment must be available in immediately available funds on the due date at the place where the draft or documents are payable, provided such due date is a banking day in that place. If the due date is a non-banking day, payment will be due on the first banking day following the due date. Delays in the remittance of funds, such as grace days, the time it takes to remit funds, etc., must not be in addition to the stated or agreed due date as defined by the draft or documents.

은행의 영업일, 유예기간 및 송금지연

48. 지급은, 만기일이 지급지의 은행영업일인 경우, 그 환어음이나 서류가 지급되는 장소에서 만기일에 즉시 이용이 가능한 자금으로 이행되어야 한다. 만일 만기일이 은행휴업일이라면, 지급은 만기일 다음 첫 은행영업일에 이행되어야 한다. 유예기간, 대금송금에 걸리는 시간 등과 같은 대금송금의 지연은 환어음 또는 서류의 규정으로서 명시되거나 합의된 만기일에 추가되어서는 안된다.

Endorsement

49. The draft must be endorsed, if necessary.

배서

49. 환어음은 필요한 경우 배서되어야 한다.

Amounts

50. The amount in words must accurately reflect the amount in figures if both are shown, and indicate the currency, as stated in the credit.

51. The amount must agree with that of the invoice, unless as a result of

UCP 600 sub-article 18(b).

금액

50. 문자금액과 숫자금액이 둘 다 표시된다면 문자금액은 숫자금액을 정확하게 반영하여야 하며. 신용장에 명시된 통화를 표시하여야 한다.
51. UCP 600 제18조 b항의 결과로서 발생된 경우가 아니라면 금액은 송장금액과 맞아야 한다.

How the draft is drawn

52. The draft must be drawn on the party stated in the credit.
53. The draft must be drawn by the beneficiary.

어음발행 방법

52. 환어음은 신용장에 명시된 당사자 앞으로 발행되어야 한다.
53. 환어음은 수익자에 의하여 발행되어야 한다.

Drafts on the applicant

54. A credit may be issued requiring a draft drawn on the applicant as one of the required documents, but must not be issued available by drafts drawn on the applicant.

개설의뢰인 앞으로 발행된 환어음

54. 신용장은 개설의뢰인 앞으로 발행된 환어음을 요구하면서 개설될 수 있지만, 개설의뢰인 앞으로 발행된 환어음으로 사용될 수 있도록 개설되지 않아야 한다.

Corrections and alterations

55. Corrections and alterations on a draft, if any, must appear to have been authenticated by the drawer.
56. In some countries a draft showing corrections or alterations will not be acceptable even with the drawer's authentication. Issuing banks in such countries should make a statement in the credit to the effect that no correction or alteration must appear in the draft.

정정과 수정

55. 환어음에 정정과 수정이 있다면, 발행인에 의하여 인증된 것으로 보여야 한다.

56. 어떤 국가에서는 정정과 수정을 표시하고 있는 환어음은 발행인의 인증이 있어도 수리될 수 없다. 그러한 국가의 개설은행은 정정이나 수정이 환어음에 보이면 안 된다는 사실을 신용장에 명기하여야 한다.

INVOICES

Definition of invoice

57. A credit requiring an "invoice" without further definition will be satisfied by any type of invoice presented(commercial invoice, customs invoice, tax invoice, final invoice, consular invoice, etc.). However, invoices identified as "provisional", "pro-forma" or the like are not acceptable. When a credit requires presentation of a commercial invoice, a document titled "invoice" will be acceptable.

송장/송장의 정의

57. 더 이상의 정의 없이 "송장(invoice)"를 요구하는 신용장은 제시된 모든 종류의 송장(commercial invoice, customs invoice, tax invoice, final invoice, consular invoice 등)으로서 충족된다. 그러나 "임시적", "견적" 또는 이와 유사한 것으로 판명되는 송장들은 신용장에서 특별히 수권되지 않는 한 수리되지 아니한다. 신용장이 상업송장의 제시를 요구하는 경우, "invoice"라는 제목의 서류는 수리될 수 있다.

Description of the goods, services or performance and other general issues related to invoices

58. The description of the goods, services or performance in the invoice must correspond with the description in the credit. There is no requirement for a mirror image. For example, details of the goods may be stated in a number of areas within the invoice which, when collated together, represents a description of the goods corresponding to that in the credit.

59. The description of goods, services or performance in an invoice must reflect what has actually been shipped or provided. For example, where there are two types of goods shown in the credit, such as 10 trucks and 5 tractors, an invoice that reflects only shipment of 4 trucks would be acceptable provided the credit does not prohibit partial shipment. An

invoice showing the entire goods description as stated in the credit, then stating what has actually been shipped is also acceptable.

60. An invoice must evidence the value of the goods shipped or services or performance provided. Unit price(s), if any, and currency shown in the invoice must agree with that shown in the credit. The invoice must show any discounts or deductions required in the credit. The invoice may also show a deduction covering advance payment, discount, etc., not stated in the credit.

61. If a trade term is part of the goods description in the credit, or stated in connection with the amount, the invoice must state the trade term specified, and if the description provides the source of the trade term, the same source must be identified(e.g., a credit term "CIF Singapore Incoterms 2000" would not be satisfied by "CIF Singapore Incoterms"). Charges and costs must be included within the value shown against the stated trade term in the credit and invoice. Any charges and costs shown beyond this value are not allowed.

62. Unless required by the credit, an invoice need not be signed or dated.

63. The quantity of merchandise, weights and measurements shown on the invoice must not conflict with the same quantities appearing on other documents.

64. An invoice must not show:

a) over-shipment(except as provided in UCP 600 sub-article 30(b)), or

b) merchandise not called for in the credit(including samples, advertising materials, etc.) even if stated to be free of charge.

65. The quantity of the goods required in the credit may vary within a tolerance of +/- 5%. This does not apply if a credit states that the quantity must not be exceeded or reduced, or if a credit states the quantity in terms of a stipulated number of packing units or individual items. A variance of up to +5% in the goods quantity does not allow the amount of the drawing to exceed the amount of the credit.

66. Even when partial shipments are prohibited, a tolerance of 5% less in the credit amount is acceptable, provided that the quantity is shipped in full and that any unit price, if stated in the credit, has not been

reduced. If no quantity is stated in the credit, the invoice will be considered to cover the full quantity.

67. If a credit calls for instalment shipments, each shipment must be in accordance with the instalment schedule.

송장에 관련된 물품, 서비스 또는 이행명세 및 기타 일반사안

58. 상업송장의 물품, 서비스 또는 의무이행 명세는 신용장의 명세와 일치하여야 한다. 이것은 거울에 비쳐진 것과 같은 것을 요구하는 것이 아니다. 예를 들어, 신용장과 일치하는 상품명세가 함께 조합되어 송장의 여러 영역 내에 표시될 수 있다.
59. 송장의 물품, 서비스 또는 이행명세는 실제로 선적되거나 제공된 것을 표시하여야 한다. 예를 들어, 10대의 트럭과 5대의 트랙터와 같이 신용장에 명시된 두 가지 형태의 물품이 있는 경우, 4대의 트럭만 선적되었음을 반영하고 있는 송장은 그 신용장이 분할선적을 금지하지 않았다면 수리될 수 있다. 신용장에 명시된 모든 물품명세를 표시하고 있는 송장은 실제로 선적된 것을 표시하고 있다면 수리될 수 있다.
60. 송장은 선적된 물품 또는 제공된 서비스 또는 이행을 증빙하여야 한다. 단가가 표시되었다면 송장에 보이는 통화는 신용장에 보이는 것과 일치해야 한다. 송장은 신용장에서 요구된 모든 할인이나 공제액을 표시하여야 한다. 송장은 또한 신용장에 명시되지 않은 선지급, 할인을 대상으로 하는 공제명세를 표시할 수 있다.
61. 무역조건이 신용장에서 물품명세의 일부이거나, 또는 금액과 관련되어 명시되어 있으면, 송장은 그 특정 무역조건을 명시하여야 하고, 만일 그 명세가 그 무역조건의 출처를 규정한다면, 동일한 출처가 판명되어야 한다.(예를 들어, "CIF Singapore Incoterms 2000"이라는 신용장 조건은 "CIF Singapore Incoterms"로 충족되지 않는다). 수수료와 비용은 신용장과 송장에 명시된 무역조건에 대하여 표시된 가액 이내에 포함되어야 한다. 이 가액을 초과하여 보이는 모든 수수료나 비용은 허용되지 않는다.
62. 신용장에서 요구되지 않으면 송장에는 서명이나 일자가 필요 없다.
63. 송장에 표시된 물품, 무게, 용적의 량은 다른 서류에 보이는 동일한 량과 상치하지 않아야 한다.
64. 송장은 다음을 표시하지 않아야 한다.
    a) (UCP 600 제30조 b항에 규정된 경우를 제외하고) 초과선적, 또는
    b) 무상이라고 명시하더라도, 신용장에서 요구하지 않는(견본품, 광고물 등을

포함한) 물품.

65. 신용장에서 요구된 물품의 수량은 +/- 5% 범위 이내에서 변동될 수 있다. 이것은 신용장이 수량이 초과 또는 부족 되어서는 안 된다고 명기하거나, 또는 신용장이 수량을 포장단위별 이나 개별품목의 개수로 요구한다면 적용되지 않는다. 물품수량의 5%까지의 변동이 신용장 금액을 초과하는 어음발행 금액을 허용하는 것은 아니다.
66. 비록 분할선적이 금지되는 경우에도, 수량이 전량 선적되고, 신용장에 단가가 명시되어 있으면 모든 단가가 감액되지 않는다면, 신용장금액에서 5%의 하향 편차는 수리될 수 있다. 신용장에 수량이 명시되지 않은 경우, 그 송장은 총 수량을 표방하는 것으로 간주된다.
67. 만일 신용장이 할부선적을 요구한다면, 각 선적은 그 할부일정에 따라야 한다.

TRANSPORT DOCUMENT COVERING AT LEAST TWO DIFFERENT MODES OF TRANSPORT

Application of UCP 600 article 19

68. If a credit requires presentation of a transport document covering transportation utilizing at least two modes of transport(multimodal or combined transport document), and if the transport document clearly shows that it covers a shipment from the place of taking in charge or port, airport or place of loading to the place of final destination mentioned in the credit, UCP 600 article 19 is applicable. In such circumstances, the transport document must not indicate that shipment or dispatch has been effected by only one mode of transport, but it may be silent regarding the modes of transport utilized.
69. In all places where the term "multimodal transport document" is used within this document, it also includes the term combined transport document. A document need not be titled "Multimodal transport document" or "Combined transport document" to be acceptable under UCP 600 article 19, even if such expressions are used in the credit.

적어도 두 가지의 상이한 운송형태를 취급하려는 운송서류/UCP 600 제19조의 적용

68. 만일 신용장이 적어도 두 가지의 운송형태를 사용하는 운송을 증빙하는 운송서

류(복합운송서류)의 제시를 요구하고, 그 운송서류가 신용장에 언급된 수탁지 및/또는 선적항, 선적공항 또는 선적지로부터 최종목적지까지의 운송을 증빙하고 있다는 것을 명확하게 표시하고 있으면, UCP 600 제19조가 적용된다. 그러한 경우, 그 복합운송서류는 선적이나 발송이 단 하나의 운송형태로 이행되었음을 표시하지 않아야 하지만, 사용된 운송형태에 대하여 언급이 없는 것은 무방하다.

69. "multimodal transport document"라는 용어가 사용된 서류의 모든 곳에는 combined transport document 라는 용어를 또한 포함한다. 신용장에서 그러한 표현이 사용되었더라도, 서류가 UCP 600 제19조에서 수리될 수 있기 위하여 "Multimodal transport document" 또는 "Combined transport document" 라는 표제가 있을 필요는 없다.

Full set of originals

70. A UCP 600 article 19 transport document must indicate the number of originals that have been issued. Transport documents marked "First Original", "Second Original", "Third Original", "Original", "Duplicate", "Triplicate", etc., or similar expressions are all originals. Multimodal transport documents need not be marked "original" to be acceptable under a credit. In addition to UCP 600 article 17, the ICC Banking Commission Policy Statement, document 470/871(Rev), titled "The determination of an 'Original' document in the context of UCP 500 sub-Article 20(b)" is recommended for further guidance on originals and copies and remains valid under UCP 600 The content of the Policy Statement appears in the Appendix of this publication, for reference purposes.

원본 전체

70. UCP 600 제19조의 운송서류는 발행된 원본의 부수를 표시하여야 한다. "First Original", "Second Original", "Third Original", "Original", "Duplicate", "Triplicate" 등, 또는 이와 유사한 표현이 표시된 운송서류들은 모두 원본이다. 복합운송서류가 신용장에서 수리되기 위해서 "original" 이라고 표시되어야 할 필요는 없다. UCP 600 제17조에 추가하여, "UCP 500 제20조 b항 관련 원본서류의 결정"이라는 제목의 ICC 은행위원회 정책성명서, 문서번호 470/871(Rev)을 원본과 부본에 관한 추가지침으로 권하며 그것은 UCP 600에서도 계속 유효하다.

그 정책성명서의 내용은 참조목적상 본 간행물의 부록으로 제공되고 있다.

Signing of multimodal transport documents

71. Original multimodal transport documents must be signed in the form described in UCP 600 sub-article 19(a)(i) and indicate the name of the carrier, identified as the carrier.
  a. If an agent signs a multimodal transport document on behalf of the carrier, the agent must be identified as agent, and must identify on whose behalf it is signing, unless the carrier has been identified elsewhere on the multimodal transport document.
  b. If the master(captain) signs the multimodal transport document, the signature of the master(captain) must be identified as "master"("captain"). In this event, the name of the master(captain) need not be stated.
  c. If an agent signs the multimodal transport document on behalf of the master(captain), the agent must be identified as agent. In this event, the name of the master(captain) need not be stated.
72. If a credit states "Freight Forwarder's Multimodal transport document is acceptable" or uses a similar phrase, then the multimodal transport document may be signed by a freight forwarder in the capacity of a freight forwarder, without the need to identify itself as carrier or agent for the named carrier. In this event, it is not necessary to show the name of the carrier.

복합운송서류의 서명

71. 원본 복합운송서류에는 UCP 600 제19조 b항 i)호에 기술된 형태의 서명이 있어야 하고 운송인의 명의를 표시하고 운송인으로 판명되어야 한다.
  a. 만일 대리인이 운송인을 대신하여 복합운송서류에 서명한다면, 그 대리인은 대리인으로서 판명되어야 하고, 그 운송인이 복합운송서류의 어딘 가에서 판명되지 않았다면, 그가 서명을 대신하는 운송인을 판명하여야 한다.
  b. 만일 선장이 복합운송서류에 서명한다면, 그 선장의 서명은 "master" ("captain")로 판명되어야 한다. 이 경우 선장의 명의는 명기할 필요 없다.
  c. 만일 대리인이 선장을 대신하여 복합운송서류에 서명한다면, 그 대리인은 대리인으로서 판명되어야 한다. 이 경우 선장의 명의는 명기할 필요 없다.

72. 만일 신용장이 "Freight Forward's Multimodal transport document is acceptable" 이라고 명기하거나 유사한 문구를 사용한다면, 그 복합운송서류는 스스로 운송인 또는 그들의 대리인임을 밝힐 필요 없이, 운송주선인의 자격으로 운송주선인에 의하여 서명될 수 있다. 이 경우 운송인의 명의는 표시할 필요 없다.

On board notations

73. The issuance date of a multimodal transport document will be deemed to be the date of dispatch, taking in charge or shipped on board unless it bears a separate dated notation evidencing dispatch, taking in charge or shipped on board from the location required by the credit, in which event the date of the notation will be deemed to be the date of shipment whether or not the date is before or after the issuance date of the document.
74. "Shipped in apparent good order", "Laden on board", "clean on board" or other phrases incorporating words such as "shipped" or "on board" have the same effect as "Shipped on board".

본선적재표시

73. 신용장에서 요구되는 장소로부터 발송, 수탁 또는 적재를 증빙하는 별도의 일자를 가진 부기가 없으면, 복합운송서류의 발행일자는 발송, 수탁 또는 선적일자로 간주되며, 별도의 일자를 가진 부기가 있는 경우, 부기의 일자가 그 서류의 발급일자 전이든 후든 상관없이 선적일자로 간주된다.
74. "Shipped in apparent good order", "Laden on board", "clean on board" 또는 "shipped"나 "on board"같이 "선적" 또는 "본선적재"를 나타내는 다른 문구들은 "Shipped on board"와 동일한 의미를 가지고 있다.

Place of taking in charge, dispatch, loading on board and destination

75. If a credit gives a geographical range for the place of taking in charge, dispatch, loading on board and destination(e.g., "Any European Port"), the multimodal transport document must indicate the actual place of taking in charge, dispatch, shipped on board and destination, which must be within the geographical area or range stated in the credit.

수탁지, 발송지, 적재장소, 목적지

75. 만일 신용장이 수탁지, 발송지, 선적지 그리고 목적지에 관하여 지리적 범위(예

를 들어, "Any European Port")를 허용한다면, 복합운송서류는 신용장에 명기된 그 지리적 지역이나 범위 이내에 있는 수탁지, 발송지, 선적지 그리고 목적지를 표시하여야 한다.

Consignee, order party, shipper and endorsement, notify party

76. If a credit requires a multimodal transport document to show that the goods are consigned to a named party, e.g., "consigned to Bank X"(a "straight" consignment), rather than "to order" or "to order of Bank X", the multimodal transport document must not contain words such as "to order" or "to order of" that precede the name of that named party, whether typed or pre-printed. Likewise, if a credit requires the goods to be consigned "to order" or "to order of" a named party, the multimodal transport document must not show that the goods are consigned straight to the named party.
77. If a multimodal transport document is issued to order or to order of the shipper, it must be endorsed by the shipper. An endorsement indicating that it is made for or on behalf of the shipper is acceptable.
78. If a credit does not stipulate a notify party, the respective field on the multimodal transport document may be left blank or completed in any manner.

수하인, 지시인, 선적인과 배서, 통지처

76. 만일 신용장이 화물이 "to order" 또는 "to order of Bank x"가 아닌 기명된 당사자에게 탁송되는, 예를 들어 "consigned to Bank x"("기명식" 탁송) 으로 표시된 복합운송서류를 요구하는 경우, 그 복합운송서류는 "to order" 또는 "to order of" 같은 문언들이 타자되었든 또는 미리 인쇄되었든, 그것이 기명된 당사자 앞에 포함되어 있지 않아야 한다. 마찬가지로, 만일 신용장에서 화물이 "to order" 또는 기명된 당사자의 "to order of"로 탁송되는 것을 요구한다면, 그 복합운송서류는 화물이 그 기명된 당사자에게 곧장 탁송되는 것으로 표시하지 않아야 한다.
77. 만일 복합운송서류가 지시식 또는 선적인 지시식으로 발행된다면 선적인에 의하여 배서되어야 한다. 선적인을 위하여 또는 대신하여 이행되었음을 표시하고 있는 배서는 수리할 수 있다.
78. 만일 신용장이 통지처를 명시하지 않는다면, 복합운송서류의 해당 난은 공란으

로 남겨두거나 또는 어떤 방법으로 기재하더라도 무방하다.

Transhipment and partial shipment

79. In a multimodal transport, transhipment will occur, i.e., unloading from one means of conveyance and reloading to another means of conveyance(whether or not in different modes of transport) during the carriage from the place of dispatch, taking in charge or shipment to the place of final destination stated in the credit.
80. If a credit prohibits partial shipments and more than one set of original multimodal transport documents are presented covering shipment, dispatch or taking in charge from one or more points of origin(as specifically allowed, or within the geographical area or range stated in the credit), such documents are acceptable, provided that they cover the movement of goods on the same means of conveyance and same journey and are destined for the same destination. In the event that more than one set of multimodal transport documents are presented and if they incorporate different dates of shipment, dispatch or taking in charge, the latest of these dates will be taken for the calculation of any presentation period and such date must fall on or before any latest date of shipment, dispatch or taking in charge specified in the credit.
81. Shipment on more than one means of conveyance(more than one truck(lorry), vessel, aircraft, etc.) is a partial shipment, even if such means of conveyance leave on the same day for the same destination.

환적과 분할선적

79. 복합운송에서, 환적은 일어난다. 즉, 신용장에 명시된 발송 또는 선적지로부터 최종목적지까지의 운송 중에 한 운송수단에서 양하하여 다른 운송수단(다른 운송형태의 여부를 불문하고)으로 재적재하는 것을 의미한다.
80. 만일 신용장이 분할선적을 금지하고, 한 세트 이상의 원본 복합운송서류가 하나 이상의 출발지점(특별히 허용되거나 또는 신용장에서 명기된 지역이나 범위 이내)으로부터의 선적, 발송 또는 수탁을 증빙하면서 제시된다면, 그러한 서류들이 동일 운송수단이고, 동일 항정이고 동일한 목적지로 가는 화물의 이동을 취급하는 한 수리될 수 있다. 만일 한 세트 이상의 복합운송서류가 제시되고, 다른 선적일자, 발송일자 또는 수탁일자들을 포함하고 있으면, 가장 늦은 선적일자

가 제시기간 계산에 사용되고, 그 일자는 신용장에 명기된 최종선적일자, 최종 발송일자 또는 최종수탁일자 또는 그 이전이어야 한다.

81. 하나 이상의 운송수단(하나 이상의 트럭, 선박, 항공기 등) 에 선적하는 것은 그러한 운송수단들이 동일한 목적지로 동일한 일자에 출항하여도 분할선적이다.

Clean multimodal transport documents

82. Clauses or notations on multimodal transport documents that expressly declare a defective condition of the goods or packaging are not acceptable. Clauses or notations that do not expressly declare a defective condition of the goods or packaging(e.g., "packaging may not be sufficient for the journey") do not constitute a discrepancy. A statement that the packaging "is not sufficient for the journey" would not be acceptable.
83. If the word "clean" appears on a multimodal transport document and has been deleted, the multimodal transport document will not be deemed to be claused or unclean unless it specifically bears a clause or notation declaring that the goods or packaging are defective.

무고장 복합운송서류

82. 물품 또는 포장의 결함상태를 명시적으로 표시하고 있는 복합운송서류 상의 문구 또는 부기는 수리될 수 없다. 물품 또는 포장의 결함상태를 명시적으로 표시하고 있지 않은 문구 또는 부기(예를 들어, "포장이 행정에 충분하지 않을 수 있다")는 하자의 요건이 안 된다. 포장이 "행정에 충분하지 않다"라는 문언은 수리될 수 없다.
83. 신용장이 "무결함적복합운송서류" 또는 "무결함적재"라는 부기가 있는 복합운송서류를 요구하더라도 "무결함"이라는 단어가 선하증권에 표시될 필요는 없다.

Goods description

84. A goods description in the multimodal transport document may be shown in general terms not in conflict with that stated in the credit.

물품명세

84. 복합운송서류의 물품명세는 신용장에서 명기된 그것과 상치하지 않는 일반적인

용어로 기술하여도 무방하다.

Corrections and alterations

85. Corrections and alterations on a multimodal transport document must be authenticated. Such authentication must appear to have been made by the carrier or master(captain) or any one of their agents who may be different from the agent that may have issued or signed it, provided they are identified as an agent of the carrier or master(captain).
86. Non-negotiable copies of multimodal transport documents do not need to include any signature on, or authentication of, any alterations or corrections that may have been made on the original.

정정과 수정

85. 복합운송서류 상의 정정과 수정은 인증되어야 한다. 그러한 인증은 운송인 또는 선장, 또는 운송인 또는 선장의 대리인으로서 판명된다면, 발행이나 서명한 대리인과 다를 수도 있는 그들의 모든 대리인 중 하나에 의하여 이행된 것으로 보여야 한다.
86. 복합운송서류의 비양도성부본은 원본에 있을 수 있는 모든 정정이나 수정에 대한 어떠한 서명이나 인증도 포함할 필요 없다.

Freight and additional costs

87. If a credit requires that a multimodal transport document show that freight has been paid or is payable at destination, the multimodal transport document must be marked accordingly.
88. Applicants and issuing banks should be specific in stating the requirements of documents to show whether freight is to be prepaid or collected.
89. If a credit states that costs additional to freight are not acceptable, a multimodal transport document must not indicate that costs additional to the freight have been or will be incurred. Such indication may be by express reference to additional costs or by the use of shipment terms which refer to costs associated with the loading or unloading of goods, such as Free In(FI), Free Out(FO), Free In and Out(FIO) and Free In and Out Stowed(FIOS). A reference in the transport document to costs which

may be levied as a result of a delay in unloading the goods or after the goods have been unloaded e.g., costs covering the late return of containers, is not considered to be an indication of additional costs in this context.

운임과 추가수수료

87. 만일 신용장이 복합운송서류에 운임 선불 또는 목적지에서 지급될 수 있음을 표시하도록 요구한다면 그 복합운송서류는 그에 따라 표시되어야 한다.
88. 개설의뢰인과 개설은행은 운임이 선불인지 아니면 착불인지를 보이는 서류의 요구조건을 기술할 때 분명하게 해야 한다.
89. 만일 신용장이 운임에 추가되는 비용은 수리하지 않는다고 명시하고 있으면, 복합운송서류는 운임에 추가되는 비용이 발생하였다거나 발생할 것이라고 표시하지 않아야 한다. 그러한 표시는 추가비용에 대한 명백한 언급으로 나타낼 수도 있고, 또는 FI, FO, FIO 그리고 FIOS와 같이 화물의 적재 및 하역과 관련된 비용을 의미하는 선적조건을 사용하여 나타낼 수도 있다. 운송서류상에 화물의 하역과정에서 또는 하역 후 지연의 결과로서 부과될 수 있는 수수료, 예를 들어 컨테이너의 지연반환을 보상하는 수수료 같은 언급은 여기서 말하는 추가비용의 표시로 간주되지 않는다.

Goods covered by more than one multimodal transport document

90. If a multimodal transport document states that the goods in a container are covered by that multimodal transport document plus one or more other multimodal transport documents, and the document states that all multimodal transport documents must be surrendered or words of similar effect, this means that all multimodal transport documents related to that container must be presented in order for the container to be released. Such a multimodal transport document is not acceptable unless all the multimodal transport documents form part of the same presentation under the same credit.

복수의 복합운송서류로 취급되는 물품

90. 만일 어느 복합운송서류가 컨테이너에 내적된 화물은 그 복합운송서류와 하나 또는 그 이상의 다른 복합운송서류에 의하여 취급되고 있으며, 그리고 그 서류가 모든 복합운송서류들이 제출되어야 한다든가 또는 그와 유사한 문언을 명기

하고 있으면, 이것은 그 컨테이너가 인도되기 위해서는 해당 컨테이너와 관련된 모든 복합운송서류가 제시되어야 한다는 것을 의미한다. 그러한 복합운송서류는 모든 복합운송서류가 동일한 신용장에서 동일한 제시의 일부를 구성하지 않으면 수리될 수 없다.

BILL OF LADING

Application of UCP 600 Article 20

91. If a credit requires presentation of a bill of lading("marine", "ocean" or "port-to-port" or similar) covering sea shipment only, UCP 600 article 20 is applicable.
92. To comply with UCP 600 article 20, a bill of lading must appear to cover a port-to-port shipment but need not be titled "marine bill of lading", "ocean bill of lading", "port-to-port bill of lading" or similar.

선하증권/UCP 제23조의 적용

91. 만일 신용장이 해상선적만을 증빙하는 선하증권("marine", "ocean" 또는 "port-to-port" 또는 유사한 것)의 제시를 요구하는 경우, UCP 600 제20조가 적용된다.
92. UCP 600 제20조에 적격하기 위해서, 선하증권은 항구 간 선적을 증빙하는 것으로 보여야 하지만 "marine bill of lading", "ocean bill of lading", "port-to-port bill of lading" 또는 유사한 명칭이 부여될 필요 없다.

Full set of originals

93. A UCP 600 article 20 transport document must indicate the number of originals that have been issued. Transport documents marked "First Original", "Second Original", "Third Original", "Original", "Duplicate", "Triplicate", etc., or similar expressions are all originals. Bills of lading need not be marked "original" to be acceptable as an original bill of lading. In addition to UCP 600 article 17, the ICC Banking Commission Policy Statement, document 470/871(Rev), titled "The determination of an 'Original' document in the context of UCP 500 sub-Article 20(b)" is recommended for further guidance on originals and copies and remains valid under UCP 600 The content of the Policy Statement appears in the Appendix of this publication, for reference purposes.

원본전체

93. UCP 600 제20조의 운송서류는 발행된 원본의 부수를 표시하여야 한다. "First Original", "Second Original", "Third Original", "Original", "Duplicate", "Triplicate" 등, 또는 이와 유사한 표현이 표시된 운송서류들은 모두 원본이다. 선하증권이 신용장에서 원본 선하증권으로 수리되기 위해서 "original" 이라고 표시되어야 할 필요는 없다. UCP 600 제17조에 추가하여, "UCP 500 제20조 b항 관련 원본서류의 결정"이라는 제목의 ICC 은행위원회 정책성명서, 문서번호 470/871(Rev)을 원본과 부본에 관한 추가지침으로 권하며 그것은 UCP 600에서도 계속 유효하다. 그 정책성명서의 내용은 참조목적상 본 간행물의 부록으로 제공되고 있다.

Signing of bills of lading

94. Original bills of lading must be signed in the form described in UCP 600 sub-article 20(a)(i) and indicate the name of the carrier, identified as the carrier.
    a. If an agent signs a bill of lading on behalf of the carrier, the agent must be identified as agent and must identify on whose behalf it is signing, unless the carrier has been identified elsewhere on the bill of lading.
    b. If the master(captain) signs the bill of lading, the signature of the master(captain) must be identified as "master"("captain"). In this event, the name of the master(captain) need not be stated.
    c. If an agent signs the bill of lading on behalf of the master(captain), the agent must be identified as agent. In this event, the name of the master(captain) need not be stated.
95. If a credit states "Freight Forwarder's Bill of Lading is acceptable" or uses a similar phrase, then the bill of lading may be signed by a freight forwarder in the capacity of a freight forwarder, without the need to identify itself as carrier or agent for the named carrier. In this event, it is not necessary to show the name of the carrier.

선하증권의 서명

94. 원본 선하증권에는 UCP 제20조 b항에 기술된 형태로 서명되어야 하고 운송인으로 판명되는 운송인의 명의를 표시하여야 한다.
   a. 만일 대리인이 운송인을 대신하여 선하증권에 서명한다면, 그 대리인은 대리인으로서 판명되어야 하고, 운송인이 그 선하증권 어딘 가에서 판명되지 않는다면, 서명을 대신하는 운송인을 밝혀야 한다.
   b. 만일 선장이 선하증권에 서명한다면, 그 선장의 서명은 "master" ("captain")로 판명되어야 한다. 이 경우 선장의 명의는 명시할 필요 없다.
   c. 만일 대리인이 선장을 대신하여 선하증권에 서명한다면, 그 대리인은 대리인으로서 판명되어야 한다. 이 경우 선장의 명의는 명시할 필요 없다.
95. 만일 신용장이 "Freight Forward's Bill of Lading is acceptable" 이라고 명기하거나 유사한 문구를 사용한다면, 그 선하증권은 그 서류 자체에서 운송인 또는 기명 운송인의 대리인임을 밝힐 필요 없이, 운송주선인의 자격으로 운송주선인에 의하여 서명될 수 있다. 이러한 경우, 운송인의 명의를 표시할 필요 없다.

On board notations

96. If a pre-printed "Shipped on board" bill of lading is presented, its issuance date will be deemed to be the date of shipment unless it bears a separate dated on board notation, in which event the date of the on board notation will be deemed to be the date of shipment whether or not the on board date is before or after the issuance date of the bill of lading.
97. "Shipped in apparent good order", "Laden on board", "clean on board" or other phrases incorporating words such as "shipped" or "on board" have the same effect as "Shipped on board".

본선적재표시

96. 만일 "Shipped on board"라고 미리 인쇄된 선하증권이 제시된다면, 별도의 일자를 가진 본선적재표시가 없는 경우 발행일자가 선적일자로 간주되며, 별도의 본선적재표시가 있는 경우, 본선적재표시의 일자가 선하증권의 발행일자 전이든 후든 상관없이 선적일자로 간주된다.

Ports of loading and ports of discharge

98. While the named port of loading, as required by the credit, should appear

in the port of loading field within the bill of lading, it may instead be stated in the field headed "Place of receipt" or the like, if it is clear that the goods were transported from that place of receipt by vessel, and provided there is an on board notation evidencing that the goods were loaded on that vessel at the port stated under "Place of receipt" or like term.

99. While the named port of discharge, as required by the credit, should appear in the port of discharge field within the bill of lading, it may be stated in the field headed "Place of final destination" or the like if it is clear that the goods were to be transported to that place of final destination by vessel, and provided there is a notation evidencing that the port of discharge is that stated under "Place of final destination" or like term.

100. If a credit gives a geographical area or range of ports of loading or discharge(e.g., "Any European Port"), the bill of lading must indicate the actual port of loading or discharge, which must be within the geographical area or range stated in the credit.

선적항과 하역항

98. 신용장의 요구대로, 기명된 선적항이 선하증권 내의 선적항 난에 보여야 하지만, 만일 물품이 그 수취장소로부터 선박으로 운송되었음이 분명하고, 물품이 "Place of receipt" 또는 그와 유사하게 명기된 항구에서 선박에 적재된 것을 증빙하는 본선적재표시가 있다면, 기명된 선적항이 "Place of receipt" 또는 유사 제목의 난에 명시되어도 무방하다.

99. 신용장의 요구대로, 기명된 하역항이 선하증권 내의 하역항 난에 보여야 하지만, 만일 물품이 그 최종목적지까지 선박으로 운송되는 것이 분명하고, 그 하역항이 "Place of final destination" 또는 그와 유사한 용어 하에 명시된 것임을 증빙하는 부기가 있다면, 기명된 하역항이 "Place of final destination" 또는 유사한 제목의 난에 명시되어도 무방하다.

100. 만일 신용장이 선적항 또는 하역항에 관하여 지리적 지역 또는 범위(예를 들어, "Any European Port")를 허용한다면, 선하증권은 신용장에 명기된 그 지리적 지역 또는 범위 내에 있는 실제선적항 또는 하역항을 표시하여야 한다.

Consignee, order party, shipper and endorsement, notify party

101. If a credit requires a bill of lading to show that the goods are consigned

to a named party, e.g., "consigned to Bank X"(a "straight" bill of lading), rather than "to order" or "to order of Bank X", the bill of lading must not contain words such as "to order" or "to order of" that precede the name of that named party, whether typed or pre-printed. Likewise, if a credit requires the goods to be consigned "to order" or "to order of" a named party, the bill of lading must not show that the goods are consigned straight to the named party.

102. If a bill of lading is issued to order or to order of the shipper, it must be endorsed by the shipper. An endorsement indicating that it is made for or on behalf of the shipper is acceptable.

103. If a credit does not state a notify party, the respective field on the bill of lading may be left blank or completed in any manner.

수하인, 지시인, 선적인과 배서, 통지처

101. 만일 신용장이 화물이 "to order" 또는 "to order of Bank x"가 아닌 기명된 당사자에게 탁송되는 것을 표시하는 선하증권, 예를 들어 "consigned to Bank x"("기명식" 탁송)으로 표시된 선하증권을 요구하는 경우, 그 선하증권은 "to order" 또는 "to order of" 같은 문언들이 타자되었든 또는 미리 인쇄되었든, 그것이 기명된 당사자 앞에 포함되어 있지 않아야 한다. 마찬가지로, 만일 신용장에서 화물이 "to order" 또는 기명된 당사자의 "to order of"로 탁송되는 것을 요구한다면, 그 선하증권은 화물이 기명된 당사자에게 곧장 탁송되는 것으로 표시하지 않아야 한다.

102. 만일 선하증권이 지시식 또는 선적인 지시식으로 발행된다면 선적인에 의하여 배서되어야 한다. 선적인을 위하여 또는 대신하여 이행되었음을 표시하고 있는 배서는 수리할 수 있다.

103. 만일 신용장이 통지처를 명시하지 않는다면, 선하증권의 해당 난은 공란으로 남겨두거나 또는 어떤 방법으로 기재하여도 무방하다.

Transhipment and partial shipment

104. Transhipment is the unloading from one vessel and reloading to another vessel during the carriage from the port of loading to the port of discharge stated in the credit. If it does not occur between these two ports, unloading and reloading is not considered to be transhipment.

105. If a credit prohibits partial shipments and more than one set of original

bills of lading are presented covering shipment from one or more ports of loading(as specifically allowed, or within the geographical area or range stated in the credit), such documents are acceptable provided that they cover the shipment of goods on the same vessel and same journey and are destined for the same port of discharge. In the event that more than one set of bills of lading are presented and incorporate different dates of shipment, the latest of these dates of shipment will be taken for the calculation of any presentation period and must fall on or before the latest shipment date specified in the credit. Shipment on more than one vessel is a partial shipment, even if the vessels leave on the same day for the same destination.

환적과 분할선적

104. 환적이란 신용장에 명기된 선적항으로부터 하역항까지 운송 중에 한 선박에서 하역하여 다른 선박으로 재적재하는 것이다. 만일 환적이 이러한 두 항구 사이에서 일어나지 않는다면, 양하와 재적재는 환적으로 간주되지 않는다.
105. 만일 신용장이 분할선적을 금지하고, 한 세트 이상의 원본 선하증권이 하나 이상의 선적항(신용장에서 특별히 허용되거나 혹은 명기된 지리적 또는 범위 내)을 취급하면서 제시된다면, 그러한 서류들이 동일 선박에 동일 항로이고, 동일 하역항을 목적지로 한다면 수리될 수 있다. 만일 한 세트 이상의 선하증권이 제시되고, 다른 선적일자들을 포함하고 있으면, 가장 늦은 선적일자가 제시기간 계산에 사용되고, 그 일자는 신용장에 명기된 최종선적일자 또는 그 이전이어야 한다. 하나 이상의 선박에 선적된 것은 비록 선박이 동일한 목적지로 동일한 일자에 출항하더라고 분할선적이다.

Clean bills of lading

106. Clauses or notations on bills of lading which expressly declare a defective condition of the goods or packaging are not acceptable. Clauses or notations which do not expressly declare a defective condition of the goods or packaging(e.g., "packaging may not be sufficient for the sea journey") do not constitute a discrepancy. A statement that the packaging "is not sufficient for the sea journey" would not be acceptable.
107. If the word "clean" appears on a bill of lading and has been deleted, the bill of lading will not be deemed to be claused or unclean unless

it specifically bears a clause or notation declaring that the goods or packaging are defective.

무고장선하증권

106. 물품 및/또는 포장의 결함상태를 명시적으로 표시하고 있는 선하증권 상의 문구 또는 부기는 수리될 수 없다. 물품 및/또는 포장의 결함상태를 명시적으로 표시하고 있지 않은 문구 또는 부기(예를 들어, "포장이 해상운송에 충분하지 않을 수 있다")는 하자의 요건이 안 된다. 포장이 "해상운송에 충분하지 않다"라는 문언은 수리될 수 없다.
107. 만일 "무고장"이라는 단어가 선하증권에 표시되었다가 삭제된 경우, 선하증권이 물품 또는 포장에 결함이 있다고 표시하는 문구나 부기를 특별히 포함하고 있지 않으면 그 선하증권은 유보 또는 고장부로 간주되지 않는다.

Goods description

108. A goods description in the bill of lading may be shown in general terms not in conflict with that stated in the credit.

물품명세

108. 선하증권의 물품명세는 신용장에 명기된 그것과 어긋나지 않는 일반적인 용어로 표시하여도 무방하다.

Corrections and alterations

109. Corrections and alterations on a bill of lading must be authenticated. Such authentication must appear to have been made by the carrier, master(captain) or any of their agents(who may be different from the agent that may have issued or signed it), provided they are identified as an agent of the carrier or the master(captain).
110. Non-negotiable copies of bills of lading do not need to include any signature on, or authentication of, any alterations or corrections that may have been made on the original.

정정과 수정

109. 선하증권 상의 정정과 수정은 인증되어야 한다. 그러한 인증은 운송인 또는 선장, 또는 운송인이나 선장의 대리인으로 판명된다면,(발행이나 서명한 대리

인과 다를 수도 있는) 그들의 모든 대리인 중 하나에 의하여 이행된 것으로 보여야 한다.

110. 선하증권의 비유통 부본은 원본에 있을 수 있는 모든 변경이나 수정에 대한 어떠한 서명이나 인증도 포함할 필요 없다.

Freight and additional costs

111. If a credit requires that a bill of lading show that freight has been paid or is payable at destination, the bill of lading must be marked accordingly.
112. Applicants and issuing banks should be specific in stating the requirements of documents to show whether freight is to be prepaid or collected.
113. If a credit states that costs additional to freight are not acceptable, a bill of lading must not indicate that costs additional to the freight have been or will be incurred. Such indication may be by express reference to additional costs or by the use of shipment terms which refer to costs associated with the loading or unloading of goods, such as Free In(FI), Free Out(FO), Free In and Out(FIO) and Free In and Out Stowed(FIOS). A reference in the transport document to costs which may be levied as a result of a delay in unloading the goods or after the goods have been unloaded, e.g., costs covering the late return of containers, is not considered to be an indication of additional costs in this context.

운임과 추가비용

111. 만일 신용장이 선하증권에 운임 선불 또는 목적지에서 지급될 수 있다고 보일 것을 요구한다면 그 선하증권은 그에 따라 표시되어야 한다.
112. 개설의뢰인과 개설은행은 운임이 선불인지 아니면 착불인지를 보이는 서류의 요구조건을 기술할 때 분명하게 해야 한다.
113. 신용장에서 운임의 추가비용은 수리되지 아니한다고 기재하는 경우에는, 선화증권은 결코 운임의 추가비용이 부과되었다거나 또는 부과될 것이라는 명시가 있어서는 아니된다. 그러한 명시는 추가비용에 대한 명확한 언급에 의하거나 또는 적재비면책(FI), 양하비면책(FO), 적재비와 양하비면책(FIO), 적재비와 적입양하비면책(FIOS) 등 물품의 적재 또는 양하와 관련된 비용을 언급하는 선적조건의 사용에 의하여 할 수 있다. 다만 운송서류에서 물품의 양하지연에

기인하거나 또는 물품이 양하된 이후에 부과될 수 있는 비용, 예컨대 컨테이너의 반납지연을 커버하는 비용 등의 언급은 이와 관계된 추가비용의 명시로 보지 아니한다.

Goods covered by more than one bill of lading

114. If a bill of lading states that the goods in a container are covered by that bill of lading plus one or more other bills of lading, and the bill of lading states that all bills of lading must be surrendered, or words of similar effect, this means that all bills of lading related to that container must be presented in order for the container to be released. Such a bill of lading is not acceptable unless all the bills of lading form part of the same presentation under the same credit.

복수의 선하증권으로 취급되는 화물

114. 만일 어느 선하증권이 컨테이너에 내적된 화물은 그 선하증권과 하나 또는 그 이상의 다른 선하증권에 의하여 취급되고 있으며, 그리고 그 선하증권이 모든 선하증권들이 제출되어야 한다든가 또는 그와 유사한 문언을 명기하고 있으면, 이것은 그 컨테이너가 인도되기 위해서는 해당 컨테이너와 관련된 모든 선하증권이 제시되어야 한다는 것을 의미한다. 그러한 선하증권은 모든 선하증권이 동일한 신용장에서 동일한 제시의 일부를 구성하지 않으면 수리될 수 없다.

CHARTER PARTY BILL OF LADING

Application of UCP 600 article 22

115. If a credit requires presentation of a charter party bill of lading or if a credit allows presentation of a charter party bill of lading and a charter party bill of lading is presented UCP 600 article 22 is applicable.

116. A transport document containing any indication that it is subject to a charter party is a charter party bill of lading under UCP 600 article 22.

용선계약부 선하증권/ UCP 제25조의 적용

115. 만일 신용장이 용선계약부선하증권의 제시를 요구하거나 또는 용선계약부선하증권의 제시를 허용하고, 용선계약부선하증권이 제시된다면, UCP 600 제22조

가 적용된다.

116. 용선계약이 적용된다는 표시를 포함하고 있는 운송서류는 UCP 600 제22조의 용선계약부선하증권이다.

Full set of originals

117. A UCP 600 article 22 transport document must indicate the number of originals that have been issued. Transport documents marked "First Original", "Second Original", "Third Original", "Original", "Duplicate", "Triplicate", etc. or similar expressions are all originals. Charter party bills of lading need not be marked "original" to be acceptable under a credit. In addition to UCP 600 article 17, the ICC Banking Commission Policy Statement, document 470/871(Rev), titled "The determination of an 'Original' document in the context of UCP 500 sub-Article 20(b)" is recommended for further guidance on originals and copies and remains valid under UCP 600 The content of the Policy Statement appears in the Appendix of this publication, for reference purposes.

원본 전체

117. UCP 600 제22조의 운송서류는 발행된 원본의 부수를 표시하여야 한다. "First Original", "Second Original", "Third Original", "Original", "Duplicate", "Triplicate" 등, 또는 이와 유사한 표현이 표시된 운송서류들은 모두 원본이다. 용선계약부선하증권이 신용장에서 수리되기 위해서 "original" 이라고 표시되어야 할 필요는 없다. UCP 600 제17조에 추가하여, "UCP 500 제20조 b항 관련 원본서류의 결정"이라는 제목의 ICC 은행위원회 정책성명서, 문서번호 470/871(Rev)을 원본과 부본에 관한 추가지침으로 권하며 그것은 UCP 600에서도 계속 유효하다. 그 정책성명서의 내용은 참조목적상 본 간행물의 부록으로 제공되고 있다.

Signing of charter party bills of lading

118. Original charter party bills of lading must be signed in the form described in UCP 600 sub-article 22(a)(i).

a. If the master(captain), charterer or owner signs the charter party bill of lading, the signature of the master(captain), charterer or owner must be identified as "master"("captain"), charterer or "owner".

b. If an agent signs the charter party bill of lading on behalf of the master(captain), charterer or owner, the agent must be identified as agent of the master(captain), charterer or owner. In this event, the name of the master(captain) need not be stated, but the name of the charterer or owner must appear.

용선계약부선하증권의 서명

118. 원본 용선계약부선하증권에는 UCP 600 제22조 a항 i)호에 기술된 형태로 서명되어야 한다.

a. 만일 선장, 용선인 또는 선주가 용선계약부선하증권에 서명한다면, 그 선장, 용선인 또는 선주의 서명은 "선장", "용선인" 또는 "선주"로서 판명되어야 한다.

b. 만일 대리인이 선장, 용선인 또는 선주를 대신하여 용선계약부선하증권에 서명한다면, 그 대리인은 선장, 용선인 또는 선주의 대리인으로서 판명되어야 한다. 이 경우 선장의 이름은 명기될 필요 없지만 용선이 또는 선주의 이름은 보여야 한다.

On board notations

119. If a pre-printed "Shipped on board" charter party bill of lading is presented, its issuance date will be deemed to be the date of shipment unless it bears an on board notation, in which event the date of the on board notation will be deemed to be the date of shipment whether or not the on board date is before or after the issuance date of the document.

120. "Shipped in apparent good order", "Laden on board", "clean on board" or other phrases incorporating words such as "shipped" or "on board" have the same effect as "shipped on board".

본선적재표시

119. 만일 "Shipped on board"라고 미리 인쇄된 선하증권이 제시된다면, 본선적재표시가 없는 경우 발행일자가 선적일자로 간주되며, 본선적재표시가 있는 경우에는 본선적재표시의 일자가 그 서류의 발행일자 전이든 후든 상관없이 선적일자로 간주된다.

120. "Shipped in apparent good order", "Laden on board", "clean on board" 또는 "shipped"나 "on board"같은 단어를 삽입하고 있는 다른 문구들은 "Shipped on board"와 동일한 의미를 가지고 있다.

Ports of loading and ports of discharge

121. If a credit gives a geographical area or range of ports of loading or discharge(e.g., "Any European Port"), the charter party bill of lading must indicate the actual port or ports of loading, which must be within the geographical area or range indicated but may show the geographical area or range of ports as the port of discharge.

선적항과 하역항

121. 만일 신용장이 선적항 또는 하역항에 관하여 지리적 지역 또는 범위(예를 들어, "Any European Port")를 허용한다면, 그 용선계약부선하증권은 신용장에 명기된 지리적 지역 또는 범위 이내에 있는 실질 선적항 또는 선적항들을 표시하여야 하지만, 하역항으로서 항구들의 지리적 지역이나 범위를 표시하여도 무방하다.

Consignee, order party, shipper and endorsement, notify party

122. If a credit requires a charter party bill of lading to show that the goods are consigned to a named party, e.g., "consigned to Bank X"(a "straight" bill of lading), rather than "to order" or "to order of Bank X", the charter party bill of lading must not contain words such as "to order" or "to order of" that precede the name of that named party, whether typed or pre-printed. Likewise, if a credit requires the goods to be consigned "to order" or "to order of" a named party, the charter party bill of lading must not show that the goods are consigned straight to the named party.
123. If a charter party bill of lading is issued to order or to order of the shipper, it must be endorsed by the shipper. An endorsement indicating that it is made for or on behalf of the shipper is acceptable.
124. If a credit does not state a notify party, the respective field on the charter party bill of lading may be left blank or completed in any manner.

수하인, 지시인, 선적인과 배서, 통지처

122. 만일 신용장에서 화물이 "to order" 또는 "to order of Bank x"가 아닌 기명 당사자에게 탁송됨을 표시하고 있는 용선계약부선하증권(기명식 선하증권)을

요구하는 경우, 그 용선계약부선하증권은 "to order" 또는 "to order of"와 같은 문언들이 타자되었든 또는 미리 인쇄되었든, 기명당사자 앞에 포함되어 있지 않아야 한다. 마찬가지로, 만일 신용장에서 용선계약 선하증권이 "to order" 또는 기명당사자의 "to order of"로 탁송되도록 요구한다면, 그 선하증권은 기명당사자에게 직접 탁송됨을 표시하지 않아야 한다.

123. 만일 용선계약부선하증권이 지시식 또는 선적인 지시식으로 발행된다면 선적인에 의하여 배서되어야 한다. 선적인을 위하여 또는 대신하여 이행되었음을 표시하고 있는 배서는 수리할 수 있다.

124. 만일 신용장이 통지처를 명기하지 않는다면, 용선계약부선하증권의 해당 난은 공란으로 남겨두거나 또는 어떤 방법으로 기재하더라도 무방하다.

Partial shipment

125. If a credit prohibits partial shipments, and more than one set of original charter party bills of lading are presented covering shipment from one or more ports of loading(as specifically allowed, or within the geographical area or range stated in the credit), such documents are acceptable, provided that they cover the shipment of goods on the same vessel and same journey and are destined for the same port of discharge, range of ports or geographical area. In the event that more than one set of charter party bills of lading are presented and incorporate different dates of shipment, the latest of these dates of shipment will be taken for the calculation of any presentation period and must fall on or before the latest shipment date specified in the credit. Shipment on more than one vessel is a partial shipment, even if the vessels leave on the same day for the same destination.

분할선적

125. 만일 신용장이 분할선적을 금지하고, 한 세트 이상의 용선계약부선하증권 원본이 하나 이상의 선적항(신용장에서 특별히 허용되거나 또는 신용장에 명기된 지역 내)을 취급하면서 제시된다면, 그러한 서류들이 동일 선박에 동일 항로이고, 동일 하역항, 항구들의 범위 또는 지리적 지역을 목적지로 한다면 수리될 수 있다. 만일 한 세트 이상의 선하증권이 제시되고, 다른 선적일자들을 포함하고 있으면, 가장 늦은 선적일자가 제시기간 계산에 사용되고, 그 일자는 신용장에 명기된 최종선적일자 또는 그 이전이어야 한다. 하나 이상의 선박에

선적된 것은 비록 선박이 동일한 목적지로 동일 일자에 출항하더라고 분할선적이다.

Clean charter party bills of lading

126. Clauses or notations on charter party bills of lading which expressly declare a defective condition of the goods or packaging are not acceptable. Clauses or notations that do not expressly declare a defective condition of the goods or packaging(e.g., "packaging may not be sufficient for the sea journey") do not constitute a discrepancy. A statement that the packaging "is not sufficient for the sea journey" would not be acceptable.
127. If the word "clean" appears on a charter party bill of lading and has been deleted, the charter party bill of lading will not be deemed to be claused or unclean unless it specifically bears a clause or notation declaring that the goods or packaging are defective.

무고장 용선계약부선하증권

126. 물품 및/또는 포장의 결함상태를 명시적으로 표시하고 있는 용선계약부선하증권 상의 문구 또는 부기는 수리될 수 없다. 물품 또는 포장의 결함상태를 명시적으로 표시하고 있지 않은 문구 또는 부기(예를 들어, "포장이 해상운송에 충분하지 않을 수 있다")는 하자의 요건이 안 된다. 포장이 "해상운송에 충분하지 않다"라는 문언은 수리될 수 없다.
127. 만일 "무결함"이라는 단어가 선하증권에 표시되었다가 삭제된 경우, 용선계약부선하증권이 물품 또는 포장에 결함이 있다고 표시하는 문구나 부기를 특별히 포함하고 있지 않으면 그 용선계약부선하증권은 유보조항 또는 결함이 있는 것으로 간주되지 않는다.

Goods description

128. A goods description in charter party bills of lading may be shown in general terms not in conflict with that stated in the credit.

물품명세

128. 용선계약부선하증권의 물품명세는 신용장에 명기된 그것과 어긋나지 않는 일반적인 용어로 기술하여도 무방하다.

Corrections and Alterations

129. Corrections and alterations on charter party bills of lading must be authenticated. Such authentication must appear to have been made by the owner, charterer, master(captain) or any of their agents(who may be different from the agent that may have issued or signed it), provided they are identified as an agent of the owner, charterer or the master(captain).
130. Non-negotiable copies of charter party bills of lading do not need to include any signature on, or authentication of, any alterations or corrections that may have been made on the original.

정정과 수정

129. 용선계약부선하증권 상의 정정과 수정은 인증되어야 한다. 그러한 인증은 선주, 용선인, 선장 또는 그 선주, 용선인 또는 선장의 대리인으로서 판명된다면 모든 그들의 대리인들(선하증권을 발행하고 서명한 대리인과 다를 수도 있음)에 의하여 된 것으로 보여야 한다.
130. 용선계약부선하증권의 비유통부본에는 원본에 이행했을 수 있는 모든 변경이나 수정에 대한 어떠한 서명이나 인증도 포함될 필요 없다.

Freight and additional costs

131. If a credit requires that a charter party bill of lading show that freight has been paid or is payable at destination, the charter party bill of lading must be marked accordingly.
132. Applicants and issuing banks should be specific in stating the requirements of documents to show whether freight is to be prepaid or collected.
133. If a credit states that costs additional to freight are not acceptable, a charter party bill of lading must not indicate that costs additional to the freight have been or will be incurred. Such indication may be by express reference to additional costs or by the use of shipment terms which refer to costs associated with the loading or unloading of goods, such as Free In(FI), Free Out(FO), Free In and Out(FIO) and Free In and Out Stowed(FIOS). A reference in the transport document to costs which may be levied as a result of a delay in unloading the goods, or after

the goods have been unloaded, is not considered to be an indication of additional costs in this context.

운임 및 추가비용

131. 만일 신용장이 용선계약부선하증권에 운임 선불 또는 목적지에서 지급될 수 있음을 표시하는 것을 요구한다면 그 용선계약부선하증권은 그에 따라 표시되어야 한다.
132. 개설의뢰인과 개설은행은 운임이 선불인지 또는 착불인지를 표시하는 서류의 요구조건을 명시할 때 분명하게 해야 한다.
133. 만일 신용장이 운임에 추가되는 비용은 수리하지 않는다고 명시하고 있으면, 용선계약부선하증권은 운임에 추가되는 비용이 발생하였다거나 발생할 것이라고 표시하지 않아야 한다. 그러한 표시는 추가비용에 대한 명백한 언급으로 나타낼 수도 있고, 또는 FI, FO, FIO 그리고 FIOS와 같이 화물의 적재 및 하역과 관련된 비용을 의미하는 선적조건을 사용하여 나타낼 수도 있다. 운송서류상에 화물의 하역과정에서 또는 하역 후 지연의 결과로서 부과될 수 있는 수수료, 예를 들어 컨테이너의 반환지연을 보상하는 수수료 같은 언급은 여기서 말하는 추가비용의 표시로 간주되지 않는다.

AIR TRANSPORT DOCUMENT

Application of UCP600 article 23

134. If a credit requires presentation of an air transport document covering an airport-to-airport shipment, UCP 600 article 23 is applicable.
135. If a credit requires presentation of an "air waybill", "air consignment note" or similar, UCP 600 article 23 applies. To comply with UCP 600 article 23, an air transport document must appear to cover an airport-to-airport shipment but need not be titled "air waybill", "air consignment note" or similar.

항공운송서류/ UCP 600 제23조의 적용

134. 만일 신용장이 공항 간 선적을 취급하는 운송서류의 제시를 요구한다면, UCP 제27조가 적용된다.
135. 만일 신용장이 "air waybill" 또는 "air consignment note" 또는 유사한 서류의 제시를 요구하면, UCP 600 제23조가 적용된다. UCP 600 제23조가 적용되기

위해서, 항공운송서류는 공항 간 선적을 취급하는 것으로 보여야 하지만 "air waybill" 또는 "air consignment note" 또는 유사한 제목으로 될 필요는 없다.

Original air transport document

136. The air transport document must appear to be the original for consignor or shipper. A requirement for a full set of originals is satisfied by the presentation of a document indicating that it is the original for consignor or shipper.

원본 항공운송서류

136. 항공운송서류는 송하인 또는 선적인용 원본으로 보여야 한다. 원본 전통에 대한 요구는 송화인 또는 선적인용 원본임을 표시하는 서류의 제시로 충족된다.

Signing of air transport documents

137. An original air transport document must be signed in the form described in UCP 600 sub-article 23(a)(i) and indicate the name of the carrier, identified as carrier. If an agent signs an air transport document on behalf of a carrier, the agent must be identified as agent and must identify on whose behalf it is signing, unless the carrier has been identified elsewhere on the air transport document.
138. If a credit states "House air waybill is acceptable" or "Freight Forwarder's air waybill is acceptable" or uses a similar phrase, then the air transport document may be signed by a freight forwarder in the capacity of a freight forwarder without the need to identify itself as a carrier or agent for a named carrier. In this event, it is not necessary to show the name of the carrier.

항공운송서류의 서명

137. 원본 항공운송서류는 UCP 600 제23조 a항 i)호에 기술된 형태로 서명되어야 하고 운송인으로 판명되는 운송인의 명의를 표시하여야 한다. 만일 대리인이 운송인을 대신하여 항공운송서류에 서명한다면, 그 대리인은 대리인으로서 판명되어야 하고, 운송인이 그 항공운송서류의 어딘가에서 판명되지 않았다면, 그가 서명을 대신하는 운송인을 판명하여야 한다.
138. 만일 신용장이 "House air waybill is acceptable" 또는 "Freight forwarder's

air waybill is acceptable" 또는 유사한 문언을 명기한다면, 그 항공운송서류는 그 서류 자체에서 운송인 또는 기명 운송인의 대리인임을 밝힐 필요 없이, 운송주선인의 자격으로 운송주선인에 의하여 서명될 수 있다. 이 경우 운송인의 명의를 표시할 필요 없다.

Goods accepted for carriage, date of shipment, and requirement for an actual date of dispatch

139. An air transport document must indicate that the goods have been accepted for carriage.
140. The date of issuance of an air transport document is deemed to be the date of shipment unless the document shows a separate notation of the flight date, in which case this will be deemed to be the date of shipment. Any other information appearing on the air transport document relative to the flight number and date will not be considered in determining the date of shipment.

운송을 위하여 접수된 물품, 선적일자, 실제 발송일자의 요구

139. 항공운송서류는 화물이 수송을 위하여 인수되었음을 표시하여야 한다.
140. 서류상에 별도의 운항일자부기를 표시하고 있는 경우 이것이 선적일자로 간주되지만, 그렇지 않는 한 항공운송서류의 발행일자는 선적일자로 간주된다. 운항편수와 일자와 관련하여 항공운송서류상에 보이는 모든 기타의 정보사항은 선적일자를 결정하는데 있어서 고려되지 않는다.

Airports of departure and destination

141. An air transport document must indicate the airport of departure and airport of destination as stated in the credit. The identification of airports by the use of IATA codes instead of writing out the name in full(e.g., LHR instead of London Heathrow) is not a discrepancy.
142. If a credit gives a geographical area or range of airports of departure or destination(e.g., "Any European Airport"), the air transport document must indicate the actual airport of departure or destination, which must be within the geographical area or range stated in the credit.

출발항공편과 목적지

141. 항공운송서류는 신용장에서 명기된 출발공항과 목적지공항을 표시하여야 한다. 완전한 이름을 기재하는 대신에 IATA 코드를 사용하여 공항을 표시하는 것(예를 들어, London Heathrow 대신에 LHR)은 하자가 아니다.
142. 만일 신용장이 출발공항 또는 도착지공항에 관하여 지리적 지역이나 범위(예를 들어, "Any European Airport")를 허용한다면, 그 항공운송서류는 신용장에 명기된 그 지리적 지역이나 범위내의 실제 출발 또는 도착지공항을 표시하여야 한다.

Consignee, order party and notify party

143. An air transport document should not be issued "to order" or "to order of" a named party, because it is not a document of title. Even if a credit calls for an air transport document made out "to order" or "to order of" a named party, a document presented showing goods consigned to that party, without mention of "to order" or "to order of", is acceptable.
144. If a credit does not state a notify party, the respective field on the air transport document may be left blank or completed in any manner.

수하인, 지시인과 통지처

143. 항공운송서류는 권리증권이 아니기 때문에 지시식 또는 기명 당사자의 지시식으로 발행되지 않아야 한다. 비록 신용장이 "to doedr" 또는 기명된 당사자에 대한 "to order of"식으로 발행된 항공운송서류를 요구하더라도, "to order" 또는 "to order of"의 언급 없이 화물이 그 당사자에게 탁송되는 화물을 보이면서 제시된 서류는 수리될 수 있다.
144. 만일 신용장이 통지처를 명시하지 않는다면, 항공운송서류의 해당 난은 공란으로 남겨두거나 또는 어떤 방법으로 기재하여도 무방하다.

Transhipment and partial shipment

145. Transhipment is the unloading from one aircraft and reloading to another aircraft during the carriage from the airport of departure to the airport of destination stated in the credit. If it does not occur between these two airports, unloading and reloading is not considered to be transhipment.
146. If a credit prohibits partial shipments and more than one air transport document is presented covering dispatch from one or more airports of

departure(as specifically allowed, or within the geographical area or range stated in the credit), such documents are acceptable, provided that they cover the dispatch of goods on the same aircraft and same flight and are destined for the same airport of destination. In the event that more than one air transport document is presented incorporating different dates of shipment, the latest of these dates of shipment will be taken for the calculation of any presentation period and must fall on or before the latest shipment date specified in the credit.

147. Shipment on more than one aircraft is a partial shipment, even if the aircraft leave on the same day for the same destination.

환적과 분할선적

145. 환적이란 신용장에 명기된 출발공항으로부터 목적지공항까지 운항과정 중에 한 항공기에서 양하하여 다른 항공기로로 재적재하는 것이다. 만일 그것이 이러한 두 공항 사이에서 일어나지 않는다면, 양하와 재적재는 환적으로 간주되지 않는다.

146. 만일 신용장이 분할선적을 금지하고, 한 세트 이상의 원본 선하증권이 하나 이상의 출발공항(신용장에서 특별히 허용되거나 또는 신용장에 명기된 지역이나 범위이내의)을 취급하면서 제시된다면, 그러한 서류들은 동일 항공기에 동일 편수이고, 동일 목적지공항으로 운항한다면 수리될 수 있다. 만일 한 세트 이상의 선하증권이 제시되고, 다른 선적일자들을 포함하고 있으면, 가장 늦은 선적일자가 제시기간 계산에 사용되며 신용장에 명기된 최종선적일자 또는 그 이전이어야 한다.

147. 하나 이상의 항공기에 선적된 것은 비록 그 항공기가 동일한 목적지로 동일한 일자에 출항하더라고 분할선적이다.

Clean air transport documents

148. Clauses or notations on an air transport document which expressly declare a defective condition of the goods or packaging are not acceptable. Clauses or notations on the air transport document which do not expressly declare a defective condition of the goods or packaging(e.g., "packaging may not be sufficient for the air journey") do not constitute a discrepancy. A statement that the packaging "is not sufficient for the air journey" would not be acceptable.

149. If the word "clean" appears on an air transport document and has been deleted, the air transport document will not be deemed to be claused or unclean unless it specifically bears a clause or notation declaring that the goods or packaging are defective.

무고장 항공운송서류

148. 물품 또는 포장의 결함상태를 명시적으로 표시하고 있는 항공운송서류 상의 문구 또는 부기는 수리될 수 없다. 물품 또는 포장의 결함상태를 명시적으로 표시하고 있지 않은 항공운송서류 상의 문구 또는 부기(예를 들어, "포장이 항공운송에 충분하지 않을 수 있다")는 하자의 요건이 되지 않는다. 포장이 "항공운송에 충분하지 않다"라는 진술문언은 수리될 수 없다.
149. 신용장이 "무결함항공운송장" 또는 "무결함적재"의 표시를 요구하더라도 "무결함"이라는 단어가 항공운송서류에 표시될 필요는 없다.

Goods description

150. A goods description in an air transport document may be shown in general terms not in conflict with that stated in the credit.

물품명세

150. 항공운송서류의 물품명세는 신용장에 명기된 그것과 어긋나지 않는 일반적인 용어로 표시될 수 있다.

Corrections and alterations

151. Corrections and alterations on air transport documents must be authenticated. Such authentication must appear to have been made by the carrier or any of its agents(who may be different from the agent that may have issued or signed it), provided it is identified as an agent of the carrier.
152. Copies of air transport documents do not need to include any signature of the carrier or agent(or shipper, even if required by the credit to appear on the original air transport document), nor any authentication of any alterations or corrections that may have been made on the original.

정정과 수정

151. 항공운송서류 상의 정정과 수정은 인증되어야 한다. 그러한 인증은 운송인 또

는 그 운송인의 대리인으로서 판명된다면 누구라도 상관없이 그들의 대리인들(그 항공운송서류를 발행하고 서명했던 대리인과 달라도 무방하다)에 의하여 된 것으로 보여야 한다.

152. 항공운송서류의 부본은 원본에 있을 수 있는 모든 정정이나 수정에 대한 운송인이나 대리인(또는, 비록 신용장에서 원본 항공운송서류에 보이도록 요구하여도, 선적인)의 어떠한 서명이나 인증도 포함할 필요 없다.

Freight and additional costs

153. If a credit requires that an air transport document show that freight has been paid or is payable at destination, the air transport document must be marked accordingly.

154. Applicants and issuing banks should be specific in stating the requirements of documents to show whether freight is to be prepaid or collected.

155. If a credit states that costs additional to freight are not acceptable, an air transport document must not indicate that costs additional to the freight have been or will be incurred. Such indication may be by express reference to additional costs or by the use of shipment terms that refer to costs associated with the loading or unloading of goods. A reference in the transport document to costs which may be levied as a result of a delay in unloading the goods or after the goods have been unloaded is not considered an indication of additional costs in this context.

156. Air transport documents often have separate boxes which, by their pre-printed headings, indicate that they are for freight charges "prepaid" and for freight charges "to collect", respectively. A requirement in a credit for an air transport document to show that freight has been prepaid will be fulfilled by a statement of the freight charges under the heading "Freight Prepaid" or a similar expression or indication, and a requirement that an air transport document show that freight has to be collected will be fulfilled by a statement of the freight charges under the heading "Freight to Collect" or a similar expression or indication.

운임과 추가수수료

153. 만일 신용장이 항공운송서류에 운임선불 또는 목적지에서 지급될 수 있다고 표시할 것을 요구한다면 그 항공운송서류는 그에 따라 표시되어야 한다.
154. 개설의뢰인과 개설은행은 운임이 선불인지 또는 착불인지를 표시하는 서류의 요구조건을 명시할 때 분명하게 해야 한다.
155. 만일 신용장이 운임에 추가되는 비용은 수리하지 않는다고 명기하고 있으면, 항공운송서류는 운임에 추가되는 비용이 발생하였다거나 발생할 것이라고 표시하지 않아야 한다. 그러한 표시는 추가비용에 대한 명백한 언급으로 나타낼 수도 있고 또는 화물의 적재 및 하역과 관련된 비용을 의미하는 선적조건을 사용하여 나타낼 수도 있다. 운송서류상에 화물의 하역과정에서 또는 하역 후 지연의 결과로서 부과될 수 있는 수수료 같은 언급은 여기서 말하는 추가비용의 표시로 간주되지 않는다.
158. 항공운송서류는 가끔, 운임 "선불"과 "착불"이라고 표시하는 미리 인쇄된 제목으로, 각기 별도의 난을 갖고 있다. 항공운송서류가 운임이 선불되었음을 표시하라는 신용장의 요구조건은 "운임선불" 또는 이와 유사한 표현이나 표시의 제목에 운임에 대하여 기술함으로써 충족될 수 있으며, 그리고 항공운송서류가 운임이 착불임을 표시하라는 요구조건은 "운임착불" 또는 이와 유사한 표현이나 표시의 제목에 운임에 대하여 기술함으로써 충족될 수 있다.

ROAD, RAIL OR INLAND WATERWAY TRANSPORT DOCUMENTS

Application of UCP 600 article 24

157. If a credit requires presentation of a transport document covering movement by road, rail or inland waterway, UCP 600 article 24 is applicable.

도로, 철도 또는 내륙운송서류/UCP 600 제24조의 적용

157. 만일 신용장이 도로, 철도 또는 내수로에 의한 이동을 취급하는 운송서류의 제시를 요구하면, UCP 600 제24조가 적용된다.

Original and duplicate of road, rail or inland waterway transport documents

158. If a credit requires a rail or inland waterway transport document, the transport document presented will be accepted as an original whether or not it is marked as an original. A road transport document must appear to be the original for consignor or shipper or bear no marking in-

dicating for whom the document has been prepared. With respect to rail waybills, the practice of many railway companies is to provide the shipper or consignor with only a duplicate(often a carbon copy) duly authenticated by the railway company's stamp. Such a duplicate will be accepted as an original.

도로, 철도 또는 내륙운송서류의 원본과 부본

158. 만일 신용장이 도로, 철도 또는 내수로 운송서류를 요구하면, 제시된 운송서류는 그것에 원본이라는 표시가 있는지 여부에 상관없이 원본으로써 수리된다. 도로운송서류는 선적인 또는 송화인용의 원본으로 보이거나, 또는 그 서류가 누구를 위하여 작성되었는지에 대한 표시가 없어야 한다. 철도운송장과 관련하여, 많은 철도회사의 관행은 선적인이나 송화인에게 그 철도회사의 스탬프로서 정히 인증된 부본(가끔 카본복사본)서류만을 제공하는 것이다. 그러한 부본은 원본으로서 수리될 수 있다.

Carrier and signing of road, rail or inland waterway transport documents

159. The term "carrier" need not appear at the signature line provided the transport document appears to be signed by the carrier or an agent on behalf of the carrier, if the carrier is otherwise identified as the "carrier" on the transport document. International standard banking practice is to accept a railway bill evidencing date stamp by the railway company or railway station of departure without showing the name of the carrier or a named agent signing for or on behalf of the carrier.
160. The term "carrier" used in UCP 600 article 24 includes terms in transport documents such as "issuing carrier", "actual carrier", "succeeding carrier" and "contracting carrier".
161. Any signature, stamp or notation of receipt on the transport document must appear to be made either by:
    a. the carrier, identified as the carrier, or
    b. a named agent acting or signing for or on behalf of the carrier and indicating the name and capacity of the carrier on whose behalf that agent is acting or signing.

도로, 철도 또는 내륙운송서류에 대한 운송인의 서명

159. 운송인이 그 운송서류에 "운송인"으로서 달리 판명되어 있다면, 그 운송서류가 운송인 또는 그 운송인을 대신하는 대리인에 의하여 서명된 것으로 보이는 한, "carrier"라는 용어가 서명선에 보일 필요 없다. 국제표준은행관행은 운송인의 이름 또는 그 운송인을 대신하여 서명하는 기명 대리인의 이름을 표시하지 않고 철도회사 또는 출발철도역에서 일자스탬프를 찍은 철도운송장을 수락하는 것이다.

160. UCP 제28조에 사용된 "운송인"이라는 용어는 운송서류 상 "발행운송인", "실제운송인", "연속운송인", 그리고 "계약운송인"과 같은 용어를 포함한다.

161. 운송서류의 모든 서명, 접수스탬프 또는 부기는 다음 중 하나에 의하여 이행된 것으로 보여야 한다.
   a. 운송인으로서 판명된 운송인, 또는
   b. 운송인을 대신하여 행동하거나 서명하고 그리고 그 대리인이 행동 또는 서명을 대신하는 운송인 명의와 권한을 표시하고 있는 기명대리인

Order party and notify party

162. Transport documents which are not documents of title should not be issued "to order" or "to order of" a named party. Even if a credit calls for a transport document which is not a document of title to be made out "to order" or "to order of" a named party, such a document, showing goods consigned to that party, without mention of "to order" or "to order of", is acceptable.

163. If a credit does not stipulate a notify party, the respective field on the transport document may be left blank or completed in any manner.

지시인과 통지처

162. 권리증권이 아닌 운송서류들은 지시식 또는 기명 당사자의 지시식으로 발행되지 않아야 한다. 비록 신용장이 "to order" 또는 기명된 당사자에 대한 "to order of"식으로 발행된 권리증권이 아닌 운송서류를 요구하더라도, "to order" 또는 "to order of"의 언급 없이 화물이 그 당사자에게 탁송되는 것을 보이는 그러한 서류는 수리될 수 있다.

163. 만일 신용장이 통지처를 명시하지 않는다면, 운송서류의 해당 난은 공란으로 남겨두거나 또는 어떤 방법으로 기재하여도 무방하다.

Partial shipment

164. Shipment on more than one means of conveyance(more than one truck(lorry), train, vessel, etc.) is a partial shipment, even if such means of conveyance leave on the same day for the same destination.

분할선적

164. 하나 이상의 운송수단(하나 이상의 트럭, 열차, 선박 등)에 선적하는 것은 그러한 운송수단들이 동일한 목적지로 동일한 일자에 출발하여도 분할선적이다.

Goods description

165. A goods description in the transport document may be shown in general terms not in conflict with that stated in the credit.

물품명세

165. 운송서류의 물품명세는 신용장에 명기된 그것과 상치하지 않는 일반적인 용어로 기술하여도 무방하다.

Corrections and alterations

166. Corrections and alterations on a UCP 600 article 24 transport document must be authenticated. Such authentication must appear to have been made by the carrier or any one of their named agents, who may be different from the agent that may have issued or signed it, provided they are identified as an agent of the carrier.
167. Copies of UCP 600 article 24 transport documents do not need to include any signature on, or authentication of, any alterations or corrections that may have been made on the original.

정정과 수정

166. UCP 600 제24조 운송서류상의 정정과 수정은 인증되어야 한다. 그러한 인증은 운송인 또는 그 운송인 대리인으로서 판명된다면 누구라도 상관없이, 그 운송서류를 발행하고 서명한 대리인과 달라도 무방한 대리인들에 의하여 이행된 것으로 보여야 한다.
167. UCP 600 제24조 운송서류의 부본들은 원본에 있을 수 있는 모든 수정이나 정정에 대한 어떠한 서명이나 인증도 포함할 필요 없다.

Freight and additional costs

168. If a credit requires that a UCP 600 article 24 transport document show that freight has been paid or is payable at destination, the transport document must be marked accordingly.
169. Applicants and issuing banks should be specific in stating the requirements of documents to show whether freight is to be prepaid or collected.

운임과 추가수수료

168. 만일 신용장이 UCP 제28조 운송서류가 운임선불 또는 목적지에서 지불될 수 있음을 표시하도록 요구한다면, 그 운송서류는 그렇게 표시되어야 한다.
169. 개설의뢰인과 개설은행은 운임이 선불인지 또는 착불인지를 표시하는 서류의 요구조건을 명시할 때 분명하게 해야 한다.

INSURANCE DOCUMENT AND COVERAGE

Application of UCP 600 article 28

170. If a credit requires presentation of an insurance document such as an insurance policy, insurance certificate or declaration under an open cover, UCP 600 article 28 is applicable.

보험서류 및 부보/UCP 600 제28조의 적용

170. 만일 신용장이 보험증권, 포괄예정보험에 의한 보험증명서 또는 통지서와 같은 보험서류의 제시를 요구하는 경우 UCP 600 제28조가 적용된다.

Issuers of insurance documents

171. Insurance documents must appear to have been issued and signed by insurance companies or underwriters or their agents or proxies. If required by the insurance document or in accordance with the credit terms, all originals must appear to have been countersigned.
172. An insurance document is acceptable if issued on an insurance broker's stationery, provided the insurance document has been signed by an insurance company or its agent or proxy, or by an underwriter or its agent or proxy. A broker may sign as agent for the named insurance company or named underwriter.

보험서류의 발행인

171. 보험서류는 보험회사 또는 보험업자 또는 그들의 대리인이나 수임자(proxy)들에 의하여 발행되고 서명된 것으로 보여야 한다. 만일 보험서류 또는 신용장 조건에 따라 요구되면, 모든 원본은 부서된 것으로 보여야 한다.
172. 보험서류가 보험중개인의 표제가 인쇄된 용지(stationary)에 발행되는 경우, 그 보험서류가 보험회사 또는 그 대리인(or proxy), 또는 보험업자 또는 그 대리인(or proxy)에 의하여 서명되었다면 수리될 수 있다. 보험중개인은 지정된 보험회사 또는 지정된 보험인수업자의 대리인으로서 서명할 수 있다.

Risks to be covered

173. An insurance document must cover the risks defined in the credit. Even though a credit may be explicit with regard to risks to be covered, there may be reference to exclusion clauses in the document. If a credit requires "all risks" coverage, this is satisfied by the presentation of an insurance document evidencing any "all risks" clause or notation, even if it is stated that certain risks are excluded. An insurance document indicating that it covers Institute Cargo Clauses(A) satisfies a condition in a credit calling for an "all risks" clause or notation.
174. Insurance covering the same risk for the same shipment must be covered under one document unless the insurance documents for partial cover each clearly reflect, by percentage or otherwise, the value of each insurer's cover and that each insurer will bear its share of the liability severally and without pre-conditions relating to any other insurance cover that may have been effected for that shipment.

부보되는 위험

173. 보험서류는 신용장에서 규정된 위험들을 부보하여야 한다. 신용장은 부보되어야 하는 위험들에 대하여 명백하게 할 수 있을지라도, 그 서류에 배제약관을 언급할 수 있다. 만일 신용장이 "전위험"의 부보를 요구한다면, 이 요구사항은, 특정 위험들은 제외된다는 언급이 있어도, 모든 "all risks"의 문구나 부기를 표시하고 있는 보험서류의 제시로서 충족된다. ICC(A)를 부보하고 있다고 표시하는 보험서류는 "all risks" 문구나 부기를 요구하는 신용장조건을 충족한다.
174. 분할담보 보험서류가 각 보험자의 비율이나 담보가액을 명확하게 반영하지 않

는다면, 그리고 각 보험자가 해당 선적에 유효할 수 있는 다른 보험담보와 관련하여 개별적으로 자신의 책임부분을 전제조건 없이 부담하기로 명확하게 반영하지 않는다면, 동일한 선적에 대한 동일한 위험을 담보하는 보험은 한 개의 서류로 취급되어야 한다.

Dates

175. An insurance document that incorporates an expiry date must clearly indicate that such expiry date relates to the latest date that loading on board or dispatch or taking in charge of the goods(as applicable) is to occur, as opposed to an expiry date for the presentation of any claims thereunder.

일자

175. 유효기일을 삽입하고 있는 보험서류는, 그러한 유효기일은 모든 배상청구의 제시를 위한 유효기일이 아니라, 물품의 적재, 발송 또는 수탁의 최종일자와 관련된다는 것을 명확히 표시하여야 한다.

Percentage and amount

176. An insurance document must be issued in the currency of and, as a minimum, for the amount required by the credit. The UCP does not provide for any maximum percentage of insurance coverage.

177. If a credit requires the insurance cover to be irrespective of percentage, the insurance document must not contain a clause stating that the insurance cover is subject to a franchise or an excess deductible.

178. If it is apparent from the credit or from the documents that the final invoice amount only represents a certain part of the gross value of the goods(e.g., due to discounts, pre-payments or the like, or because part of the value of the goods is to be paid at a later date), the calculation of insurance cover must be based on the full gross value of the goods.

부보율과 부보금액

176. 보험서류는 반드시 신용장의 통화단위와 최소한의 신용장에 의하여 요구된 금액으로 발행되어야 한다. UCP는 최고부보율에 대하여 규정하고 있지 않다.

177. 신용장이 면책비율적용을 금지하고 있다면, 보험서류는 결코 보험담보가 소

손해면책률 또는 초과공제면책률에 따른다고 기재하는 문구를 포함하여서는 안된다.

178. 최종송장금액은(예를 들어, 할인, 선지급 등으로 인하여, 또는 물품가액의 일부가 나중에 지급되기 때문에) 단지 그 물품 총액의 일부를 나타내고 있다는 것이 신용장이나 서류로 보아 명백하다면, 보험담보의 계산은 그 물품의 완전한 총액을 기준으로 하여야 한다.

Insured party and endorsement

179. An insurance document must be in the form as required by the credit and, where necessary, be endorsed by the party to whose order claims are payable. A document issued to bearer is acceptable where the credit requires an insurance document endorsed in blank and vice versa.

180. If a credit is silent as to the insured party, an insurance document evidencing that claims are payable to the order of the shipper or beneficiary would not be acceptable unless endorsed. An insurance document should be issued or endorsed so that the right to receive payment under it passes upon, or prior to, the release of the documents.

부보당사자 및 배서

179. 보험서류는 신용장에서 요구된 형태로 발행되어야 하고, 필요하다면 배상청구액이 그의 지시로 지급될 수 있는 당사자에 의하여 배서되어야 한다. 신용장이 무기명 배서된 보험서류를 요구하는 경우, 소지인에게 발행된 서류는 수리될 수 있고, 반대의 경우에는 무기명 배서된 서류가 수리될 수 있다.

180. 만일 신용장에 피보험자에 대한 언급이 없으면, 배상청구는 선적인 또는 수익자의 지시로 지급될 수 있음을 증빙하는 보험서류는 배서되지 않았다면 수리될 수 없다. 보험서류는 지급금의 영수권리가 그 서류의 인도 시 또는 그 이전에 이전될 수 있도록 발행되거나 배서되어야 한다.

CERTIFICATES OF ORIGIN

Basic requirement

181. A requirement for a certificate of origin will be satisfied by the presentation of a signed, dated document that certifies to the origin of the goods.

원산지증명서/기본사항

181. 원산지증명서의 요구는 물품의 원산지를 증명하는 서명되고 일자가 있는 서류의 제시로 충족된다.

Issuers of certificates of origin

182. A certificate of origin must be issued by the party stated in the credit. However, if a credit requires a certificate of origin to be issued by the beneficiary, the exporter or the manufacturer, a document issued by a chamber of commerce will be deemed acceptable, provided it clearly identifies the beneficiary, the exporter or the manufacturer as the case may be. If a credit does not state who is to issue the certificate, then a document issued by any party, including the beneficiary, is acceptable.

원산지증명서의 발행인

182. 원산지증명서는 신용장에서 명기된 당사자에 의하여 발행되어야 한다. 그러나 만일 신용장이 수익자, 수출업자 또는 제조업자에 의하여 발행된 원산지증명서를 요구하는 경우, 상업회의소에 의하여 발행된 서류는, 각 경우에 따라 수익자, 수출업자 또는 제조업자를 분명히 판명하고 있다면 수리될 수 있다고 간주된다. 만일 신용장이 그 증명서를 누가 발행해야 하는 지 명기하지 않으면, 수익자를 포함하여 모든 자에 의하여 발행된 서류가 수리될 수 있다.

Contents of certificates of origin

183. The certificate of origin must appear to relate to the invoiced goods. The goods description in the certificate of origin may be shown in general terms not in conflict with that stated in the credit or by any other reference indicating a relation to the goods in a required document.

184. Consignee information, if shown, must not be in conflict with the consignee information in the transport document. However, if a credit requires a transport document to be issued "to order", "to the order of shipper", "to order of the issuing bank" or "consigned to the issuing bank", the certificate of origin may show the applicant of the credit, or another party named therein, as consignee. If a credit has been transferred, the name of the first beneficiary as consignee would also be acceptable.

185. The certificate of origin may show the consignor or exporter as a party other than the beneficiary of the credit or the shipper on the transport document.

원산지증명서의 내용

183. 원산지증명서는 송장의 물품과 관련된 것으로 보여야 한다. 원산지증명서의 물품명세는 신용장에 명기된 그것과 어긋나지 않는 일반적인 용어 또는 요구된 서류의 물품과 관련되었다는 모든 기타 참조표시로서 보여도 무방하다.
184. 수하인 정보는, 만일 표시되었다면, 운송서류의 수하인 정보와 어긋나지 않아야 한다. 그러나 신용장이 "to order", "to the order of shipper", "to the order of issuing bank", 또는 "consigned to the issuing bank"로 발행된 운송서류를 요구하는 경우, 원산지증명서는 수하인으로서 신용장개설의뢰인 또는 거기에 기명된 다른 자를 표시하여도 무방하다. 만일 신용장이 양도되었다면 수하인으로 제1수익자의 명의도 또한 수리될 수 있다.
185. 원산지증명서는 신용장의 수익자 또는 운송서류의 선적인이 아닌 송화인이나 수출업자를 표시하여도 무방하다.

2. 무역대금결제 서식

1) T/T sales contract

TT SALES CONTRACT

MESSRS.:

Buyer의 상호, 주소

Date :

Contract No.:

ABC Company, Ltd., as Seller, hereby confirms having sold to you as Buyer, the following goods by this sales contract made on the above date and on the terms and conditions hereinafter set forth. Buyer is hereby requested to sign and return the original and if any discrepancy be found by Buyer, Seller should be informed immediately by fax or cable.

ITEM NO.	COMMODITY & SPECIFICATION	QUANTITY	UNIT PRICE	AMOUNT
1	Latch (K20-61313-B)	14,000	¥20.40	¥ 285,600
2	Latch (K20-61314-B)	6,000	¥23.10	¥ 138,600
3	Latch (H19-46315/3-C)	3,500	¥37.65	¥ 131,775
4	Latch (H19-46315/6-C)	16,500	¥25.35	¥ 418,275
TOTAL AMOUNT				**¥ 974,250**

Time of Shipment : June 15, 2003

Port of Shipment : Inchun port

Port of Destination : Nagoya port

Payment : By a T/T (Telegraph Transfer) within 10 days after the date of B/L
(*뒷면 일반조건도 알맞게 조정할 것)

Insurance : Seller to cover the CIF price plus 10% against All Risking War and SRCC Risks

Packing : Export standard packing

Marking : XYZ

Special Terms & Conditions :

This Contract is subject to the general and conditions set forth on back hereof :

Accepted by (Buyer)

ABC Company, Ltd.

By :____________________
Name :
Title :

By :____________________
Name :
Title :

GENERAL TERMS AND CONDITIONS

Both parties agree to the following terms and conditions :

Quantity : Quantity set forth in this Contract is subject to a variation of ten (10) percent more or less at Seller's option.

Shipment : Date of bill of lading shall be accepted as a conclusive date of shipment. Fourteen (14) days grace in shipping shall be allowed. Partial shipment and/or transshipment shall be permitted unless otherwise stated in this Contract. Seller shall not be responsible for any delay of shipment, in case the sailing of the steamer designated by Buyer be deferred beyond the prearranged date of shipment.

Packing : Packing shall be at Seller's option. In case special instructions are necessary, Buyer should notify Seller thereof in time to enable Seller to comply with the same and all additional cost thereby incurred shall be borne by Buyer. Shipping Mark shall be made as shown in the oblong of the front page of this Contract.

Insurance : In case of CIF or CIP basis, 110% of the invoice amount shall be insured, unless otherwise agreed; any additional insurance required by Buyer to be at his own expense; unless otherwise stated, insurance to be covered for marine insurance only FPA or ICC (C) Clause. Seller may, if he deems it necessary, insure against additional risks at Buyer's expense.

Increased costs: If Seller's costs of performance are increased after the date of this Contract by reason of increased freight rates, taxes or other governmental charges or insurance rates, or if any variation in rates of exchange increases Seller's costs or reduces Seller's return, Buyer agrees to compensate Seller for such increased cost or loss of income. Further, if at any time Buyer requests shipment later than agreed and Seller agrees thereto, Seller may, upon completion of manufacture, store the Goods and charge all expenses thereby incurred to Buyer, plus reasonable storage charges when Seller stores the Goods in its own facilities.

Payment : The Buyer shall [ ] within ...... days after the receipt of the required documents; [ ] within .... days after the date of the Bill of Lading pay the invoice value of the goods to the Seller's account with the bank designated by the Seller by means of [ ] T/T (Telegraph Transfer)

Inspection : The inspection of the Goods shall be done according to the export regulation of the Republic of Korea and/or by the manufacturer(s) which shall be considered as final. Should any specific inspector be designated by Buyer, all additional charges incurred thereby shall be at Buyer's account and shall be added to the invoice amount.

Warranty : The Goods shall conform to the specification set forth in this Contract and free from defects in material and workmanship for twelve(12) months from the date of shipment. The extent of Seller's liability under this warranty shall be limited to the repair or replacement as herein provided of any defective Goods or parts thereof. Provided, however, this warranty does not extend to any of the said Goods which have been : (a) subjected to misuse, neglect, accident or abuse, (b) improperly repaired, installed, transported, altered or modified in any way by any other party than Seller or (c) used in violation of instructions furnished by Seller. EXCEPT FOR THE EXPRESS LIMITED WARRANTIES SET FORTH IN THIS ARTICLE, SELLER MAKES NO OTHER WARRANTY TO BUYER, EXPRESS OR IMPLIED, AND HEREBY EXPRESSLY DISCLAIMS ANY WARRANTY OF MERCHANTABILITY OR FITNESS FOR A PARTICULAR PURPOSE. In no event shall Seller be liable to Buyer under this Contract or otherwise for any lost profits or for indirect, incidental or consequential damages for any reason.

Claims : Any claim by Buyer of whatever nature arising under this Contract shall be made by facsimile or cable within thirty(30) days after arrival of the Goods at the destination specified in the bills of lading. Full particulars of such claim shall be made in writing, and forwarded by registered mail to Seller within fifteen(15) days after such fax or cabling. Buyer must submit with particulars the inspection report sworn by a reputable surveyor acceptable to the Seller when the quality or quantity of the Goods delivered is in dispute. Failure to make such claim within such period shall constitute acceptance of shipment and agreement of Buyer that such shipment fully complies with applicable terms and conditions.

Remedy : Buyer shall, without limitation, be in default of this Contract, if Buyer shall become insolvent, bankrupt or fail to make any payment to Seller within the due period. In the event of Buyer's default, Seller may without prior notice thereof to Buyer exercise any of the following remedies among others : (a) terminate this Contract; (b) terminate this Contract as to the portion of the Goods in default only and resell them and recover from Buyer the difference between the price set forth in this Contract and the price obtained upon resale, plus any incidental loss or expense; or (c) terminate the Contract as to any unshipped balance and recover from Buyer as liquidated damages, a sum of five (5) percent of the price of the unshipped balance. Further, it is agreed that the rights and remedies herein reserved to Seller shall be cumulative and in addition to any other or further rights and remedies available at law.

Force Majeure : Neither party shall be liable for its failure to perform its obligations hereunder if such failure is the direct result of circumstances beyond that party's reasonable control, including but not limited to, prohibition of exportation, suspension of issuance of export license or other government restriction, act of God, war, blockade, revolution, insurrection, mobilization, strike, lockout or any labor dispute, civil commotion, riot, plague or other epidemic, fire, typhoon, flood.

Patents, Trade Marks, Designs, etc. : Buyer is to hold Seller harmless from liability for any infringement with regard to patent, trade mark, copyright, design, pattern, etc., originated or chosen by Buyer.

Governing Law : This Contract shall be governed under the laws of Korea.

Arbitration : All disputes, controversies, or differences which may arise between the parties, out of or in relation to or in connection with this Contract, or for the breach thereof, shall be finally settled by arbitration in Seoul, Korea in accordance with the Commercial Arbitration Rules of the Korean Commercial Arbitration Board. The award rendered by the arbitrator(s) shall be final and binding upon both parties concerned.

Trade Terms : All trade terms provided in the Contract shall be interpreted in accordance with the latest INCOTERMS 2000 of International Chamber of Commerce.

2) Usance L/C sales contract

USANCE L/C SALES CONTRACT

MESSRS.:

Buyer의 상호, 주소

Date :
Contract No.:

ABC Company, Ltd., as Seller, hereby confirms having sold to you as Buyer, the following goods by this sales contract made on the above date and on the terms and conditions hereinafter set forth. Buyer is hereby requested to sign and return the original and if any discrepancy be found by Buyer, Seller should be informed immediately by fax or cable.

ITEM NO.	COMMODITY & SPECIFICATION	QUANTITY	UNIT PRICE	AMOUNT
1	Latch (K20-61313-B)	14,000	¥20.40	¥ 285,600
2	Latch (K20-61314-B)	6,000	¥23.10	¥ 138,600
3	Latch (H19-46315/3-C)	3,500	¥37.65	¥ 131,775
4	Latch (H19-46315/6-C)	16,500	¥25.35	¥ 418,275
	TOTAL AMOUNT			**¥ 974,250**

Time of Shipment : June 15, 2003

Port of Shipment : Inchun port

Port of Destination : Nagoya port

Payment : By an irrevocable, confirmed and unconditional letter of credit

Insurance : Seller to cover the CIF price plus 10% against All Risking War and SRCC Risks

Packing : Export standard packing

Marking : XYZ

Special Terms & Conditions :

This Contract is subject to the general and conditions set forth on back hereof :

Accepted by (Buyer)

By :__________________
Name :
Title :

ABC Company, Ltd.

By :__________________
Name :
Title :

1

GENERAL TERMS AND CONDITIONS

Both parties agree to the following terms and conditions :

Quantity : Quantity set forth in this Contract is subject to a variation of ten (10) percent more or less at Seller's option.

Shipment : Date of bill of lading shall be accepted as a conclusive date of shipment. Fourteen (14) days grace in shipping shall be allowed. Partial shipment and/or transshipment shall be permitted unless otherwise stated in this Contract. Seller shall not be responsible for any delay of shipment, should Buyer fail to provide timely letter of credit in conformity with this Contract or in case the sailing of the steamer designated by Buyer be deferred beyond the prearranged date of shipment.

Packing : Packing shall be at Seller's option. In case special instructions are necessary, Buyer should notify Seller thereof in time to enable Seller to comply with the same and all additional cost thereby incurred shall be borne by Buyer. Shipping Mark shall be made as shown in the oblong of the front page of this Contract.

Insurance : In case of CIF or CIP basis, 110% of the invoice amount shall be insured, unless otherwise agreed; any additional insurance required by Buyer to be at his own expense; unless otherwise stated, insurance to be covered for marine insurance only FPA or ICC (C) Clause. Seller may, if he deems it necessary, insure against additional risks at Buyer's expense.

Increased costs: If Seller's costs of performance are increased after the date of this Contract by reason of increased freight rates, taxes or other governmental charges or insurance rates, or if any variation in rates of exchange increases Seller's costs or reduces Seller's return, Buyer agrees to compensate Seller for such increased cost or loss of income. Further, if at any time Buyer requests shipment later than agreed and Seller agrees thereto, Seller may, upon completion of manufacture, store the Goods and charge all expenses thereby incurred to Buyer, plus reasonable storage charges when Seller stores the Goods in its own facilities.

Payment : For the payment of the Contract Price specified hereof the Buyer shall provide the Seller with the irrevocable, confirmed and unconditional letter of credit (hereinafter called "L/C") in the amount of USD__________ (say United States Dollar ________ only) at _____months usance basis (after the date of draft issued by the Seller or bill of lading) with interest at ______ per annum in favor of the Seller to be opened within ___ days from the signing date of the Contract under the agreed terms and conditions by the Seller and Buyer.

<u>Inspection</u> : The inspection of the Goods shall be done according to the export regulation of the Republic of Korea and/or by the manufacturer(s) which shall be considered as final. Should any specific inspector be designated by Buyer, all additional charges incurred thereby shall be at Buyer's account and shall be added to the invoice amount, for which the letter of credit shall be amended accordingly.

<u>Warranty</u> : The Goods shall conform to the specification set forth in this Contract and free from defects in material and workmanship for twelve(12) months from the date of shipment. The extent of Seller's liability under this warranty shall be limited to the repair or replacement as herein provided of any defective Goods or parts thereof. Provided, however, this warranty does not extend to any of the said Goods which have been : (a) subjected to misuse, neglect, accident or abuse, (b) improperly repaired, installed, transported, altered or modified in any way by any other party than Seller or (c) used in violation of instructions furnished by Seller. EXCEPT FOR THE EXPRESS LIMITED WARRANTIES SET FORTH IN THIS ARTICLE, SELLER MAKES NO OTHER WARRANTY TO BUYER, EXPRESS OR IMPLIED, AND HEREBY EXPRESSLY DISCLAIMS ANY WARRANTY OF MERCHANTABILITY OR FITNESS FOR A PARTICULAR PURPOSE. In no event shall Seller be liable to Buyer under this Contract or otherwise for any lost profits or for indirect, incidental or consequential damages for any reason.

<u>Claims</u> : Any claim by Buyer of whatever nature arising under this Contract shall be made by facsimile or cable within thirty(30) days after arrival of the Goods at the destination specified in the bills of lading. Full particulars of such claim shall be made in writing, and forwarded by registered mail to Seller within fifteen(15) days after such fax or cabling. Buyer must submit with particulars the inspection report sworn by a reputable surveyor acceptable to the Seller when the quality or quantity of the Goods delivered is in dispute. Failure to make such claim within such period shall constitute acceptance of shipment and agreement of Buyer that such shipment fully complies with applicable terms and conditions.

<u>Remedy</u> : Buyer shall, without limitation, be in default of this Contract, if Buyer shall become insolvent, bankrupt or fail to make any payment to Seller including the establishment of the letter of credit within the due period. In the event of Buyer's default, Seller may without prior notice thereof to Buyer exercise any of the following remedies

among others : (a) terminate this Contract; (b) terminate this Contract as to the portion of the Goods in default only and resell them and recover from Buyer the difference between the price set forth in this Contract and the price obtained upon resale, plus any incidental loss or expense; or (c) terminate the Contract as to any unshipped balance and recover from Buyer as liquidated damages, a sum of five (5) percent of the price of the unshipped balance. Further, it is agreed that the rights and remedies herein reserved to Seller shall be cumulative and in addition to any other or further rights and remedies available at law.

Force Majeure : Neither party shall be liable for its failure to perform its obligations hereunder if such failure is the direct result of circumstances beyond that party's reasonable control, including but not limited to, prohibition of exportation, suspension of issuance of export license or other government restriction, act of God, war, blockade, revolution, insurrection, mobilization, strike, lockout or any labor dispute, civil commotion, riot, plague or other epidemic, fire, typhoon, flood.
Patents, Trade Marks, Designs, etc. : Buyer is to hold Seller harmless from liability for any infringement with regard to patent, trade mark, copyright, design, pattern, etc., originated or chosen by Buyer.

Governing Law : This Contract shall be governed under the laws of Korea.

Arbitration : All disputes, controversies, or differences which may arise between the parties, out of or in relation to or in connection with this Contract, or for the breach thereof, shall be finally settled by arbitration in Seoul, Korea in accordance with the Commercial Arbitration Rules of the Korean Commercial Arbitration Board. The award rendered by the arbitrator(s) shall be final and binding upon both parties concerned.

Trade Terms : All trade terms provided in the Contract shall be interpreted in accordance with the latest INCOTERMS 2000 of International Chamber of Commerce.

3) D/A sales contract

DA SALES CONTRACT

MESSRS.:

Buyer의 상호, 주소

Date :
Contract No.:

ABC Company, Ltd., as Seller, hereby confirms having sold to you as Buyer, the following goods by this sales contract made on the above date and on the terms and conditions hereinafter set forth. Buyer is hereby requested to sign and return the original and if any discrepancy be found by Buyer, Seller should be informed immediately by fax or cable.

ITEM NO.	COMMODITY & SPECIFICATION	QUANTITY	UNIT PRICE	AMOUNT
1	Latch (K20-61313-B)	14,000	¥20.40	¥ 285,600
2	Latch (K20-61314-B)	6,000	¥23.10	¥ 138,600
3	Latch (H19-46315/3-C)	3,500	¥37.65	¥ 131,775
4	Latch (H19-46315/6-C)	16,500	¥25.35	¥ 418,275
TOTAL AMOUNT				**¥ 974,250**

Time of Shipment : June 15, 2003

Port of Shipment : Inchun port

Port of Destination : Nagoya port

Payment : By bill (s) of exchange drawn on Buyer due 60 days from B/L date.

Insurance : Seller to cover the CIF price plus 10% against All Risking War and SRCC Risks

Packing : Export standard packing

Marking : XYZ

Special Terms & Conditions :

This Contract is subject to the general and conditions set forth on back hereof :

Accepted by (Buyer)

ABC Company, Ltd.

By :________________
Name :
Title :

By :________________
Name :
Title :

GENERAL TERMS AND CONDITIONS

Both parties agree to the following terms and conditions :

Quantity : Quantity set forth in this Contract is subject to a variation of ten (10) percent more or less at Seller's option.

Shipment : Date of bill of lading shall be accepted as a conclusive date of shipment. Fourteen (14) days grace in shipping shall be allowed. Partial shipment and/or transshipment shall be permitted unless otherwise stated in this Contract. Seller shall not be responsible for any delay of shipment, in case the sailing of the steamer designated by Buyer be deferred beyond the prearranged date of shipment.

Packing : Packing shall be at Seller's option. In case special instructions are necessary, Buyer should notify Seller thereof in time to enable Seller to comply with the same and all additional cost thereby incurred shall be borne by Buyer. Shipping Mark shall be made as shown in the oblong of the front page of this Contract.

Insurance : In case of CIF or CIP basis, 110% of the invoice amount shall be insured, unless otherwise agreed; any additional insurance required by Buyer to be at his own expense; unless otherwise stated, insurance to be covered for marine insurance only FPA or ICC (C) Clause. Seller may, if he deems it necessary, insure against additional risks at Buyer's expense.

Increased costs: If Seller's costs of performance are increased after the date of this Contract by reason of increased freight rates, taxes or other governmental charges or insurance rates, or if any variation in rates of exchange increases Seller's costs or reduces Seller's return, Buyer agrees to compensate Seller for such increased cost or loss of income. Further, if at any time Buyer requests shipment later than agreed and Seller agrees thereto, Seller may, upon completion of manufacture, store the Goods and charge all expenses thereby incurred to Buyer, plus reasonable storage charges when Seller stores the Goods in its own facilities.

Payment : After shipment, the Seller shall deliver bill (s) of exchange drawn on the Buyer, payable .... days after .... , together with the required documents to the Buyer through a bank for acceptance. The Buyer shall accept the bill (s) of exchange immediately upon the first presentation of the bill of exchange and the required documents and shall effect the payment on the maturity date of the bill (s) of exchange.

Inspection : The inspection of the Goods shall be done according to the export regulation of the Republic of Korea and/or by the manufacturer(s) which shall be considered as final. Should any specific inspector be designated by Buyer, all additional charges incurred thereby shall be at Buyer's account and shall be added to the invoice amount.

Warranty : The Goods shall conform to the specification set forth in this Contract and free from defects in material and workmanship for twelve(12) months from the date of shipment. The extent of Seller's liability under this warranty shall be limited to the repair or replacement as herein provided of any defective Goods or parts thereof. Provided, however, this warranty does not extend to any of the said Goods which have been : (a) subjected to misuse, neglect, accident or abuse, (b) improperly repaired, installed, transported, altered or modified in any way by any other party than Seller or (c) used in violation of instructions furnished by Seller. EXCEPT FOR THE EXPRESS LIMITED WARRANTIES SET FORTH IN THIS ARTICLE, SELLER MAKES NO OTHER WARRANTY TO BUYER, EXPRESS OR IMPLIED, AND HEREBY EXPRESSLY DISCLAIMS ANY WARRANTY OF MERCHANTABILITY OR FITNESS FOR A PARTICULAR PURPOSE. In no event shall Seller be liable to Buyer under this Contract or otherwise for any lost profits or for indirect, incidental or consequential damages for any reason.

Claims : Any claim by Buyer of whatever nature arising under this Contract shall be made by facsimile or cable within thirty(30) days after arrival of the Goods at the destination specified in the bills of lading. Full particulars of such claim shall be made in writing, and forwarded by registered mail to Seller within fifteen(15) days after such fax or cabling. Buyer must submit with particulars the inspection report sworn by a reputable surveyor acceptable to the Seller when the quality or quantity of the Goods delivered is in dispute. Failure to make such claim within such period shall constitute acceptance of shipment and agreement of Buyer that such shipment fully complies with applicable terms and conditions.

Remedy : Buyer shall, without limitation, be in default of this Contract, if Buyer shall become insolvent, bankrupt or fail to make any payment to Seller within the due period. In the event of Buyer's default, Seller may without prior notice thereof to Buyer exercise any of the following remedies among others : (a) terminate this Contract; (b) terminate this Contract as to the portion of the Goods in default only and resell them and recover from Buyer the difference between the price set forth in this Contract and the price obtained upon resale, plus any incidental loss or expense; or (c) terminate the Contract as to any unshipped balance and recover from Buyer as liquidated damages, a sum of five (5) percent of the price of the unshipped balance. Further, it is agreed that the rights and remedies herein reserved to Seller shall be cumulative and in addition to any other or further rights and remedies available at law.

Force Majeure : Neither party shall be liable for its failure to perform its obligations hereunder if such failure is the direct result of circumstances beyond that party's reasonable control, including but not limited to, prohibition of exportation, suspension of issuance of export license or other government restriction, act of God, war, blockade, revolution, insurrection, mobilization, strike, lockout or any labor dispute, civil commotion, riot, plague or other epidemic, fire, typhoon, flood.
Patents, Trade Marks, Designs, etc. : Buyer is to hold Seller harmless from liability for any infringement with regard to patent, trade mark, copyright, design, pattern, etc., originated or chosen by Buyer.

Governing Law : This Contract shall be governed under the laws of Korea.

Arbitration : All disputes, controversies, or differences which may arise between the parties, out of or in relation to or in connection with this Contract, or for the breach thereof, shall be finally settled by arbitration in Seoul, Korea in accordance with the Commercial Arbitration Rules of the Korean Commercial Arbitration Board. The award rendered by the arbitrator(s) shall be final and binding upon both parties concerned.

Trade Terms : All trade terms provided in the Contract shall be interpreted in accordance with the latest INCOTERMS 2000 of International Chamber of Commerce.

4) D/P sales contract

DP SALES CONTRACT

MESSRS.:

Buyer의 상호, 주소

Date :
Contract No.:

ABC Company, Ltd., as Seller, hereby confirms having sold to you as Buyer, the following goods by this sales contract made on the above date and on the terms and conditions hereinafter set forth. Buyer is hereby requested to sign and return the original and if any discrepancy be found by Buyer, Seller should be informed immediately by fax or cable.

ITEM NO.	COMMODITY & SPECIFICATION	QUANTITY	UNIT PRICE	AMOUNT
1	Latch (K20-61313-B)	14,000	¥20.40	¥ 285,600
2	Latch (K20-61314-B)	6,000	¥23.10	¥ 138,600
3	Latch (H19-46315/3-C)	3,500	¥37.65	¥ 131,775
4	Latch (H19-46315/6-C)	16,500	¥25.35	¥ 418,275
TOTAL AMOUNT				¥ 974,250

Time of Shipment : June 15, 2003

Port of Shipment : Inchun port

Port of Destination : Nagoya port

Payment : By documents against payment

Insurance : Seller to cover the CIF price plus 10% against All Risking War and SRCC Risks

Packing : Export standard packing

Marking : XYZ (in diamond)

Special Terms & Conditions :

This Contract is subject to the general and conditions set forth on back hereof :

Accepted by (Buyer)

ABC Company, Ltd.

By :________________
Name :
Title :

By :________________
Name :
Title :

1

GENERAL TERMS AND CONDITIONS

Both parties agree to the following terms and conditions :

Quantity : Quantity set forth in this Contract is subject to a variation of ten (10) percent more or less at Seller's option.

Shipment : Date of bill of lading shall be accepted as a conclusive date of shipment. Fourteen (14) days grace in shipping shall be allowed. Partial shipment and/or transshipment shall be permitted unless otherwise stated in this Contract. Seller shall not be responsible for any delay of shipment, in case the sailing of the steamer designated by Buyer be deferred beyond the prearranged date of shipment.

Packing : Packing shall be at Seller's option. In case special instructions are necessary, Buyer should notify Seller thereof in time to enable Seller to comply with the same and all additional cost thereby incurred shall be borne by Buyer. Shipping Mark shall be made as shown in the oblong of the front page of this Contract.

Insurance : In case of CIF or CIP basis, 110% of the invoice amount shall be insured, unless otherwise agreed; any additional insurance required by Buyer to be at his own expense; unless otherwise stated, insurance to be covered for marine insurance only FPA or ICC (C) Clause. Seller may, if he deems it necessary, insure against additional risks at Buyer's expense.

Increased costs: If Seller's costs of performance are increased after the date of this Contract by reason of increased freight rates, taxes or other governmental charges or insurance rates, or if any variation in rates of exchange increases Seller's costs or reduces Seller's return, Buyer agrees to compensate Seller for such increased cost or loss of income. Further, if at any time Buyer requests shipment later than agreed and Seller agrees thereto, Seller may, upon completion of manufacture, store the Goods and charge all expenses thereby incurred to Buyer, plus reasonable storage charges when Seller stores the Goods in its own facilities.

Payment : After shipment, the Seller shall deliver a sight bill(s) of ex-change drawn on the Buyer together with the required documents to the Buyer through a bank. The Buyer shall effect the payment immediately upon the first presentation of the bill (s) of exchange and the required documents, i.e. D/P.

Inspection : The inspection of the Goods shall be done according to the export regulation of the Republic of Korea and/or by the manufacturer(s) which shall be considered as final. Should any specific inspector be designated by Buyer, all additional charges incurred thereby shall be at Buyer's account and shall be added to the invoice amount.

Warranty : The Goods shall conform to the specification set forth in this Contract and free from defects in material and workmanship for twelve(12) months from the date of shipment. The extent of Seller's liability under this warranty shall be limited to the repair or replacement as herein provided of any defective Goods or parts thereof. Provided, however, this warranty does not extend to any of the said Goods which have been : (a) subjected to misuse, neglect, accident or abuse, (b) improperly repaired, installed, transported, altered or modified in any way by any other party than Seller or (c) used in violation of instructions furnished by Seller. EXCEPT FOR THE EXPRESS LIMITED WARRANTIES SET FORTH IN THIS ARTICLE, SELLER MAKES NO OTHER WARRANTY TO BUYER, EXPRESS OR IMPLIED, AND HEREBY EXPRESSLY DISCLAIMS ANY WARRANTY OF MERCHANTABILITY OR FITNESS FOR A PARTICULAR PURPOSE. In no event shall Seller be liable to Buyer under this Contract or otherwise for any lost profits or for indirect, incidental or consequential damages for any reason.

Claims : Any claim by Buyer of whatever nature arising under this Contract shall be made by facsimile or cable within thirty(30) days after arrival of the Goods at the destination specified in the bills of lading. Full particulars of such claim shall be made in writing, and forwarded by registered mail to Seller within fifteen(15) days after such fax or cabling. Buyer must submit with particulars the inspection report sworn by a reputable surveyor acceptable to the Seller when the quality or quantity of the Goods delivered is in dispute. Failure to make such claim within such period shall constitute acceptance of shipment and agreement of Buyer that such shipment fully complies with applicable terms and conditions.

Remedy : Buyer shall, without limitation, be in default of this Contract, if Buyer shall become insolvent, bankrupt or fail to make any payment to Seller within the due period. In the event of Buyer's default, Seller may without prior notice thereof to Buyer exercise any of the following remedies among others : (a) terminate this Contract; (b) terminate this Contract as to the portion of the Goods in default only and resell them and recover from Buyer the difference between the price set forth in this Contract and the price obtained upon resale, plus any incidental loss or expense; or (c) terminate the

Contract as to any unshipped balance and recover from Buyer as liquidated damages, a sum of five (5) percent of the price of the unshipped balance. Further, it is agreed that the rights and remedies herein reserved to Seller shall be cumulative and in addition to any other or further rights and remedies available at law.

Force Majeure : Neither party shall be liable for its failure to perform its obligations hereunder if such failure is the direct result of circumstances beyond that party's reasonable control, including but not limited to, prohibition of exportation, suspension of issuance of export license or other government restriction, act of God, war, blockade, revolution, insurrection, mobilization, strike, lockout or any labor dispute, civil commotion, riot, plague or other epidemic, fire, typhoon, flood.

Patents, Trade Marks, Designs, etc. : Buyer is to hold Seller harmless from liability for any infringement with regard to patent, trade mark, copyright, design, pattern, etc., originated or chosen by Buyer.

Governing Law : This Contract shall be governed under the laws of Korea.

Arbitration : All disputes, controversies, or differences which may arise between the parties, out of or in relation to or in connection with this Contract, or for the breach thereof, shall be finally settled by arbitration in Seoul, Korea in accordance with the Commercial Arbitration Rules of the Korean Commercial Arbitration Board. The award rendered by the arbitrator(s) shall be final and binding upon both parties concerned.

Trade Terms : All trade terms provided in the Contract shall be interpreted in accordance with the latest INCOTERMS 2000 of International Chamber of Commerce.

5) 외환거래기본약관

□ 외환거래기본약관

[기본약관]

외환거래기본약관

이 외환거래 기본약관(이하 약관이라 합니다.)은 국민은행(이하 은행이라 합니다.)과 신청인과의 상호신뢰를 바탕으로 외환거래를 신속, 정확하게 처리하는 한편 당사자간의 이해관계를 합리적으로 조정하기 위하여 기본적이고 일반적인 사항을 정한 것입니다.

은행은 이 약관을 모든 영업점 및 전자금융매체에 비치·게시하고 신청인은 영업시간 중 언제든지 열람하거나 그 사본 교부를 신청할 수 있읍니다.

제1조 적용범위

이 약관은 다음 각 호의 거래에 적용됩니다.

1. 외화송금
2. 외국통화 매입
3. 외화수표 등의 매입 및 추심
4. 기타 전 각 호에 준하는 거래

제2조 실명거래

① 신청인은 실명으로 거래해야 합니다.

② 은행은 실명을 확인하기 위해 주민등록증, 여권, 사업자등록증 등 실명확인증표 또는 그 밖에 필요한 서류제시나 제출을 요구할 수 있으며 신청인은 이에 따르기로 합니다.

제3조 외화송금

① 은행은 신청인이 따로 요청하지 않는 한 환거래은행(지급은행, 추심은행 등 관련은행을 말합니다. 이하 같습니다.)은 은행이 선정하기로 합니다.

② 은행은 환거래은행에 지급지시 등을 함에 있어서 통상어, 부호, 암호 등을 정하여 사용할 수 있습니다.

③ 신청인은 송금거래를 마친 때 지급지시서 사본 또는 송금수표 등으로 송금내용이 정확한가를 확인하여야 합니다.

④ 신청인의 취소요청이 있는 경우 은행은 송금수표의 원본을 반환 받거나 환거래은행으로부터 송금취소확인서를 받은 후 환거래은행으로부터 실제 반환 받은 금액에서 은행 및 환거래은행의 모든 비용을 뺀 외화금액 또는 은행이 영업점에 고시한 지급시점의 대고객 전신환매입률에 의한 원화금액으로 지급합니다.

제4조 외국통화 매입

① 은행이 외국통화를 매입한 후 위·변조 통화임이 판명된 경우 신청인은 매입신청시 제출한 "외국환매입신청서"에 근거하여 외국통화금액과 매입당시에 외화여신연체이율로 매입일로부터 지급일 전일까지 계산한 손해배상금을 곧 지급하기로 합니다.

② 관계기관 등에 의해 몰수되거나, 사고재발 가능성 등을 감안하여 은행이 필요하다고 인정하는 상당한 사유가 있는 경우 은행은 위·변조 통화를 신청인에게 반환하지 않습니다.

제5조 외화수표 등의 매입 추심

① 은행이 매입한 외화수표 등에 관하여 환거래은행으로부터 지급거절 통지를 접수하거나 은행의 관련규정이 정한 기간 내에 입금이 이루어지지 않는 경우 신청인은 은행이 계산근거를 명시하여 청구하는 바에 따라 다음 각 호의 금액을 지급하여야 합니다.

1. 외화수표 등의 기재금액
   해당외화금액 또는 은행이 영업점에 고시한 지급시점의 대고객 전신환매도율에 의한 원화금액
2. 손해배상금
   환가료 징수기간 만료일 익일(부도처리가 환가료 징수기간 내에 이루어진 경우에는 부도처리일)부터 상환일 전일까지 여신연체이율로 계산한 손해배상금
3. 기타 부대비용

② 은행이 추심대금을 지급한 후 환거래은행으로부터 추심대금의 반환청구를 받은 경우에도 제1항과 같습니다.

③ 제1항 및 제2항과 관련하여 신청인이 제1항 각 호의 금액을 지급하는 경우 은행은 외화수표 등의 실물을 신청인에게 반환합니다. 그러나 은행의 책임없는 사유로 인하여 반환이 불가능한 경우 은행의 반환의무는 면제됩니다.

④ 제1항 및 제2항과 관련하여 신청인은 매입(추심)신청시 제출한 외화수표 등 또는 "외국환매입(추심)신청서"에 근거하여 제1항 각 호의 금액을 지급하며 은행은 신

청인이 제1항 각호의 금액을 지급할 때까지 외화수표 등에 대하여 모든 권리를 행사합니다.

⑤ 은행이 외화수표 등의 매입 또는 추심대금을 지급한 경우에는 은행여신거래기본약관(기업용)을 적용하기로 합니다.

제6조 수수료, 비용 및 손해부담

① 신청인은 은행의 책임있는 사유로 인하여 추가로 발생한 것이 아닌 한 제1조 각호의 거래에 따른 이자, 수수료, 지연배상금, 우편료, 전신료, 권리보전을 위한 법적절차 비용, 기타 모든 비용 및 손해를 부담하며 은행이 계산근거를 명시하여 청구하는 바에 따라 곧 지급하기로 합니다. 다만, 본인이 계산방법 등에 대하여 이를 제기하는 경우에는 은행은 이를 심사하여 그 결과를 통지합니다.

② 은행은 제1항의 이자, 수수료, 지연배상금, 우편료, 전신료 등 제반비용의 요율 및 계산방법을 성질상 고시하기 어려운 것을 제외하고는 고시토록 합니다.

③ 은행의 책임 있는 사유로 인하여 손해가 발생하는 경우에는 은행은 간접손해, 예상수익, 기타 특별손해에 대하여는 책임을 지지 아니합니다.

제7조 준용규정

신청인과 은행은 이 약관에 없는 사항에 대하여는 따로 정함이 없는 한 국제상업회의소의[추심에 관한 통일 규칙], 무역업무자동화처리약관, 전자금융거래관련약관 및 은행의 관련규정에 따르기로 합니다.

제8조 약관의 변경

은행이 이 약관을 변경하고자 할 경우에는 영업점 및 전자금융매체에 1개월간 게시하기로 합니다. 다만 약관변경전의 거래에 대하여는 변경 전 약관을 적용하기로 합니다.

6) 외국환거래약정서

은행은 본인에게 이 약정서상의 중요한 내용을 설명하여야 하며, 은행여신거래기본약관과 이 약정서의 사본을 교부하여야 합니다.

팀 원	팀 장	부점장

외국환거래약정서

년 월 일

주식회사 국민은행 앞

본 인 ____________________ (인)

주 소 ____________________

본인은 국민은행(이하 '은행'이라 합니다.)과 수출·수입·내국신용장발행·'내국신용장환어음, 판매대금추심의뢰서'매입(추심)거래·선적통지부 사후송금방식 수출거래에 의한 수출대금채권 매입거래를 함에 있어 '은행여신거래기본약관'이 적용됨을 승인하고 다음 각 조항을 확약합니다.

제1장 공통사항

제1조 적용범위

이 약정은 다음 각 항의 현재 및 장래의 모든 거래(전자문서교환방식에 의한 거래를 포함합니다)에 적용하기로 합니다.

① 수출거래
1. 화환어음(환어음이 첨부되지 않은 선적서류를 포함합니다. 이하 이 약정에서 같습니다.)의 매입 및 추심
2. 보증신용장 등에 의한 무화환어음(Clean bill)의 매입
3. 기타 전 각 호에 준하는 거래

② 수입거래
1. 신용장 발행
2. 화환어음의 인도 및 결제
3. 보증신용장에 의한 무화환어음의 인도 결제
4. 기타 전 각 호에 준하는 거래

③ 내국신용장발행거래

④ 내국신용장환어음 또는 판매대금추심의뢰서(이하 '내국신용장어음등'이라 합니다.)의 매입(추심)거래

⑤ 선적통지부 사후송금방식 수출거래(Open Account Transaction)에 의한 수출대금채권 매입거래(이하 수출대금채권 매입거래라 합니다)

제2조 권리의 행사

① 수출화환어음, 내국신용장어음등 매입대금(은행의 매입대금을 말합니다. 이하 이 약정에서 같습니다.) 및 수출대금채권 매입대금에 관하여 은행은 아래 제10조, 제11조, 제23조, 제24조 및 제28조에 의하여 이를 청구하거나 금전소비대차에 의한 대출금으로 보아 어음채권(어음이 발생된 경우에 한함) 또는 여신채권 중 어느 것에 의하여도 청구할 수 있습니다.

② 수입화환어음 및 내국신용장환어음 결제를 위한 대지급금의 경우에는 은행은 어음채권(어음이 발행된 경우에 한함) 또는 여신채권 중 어느 것에 의하여도 청구할 수 있습니다.

제3조 담 보

본인은 제1조의 거래에 수반하는 물품 및 관련서류를 당해 거래와 관련하여 은행에

부담하는 채무와 이에 부수하는 이자, 할인료, 수수료, 지연배상금, 기타 부대비용 등의 지급을 위한 담보로서 은행에 양도하기로 합니다.

제4조 적용환율

적용환율은 신청서 등을 접수한 날과 관계없이 실제로 지급받거나 지급하는 날의 은행이 정한 해당환율로 합니다. 다만, 제10조 제1항 제6호 및 제15조 단서의 경우 은행의 미수금계정 처리일 또는 외화지급보증대지급금계정 처리일의 은행이 정한 해당환율로 할 수 있습니다.

제5조 수수료, 비용 및 손해의 부담

① 본인은 은행의 책임있는 사유로 인하여 추가로 발생한 것이 아닌 한 제1조의 거래에 따른 이자, 할인료, 수수료, 지연배상금, 손해배상금, 기타 부대비용 및 은행의 권리행사, 권리보전, 담보의 취득 및 처분에 따른 비용, 운임, 보험료, 기타 모든 비용 및 손해를 부담하며, 은행이 계산근거를 명시하여 청구하는 바에 따라 곧 지급하기로 합니다. 다만, 본인이 계산방법 등에 관하여 이의를 제기하는 경우에는 은행은 이를 심사하여 그 결과를 통보합니다.

② 은행은 제1항의 이자, 할인료, 수수료 등 제반비용의 요율 및 계산방법을 성질상 고시하기 어려운 것을 제외하고는 고시토록 합니다.

③ 제1항의 수수료 등을 본인 이외의 자가 부담하기로 되어있는 경우에 본인의 비용으로 은행이 본인이외의 부담자에게 청구하였으나 입금되지 아니하여 본인에게 청구한 때는 본인이 이를 곧 지급합니다. 다만, 은행이 본인이외의 부담자로부터 이를 지급받은 경우에는 반환합니다.

제6조 적용기간

이 약정의 적용기간은 정하지 않기로 합니다. 다만, 부득이한 사유가 있는 경우 은행이나 본인은 이 약정을 해지할 수 있으며 이 경우 해지전에 이루어진 거래에 대하여는 이 약정을 계속 적용합니다.

제7조 준용규정

본인과 은행은 약정되지 아니한 사항에 대하여 따로 정함이 없는 한 「신용장통일규칙」, 「추심에 관한 통일규칙」, 「은행간 신용장대금상환에 관한 통일규칙」, 기타 국제규약, 「무역업무자동화처리약관」 및 은행의 관련규정에 따르기로 합니다.

제2장 수출거래에 대한 특약

제8조 환거래은행 및 송달방법의 선정

신용장 또는 계약서, 매입신청서 등에 명시되어 있지 않은 경우 환거래은행 및 화환어음의 송달방법은 은행이 선정하기로 합니다.

제9조 결제기간의 연장

지급의무자가 결제기간의 연장을 요청한 경우 은행은 본인의 동의를 얻어 승낙할 수 있습니다. 다만, 은행이 부득이하다고 인정하는 때는 본인의 동의없이 승낙할 수 있습니다. 이 경우 은행은 승낙한 사실을 곧 본인에게 통지합니다.

제10조 매입대금상환

① 다음 각 호에서 정한 사유중 하나라도 발생한 경우 본인은 은행으로부터의 독촉, 통지 등이 없어도 당연히 다음 각 호에서 정한 화환어음 매입대금 또는 미수금의 상환의무를 지고 곧 갚기로 합니다.

1. 본인에 대하여 은행여신거래기본약관 제7조 제1항(당연 기한전 채무변제의무) 각 호에서 정한 사유 중 하나라도 발생한 경우에는 모든 화환어음
2. 화환어음의 지급의무자에 대하여 은행여신거래기본약관 제7조 제1항(당연기한전 채무변제의무) 각호에서 정한 사유 중 하나라도 발생한 경우에는 그 자가 지급의무자로 되어있는 모든 화환어음
3. 은행의 관련규정이 정하는 기간까지 은행의 매입대금이 입금되지 아니하거나 화환어음의 인수가 이루어지지 아니하는 경우의 그 화환어음
4. 환거래은행 등으로부터 지급 또는 인수거절된 경우의 그 화환어음
5. 본인이 화환어음의 만기일 이전에 매입대금을 상환하고자 하는 경우의 그 화환어음
6. 제3호 및 제4호에 해당하는 화환어음이 은행의 관련규정이 정하는 기간까지 상환되지 아니하여 미수금계정으로 대체처리된 경우 및 은행의 관련규정에 따른 자산건전성 분류기준에 의거 회수가 불확실하거나 회수 불능이 확실하여 '회수의문' 또는 '추정손실'로 분류되어 미수금계정으로 대체처리된 경우의 그 원화금액

② 본인에 대하여 은행여신거래기본약관 제7조 제4항 및 제5항(은행의 서면독촉에 의한 기한전 채무변제의무) 각 호에서 정한 사유 중 하나라도 발생한 경우 본인은 은행의 서면독촉통지 도달일로부터 10일 이상으로 은행이 정한 기간이 경과

하면 모든 화환어음 매입대금의 상환의무를 지고 곧 갚기로 합니다.

③ 제1항 및 제2항과 관련하여 본인은 환가료 징수기간 만료일 익일부터 상환일 전일까지 여신연체이율로 계산한 손해배상금을 지급하기로 합니다. 다만, 부도처리가 환가료 징수기간내에 이루어진 경우에는 부도처리일로부터 손해배상금을 기산합니다.

④ 제1항 및 제2항과 관련하여 본인은 매입신청시 제출한 화환어음 또는 매입신청서에 근거하여 매입대금을 상환하며, 은행은 본인이 매입대금과 이에 부수하는 손해배상금, 수수료, 비용 등을 변제할 때까지 화환어음 및 수출물품에 대하여 모든 권리를 행사합니다.

제11조 화환어음 등의 반환

① 이 약정에 의하여 은행에 대한 채무의 변제 또는 은행여신거래기본약관 제10조(은행으로부터의 상계 등)에 의한 상계 등의 경우 은행은 본인에게 화환어음 및 수출물품을 채무변제 등의 시점에 반환하지 않아도 됩니다.

② 본인은 은행이 반환하는 화환어음을 은행에서 수령하기로 합니다. 다만, 수출물품은 화환어음을 수령함으로써 되돌려 받은 것으로 합니다.

③ 은행의 책임없는 사유로 인하여 화환어음 및 수출물품의 반환이 불가능한 경우 은행의 반환의무는 없는 것으로 합니다.

제3장 수입거래에 대한 특약

제12조 신용장의 발행, 통지 및 환거래은행 등의 선정

① 은행은 본인이 제출하는 신용장발행신청서(조건변경신청서 포함) 등의 기재사항에 따라 신용장을 발행, 통지합니다.

② 신용장발행신청서에 명시되어 있지 않은 경우 환거래은행(통지은행, 매입은행, 지급은행, 인수은행, 확인은행, 기타 관련은행을 말합니다. 이하 같습니다.) 및 통지방법은 은행이 선정하기로 합니다.

제13조 대도물품의 처분

① 본인은 대도물품을 입고, 운반, 출고, 가공, 매도 이외의 목적으로 사용하거나 제3자에게 담보로 제공할 수 없으며 또한 기타 은행의 권리를 해하는 행위도 할 수 없습니다.

② 본인은 대도물품을 매도할 경우 금액, 물품의 인도, 대금의 영수방법 등에 관하여 미리 은행의 동의를 받기로 합니다.
③ 본인은 대도물품의 매도대금 영수 후 곧 은행에 지급하며 매도대금을 어음, 기타 유가증권 등으로 받는 경우에는 이를 곧 은행에 양도하기로 합니다.

제14조 신용장 조건과 불일치하는 화환어음

① 은행이 채권보전을 위하여 필요하다고 인정하는 경우 은행은 신용장조건과 불일치하는 화환어음에 대하여 본인의 동의없이 지급 또는 인수를 거절할 수 있습니다. 이 경우 은행은 본인에게 사후통지 하기로 합니다.
② 화환어음이 은행에 도착하기 전 신용장조건과의 불일치를 사유로 환거래은행 등으로부터 지급 또는 인수 등의 동의여부에 대한 조회를 받은 경우에도 제1항과 같습니다.
③ 은행이 본인에게 신용장조건 불일치에 관한 조회를 하였으나 본인의 회보가 은행의 관련규정이 정한 기간내에 도착하지 않는 경우 은행은 화환어음의 지급 또는 인수에 대한 동의 또는 거절여부를 결정할 수 있습니다.

제15조 결제일

본인은 대금의 결제조건이 일람출급인 경우에는 화환어음(차기통지서가 먼저 도착하는 경우에는 그 차기통지서) 도착 후 은행의 관련규정이 정한 기일이내에 결제하고, 기한부 출급인 경우에는 만기일에 결제하기로 합니다. 다만, 기일이내에 결제하지 못한 경우에는 은행의 관련 규정에 따라 외화지급보증대지급금계정으로 처리하여 결제하며 본인은 그 원화금액을 상환하기로 합니다.

제16조 수입물품선취보증서에 의한 수입물품 인도

① 본인은 화환어음 도착전에 운송회사로부터 수입물품을 인도받고자 하는 경우 은행에 수입물품선취보증서(항공화물운송장에 의한 수입물품인도승락서를 포함합니다. 이하 같습니다.) 발급을 신청하여 은행의 사전승낙을 받아야 합니다.
② 본인은 수입물품선취보증서의 발급을 신청하는 경우 은행의 관련규정이 정하는 바에 따라 수입결제대금을 적립하기로 합니다.

제17조 신용장의 취소 및 조건변경

① 은행은 본인이 신청한 경우에 한하여 신용장을 취소 또는 조건변경 할 수 있습니다. 다만, 그 효력은 신용장의 취소 또는 조건변경의 당사자(발행은행, 수익자, 확인신용장의 경우는 확인은행) 전원의 동의가 있어야 비로소 발생합니다.

② 제1항 본문에 불구하고 유효기간 경과 등 상당한 사유가 있는 경우 은행은 신용장을 취소할 수 있습니다. 이때 은행은 본인에게 사후 통지합니다.

제18조 제3자 명의의 신용장발행

본인이 제3자 명의의 신용장발행을 은행에 본인명의로 신청한 경우에는 모든 부분에 있어서 이 약정이 적용됩니다.

제4장 내국신용장발행에 대한 특약

제19조 지급금액

본인은 은행의 내국신용장 발행에 따라 은행에 지급할 해당금액은 다음 각항에서 정하는 바에 따르기로 합니다.

① 원화표시 외화부기 내국신용장발행의 경우에는 발행당시의 내국신용장 원화금액에 불구하고 내국신용장 부기외화금액에 매입(추심)은행이 내국신용장어음등을 매입(추심)하는 날의 매매기준율을 곱하여 청구한 금액

② 순수외화표시 내국신용장발행의 경우에는 해당 외화금액

③ 순수원화표시 내국신용장발행의 경우에는 해당 원화금액

제20조 구매물품의 처분

구매물품 처분에 관하여는 제13조를 준용합니다.

제21조 신용장의 취소 및 조건변경

은행은 본인이 관계당사자(발행은행, 수익자)의 동의를 얻어 신청한 경우에 한하여 내국신용장을 취소 또는 조건변경 할 수 있습니다. 다만, 유효기일 경과 등 상당한 사유가 있는 경우에는 은행이 신용장을 취소할 수 있습니다. 이때 은행은 본인에게 사후 통지합니다.

제22조 결제일

내국신용장의 결제일에 관하여는 제15조를 준용합니다. 다만 제15조 '화환어음'은 '내국신용장어음등'으로 대체합니다.

제5장 내국신용장어음등 매입(추심)에 대한 특약

제23조 매입대금의 상환

① 다음 각호에서 정한 사유중 하나라도 발생한 경우 본인은 은행으로부터의 독촉, 통지 등이 없어도 당연히 다음 각 호에서 정하는 내국신용장어음등 매입대금의 상환의무를 지고 곧 갚기로 합니다.

1. 본인에 대하여 은행여신거래기본약관 제7조 제1항(당연 기한전 채무변제의무) 각호에서 정한 사유 중 하나라도 발생한 경우의 모든 내국신용장어음등
2. 내국신용장 발행은행에 의하여 지급거절되는 경우의 그 내국신용장어음등

② 본인에 대하여 은행여신거래기본약관 제7조 제4항 및 제5항(은행의 서면독촉에 의한 기한전 채무변제의무) 각호에서 정한 사유중 하나라도 발생한 경우 본인은 은행의 서면독촉통지 도달일로부터 10일 이상으로 은행이 정한 기간이 경과하면 모든 내국신용장어음등 매입대금의 상환의무를 지고 곧 갚기로 합니다.

③ 제1항 및 제2항과 관련하여 본인은 매입이자 징수기간 만료일 익일부터 상환일 전일까지 여신연체이율로 계산한 손해배상금을 지급하기로 합니다.

④ 제1항 및 제2항과 관련하여 본인이 매입대금과 이에 부수하는 손해배상금, 수수료, 비용 등을 변제할 때까지 은행은 매도물품에 대하여 모든 권리를 행사합니다.

제24조 내국신용장어음등의 반환

① 이 약정에 의하여 은행에 대한 채무의 변제 또는 은행여신거래기본약관 제10조(은행으로부터의 상계등)에 의한 상계 등의 경우 은행은 내국신용장어음등 및 이에 첨부된 서류를 채무변제 등의 시점에 반환하지 않아도 됩니다.

② 본인은 은행이 반환하는 내국신용장어음등 및 이에 첨부된 서류를 은행에서 수령하기로 합니다.

③ 은행의 책임없는 사유로 인하여 내국신용장어음등 및 이에 첨부된 서류의 반환이 불가능한 경우 은행의 반환의무는 없는 것으로 합니다.

제6장 수출대금채권 매입거래에 대한 특약

제25조 선적서류의 발송

수출대금채권 매입거래와 관련한 '선적서류'(운송서류, 보험서류, 상업송장및 수출계약서에 의해 요구되는 서류를 포함합니다. 이하 같습니다.)는 본인의 책임하에 발송

하고 그 증빙서류를 매입신청시 은행에 선적서류 사본과 함께 제출합니다.

제26조 수출대금채권의 양도

본인은 수출대금채권 매입의뢰시 은행 소정양식의 '수출대금채권 양도에 따른 대금지급지시서(STANDING PAYMENT INSTRUCTION)'를 수출대금채권의 지급의무자(이하 지급의무자라 합니다.)에게 송부한 후 지급의무자로부터 이에 대한 동의서를 받아 은행에 제출합니다.

제27조 수출대금의 회수 등

① 본인은 지급의무자에게 수출대금을 은행에 직접 또는 은행이 지정한 계좌에 입금하도록 지시합니다.

② 다음 각호에서 정한 사유중 하나라도 발생한 경우 본인은 은행으로부터의 독촉, 통지 등이 없어도 당연히 다음 각호에서 정한 수출대금채권 매입대금의 상환의무를 지고 곧 갚기로 합니다

1. 수출대금채권 만기일로부터 은행이 정한 기일까지 수출대금이 입금되지 아니하는 경우의 당해 수출대금채권
2. 지급의무자가 만기일 이전이라도 수출대금을 지급할 의사가 없음을 명백히 한 경우의 당해 수출대금채권

제28조 이자 등

수출대금이 수출대금채권 만기일에 회수되지 아니하는 경우 본인은 은행이 정한 계산방법, 지급시기 및 방법에 따라 입금지연이자 또는 부도이자를 지급합니다.

제29조 준용규정

본 장에서 따로 정하지 않은 사항은 "제2장 수출거래에 대한 특약"에 따릅니다.

<table>
<tr><td colspan="2">본인은 은행여신거래기본약관 및 이 약정서 사본을 확실히 수령하고,
주요내용에 대하여 충분한 설명을 듣고 이해하였습니다.</td></tr>
<tr><td>본 인</td><td>(인)</td></tr>
</table>

7) 외화송금신청서

실명확인	팀 원	팀 장

외화송금신청서(APPLICATION FOR REMITTANCE)

주식회사 국민은행 앞 [지급신청서 및 거래외국환은행 지정신청서 겸용]

To **Kookmin** Bank 굵은선 안에만 기입하시기 바랍니다.(Please write in marked area only. Thank you)

송금신청인	성명 (Applicant)	한글(Korean)		영문(English)	
	내국인 (사업자)	주민등록번호(사업자등록번호)			
	해외교포, 외국인(Foreigner)	여권번호(Passport No.)			
	주 소 (Address)			TEL	

예금청구서 (예금에서출금시 기재)	계좌번호(A/C No.)		금 액(Amount)	
	본 송금신청과 관련하여 출금하여 주십시요. 예금주 (인) (통장 인감)			

송금신청내용						
EASY 반복송금	▣ 년 월 일 외화송금한 내용과 동일하게 송금 하시는 경우					
	송 금 액(Amount)		해당 외화송금 관리번호(Prior Ref. No)			
	수취인 계좌번호 (Bene's A/C No.)		수취인명 (Bene's Name)			
송금방법(Send by)	□전신송금(CABLE) □CRS □WACS		Charge 부담	□신청인(Applicant) □수취인(Beneficiary)		
송금액(Amount)	(US$)		지 급 사 유			
수취인 성명 (Beneficiary's Name)			신청인과의관계			
수취인 주소 및 전화번호 (Beneficiary Address & Tel.no.)			국 적 (Nationality)			
수취인 거래은행 (Beneficiary's Bank)	은 행 명 (Bank Name)					
	주 소 (Bank Address)	도시명(City)	국가명(Country)			
	은행번호 (BANK NO.)		수취인계좌번호 (Bene's A/C No.)			
중개은행(Intermediary Bank)		송금관련정보(Remittance Info.)				
수입대금의 경우기재	품목(H.S Code)	L/C or 계약서 No.	수출/수입신고번호	수입용도	대응수입예정일	

▣ 본인은 외국환거래규정에 따라 외국환을 지급(매입)하고자 하며 귀행 영업점에 비치된 외환거래기본약관을 열람하고 그 내용에 따를 것을 확약하며 위와 같이 송금 신청합니다.

I/We hereby apply for payment(purchase) above amount of foreign currency in accordance with the Foreign Exchange Transaction Regulation and certify that I/We will observe the General Terms and Condition of Foreign Exchange Transactions kept in your bank and request you to make remittance as above.

신 청 인(Applicant) (인)

▣ 이 신청서는 외환통계자료로 활용하며 과세자료로 국세청에 통보될 수 있습니다.

▣ 귀행을 지정항목( )의 거래외국환은행으로 지정하고자 합니다.(뒷면의 지정항목 분류표 참조, 숫자기입)

신청인 성명		지정주민/사업자 등록번호		TEL NO.	
대리인 성명		대리인 실명번호		TEL NO.	

▣ 상기 거래 외국환은행 지정거래 신청내용을 확인합니다. 국민은행장(인)

인자란							
외화송금관리번호 (Ref.No.)			신청인 성명				
거 래 일 자	수취인 성명			은행번호			
지 급 은 행 명 / 지 급 은 행 주 소							
수취인 계좌번호(A/C No.)			수취은행 SWIFT Code	Charge 부담	신청인 고객번호		
송금종류	통화코드	외화금액	송금수표번호	지급사유	지정항목	지정고객번호	

KB | 국민은행

8) 취소불능화환신용장 개설신청서

은 행 용

취소불능화환신용장 발행신청서
(APPLICATION FOR IRREVOCABLE DOCUMENTARY

팀원	팀장	부점장

1. ADVISING BANK
ADVISING THROUGH BANK(57A)

2. CREDIT NO. | 3. EXPIRY DATE(31D) | 4. APPLICANT(50)

5. BENEFICIARY(59)

6. AMOUNT
7. DRAFT(42C) FOR ( ) PERCENT OF THE INVOICE VALUE
☐ AT SIGHT(☐송금방식 ☐상환방식)
☐ USANCE (☐BANKER'S ☐ SHIPPER'S ☐DOMESTIC) ( ) DAYS
☐AFTER SIGHT ☐AFTER B/L DATE ☐FROM B/L DATE ☐

8. PARTIAL SHIPMENT(43P) : ☐ALLOWED ☐ PROHIBITED
9. TRANSSHIPMENT(43T) : ☐ ALLOWED ☐ PROHIBITED
10. RECEIPT(수탁지 44A) :
11. LOADING(선적항 44E) :
12. DISCHARGE(양륙항 44F) :
13. DESTINATION(최종도착지 44B) :
14. LATEST DATE OF SHIPMENT(44C) :
15. DESCRIPTION OF GOODS/SERVICES

HS NO.(21)	COMMODITY DESCRIPTION(45A)	QUANTITY	UNIT PRICE	AMOUNT
	TOTAL			

16. COUNTRY OF ORIGIN(45A) :
17. PRICE TERM(45A) : 가격조건 장소

18. DOCUMENTS REQUIRED(46A)

☐FULL SET OF CLEAN ON BOARD OCEAN BILLS OF LADING MADE OUT TO THE ORDER OF KOOKMIN BANK, SEOUL, KOREA MARKED "FREIGHT ☐PREPAID ☐OLLECT" AND NOTIFY ☐PPLICANT (☐)

☐AIRWAY BILLS CONSIGNED TO KOOKMIN BANK, SEOUL, KOREA MARKED "FREIGHT ☐PREPAID ☐OLLECT" AND NOTIFY ☐APPLICANT (☐)

☐SIGNED COMMERCIAL INVOICE ☐3 FOLD ☐) FOLD

☐PACKING LIST ☐3 FOLD ☐) FOLD

☐CERTIFICATE OF ORIGIN ( ) FOLD ISSUED BY ______

☐INSURANCE POLICY OR CERTIFICATE IN DUPLICATE. ENDORSED IN BLANK FOR 110% OF THE INVOICE COST. INSURANCE POLICIES OR CERTIFICATES MUST EXPRESSLY STIPULATE THAT CLAIMS ARE PAYABLE IN THE CURRENCY OF THE DRAFT AND MUST ALSO INDICATE A CLAIMS SETTLING AGENT IN KOREA. INSURANCE MUST INCLUDE : INSTITUTE CARGO CLAUSE ______

☐

☐

19. ADDITIONAL CONDITIONS(47A)

☐ACCEPTANCE COMMISSION & DISCOUNT CHARGES IS FOR A/C OF APPLICANT. (☐ ______) (☐ 이자선취 ☐이자후취)

☐INTEREST UP TO THE MATURITY IS FOR A/C OF BENEFICIARY. (☐ ______)

☐LATE PRESENTATION ACCEPTABLE ☑ HOUSE AIR WAYBILLS ACCEPTABLE ☐ ALL DOCUMENTS MUST BEAR OUR L/C NUMBER

☐THIS CREDIT CAN BE TRANSFERRED BY ADVISING BANK ☐ THIRD PARTY B/L & DOCUMENTS ACCEPTABLE

☐SHIPMENT MUST BE EFFECTED BY ______

☐PLUS ( ) % MINUS ( ) % IN ______ ACCEPTABLE

☐

20. ALL BANKING CHARGE OUTSIDE KOREA ARE FOR A/C OF ☐APPLICANT ☐ BENEFICIARY
21. DOCUMENTS MUST BE PRESENTED WITHIN(48) DAYS AFTER THE DATE OF SHIPMENT BUT WITHIN THE VALIDITY OF CREDIT
22. CONFIRMATION (☐ CONFIRM ☐WITHOUT ☐ MAY ADD) CHARGE IS FOR A/C OF ☐ APPLICANT ☐ BENEFICIARY

Reimbursements under this Credit are subject to the Uniform Rules for Bank-to-Bank Reimbursements under Documentary Credits, ICC Publication No. 525 This Documentary Credit is subject to the version of the Uniform Customs and Practice for Documentary Credits, ICC, which is in effect on the date of issue

국민은행 앞

위와같이 신용장 발행을 신청함에 있어서 따로 제출한 외국환거래약정서의 해당 조항에 따를 것을 확약하며, 아울러 위 수입물품에 관한 모든 권리를 은행에 양도하겠습니다.

20 . . .

• 신청인 (인)

• 주 소

인감대조

(등록번호 E019180(210x297) NCR지(07.07 개정) K17

KB 국민은행

9) 취소불능화환신용장 개설통지서

101-1, 1-KA, EULJIRO CHUNG-KU, SEOUL KOREA
SWIFT ADDRESS:HNBNKRSE
TELEX NO:K 25614, FAX NO.82-2-771-6298
TELEPHONE:(02)2002-1555, 1559

Hana Bank ORIGINAL

A D V I C E O F I R R E V O C A B L E D O C U M E N T A R Y C R E D I T

Advice number : A12AD30500018 Date : 03-05-06

Beneficiary	Issuing bank
SEHYUN L AND T CO., LTD RM 803 SAMWON BLDG, 112-5 SOKONG-DONG, CHUNG-KU,	INDUSTRIAL N COMM'L BANK OF VIETNAM DA NANG, VIETNAM L/C No : 480LCB200300124
Applicant	**Amount**
GELIMEX HANOI 709 GIAI PHONG ROAD, HANOI CITY, VIETNAM	USD 26,950.00 Open date : 2003/04/29 Expiry date : 2003/06/20
TEST CORRECT	

Dear Sir(s).
We are requested by the issuing bank without any responsiblity on our part to advise you of authenticated cable reading as follows:
FROM : ICBVVNVXXXX
MSG TYPE : 700
This letter is solely an advice of credit opened by the above mentioned

Form of Documentary Credit	40A:	IRREVOCABLE
Documentary Credit Number	20 :	480LCB200300124
Date of Issue	31C:	030429
Date and Place of Expiry	31D:	030620KOREA
Applicant Bank	51A:	ICBVVNVX480
Applicant	50 :	GELIMEX HANOI 709 GIAI PHONG ROAD, HANOI CITY, VIETNAM
Beneficiary	59 :	SEHYUN L AND T CO., LTD RM 803 SAMWON BLDG, 112-5 SOKONG-DONG, CHUNG-KU, SEOUL, KOREA
Currency Code, Amount	32B:	USD26950.
Available With ... By ...	41D:	ANY BANK IN KOREA BY NEGOTIATION
Drafts At ...	42C:	SIGHT FOR FULL INVOICE VALUE
Drawee	42A:	ICBVVNVX
Partial Shipment	43P:	ALLOWED
Transshipment	43T:	NOT ALLOWED
Loading on Board/Dispatch/Taking in Charge at/fr	44A:	ANY KOREAN PORT
For Transportation to ...	44B:	HAIPHONG PORT, VIETNAM
Latest Date of Shipment	44C:	030530
Description of Goods and/or Services	45A:	

COMMODITY	QUANTITY	UNIT PRCIE	AMOUNT

Print Count 1

101-1, 1-KA, EULJIRO CHUNG-KU, SEOUL, KOREA
SWIFT ADDRESS:HNBNKRSE
TELEX NO:K 25914, FAX NO:82-2-771-6298

Hana Bank

ORIGINAL

This page is attached to and forms part of credit no : 480LCB200300124 Page : 2

		(CIF HAIPHONG)	(USD)
1/HUYNDAI COUNTY BUS 29 SEATS SUPER TYPE, RED COLOR,P/YEAR:1999UP	01 UNIT	15,750.00	15,750.00
2/HYUNDAI CHORUS 25 SEATS ORIGIN P/YEAR:1998UP	01 UNIT	11,200.00	11,200.00
TOTAL:	02 UNITS		

TOTAL AMOUNT:USD26,950.00 CIF HAIPHONG PORT,VIETNAM INCOTERMS 2000
QUALITY : 80PCT UP, ORIGINAL LEFT HAND STEERING WHEEL, DECK MUST BE NORMAL. THE FULL DETAILS OF COMMODITTIES AS PER ARTICLE 2 OF CONTRACT NO.2604/SH-GE DD APRIL 26,2003
PACKING : IN BULK, EXPORT STANDARD PACKING
ALL OTHER DETAILS AS PER CONTRACT NO.2604/SH-GE DD APRIL 26,2003

Documents Required 46A:
1/SIGNED COMMERCIAL INVOICE IN 4 ORIGINALS
2/3/3 SET OF CLEAN ON BOARD OCEAN BILL OF LADING MADE OUT TO ORDER OF INCOMBANK DANANG BRANCH , MARKED 'FREIGHT PREPAID' AND NOTIFY THE APPLICANT WITH FULL ADDRESS
3/INSURANCE POLICY/CERTIFICATE FOR 110PCT INVOICE VALUE COVERING ALL RISKS AND 'I.O.P.'SHOWING CLAIM PAYABLE AT BAOMINH INSURANCE CO.,26 TON THAT DAM ST, DIST 01, HOCHIMINH CITY, VIETNAM.
INSURANCE POLICY MUST BE ISSUED BY EITHER LG INSURANCE COMPANY OR HYUNDAI INSURANCE COMPANY OR FISRT FIRE AND MARINE INSURANCE CO.,LTD.
4/DETAILED PACKING LIST SHOWING DETAILS OF FRAME NUMBER
5/CERTIFICATE OF ORIGIN ISSUED BY THE KOREA CHAMBER OF COMMERCE AND INDUSTRY
6/CERTIFICATE OF QUALITY AND QUANTITY ISSUED BY THE SELLER
7/BENEFICIARY'S CERTIFICATE ENCLOSING SPECIAL COURIER RECEIPT SHOWING THAT THE TECHNOLOGY SPECIFICATTION OF BUS SUCH AS: LENGTH, WIDTH, HEIGHT, GROSS WEIGHT AND ONE SET OF NON-NEGOTIATION DOCUMENTS HAVE BEEN SENT TO GELIMEX-HANOI RIGHT AFTER SHIPMENT

Additional Conditions 47A: 1/LC NO IS TO BE QUOTED ON ALL DOCS
2/A FEE OF USD 50.00 IS FOR DISCREPANT DOCS
3/THE DOCS ARE PRESENTED IN TRIPLICATE UNLESS OTHERWISE STATED
4/ALL REQUIRED DOCS MUST BE ISSUED IN ENGLISH, HAVE TITLE AS LC REQUIRED AND MUST BE DATED

Charges 71B: ALL BANKING CHARGES OUTSIDE VIETNAM ARE ON THE BEN'S A/C

Confirmation Instructions 49 : WITHOUT

Instructions to the Paying/Accepting/Negotiating 78 :

Print Count 1

101-1, 1-KA, EULJIRO CHUNG-KU, SEOUL, KOREA
SWIFT ADDRESS:HNBNKRSE
TELEX NO:K 25914, FAX NO 82-2-771-6298

Hana Bank

ORIGINAL

This page is attached to and forms part of credit no : 480LCB200300124 Page : 3

PLS SEND CONFORMING DOCS TO INCOMBANK DANANG BRANCH 36 TRAN
QUOC TOAN ST.,DANANG CITY, VIETNAM IN ONE LOT
UPON RECEIPT OF THE ABOVE SAID DOCS AND YOUR SCHEDULE CERTIFYING
THAT ALL TERMS AND CONDITIONS OF THE CREDIT HAVE BEEN COMPLIED
WITH, WE SHALL REIMBURSE YOU ACCORDING TO YOUR INSTRUCTIONS

"Advice Through" Bank	57D: SEOUL BANK, JEUNG GWON TOWN BRANCH, KOREA
Sender to Receiver Information	72 : THIS CREDIT IS SUBJECT TO THE UCP REV. 1993 ICC PUBLICATION NO. 500 PLEASE RELEASE THIS CREDIT LETTER AFTER COLLECTING YOUR ADVISING FEE (AND AMENDMENT FEE IF ANY)

The amount of each draft must be endorsed on the reverse of this credit by the negotiating bank

This letter is solely an advice of credit opened by the above mentioned correspondent and conveys no engagement by us.
We reserve the right to make such corrections to this advice as may be necessary upon recipt of cable confirmation and assume no responsibility for any errors and/or omissions in the transmission and/or translation of the cable.
N.B., In case of difficulties, please consult us before communicating with your customers.

Yours faithfully,

全 順 姬

Authorized Signature

Print Count 1

10) 취소불능화환신용장 조건변경신청서

고 객 용

취소불능화환신용장 조건변경 신청서

(APPLICATION FOR AMENDMENT TO IRREVOCABLE DOCUMENTARY CREDIT)

신용장번호(CREDIT NUMBER)

통지은행(ADVISING BANK)	수입자(APPLICANT)
수출자(BENEFICIARY)	금액(AMOUNT)
	유효기일 (EXPIRY DATE)

조건변경내용(AMENDMENTS) :

표시(MARK)	조건(CONDITION)	이전(BEFORE)	이후(AFTER)
☐	신용장금액(Credit Amount)		
☐	유효기일(Expiry Date)		
☐	선적기일(Shipping Date)		
☐	분할선적(Partial Shipment)		
☐	원산지(Country of Origin)		
☐	환적(Transshipment)		
☐	수탁지(Receipt)		
☐	선적항(Loading)		
☐	양륙항(Discharge)		
☐	최종도착지(Destination)		

기타(OTHERS)

All other terms and conditions remain unchanged

상기 사항이 수입허가/승인 변경사항과 상위 없음을 확인하고 위와같이 신용장 조건변경을 신청합니다

Authorized Signatures

Branch

E019-181(210X297) NCR지(07.07 개정)

KB | 국민은행

11) 취소불능화환신용장 조건변경통지서

KOREA EXCHANGE BANK 0518940
Head Office : 181, 2-ka Ulchi-ro, Chung-ku, Seoul, 100-793, Korea
(CPO BOX 2924, CABLE : KOEXBANK, TLX NO : 23141-5)

Advising Dept/Branch : SOGONGDONG | Date of Advice : APR 17, 1993

ADVICE OF AMENDMENT TO DOCUMENTARY CREDIT	Advice No. Please quote this No. in communications with us A-0667-303-07169
	Credit No. ILC1235999
	Amount
Beneficiary TEL :774-7845 LEE SAN TRADING CO.LTD. RM 1001 TAE YANG BLDG.28 SOKONG DONG JUN	Applicant ITOCHU CORPORATION OSAKA,JAPAN.
	Issuing Bank INDUSTRIAL BANK OF JAPAN, LTD., TOKYO

Gentlemen:

At the request of the issuing bank, and without any engagement or responsibility on our part, we are pleased to inform you that we have received (X) authenticated / ( )unauthenticated (X) teletransmission / ( )mail as attached.

Please note that we reserve the right to make such corrections to this advice as may be necessary upon receipt of the cable confirmation and assume no responsibility for any errors and / or omissions in the transmission and / or translation of the teletransmission, and for any forgery and/or alteration on the attached credit.

If the credit is available by negotiation, each presentation must be noted on the reverse of this advice by the bank where the credit is available.

THIS ADVICE IS SUBJECT TO THE UNIFORM CUSTOMS AND PRACTICE FOR DOCUMENTARY CREDITS (1983 REVISION, ICC PUBLICATION No. 400).

구 분	취급일자	금 액	취급점	취급자인
통지수수료	1993. 4. 15.	10,000	외환소공	
통지수수료 환급				

Yours very truly,

Authorized Signature

This document consists of (2) pages.

EP-E-IC-001 (1990년10월 제정) (210 × 279)

(은행사용란)
DECODED BY SWF, VERIFIED BY SWF
378080455   USD**********4,250

KOREA EXCHANGE BANK

Receipt-number : 7-0957-00   Date : 93.04.16   SAFE ID. : 93041606112

MIR : 930416IBJTJPJTAXXX0256583779
MOR : 930416KOEXKRSEAXXX0720909314
MUR :
FM : INDUSTRIAL BANK OF JAPAN, LTD.TOKYO
TO : KOREA EXCHANGE BANK, SEOUL
DATE:930416

::707 Amendment to Documentary Credit

4:
:20 SENDER'S REFERENCE:ILC1235999
:21 RECEIVER'S REFERENCE:NONREF
:31C DATE OF ISSUE:930316
:30 DATE OF AMENDMENT:930416
:59 BENEFICIARY (BEFORE THIS AMENDMENT):
LEESAN TRADING CO.,LTD. RM
NO.1001,TAE YANG BLDG,28,
SOKONG-DONG,JUNG-KU,SEOUL,KOREA
:31E NEW DATE OF EXPIRY:930502
:32B INCREASE OF DOCUMENTARY CREDIT AMOUNT:USD4250,
:34B NEW CREDIT AMOUNT AFTER AMENDMENT:USD49000,
:44C LATEST DATE OF SHIPMENT:930425
:79 NARRATIVE:
ADDITIONAL SHIPMENT REF.NO.NK0123
QUAL.LSPT-2500BL   ART NO.62054 800M
ART NO.62055 900M   PRICE: USD2.50/M.
QUANTITY : 1,700.00MTRS. MARKED YUAN DONG IN DIA
CONT NO.93TH21404-2   STYLE NO.62054
(OR 62055)   GUANGZHOU VIA HONG KONG
C/T NO.1-UP   MADE IN KOREA
:72 SENDER TO RECEIVER INFORMATION:ACKNOWLEDGE RECEIPT
-
5:MAC:274EDC5F
CHK:F5FF1F1C8F04
*** SWIFT KEY : CORRECT ***

EP-E-FM-013(小) (1990년10월 제정 210×279)   (본 전문은 당행의 통지안내서에 첨부되어야 유효함)

12) 신용장양도신청서

계	책임자

Application of ☐ **Total** ☐ **Partial** **Transfer**

Kookmin Bank

Date:

L/C No
Beneficiary
Applicant
Issuing Date
Issuing Bank

Gentleman :

We hereby request you to transfer irrevocably all of our rights of the above mentioned credit to the transferee under the same terms and conditions of the original credit with exceptions indicated hereunder :

- Amount to be transferred :
- Expiry date:
- Latest shipping date
- Presentation period :
- Other Conditions (Description of Goods, etc) :

Any amendment to the credit hereafter made is to be advised to the ☐ the 1st ☐ the 2nd Beneficiary.

The original credit (including amendments to this date, if any) is attached herewith for your endorsement. We agree to indemnify and hold you harmless against any and all losses, damages and expenses arising from your actions on this transfer.

This application is subject to the version of The Uniform Customs and Practice for Documentary Credits, ICC, which is mentioned on the documentary credit

Accepted by **Truly Yours**

Authorized Singature & Name of 2nd Beneficiary

Authorized Singature & Name of 1st beneficiary

KB 국민은행

13) 신용장양도

<u>원 신용장 전문</u>

:: 700	Issue of Documentary Credit	
: 27	Sequence of Total	: 1/1
: 40B	Form of Documentary Credit	: IRREVOCABLE
: 20	Documentary Credit Number	: **<u>LC11/70161</u>**
: 31C	Date of Issue	: 980302
: 31D	Date and Place of Expiry	: **<u>980330KOREA</u>**
: 50	Applicant	: **<u>ABC CO.,LTD</u>**
: 59	Beneficiary	: **<u>DEF CO.,LTD</u>**
: 32B	Currency Code and Amount	: **<u>USD100000</u>**
: 41D	Available With · By ·	: ANY BANK BY NETOTIATION
: 42C	Drafts at ·	: DRAFT AT SIGHT
: 42A	Drawee	: OGAKJPJT
: 43P	Partial Shipments	: PROHIBITED
: 43T	Transshipment	: PROHIBITED
: 44A	Loading/Dispatch/Taking charge at/from	: ANY PORT,ASIA
: 44B	For Transportation to ·	: SHIMIJU,JAPAN
: 44C	Latest Date of Shipment	: 980315
: 45A	Description of Goods and/or Services DIAPER BACK SHEET 100ROLLS (**USD1,000/ROLL**) C.I.F SHIMIZU	
: 46A	Documents Required + SIGNED COMMERCIAL INVOICE 3 COPIES + FULL SET OF CLEAN ON BOARD OCEAN ...... + INSURANCE POLICY OR CERTIFICATE IN DUPLICATE, ENDORED IN BLAND, **<u>FOR 110 PERCENT OF INVOICE COST</u>** · + PACKING LIST IN 3 COPIES	
: 47A	Additional Condition + T.T REIMBURSEMENT IS NOT ACCEPTABLE	
: 71B	Charges	: All banking charges ......
: 48	Period for Presentation	: Documents to be presented **<u>within</u>** **<u>21 days</u>** · ..
: 49	Confirmation Instruction	: WITHOUT
: 53A	Reimbursement Bank	: BOTKJPJT
: 78	Inst to the Pay /Accept / Negotiate Bank **<u>NEGOTIATING BANK IS AUTHORIZED TO CLAIM REIMBURSE-MENT FROM THE BANK OF TOKYO-MITSUBISHI,LTD.TOYKO DRAFTS AND ALL DOCUMENTS DIRECT TO 개설은행명 및 주소 IN ONE LOT</u>**	:
: 72	Sender to Receiver Information	: subject to UCP500 and URR525

양도신용장 전문

: : 720	Transfer of Documentary Credit	
: 27	Sequence of Total	: 1/1
: 40B	Form of Documentary Credit	: IRREVOCABLE
: 20	Transferring Banks Reference	: **T-06XX-806-00001**
: 21	Documentary Credit Number	: LC11/70161
: 31C	Date of Issue	: 980302
: 31D	Date and Place of Expiry	: **980320KOREA**
: 52a	Issuing Bank of the Original D/C	: **원 신용장 개설은행**
: 50	First Beneficiary	: **DEF CO.,LTD**
: 59	Second Beneficiary	: **XYZ CO.,LTD**
: 32B	Currency Code and Amount	: **USD80000**
: 41D	Available With · By ·	: ANY BANK BY NETOTIATION
: 42C	Drafts at ·	: DRAFT AT SIGHT
: 42A	Drawee	: OGAKJPJT
: 43P	Partial Shipments	: PROHIBITED
: 43T	Transshipment	: PROHIBITED
: 44A	Loading/Dispatch/Taking charge at/from	: ANY PORT,ASIA
: 44B	For Transportation to ·	: SHIMIJU,JAPAN
: 44C	Latest Date of Shipment	: 980315
: 45A	Description of Goods and/or Services DIAPER BACK SHEET 100ROLLS (**USD800/ROLL**) C.I.F SHIMIZU	
: 46A	Documents Required + SIGNED COMMERCIAL INVOICE 3 COPIES + FULL SET OF CLEAN ON BOARD OCEAN ..... + INSURANCE POLICY OR CERTIFICATE IN DUPLICATE, ENDORED IN BLAND, **FOR 137.5 percent OF INVOICE COST** · + PACKING LIST IN 3 COPIES	
: 47A	Additional Condition UPON RECEIPT OF DOCUMENTS AT OUR COUNTERS, WE **SHALL FORWARDED THE NECESSARY DOCUMENTS TO THE ISSUING BANK. UPON REIMBURSEMENT FROM THE ISSUING BANK, WE SHALL UNDERTAKE TO REIMBURSE YOU IN ACCORDAHNCE WITH YR INSTRUCTIONS.** + T.T REIMBURSEMENT IS NOT ACCEPTABLE	
: 71B	Charges	: All banking charges.....
: 48	Period for Presentation	: Documents to be presented **within 14 days** · ..
: 49	Confirmation Instruction	: WITHOUT
: 53A	Reimbursement Bank	: BOTKJPJT
: 78	Inst to the Pay /Accept / Negotiate Bank : **ALL DOCUMENTS MUST BE FORWATDED TO 양도은행(양도지점) 및 주소 IN ONE LOT BY COURIER SERVICE**	
: 72	Sender to Receiver Information	: subject to UCP500 and URR525

14) 취소불능내국신용장 개설신청서

팀원	팀장	부점장

취소불능내국신용장 개설신청서

신청일자

취 소 불 능 내 국 신 용 장	신용장번호
개설신청인(상호,주소,대표자,전화)	결제통화 및 금액 ☐ 순수원화 ₩ ☐ 외 화 ☐ 원 화 ₩ (외화금액 @) 다만, 환어음 매입시 대고객 매매기준율이 개설시와 다를 경우 원화금액은 동 매매기준율로 환산한 금액으로 함.
수혜자(상호,주소,대표자,전화,사업자번호) 사업자번호 (- -)	물품인도기일 / 유효기일

형 식 : 수익자가 신용장 금액을 한도로하여 물품대금 전액을 어음금액으로 하고 본인을 지급인 귀행을 지급장소로 하는 일람출급환어음을 발행함을 허용하는 신용장

제출서류

☐ 물품수령증명서 통 ☐ 공급자발행 세금계산서사본 통

☐ 기 타

공 급 물 품 명 세 서

HS 부호	품명 및 규격	단위및수량	단 가	금 액

분할인도 ☐ 허용함 ☐ 불허함	서류제시기간 물품수령증명서발급일로부터 ( ) **영업일이내**
기 타	용 도

개 설 근 거	☐ 수출L/C ☐ D/A ☐ D/P ☐ 외화표시 물품공급계약서 ☐ 기타 수출관련계약서 ☐ 내국신용장 ☐ 과거수출실적

무역금융 융자신청 내용		
	융자구분	☐전액 ☐일부
	이자선후취구분	☐선취 ☐후취
	융자기간	( )일
	융자금액 (융자구분이 일부인 경우 입력)	원

귀행이 개설하는 내국신용장은 상기 원 신용장과는 독립 별개의 것임을 서약하고, 위와 같이 내국신용장 개설을 신청하며 귀행의 별도 소정 외국환거래약정서의 조건을 준수할 것을 확약합니다.

* 신청인 (인)
* 주 소
* TEL

인감대조

주식회사 **국민은행** 귀하

이 신용장에 관한 사항은 다른 특별한 규정이 없는한 국제상공회의소 제정 화환신용장 통일규칙에 따릅니다.

15) 취소불능내국신용장

한국외환은행

0793992

발행일자 : 1992년 8월 25일

취 소 불 능 내 국 신 용 장	신용장번호 L0676-208- 00294
개설의뢰인(상호, 주소, 대표자) WALLIM IND CO.,LTD	결제통화 및 금액 ☐ 원 화 ₩42,497,103 (외화금액 US$53,992.- @ 787.10) 다만, 환어음 매입시 대고객 전신환 매입율이 발행시와 다를 경우 원화금액은 동 매입율로 환산한 금액으로 함 ☐ 외 화 다만, 발행의뢰인의 거주자계정으로부터 수익자명의 거주자계정에 이체지급할 것을 조건으로 함.
수익자(상호, 주소, 대표자) SHIN HO LEATHER CO.,LTD	물품인도기일 1992. 09. 24 / 유효기일 1992. 09. 24

당행은 귀하가 위 금액의 범위내에서 다음의 서류를 첨부하여 당행을 지급장소로 하고 신청인을 지급인으로 한 물품대금 전액의 일람출급환어음을 발행할 수 있는 취소불능내국신용장을 발행합니다. 이 신용장에 의하여 발행된 환어음은 "19 년 월 일 한국외환은행 내국신용장번호 에 의함" 이라고 표시하여야 합니다.

제출서류 :

- ☐ 물품수령증명서 1 통
- ☐ 공급자발행 세금계산서 사본 1 통
- ☐ 기 타

공 급 물 품 명 세

HS부호	품명 및 규격	단위 및 수량	단 가	금 액
4101.29-0000	COWHIDE LIMED SPLIT UNTRIMMED MOISTURE CONTENT : 46-56% (RAW METERIAL : STEER RAWHIDE)	170,000LBS	@$0.3176	US$53,992.-

XXXXXXXXXXX XXXXXXXXXX XXXXXXXXXX

분할인도	☑ 허용함 ☐ 불허함	서류제시기간	물품수령증명서발급일로부터 7 영업일이내
기 타		비 고	원 자 재 (실 적)

발 행 근 거	☐ 수출 L/C, ☐ D/A, ☐ D/P, ☐ 외화표시 물품공급계약서 ☐ 내국신용장 ☐ 외화표시 건설·용역공급계약서
신용장(계약서)번호	

1. 이 신용장에 의하여 발행된 환어음을 매입한 은행은 반드시 매입일자와 동 금액을 이 신용장 뒷면에 기재하여야 합니다.
2. 물품수령증명서상의 수령인의 서명 또는 인감은 이 신용장 뒷면에 표시(첨부)된 물품매도확약서상의 것과 일치하여야 합니다.
3. 이 신용장에 관한 사항은 다른 특별한 규정이 없는 한 국제상업회의소 제정 화환신용장통일규칙 및 관례에 따릅니다.

당행은 이 신용장에 의하여 발행되고 또한 이 신용장조건에 일치하는 환어음이 당행에 제시된 때에는 이를 이의없이 지급할 것을 환어음의 발행인, 배서인, 기타 정당한 소지인에게 확약합니다.

한국외환은행

지점장대리 朴 海 欽

책임자 서명날인

지점(부)

수-A-서 16(4), '87. 11 개정 (210×297)

16) 외화획득용 구매승인(확인)서

HEE KWANG TEXTILE INC

ROOM#609, MINJOK-TONGIL BLDG. 13-24 YOIDO-DONG,
YOUNGDEUNGPO-GU, SEOUL, KOREA

TEL NO : 82-2-784-7054
FAX NO : 82-2-784-7055

㈜ 희광섬유

Messers : HARGRO FABRICS INC.

Date : OCT. 10, 2003

(SALES NOTES) No. HK-3A0928A/B (INVOICE NO.)

ITEM NO. : S-3117

Commodity : 100% POLY CATIONIC SUCKER PRINT 58/60"

Quantity : 23,000YDS

Unit Price : USD1.35/YD F.O.B

Amount : USD31,050.00

Payment : C.O.D BASE

Packing : EXPORT STANDARD PACKING

Destination : GUATEMALA

Shipment Date NOV. 20, 2003

Insurance : TO BE COVERED BY BENEFICIARY

Remarks : ALLOWANCE + - 3% IS ACCEPTABLE FOR Q'NTY & AMOUNT

외화획득 ...
2003. 11. 1
No. ...311 00406
...633

We take pleasure in confirming the above with your goodselves for the merchandis on the terms & conditions as stated herein and on the back hereof, Kindlysign the duplicate attached and return it in confirmation of the above. if you find herein any not in order, pls let us know immediately, if necessary, by cable.

Accepted by

Hee kwang textile Inc

HEE KWANG TEXTILE INC.

DIRECTOR OF EXPORT DEPT.

17) 해상선하증권

HANJIN SHIPPING **BILL OF LADING** (NON NEGOTIABLE)

SHIPPER/EXPORTER (COMPLETE NAME AND ADDRESS)
HEE KWANG TEXTILE INC.
2ND FLOOR, SEVEN BLDG ANNEX,
13-14, NAMSANDONG, JUNG-KU,
SEOUL, KOREA

BOOKING NO: KOR26200381
(DOCUMENT NO)
EXPORT DEC: Y
EXPORT REFERENCES

CONSIGNEE (COMPLETE NAME AND ADDRESS/NON-NEGOTIABLE UNLESS CONSIGNED TO ORDER)
TO ORDER OF CITY NEW GARMENT FTY
(CAMBODIA)CO. LTD.
68 AND 45, PHSAR TOUCH RUSSEY KEO,
(SKP) PHNOM PENH, CAMBODIA

FORWARDING AGENT REFERENCES (COMPLETE NAME AND ADDRESS)
CHOSUN SHIPPING CO., LTD.

NOTIFY PARTY (COMPLETE MAILING ADDRESS)
TO ORDER OF CITY NEW GARMENT FTY
(CAMBODIA)CO. LTD.
68 AND 45, PHSAR TOUCH RUSSEY KEO,
(SKP) PHNOM PENH, CAMBODIA

POINT AND COUNTRY OF ORIGIN

ALSO NOTIFY (NAME AND FULL ADDRESS)/DOMESTIC ROUTING

PIER OR PLACE OF RECEIPT *	PRE-CARRIAGE BY *		
BUSAN, KOREA			
VESSEL VOY (FLAG)	PORT OF LOADING	TYPE OF MOVE	CONTAINERIZED (Vessel only)
PORTUGAL SENATOR 0021W	BUSAN, KOREA		☑ Yes ☐ No
PORT OF DISCHARGE	PLACE OF DELIVERY (BY ON CARRIER) *	FINAL DESTINATION (FOR THE MERCHANT'S REFERENCE ONLY)	
SIHANOUKVILLE, CAMBODIA	PHNOM PENH, CAMBODIA		

PARTICULARS FURNISHED BY SHIPPER

CONTAINER NO. SEAL NO. MARKS & NOS.	NO. OF PKGS OR CONTAINERS	H M	KIND OF PACKAGES: DESCRIPTION OF GOODS	TOTAL GROSS WEIGHT KGS (POUNDS)	TOTAL MEASUREMENT CBM (CFT)
INBU3197799 S/402308 BESTLAND HKP-207602 P/O NO : 1285 D/VALENTAIN ROSE Q'NTY: C/T NO.1-53 PHNOMPENH BESTLAND HKP-209612 P/O NO : 1286 * SEE ATTACHED RIDER *			-SHIPPER'S LOAD & COUNT- 55 CARTONS IN A TOTAL 1X20ST CONTAINER SAID TO CONTAIN: 37,063 YDS OF HK-2A0504A 100 PERCENT POLY 50D CHARMEUSE 58/60" PRINT D/VALENTINE ROSE P/O NO: 1285 53 CARTONS 26,342 YDS HK-2A0504B 100 PERCENT SINGLE CHIFFON 58/60" PRINT. D/VALENTINE ROSE P/O NO: 1286 2 CARTONS 721 YDS * SEE ATTACHED RIDER *	3,861.000	12.000

COPY NON-NEGOTIABLE

Optional Declared Value for increased freight charges to avoid Package Limitation: US $

FREIGHT PREPAID
CY/CY

TOTAL NO. OF PACKAGES OR CONTAINERS (IN WORDS): ONE 20' CONTAINER ONLY

FREIGHT AND CHARGES	RATED AS	RATE	PER	PREPAID	COLLECT
FREIGHT ALL AS ARRANGED					

은행보관용

LADEN ON BOARD THE VESSEL
Date 23Jun2002
By EUN-SIL LEE

PLACE OF B(s)/L ISSUE: SEOUL, KR

NO. OF ORIGINAL B(s)/L SIGNED: THREE (3)

DATE OF B(s)/L ISSUE: 24Jun2002

BILL OF LADING NO.: HJSCPUSI21536206

TOTAL

AT

RECEIVED by the Carrier from the Shipper in apparent good order and condition unless otherwise indicated herein, the Goods, or the container(s) or package(s) said to contain the cargo herein mentioned, to be carried subject to all the terms and conditions provided for on the face and back of this Bill of Lading by the Vessel named herein or any substitute at the Carrier's option and/or other means of transport, from the place of receipt or the port of loading to the port of discharge or the place of delivery shown herein and there to be delivered to Consignee or on-carrier on payment of all charges due thereon.

IF REQUIRED by the Carrier, this Bill of Lading duly endorsed must be surrendered in exchange for the Goods or delivery order. None of the terms of this Bill of Lading can be waiv[illegible] for the Carrier except by written waiver signed by a duly authorized agent of the Carrier.

IN ACCEPTING THIS BILL OF LADING the Merchant agrees to be bound by all the stipulations, exceptions, terms and conditions on the face and back hereof, whether written, typed, stamped or printed, as fully as if signed by the Merchant, any local custom or privilege to the contrary notwithstanding.

IN WITNESS WHEREOF, the undersigned, on behalf of Hanjin Shipping Co., Ltd. the master and the owner of the Vessel has signed the number of Bill(s) of Lading stated above all of the same tenor and date, one of which being accomplished, the others to stand void.

HANJIN SHIPPING CO., LTD.
As Carrier

18) 복합운송증권

Consignor/Shipper
HEE KWANG TEXTILE INC
ROOM 609, MINJOK TONGIL BLDG
13-24 YOIDO-DONG YOUNG-DEUNGPO-GU
SEOUL SOUTH KOREA

Negotiable KIFFA
MULTIMODAL TRANSPORT BILL OF LADING
B/L No. SSAX3SV0239

Reg. No. 64

SEA ROAD
TRANS CORPORATION
C. P. O. BOX364
SEOUL, KOREA

Consignee
NANTONG TRIPO FASHION INC.,
668-8 WAI HUAN BEI ROAD, NANTONG,
JIANGSU, CHINA 226011
ATTN:REDDIE ZOU
TEL:(513)540-8828, FAX:(513)565-7587

Notify Party
NANTONG TRIPO FASHION INC.,
668-8 WAI HUAN BEI ROAD, NANTONG,
JIANGSU, CHINA 226011
ATTN:REDDIE ZOU
TEL:(513)540-8828, FAX:(513)565-7587

For delivery of goods please apply to:

SHANGHAI AIR SEA TRANSPORT INC.
16FL. NO.895, YAN AN(W) ROAD
FINANCIAL BUILDING, POST CODE: 200050

TEL : 86-21-62105001 FAX : 86-21-62106004
ATTN : MR. ELSON

Pre-carriage by	Place of Receipt
	BUSAN PORT KOREA

Vessel/Voyage No.	
GANTA BHUM V-083S	

Port of Loading	Port of Discharge	Place of Delivery	Final Destination (For the Merchant Ref.)
BUSAN PORT KOREA	SHANGHAI, CHINA	SHANGHAI, CHINA	

PARTICULARS FURNISHED BY CONSIGNOR/SHIPPER

Container No. & Seal No. Marks and No.	No. & Kinds of Containers or P'kgs	Description of Goods	Gross Weight	Measurement
TRIPO P.O#:2229 COLOR:CAMEL C/T NO.1-8 SHANGHAI, CHINA	8CTNS	SAID TO CONTAIN: 892YDS OF "FABRIC"	412.000KGS	1.820CBM

ON BOARD DATE:
SEP.23,2003

CFS/CFS "FREIGHT PREPAID"

Excess Value Declaration (Refer to § Ⅱ-4, 3):

Total Number of Containers or Packages (in words)	Freight Payable at
SAY : EIGHT (8) CARTONS ONLY.	SEOUL, KOREA

Freight & Charges	Prepaid	Collect
FREIGHT PREPAID AS ARRANGED		

Received by the Carrier, the Goods specified herein in apparent good order and condition unless otherwise stated, to be transported to such place as agreed, authorized or permitted herein and subject to all the terms and conditions appearing on the front and reverse of this Multimodal Transport Bill of Lading (hereinafter called the 'K B/L') to which the Merchant agrees by accepting this K B/L, notwithstanding any local privileges, customs or any other agreements between the parties. The particulars of the Goods provided herein were stated by the shipper and the weight, measurements, quantity, condition, contents and value of the Goods are unknown to the Carrier. In witness whereof three (3) original K B/L(s) have been signed unless otherwise stated herein. If two (2) or more original K B/L(s) have been issued and either one (1) has been surrendered, all the other(s) shall be null and void. If required by the Carrier ond (1) duly endorsed original K B/L must be surrendered in exchange for the Goods or delivery order.

Place and Date of Issue	No. of Original B/L	Signature
SEOUL, KOREA SEP.23,2003	THREE(3)	**SEA ROAD TRANS CORPORATION**
B/L No. SSAX3SV0239		ACTING AS A CARRIER

Authorized by KIFFA 1997 (210×297㎜)

19) 항공화물운송장

Set your tabulator stops here — STAPLE DOCUMENTS ABOVE PERFORATION — Line-up here

160 SEL 27853372 AEC-187074

Shipper's Name and Address / Shipper's Account Number
HEE KWANG TEXTILE INC.
RM 609 MIJOK-TONGIL BLDG,.
13-24 YOIDO-DONG YOUNGDEUNGPO-GU
SEOUL,KOREA

Not negotiable
Air Waybill* issued by **CHOSUN SHIPPING CO., LTD.**

Copies 1, 2 and 3 of this Air Waybill are originals and have the same validity.

Consignee's Name and Address / Consignee's Account Number
CERIE INTERNATIONAL LTD.
RM. 1904 RILEY HOUSE 88 LEI MUK
ROAD, KWAI CHUNG, NEW TERRITORIES,
HONGKONG.
NOTIFY;SAME AS ABOVE

It is agreed that the goods described herein are accepted in apparent good order and condition (except as noted) for carriage SUBJECT TO THE CONDITIONS OF CONTRACT ON THE REVERSE HEREOF. ALL GOODS MAY BE CARRIED BY ANY OTHER MEANS INCLUDING ROAD OR ANY OTHER CARRIER UNLESS SPECIFIC CONTRARY INSTRUCTIONS ARE GIVEN HEREON BY THE SHIPPER, AND SHIPPER AGREES THAT THE SHIPMENT MAY BE CARRIED VIA INTERMEDIATE STOPPING PLACES WHICH THE CARRIER DEEMS APPROPRIATE. THE SHIPPER'S ATTENTION IS DRAWN TO THE NOTICE CONCERNING CARRIER'S LIMITATION OF LIABILITY. Shipper may increase such limitation of liability by declaring a higher value for carriage and paying a supplemental charge if required.

Issuing Carrier's Agent Name and City
CHOSUN SHIPPING CO., LTD. / SEL

Accounting Information
"FREIGHT PREPAID"

Agent's IATA Code: 99-9 7611/001 0 | Account No.

Airport of Departure (Addr. of first Carrier) and requested Routing: INCHEON, KOREA

To	By First Carrier (Routing and Destination)	To	by	To	by	Currency	Chgs Code	WT/VAL PPD	WT/VAL COLL	Other PPD	Other COLL	Declared Value for Carriage	Declared Value for Customs
HKG	CX					USD		PP		PP		N.V.D	

Airport of Destination	Flight/Date (For Carrier Use Only)	Flight/Date	Amount of Insurance
HONG KONG			NIL

INSURANCE - If carrier offers insurance and such insurance is requested in accordance with the conditions thereof, indicate amount to be insured in figures in box marked "Amount of Insurance".

Handling Information: CX035/OCT 30, 2003
ATTACHED COMM.INV & P/LIST

No. of Pieces RCP	Gross Weight	kg lb	Rate Class / Commodity Item No.	Chargeable Weight	Rate / Charge	Total	Nature and Quantity of Goods (incl. Dimensions or Volume)
2	97.0	K Q		97.0		AS ARRANGED	924YDS OF HKN-55689 POLY/SPAN MESH 58/60" SOLID TY03551/2 RUB 25 TY03549/50 RUB 2 COLOR;BLACK INV NO.;HK3H0811R/3H082R NO COMMERCIAL VALUE

CERIE
HKN-55689
TY03551/2 RUB 25
TY03549/50 RUB 2
COLOR;BLACK
C/T NO.1-2

HONG KONG PARTNER
TAIUN (H.K) CO. LTD
TEL:852-2637-7740
PIC:MR.SAMMY

Prepaid	Weight Charge	Collect	Other Charges
AS ARRANGED			
	Valuation Charge		
	Tax		
	Total Other Charges Due Agent		
	Total Other Charges Due Carrier		
Total prepaid		Total collect	
Currency Conversion Rates		cc charges in Dest. Currency	
For Carriers Use only at Destination		Charges at Destination	Total Collect Charges

Shipper certifies that the particulars on the face hereof are correct and that insofar as any part of the consignment contains dangerous goods such part is properly described by name and is in proper condition for carriage by air according to the applicable Dangerous Goods Regulations.

CHOSUN SHIPPING CO., LTD.
AS AGENT FOR THE CARRIER CATHAY PACIFIC AIRWAYS
Signature of Shipper or his Agent

OCT 30, 2003 — JUNGHWA PARK
Executed on (date) at (place) Signature of Issuing Carrier or its Agent

20) 해상화물운송장

NON-NEGOTIABLE SEA WAYBILL

Shipper
Lamedos Trading Co Ltd
Wheatfield
Bedfordshire
England VAT NO 3498298

UK Customs Assigned No. 12345
SWB No. 133
Shipper's Reference EOR 0571 J 153387/A
F/Agent's Reference

Consignee
T A R Inc
P O 693
Algiers
Algeria

Name of Carrier: XYZ Line Limited

Notify Party and Address (leave blank if stated above)

[illegible]

Pre-Carriage by*	Place of Receipt by Pre-Carrier*
-	-
Vessel	**Port of Loading**
Rednouf	Felixstowe
Port of Discharge	**Place of Delivery by On-Carrier***
Algiers	-

Marks and Nos; Container No.	Number and kind of packages; Description of Goods	Gross Weight (kg)	Measurement (m^3)
TAR 367/B ALGIERS Nos 1/100	100 x 50kg net polythene lined steel drums ANTIMONY TRICHLORIDE LIQUID CLASS 8. UN No. 1733	5270	6.840
TAR 367/B ALGIERS Nos. 101/300	200 x 25kg net polythene lineu steel drums HYDROFLUORIC ACID SOLUTION SN Class 8 UN No 1790	5105	6.030

*Applicable only when document used as a Through Sea Waybill

Particulars declared by Shipper

Freight Details; Charges etc.
"FREIGHT PREPAID"

RECEIVED FOR CARRIAGE as above in apparent good order and condition, unless otherwise stated hereon, the goods described in the above particulars.

Ocean Freight Payable at	Place and Date of Issue
LONDON	London 28th June, 19xx
	Signature for Carrier; Carrier's Principal Place of Business

As Carrier
J. Smith
XYZ LINE LTD

21) 특송화물영수증

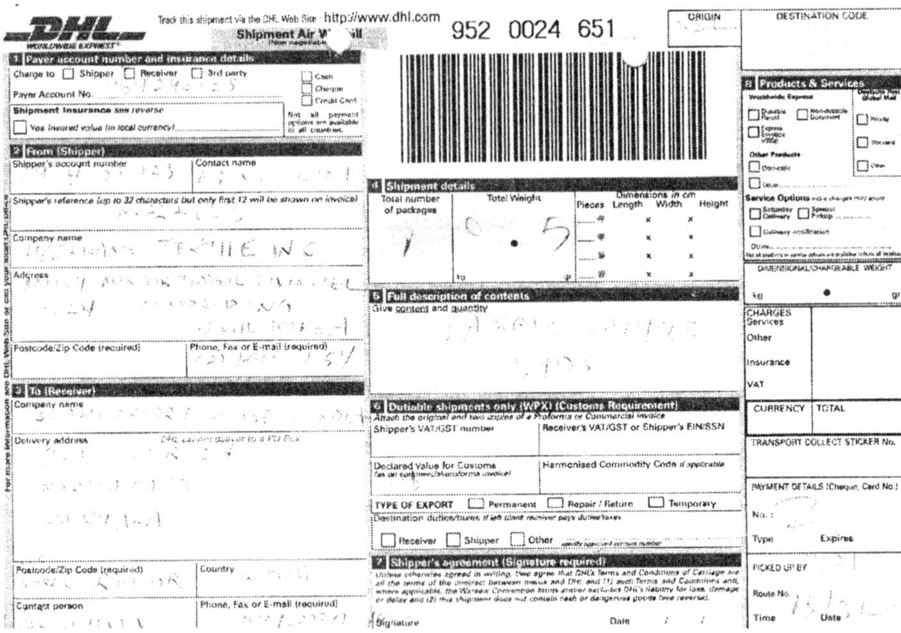

DHL WORLDWIDE EXPRESS

Track this shipment via the DHL Web Site : http://www.dhl.com

Shipment Air Waybill

952 0024 651

ORIGIN | DESTINATION CODE

1 Payer account number and insurance details
Charge to ☐ Shipper ☐ Receiver ☐ 3rd party
☐ Cash ☐ Cheque ☐ Credit Card
Payer Account No.
Shipment Insurance see reverse
☐ Yes insured value (in local currency)
Not all payment options are available in all countries.

2 From (Shipper)
Shipper's account number | Contact name
Shipper's reference (up to 32 characters but only first 12 will be shown on invoice)
Company name
Address
Postcode/Zip Code (required) | Phone, Fax or E-mail (required)

3 To (Receiver)
Company name
Delivery address — DHL cannot deliver to a PO Box
Postcode/Zip Code (required) | Country
Contact person | Phone, Fax or E-mail (required)

4 Shipment details
Total number of packages | Total Weight kg gr | Pieces | Dimensions in cm: Length × Width × Height

5 Full description of contents
Give content and quantity

6 Dutiable shipments only (WPX) (Customs Requirement)
Attach the original and two copies of a Proforma or Commercial invoice
Shipper's VAT/GST number | Receiver's VAT/GST or Shipper's EIN/SSN
Declared Value for Customs (as on commercial/proforma invoice) | Harmonised Commodity Code if applicable
TYPE OF EXPORT ☐ Permanent ☐ Repair / Return ☐ Temporary
Destination duties/taxes if left blank receiver pays duties/taxes
☐ Receiver ☐ Shipper ☐ Other

7 Shipper's agreement (Signature required)
Unless otherwise agreed in writing, I/we agree that DHL's Terms and Conditions of Carriage are all the terms of the contract between me/us and DHL and (1) such Terms and Conditions and, where applicable, the Warsaw Convention limits and/or excludes DHL's liability for loss, damage or delay and (2) this shipment does not contain cash or dangerous goods (see reverse).
Signature | Date

8 Products & Services
Worldwide Express: ☐ Dutiable Parcel ☐ Non-dutiable Document ☐ Express Envelope
Other Products: ☐ Domestic ☐ Other
Service Options: ☐ Saturday Delivery ☐ Special Pickup ☐ Delivery notification
DIMENSIONAL/CHARGEABLE WEIGHT kg gr
CHARGES: Services / Other / Insurance / VAT
CURRENCY | TOTAL
TRANSPORT COLLECT STICKER No.
PAYMENT DETAILS (Cheque, Card No.) No.: Type Expires
PICKED UP BY
Route No.
Time | Date

Sender's copy

For more information visit DHL Web Site or call your local DHL office

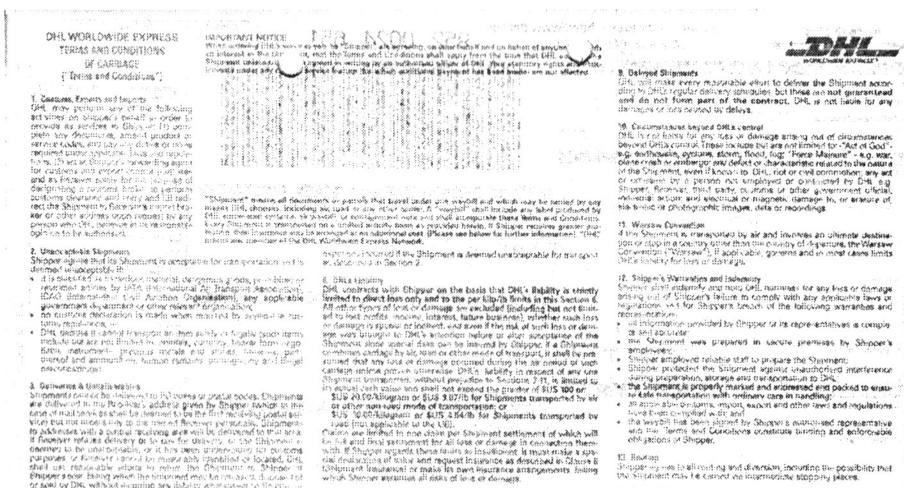

DHL WORLDWIDE EXPRESS
TERMS AND CONDITIONS OF CARRIAGE
("Terms and Conditions")

IMPORTANT NOTICE

1. Customs, Exports and Imports
2. Unacceptable Shipments
3. Deliveries & Undeliverables
4. Inspection
5. Shipment Charges & Billing
6. DHL's Liability
7. Time Limits for Claims
8. Shipment Insurance
9. Delayed Shipments
10. Circumstances beyond DHL's control
11. Warsaw Convention
12. Shipper's Warranties and Indemnity
13. Routing
14. Governing Law
15. Severability

22) 수입화물선취보증서

수입물품 선취보증신청서
(APPLICATION FOR LETTER OF GUARANTEE)

계	책임자	부점장

주식회사 국민은행 앞

선박회사명(SHIPPING COMPANY)	보증서번호(L/G No.)	
	발행일자(Date)	
선명/항해번호(Vessel Name/Voyage No.)	신용장번호(Letter of Credit No.)	발행일(Date of Issue)
선적항(Port of Loading)	송장금액(Invoice Value)	
도착항(또는인도장소) Port of Discharge(or Place of Delivery)	화물명세(Description of Cargo)	
선하증권(Bill of Lading No.) | 발행일(Date of Issue)		
송하인(Shipper)	포장개수(No.of Packages)	하인 및 번호(Marks & Nos)
수하인(Consignee)		
인수예정자(Party to be Delivered)		

본인은 위 신용장 등에 의한 관계 선적서류가 귀행에 도착하기 전에 수입물품을 인도받기 위해 수입물품 선취보증을 신청하며 본인이 따로 제출한 수입물품 선취보증서(LETTER OF GUARANTEE)에 귀행이 서명함에 있어 다음사항에 따를 것을 확약합니다.

1. 귀행이 수입물품 선취보증서에 서명함으로써 발생하는 위험과 책임 및 비용은 모두 본인이 부담하겠습니다.
2. 본인은 위 수입물품에 대하여는 귀행에 소유권이 있음을 확인하며 귀행이 수입물품 선취보증서에 따른 보증채무를 이행하여야 할 것이 예상될 경우 또는 본인에 대하여 은행여신거래 기본약관(기업용) 제7조 각항의 사유가 발생한 경우에는 귀행의 청구를 받은 즉시 위 수입물품을 귀행에 인도하겠으며 수입물품의 인도가 불가능한 경우에는 위 수입물품에 상당하는 대금으로 상환하겠습니다.
3. 본인은 위 수입물품에 관한 관계선적서류를 제3자에게 담보로 제공하지 않았음을 확인하며, 또한 귀행의 서면 동의없이 이를 담보로 제공하지 않겠습니다.
4. 본인은 위 수입물품에 관한 관계선적서류가 도착할 때에는 신용장 조건과의 불일치등 어떠한 흠에도 불구하고 이들 서류를 반드시 인수하겠습니다.

년 월 일

인감대조

본 인 : (인)

주 소 :

전 화 :

KB 국민은행

LETTER OF GUARANTEE

To: (Shipping Company)		L/G No.	
		Date	
Vessel Name/Voyage No.		Letter of Credit No.	Date of Issue
Port of Loading		Invoice Value	
Port of Discharge(or Place of Delivery)		Description of Cargo	
Bill of Lading No.	Date of Issue		
Shipper		No.of Packages	Marks & Nos
Consignee			
Party to be Delivered			

Whereas you have issued a Bill of Lading covering the above shipment and the above cargo has been arrived at the above port of discharge(or the above place of delivery), we hereby request you to give delivery of the said cargo to the above mentioned party without production of the original Bill of Lading.

In consideration of your complying with our above request, we hereby agree as follows:

1. To indemnify you, your servants and agents and to hold all of you harmless in respect of liability, loss, damage or expenses which you may sustain by reason of delivering the cargo in accordance with our request, provided that the undersigned Bank shall be exempt from liability for freight, demurrage or expenses in respect of the contract of carriage.
2. As soon as the original Bill of Lading corresponding to the above cargo comes into our possession, we shall surrender the same to you, whereupon our liability hereunder shall cease.
3. The liability of each and every person under this guarantee shall be joint and several and shall not be conditional upon your proceeding first against any person, whether or not such person is party to or liable under this guarantee.
4. This guarantee shall be governed by and construed in accordance with Korean law and the jurisdiction of the competent court in Korea.

Should the Bill of Lading holder file a claim or bring a lawsuit against you, you shall notify the undersigned Bank as soon as possible.

Yours faithfully,

For and on behalf of [Name of Requestor]	For and on behalf of [Name of Bank]
Authorized Signature	Authorized Signature

KB 국민은행

23) 수입화물대도

<table>
<tr><td>계</td><td>책임자</td><td>부점장</td></tr>
<tr><td></td><td></td><td></td></tr>
</table>

□운송서류 수령증
□수입물품 대도(T/R) 신청서

주식회사 **국민은행** 앞

□ 본인은 아래 신용장에 의한 선적서류를 정히 수령하였습니다.
□ 본인은 아래 신용장의 수입물품을 대도신청함에 있어 제출한 외국환거래약정서 및 양도담보계약서의 모든 조항에 따를 것을 확약합니다.

<table>
<tr><td colspan="2">신용장번호</td><td colspan="9"></td></tr>
<tr><td rowspan="3">선적서류</td><td rowspan="2">종류</td><td rowspan="2">선하증권</td><td rowspan="2">항공화물운송장</td><td rowspan="2">상업송장</td><td rowspan="2">보험서류</td><td rowspan="2">포장명세서</td><td rowspan="2">검사증명서</td><td colspan="3">기타</td></tr>
<tr><td></td><td></td><td></td></tr>
<tr><td>통수</td><td></td><td></td><td></td><td></td><td></td><td></td><td></td><td></td><td></td></tr>
<tr><td colspan="2" rowspan="4">대도 (T/R)</td><td colspan="2">선하증권
(항공화물운송장)</td><td colspan="2">번호</td><td colspan="5"></td></tr>
<tr><td colspan="2" rowspan="2">상업송장</td><td colspan="2">번호</td><td colspan="5"></td></tr>
<tr><td colspan="2">금액</td><td colspan="5"></td></tr>
<tr><td colspan="4">대도금액</td><td colspan="5"></td></tr>
</table>

년 월 일

신청인 : ㊞

주 소 :

<table>
<tr><td>인감대조</td></tr>
<tr><td></td></tr>
</table>

E019-181 (210×297) 모조지 70g/㎡ (02. 09개정) K17

KB ★b 국민은행

24) 보험증권

ORIENTAL FIRE & MARINE INSURANCE CO., LTD.

25-1, YOIDO-DONG, [illegible]UNGDUNGPO-GU, 150-010, SEOUL, KOREA
TELEPHONE:3786-19[illegible]5 FACSIMILE:3786-1940

MARINE CARGO INSURANCE POLICY

Assured(s), etc SEHYUN L AND T CO., LTD	Policy No. 5021327908
	Ref.No INVOICE NO. SHLT0305-004 L/C NO. 48CLCB2003C0124
survey should be approved by VINACONTROL 54 TRAN NHAN TONG STR. HANOI, VIETNAM TEL) 84 4 943 3840 FAX) 84 4 943 3844	Amount Insured USD************17,325.00 (USD************15,750.00X110.00%)
	ship or vessel called the MV. DENG YUN
Claim, if any, payable at : VINACONTROL, HOCHIMINH BRANCH 80 BA HUYEN THANH QUAN DISTRICTS 3 HOCHIMINH CITY, VIETNAM TEL) 84 8 931 5704 FAX) 84 8 931 6861 Claims are payable in USD CURRENCY	at and from INCHON, KOREA
	arrived at HAIPHONG PORT, VIETNAM
Sailing on or about MAY.16TH, 2003 / Open policy number	claims payable Bank

Good and Merchandises
1/HUYNDAI COUNTY BUS 01 UNIT
29 SEATS SUPER TYPE,
RED COLOR,P/YEAR:1999UP

Conditions : subject to the following Clauses as per back hereof
FOR 110PCT INVOICE VALUE COVERING ALL RISKS AND 'I.O.P.'
SHOWING CLAIM PAYABLE AT BAOMINH INSURANCE CO.,26 TON THAT
DAM ST, DIST 01, HOCHIMINH CITY, VIETNAM, INSURANCE POLICY
MUST BE ISSUED BY EITHER LG INSURANCE COMPANY OR HYUNDAI
INSURANCE COMPANY OR FISRT FIRE AND MARINE INSURANCE CO.,LTD
EXCLUDING THE RISKS OF THEFT, PILFERAGE AND NON-DELIVERY
OF CASSETTE AND AIR CONDITIONER IN USED VEHICLE
INSTITUTE CARGO CLAUSES (ALL RISKS)
SPECIAL REPLACEMENT CLAUSE (FOR SECOND MACHINERY)

ORIGINAL

DUPLICATE UNPAID

인지세 현금 납부필
승인 제91-252호
세 액 100원정
승인년월일 1991.11.3
여의도 세무서

TRANSIT TERMINATION CLAUSE(30 DAYS) [(A)/(B)]
applicable only for cargoes imported to Korea
It is specially understood and agreed that the words "60 days" in [(C)/3] of the paragraph of the transit Clause of the Institute Cargo Clauses are substituted by the words "30 days"
INSTITUTE CLASSIFICATION CLAUSE
INSTITUTE RADIOACTIVE CONTAMINATION EXCLUSION CLAUSE
ON-DECK CLAUSE (APPLYING TO ON-DECK CARGOES)
SPECIAL REPLACEMENT CLAUSE (APPLYING TO MACHINERY)
SPECIAL REPLACEMENT CLAUSE FOR SECONDHAND MACHINERY
(APPLYING TO USED MACHINERY)
LABEL CLAUSE (APPLYING TO LABELLED GOODS)
COMPUTER MILLENNIUM CLAUSE(CARGO)
- WITH NAMED PERIL EXTENSION

Place and Date signed in: SEOUL, KOREA MAY.15TH, 2003
Numbers of Policies issued: TWO

For use only with the Marine Policy Form

Notwithstanding anything contained herein or attached hereto to the contrary, this insurance is understood and agreed to be subject to English law and practice only as to liability for and settlement of any and all claims.

This insurance does not cover any loss or damage to the property which at the time of the happening of such loss or damage is insured by or would but for the existence of this Policy be insured by any fire or other insurance policy or policies except in respect of any excess beyond the amount which would have been payable under the insurance had been effected.

We, ORIENTAL FIRE & MARINE INSURANCE CO.,LTD. hereby agree, in consideration of the payment to us by or on behalf of the Assured of the premium as arranged, to insure against loss damage liability or expense to the extent and in the manner herein provided.

In Witness whereof, I the Undersigned of ORIENTAL FIRE & MARINE INSURANCE CO.,LTD. on behalf of the said Company have subscribed My Name in the place specified as above to the policies, the issued numbers thereof being specified as above, of the same tenor and date, one of which being accomplished, the others to be void, as of the date specified above.

For use only with the Old Marine Policy Form

1. Warranted free of capture, seizure, arrest, restraint or detainment, and the consequences thereof or of any attempt thereat ; also from the consequences of hostilities or warlike operations, whether there be a declaration of war or not ; but this warranty shall not exclude collision, contact with any fixed or floating object (other than a mine or torpedo), stranding, heavy weather or fire unless caused directly (and independently of the nature of the voyage or service which the vessel concerned or, in the case of a collision, any other vessel involved therein, is performing) by a hostile act by or against a belligerent power ; and for the purpose of this warranty "power" includes any authority maintaining naval, military or air forces in association with a power.
Further warranted free from the consequences of civil war, revolution, rebellion, insurrection, or civil strife arising therefrom, or piracy.

2. Warranted free of loss or damage
(a) Caused by strikers, locked-out workmen, or persons taking part in labour disturbances, riots or civil commotions;
(b) resulting from strikes, lock-outs, labour disturbances, riots or civil commotions.

3. Should the risks excluded by Clause 1 (F.C. & S. Clause) be reinstated in this Policy by deletion of the said Clause, or should the risks or any of them mentioned in that clause or the risks of mines, torpedoes, bombs or other engines of war be insured under this Policy, Clause (b) below shall become operative and anything contained in this contract which is inconsistent with Clause (b) or which affords more extensive protection against the aforesaid risks than that afforded by the Institute War Clauses relevant to the particular form of transit covered by this insurance is null and void.
(b) This policy is warranted free of any claim based upon loss of, or frustration of, the insured voyage or adventure caused by arrests restraints or detainments of Kings Princes Peoples Usurpers or persons attempting to usurp power.

The denominations to be inserted in the following clauses are shown as above. *Be it known that* as well in his or their own Name, as for and in the Name and Names of all and every other Person or Persons to whom the same doth, may, or shall appertain, in part or in all, doth make Assurance, and cause himself or themselves and them and every of them, to be Assured, lost or not lost, at and from upon any kind of Goods and Merchandises, in the good Ship or Vessel called the whereof is Master, for this present Voyage, or whosoever else shall go for Master in the said Ship, or by whatsoever other Name or Names the said Ship, or the Master thereof, is or shall be named or called, beginning the Adventure upon the said Goods and Merchandises from the loading thereof aboard the said Ship as above, and shall so continue and endure during her abode there, upon the said Ship, &c.; and further, until the said Ship, with all her Goods and Merchandises whatsoever, shall be arrived at and upon the Goods and Merchandises until the same be there discharged and safely landed; and it shall be lawful for the said Ship, &c., in this Voyage to proceed and sail to and touch and stay at any Ports or Places whatsoever without Prejudice to this Assurance. The said Goods and Merchandises, &c., for so much as concerns the Assured by Agreement between the Assured and Assurers in this Policy are and shall be valued at TOUCHING the Adventures and Perils which the said Company are contented to bear and do take upon themselves in this Voyage, they are, of the Seas Men-of-War, Fire, Enemies, Pirates, Rovers, Thieves, Jettisons, Letters of Mart and Countermart, Surprisals, Takings at Sea, Arrests, Restraints and Detainments of all Kings, Princes and People, of what Nation, Condition or Quality soever, Barratry of the Master and Mariners, and of all other Perils, Losses and Misfortunes that have or shall come to the Hurt Detriment or Damage of the said Goods and Merchandises, or any part thereof ; and in case of any Loss or Misfortune, it shall be lawful to the Assured, his or their Factors, Servants and Assigns, to sue, labour and travel for, in and about the Defence, Safeguard and Recovery of the said Goods and Merchandises, or any part thereof, without Prejudice to this Assurance ; to the Charges whereof the said Company will contribute. And it is especially declared and agreed that no acts of the Assurer or assured in recovering saving, or preserving the property assured, shall be considered as a waiver or acceptance of abandonment. And it is agreed that this writing or Policy of Assurance shall be of as much Force and Effect as the surest Writing or Policy of Assurance made in London. And so the said Company are contented, and do hereby promise and bind themselves to the Assured, his or their Executors, Administrators, or Assigns, for the true Performance of the Premises, confessing themselves paid the Consideration due unto them for this Assurance, at and after the rate of as arranged Per cent

N.B.-Corn, Fish, Salt, Fruit, Flour and seed are warranted free from Average, unless general, or the Ship be stranded; Sugar, Tobacco, Hemp, Flax, Hides and Skins are warranted free from Average, under Five Pounds per cent. ; and all other Goods, also the Ship and Freight, are warranted free from Average, under Three Pounds per cent., unless general, or the Ship be stranded, sunk or burnt. All questions of liability arising under this policy are to be governed by the laws and customs of England.

IN WITNESS whereof, I the Undersigned of The ORIENTAL FIRE & MARINE INSURANCE CO.,LTD. on behalf of the said company have subscribed my name in to Policies of the same tenor and date, one of Which being accomplished, the other to be void as of the date specified as above.

※ In the event of loss or damage arising under this Policy, no claims will be admitted unless a survey has been held with the approval of this Company's Office or Agents specified in this Policy.

For ORIENTAL FIRE & MARINE INSURANCE CO., LTD.

In case of loss or damage, please follow the "IMPORTANT" clause printed on the back hereof.

Kum Sup Chung

AUTHORIZED SIGNATORY

해-타-A-222 of mi-00-201466

25) 보험증명서

LG Insurance Co., Ltd.

CERTIFICATE OF MARINE CARGO INSURANCE

Assured(s), etc ② THE SAMWON CORPORATION

Certificate No. ① 002599A65334		Ref. No.③ Invoice No. DS-990228 L/C No. IOMP20748
Claim, if any, payable at : ⑥ GELLATLY HANKEY MARINE SERVICE 842 Seventh Avenue New York 10018 Tel(201)881-9412 Claims are payable in		Amount insured ④ USD 65,120.- (USD59,200 XC 110%)
Survey should be approved by ⑦ THE SAME AS ABOVE		Conditions ⑤ * INSTITUTE CARGO CLAUSE(A) 1982 * CLAIMS ARE PAYABLE IN AMERICA IN THE CURRENCY OF THE DRAFT.
⑧ Local Vessel or Conveyance	⑨From(interior port or place of loading)	
Ship or Vessel called the ⑩ KAJA-HO V-27	Sailing on or abount ⑪ MARCH 3, 1999	
at and from ⑫ PUSAN, KOREA	⑬ transshipped at	
arrived at ⑭NEW YORK	⑮ thence to	
Goods and Merchandiese ⑯ 16,000YDS OF PATCHWORK COWHIDE LEATHER		Subject to the following Clauses as per back hereof institute Cargo Clauses Institute War Clauses(Cargo) Institute War Cancellation Clauses(Cargo) Institute Strikes Riots and Civil Commotions Clauses Institute Air Cargo Clauses(All Risks) Institute Classification Clauses Special Replacement Clause(applying to machinery) Institute Radioactive Contamination Exclusion Clauses Co-Inssurance Clause Marks and Numbers as

Place and Date signed in ⑰ SEOUL, KOREA MARCH 2, 1999 No. of Certificates issued. ⑱ TWO

⑳ This Certificate represents and takes the place of the Policy and conveys all rights of the original policyholder (for the purpose of collecting any loss or claim) as fully as if the property was covered by a Open Policy direct to the holder of this Certificate.

This Company agrees lossed, if any, shall be payable to the order of Assured on surrender of this Certificate.

Settlement under one copy shall render all otehrs null and viod.

Contrary to the wording of this form, this insurance is governed by the standard from of English Marine Insurance Policy.

In the event of loss or damage arising under this insurance, no claims will be admitted unless a survey has been held with the approval of this Compay's office or Agents specified in this Certificate.

SEE IMPORTANT INSTRUCTIONS ON REVERSE

⑲ LG Insurance Co., Ltd.

AUTHORIZED SIGNATORY

This Certificate is not valid unless the Declaration be signed by an authorized representative of the Assued.

참고문헌

〈동양문헌〉

강원진, 『신용장론』, 박영사, 2004.
강호경, 『무역결제론』, 두남, 1997.
김순자, 박성철, 『무역실무강의』, 2007.
김성훈, 『신용장 종류별 분석』, 두남, 2001.
______, 『신용장 네고서류 작성요령』, 두남, 2001.
김정수, 『외환관리론』, 두남, 1999.
______, 『환위험관리해법』, 두남, 1998.
남풍우, 『무역결제론』, 두남, 2006.
대한상공회의소, ICC Korea 금융위원회, 전국은행연합회, 『UCP 600 공식번역 및 해설서』, 대한상공회의소, 2007.
대한상공회의소, 『제5차 개정 화환신용장 통일규칙 및 관례』, 1993.
박명섭 외 4인, 『On and Off Line 무역실무』, 두남, 2003.
신군재, 『신용장과 대금결제』, 대진, 2006.
양영환·오원석, 『최신무역상무론』, 법문사, 2005.
______, 박명섭, 『국제무역의 이해』, 삼영사, 2003.
______, 서정두, 『신용장론』, 삼영사, 2002.
______, 『ISBP 국제표준은행관습』, 삼영사, 2005.
오원석, 『무역계약과 결제』, 삼영사, 2002.
______, 박성철, 『국제운송·보험론』, 법문사, 2000.
유중원, 『신용장-법과 관습』, 청림출판, 2007.
이대우·양의동, 『신용장론』, 두남, 2006.
이시환, 『최신무역실무강의』, 신양사, 2007.
전순환, 『신용장통일규칙』, 한올출판사, 2007.

전창원, 『온·오프라인 무역실무』, 무역연구원, 2003.
지호준, 『외환관리』, 경문사, 2000.
______, 『환위험관리』, 경문사, 1998.
채동헌, 『국제거래와 법』, 청림출판, 2004.
채훈 외 3인, 『국제무역결제』, 두남, 2004.
최준선, 『국제거래법』, 삼영사, 2005.
______, 『상법총칙』, 삼영사, 2005.
한국무역협회무역아카데미, 『대금결제실무』, 2005.
______, 『전자무역』, 2006.
______, 『대금결제와 네고실무』, 2007.
한국무역협회, 『국제무역계약사례』, 2002.
______, 『한국무역사』, 2006.
한국외환은행, 『무역어음 할인 등 업무방법』, 2001.
홍종덕, 신용장실무 매뉴얼, 두남, 1998.

〈논문〉

강원진, "국제상업회의소의 UCP 600 완성초안에서 제시된 주요내용의 검토", 「국제상학」 제21권 제2호, 2006.
김기선, "개정 미 통일상법전 신용장편(제5조) 분석", 「상사법연구 제23권 제4호, 2005.
______, 김영훈, "신용장 양도에 관한 고찰", 「지역발전연구」 제5권 제1호, 2005.
김백영, "신용장관련거래에서 선적서류의 제시와 검사에 관한 연구", 「상사판례연구」 제19권 제1호, 2006.
김종칠, "UCP 600의 주요내용과 문제점에 관한 연구", 『국제상학』 제21권 제2호, 2006.
동택영, "신용장거래의 특성과 사기의 예방책에 관한 연구", 「창업정보학회지」 제6권 제1호, 2003.
박광서, "우리나라 중소수출기업의 수출팩토링 활용증대 방안에 관한 연구", 「무역상무연구」 제33권, 2007.
박규영, "신용장거래에 있어서 개설의뢰인의 서류심사 및 통지의무", 「통상정보

연구」 제8권 제4호, 2006.

박석재 , "신용장통일규칙상 운송서류의 수리요건에 관한 연구", 「한국해법학회지」 제25권 제1호, 2003.

______, "제6차 개정 신용장통일규칙(UCP 600)의 주요내용에 관한 연구", 「무역상무연구」 33권, 2007.

서백현, "신용장통일규칙 양도조항의 해석과 운용에 관한 연구", 「무역학회지」 제29권 제6호, 2004.

서정두, "UCP 600 서류심사기준의 문제점과 실무상 유의점", 「무역상무연구」 제33권, 2007.

이소한·서근우, "팩토링제도 발전에 관한 연구", 한국금융연구원, 1998.

이종원, "신용장의 독립성의 원칙의 예외로서의 사기원칙에 관한 고찰", 「무역상무연구」 제34권, 2007,

이천수, "화환신용장거래하의 은행간 대금상환통일규칙에 관한 고찰", 「산업경제연구」 제19권 제3호, 2006.

장동한·김병선, "무역대금결제방식의 변화요인에 관한 연구", 「상경연구」 제26집 제1호, 2000.

전순환, "신용장통일규칙상의 양도조항에 관한 고찰", 「창업정보학회지」 제7권 제2호, 2004.

전자무역추진센터, "전자무역플래폼", 2007.

채동헌, "연지급신용장 대금의 만기전 지급과 매입의 법률관계", 「국제거래법연구」 제12권, 2004.

최준호, "신용장 결제서류 전자화의 활용성과에 관한 연구", 「관세학회지」 제6권 제1호, 2005.

한국무역정보통신, "전자무역 「e-Trade」 추진현황 및 성과", 2007.

한국무역협회, "수출입결제방식 현황 및 변화요인 분석", 2005.

한주섭, "신용장거래에서의 은행간 상환에 관한 연구", 「중재」 , 제 289 호, 대한상사중재원, 1998.

국민은행 사이트 http://www.kbstar.co.kr(2007. 7. visited)

기업은행 사이트 http://www.ibk.co.kr(2007. 5. visited)

신한은행 사이트 http://www.shinhan.com(2007. 5. visited)

飯田勝人, "動き出した信用狀統一規則の改訂作業と改訂の方向性", 金融法務事情, No.1693, 2003.

高安昭之助,, "ICC銀行間補償統一規則の概要", 金融法務事情 No.1452, 金融財政事情硏究會, 1996.

橋本喜一, "信用狀における償還請求の諸問題(下)", 手形硏究 No.494, 1994. 6.

______, 譯, 荷爲替信用狀の法理槪論, 九州大學出版會, 1994.

東京銀行, 貿易と信用狀, 實業之日本社, 1996.

東京銀行システム部 東銀リサーチインターナショナル編, 貿易と信用狀, 實業之日本社, 1996.

小峯 登, 1974年信用狀統一規則(上卷), 外國爲替貿易硏究會, 1974.

新堀 聰, "信用狀と詐欺", 貿易と關稅, 日本關稅協會, 第54券 第8號, 2006.

伊澤孝平, 商業信用狀論, 有斐閣, 1986.

朝岡良平, 實務家のための信用狀統一規則, 金融財政事情硏究會, 1985.

黑瀨雄三, "銀行間補償に關する統一規則の意義と採擇に至る經緯", 銀行法務 21 No.523, 1996. 8.

______, "ICC銀行間補償統一規則の意義と採擇に至る經緯", 金融法務事情 No. 1452, 金融財政事情硏究會, 1996. 6. 5.

〈서양문헌〉

Anderson Ronald A. & Walter A. Kumpf, *Business Law*, 6th ed., outh-Western Publishing Co., 1961.

Anonymous, "Revised ICC rules on documentary credits make progress", http://www.iccwbo.org/icceide/index.html(2005. 10. visited)

Bacon L. A. J., "Who speaks for the exporter?", DCINSIGHT, ICC, Vol.12, No.3, 2006.

Bennett, Howard N., "Bank-to-bank reimbursements under documentary credits : the Uniform Rules", *LLOYD'S MARITIME AND COMMERCIAL LAW QUARTERLY*, 1998.

Bridge Michael, *The International Sale of Goods*, Oxford Univ. Press, 999.

Busto Charles del, *Documentary Credit, UCP 500 & 400 Compared,* CC

Publication No. 511, ICC Publishing S.A., 1993.

Byrne J. E. & Dan Taylor, *ICC Guide to the eUCP*, ICC Publishing S.A. No. 639, 2002.

Byrne J. E., *The Comparison of UCP 600 & UCP 500*, Institute of International Banking Law & Practice, Inc., 2007.

Collyer Gray & Ron Katz, ICC Banking Commission Collected Opinions 995-2001, ICC Publishing S.A. No. 632, 2002.

D'Arcy L., C. Murray & B. Cleave, *Schmitthoff's Export Trade, The Law and Practice of International Trade*, Sweet & Maxwell, 2000.

Dolan, John F., *The Law of Letters of Credit – Commercial and Standby Credits*, Rev. ed., A.S.Pratt & Sons, 2005.

FCI 사이트 http://www.factors-chain.com(2006. 11. visited)

FCI, *Guide to the Establishment of a Factoring Operation*, 2004.

Folsom R. H. & M. W. Gordon, & J. A. Spanogle, *International Business Transaction*, West Pub., 1995.

Fung K. T., Leading Court Cases on Letters of Credit, ICC Publication o.658, 2004.

Heller Factoring Bank 사이트 http://www.heller-bank.de(2006. 11. visited)

Houtte H. V., *The Law of International Trade*, London, Sweet & Maxwell, 1995.

ICC Commission on Banking Technique and Practice, "The determiation of an 'Original' document in the context of UCP 500 ub-Article 20(b)", Banking Commission Decisions, 1999.

ICC, *The final draft of UCP 600*, 2006.

______, *The first complete draft of UCP 600*, 2005.

______, *Uniform Customs and Practice for Documentary Credits(UCP 00)*, 2007.

IFG 사이트 http://www.ifgroup.com/2005public/splash.asp(2006. 11. visited)

Kouladis Nicholas, *Principle of International Trade & Payments*, Blackwell, 1998.

Kreitman R., "UCP 600: The end in sight?", http://www.mantissa.co.uk/support/nextucp2.htm, 2005.

Laryea E. T., *Paperless Trade Opportunities Challenges & Solutions*, Kluwer Law, 2002.

Mann R. J., "Ronald J. Mann wonders why, in view of high discrepncy rates, business continues to use letters of credit", Documentary redits Insight, ICC, Vol.7, No.1, Winter 2001.

Phelps Clyde W., "The Role of Factoring in Modern Business Finance", *Studies in Commercial Financing,* No 1, Commercial Credit Company, 956.

Ramberg Jan, *International Commercial Transactions*, ICC Publication N。 624, Kluwer Law International, Norstedik AB, 2000.

Salinger, F. R., *F. R, Factoring : the law and practice of invoice finance*, 3rd ed., London, Sweet & Maxwell, 1999.

Shaw Martin, "Three bankers judge the document on standard bankng prac-tices", *DCINSIGHT*, Vol.9, No.1, 2003.

Taneja P., "UCP 600 : 'A document restoring the credibility of L/Cs'", DCINSIGHT, ICC, Vol.12, No.4, 2006.

Turner P. S., *Law of Payment Systems & EFT*, Aspen Law & Business, 2002.

White J. J. & R. S. Summers, *Uniform Commercial Code Volume 3*, West Pub, 1995.

찾아보기

〈영문색인〉

[C]

[D]

〈국문색인〉

[ㅇ]

[ㅎ]

저자약력

강 호 경

중앙대학교 정경대학 졸업
연세대학교 행정대학원 수료
성균관대학교 무역대학원 수료
중앙대학교 대학원 수료
University of Hawaii PAMI 수료
Oklahoma City University 객원교수
중앙대학교 경영대학 강사
경원대학교 경상대학 교학과장

(현) 경원대학교 경상대학 교수
영남공업교육학원 부이사장
한국국제상학회 상임이사

(저서) 무역세미나(박영사, 1985)
무역법강의(대왕사, 1988)
대외무역법(대왕사, 1991)
무역학연습(국제무역연구소, 1991)
국제무역실무연습(공저, 두남, 1996)
국제통상연습(공저, 두남, 1996)
최신무역영어(두남, 1997)
무역신용장(두남, 1997)
무역결제론(두남, 1997)
국제무역법규(두남, 1998)

임 목 삼

관동대학교 법정대학 법학과 졸업(법학사)
성균관대학교 무역대학원 졸업(경영학 석사)
성균관대학교 대학원 졸업(경영학 박사)

(현) 성균관대학교 경영연구소 연구원
배화여자대학 국제무역과 겸임교수
경원대학교 경상대학 무역과 강사

인 지

최신 무역결제론

초 판 1쇄 인쇄——2007년 8월 27일
초 판 1쇄 발행——2007년 8월 31일
지은이——강 호 경 · 임 목 삼
펴낸이——전 두 표
펴낸데——도서출판 **두남**
서울시 강동구 성내 1동 455-12 두남빌딩
등록 : 제2-624호(1988. 7. 21)
TEL : 478-2066 / 2067 / 2311
FAX : 478-2068
E-mail : dunam1@unitel.co.kr
http://www.dunam.co.kr
http://두남.kr, 두남.com, 대학교재.net

정가 24,000원

ISBN 978-89-8404-871-3 13320